ADHD 소녀들 이해하기

Kathleen G. Nadeau · Ellen B. Littman · Patricia O. Quinn 공저
박경순 · 박계신 · 안귀여루 · 안동현 · 이재욱 · 황순영 공역

ADHD 소녀들은 어떤 방식으로 감정을 느끼고
어떤 방식으로 행동하는가

UNDERSTANDING GIRLS WITH ADHD
HOW THEY FEEL AND WHY THEY DO WHAT THEY DO(2nd ed.)

학지사

Understanding Girls with ADHD:
How They Feel and Why They Do What They Do, Second edition
by Kathleen G. Nadeau, Ph.D., Ellen B. Littman, Ph.D., and
Patricia O. Quinn, M.D.

역자 서문

역자는 거의 10년 전부터 ADHD에 관심이 있었기에, ADHD를 가진 사람들을 위해 내가 무엇을 할 수 있을까를 생각하고 나의 상황에서 내가 할 수 있는 것들을 해 왔다. ADHD를 현실로 부딪치고 싶어 ADHD 아동들을 만나 학업 지도와 사회성 훈련을 하였고, 책을 번역하고 논문을 썼다. 의학 분야에서의 ADHD 전문가들을 만나 많은 것을 배웠다. 나를 가르쳐 준 그분들께 감사를 표한다.

내가 ADHD와 관련된 몇 권의 책을 번역하고 논문을 쓰면서 알게 된 것은, 이들 연구의 대부분이 남자의 관점에서 쓰였다는 사실이다. 물론 각종 책이나 논문에서도 이 점을 지적하고는 있었지만, 여성의 관점에서 ADHD가 삶에 어떤 영향을 미치는지에 대한 구체적 언급은 거의 없었다. 그래서 미국 아마존(Amazon)이나 미국 논문 검색 사이트에서 ADHD 여성 관련 도서나 논문을 검색해 보았는데, (물론 남성의 관점에서 ADHD를 쓴 도서나 논문의 수보다는 적었지만) 내가 생각한 것 이상으로 ADHD 여성 관련 도서나 논문이 많았다.

일부 ADHD 여성에 관한 도서나 논문을 읽어 보았고, 이를 통해 ADHD 여성이 ADHD 남성 못지않게 생활에서 많은 어려움을 겪고 있다는 것을 알게 되었다. 내가 접촉할 수 있는 우리나라의 ADHD 여성들과 이야기하면서 문헌의 내용이 사실임을 확인할 수 있었고, ADHD 여성에 대한 사회적 관심이 높아지고 더 많은 지원이 이루어질 때 우리 사회가 더욱 건강해질 수 있을 것이라고 생각하였다.

이러한 이유로 ADHD 여성에 관한 미국 책들 중에서 번역할 만한 것이 있는지 아마존에서 찾아보았고, 교육이나 심리 분야에 약간의 지식이 있다면 내용을 충분히 이해할 수 있고 분량도 적절한 『Understanding Girls with ADHD』를 선정하였다. 이 책은 주로 ADHD 소녀들에 대해 다루고 있지만, 이를 바탕으로 ADHD 여성들에 대한 이해도와 관심이 높아져서 앞으로 이들에 대한 더 많은 연구가 이루어지기를 기대한다.

이 책은 교육, 심리, 의료 분야의 지식이 혼재되어 있으므로 나 혼자 번역하기보다는 이들 분야의 전문가가 같이 번역하는 것이 좋겠다고 생각하여, 총 6명의 역자가 참여하게 되었다. 바쁘신 가운데 수고해 주신 모든 역자분께 진심으로 감사드린다.

특수교육에서는 개인 간의 차이를 존중해서 개별화 교육을 강조한다. 사람들 간의 차이가 긍정적으로 받아들여져서 서로를 인정하고 존중하며 살아가는 세상이 될 때 우리나라는 진정 살기 좋은 나라가 될 것이다. 우리나라에서 ADHD가 차이와 개성으로, 재능으로 인정되는 날이 하루라도 빨리 오기를 기대한다.

역자를 대표하여

이재욱

헌사

우리가 오랫동안 알아 왔고, 주의력 결핍 과잉행동장애(Attention Deficit Hyperactivity Disorder: ADHD) 소녀들을 더 잘 이해할 수 있게끔 가르쳐 준 ADHD 소녀들과 ADHD 성인 여성들에게 이 책을 바치고 싶습니다. 우리는 오랫동안 이 길을 걸어 왔지만, 아직도 배울 것이 많이 남아 있습니다. 우리는 그들과 협력하면서 함께 전진할 수 있었고, 우리의 이해는 확장되고 높아졌으며, 이러한 이해의 확장과 제고를 통해 ADHD 소녀들은 앞으로 자기답고 긍정적인 생활을 하게 될 것입니다.

그리고 전문가들이 연구를 소명으로 삼고 연구를 해 왔기에 우리는 ADHD 소녀들에 대한 지식의 범위를 넓히고 이해 수준을 높일 수 있었습니다. 전문가들에게 감사의 뜻을 전합니다.

캐슬린 G. 네이도(Kathleen G. Nadeau), Ph.D.

엘렌 B. 리트먼(Ellen B. Littman), Ph.D.

패트리샤 O. 퀸(Patricia O. Quinn), M.D.

추천사

임상가와 연구자들이 ADHD는 소년들에게만 있는 것이 아니라고 믿게 된 것은 그리 오래되지 않았다. 최근에 ADHD 소녀와 성인 여성에 대한 수많은 연구가 발표되었음에도 불구하고, ADHD 여성에 대한 무시의 역사는 극복해야 할 부분이다.

1970년대와 1980년대로 돌아가, 그때 이 분야에서 대학원생과 젊은 연구자였던 내가 ADHD 소년과 ADHD 성인 남성에 관한 연구들을 근거로 판단해 보았을 때, ADHD 소녀와 ADHD 성인 여성은 ADHD 소년/성인 남성과 하나이며 같다고 믿었다. 그러나 곧 이 연구들이 불충분하다고 느꼈다. 어떻게 ADHD 소녀에 대한 연구를 전적으로 건너뛸 수 있단 말인가? 1990년대 초, 미국 국립보건원(National Institutes of Health)에서는 여성과 남성 모두에게 있는 다양한 의학적 질환(medical disease)과 쟁점(issue)을 다루는 연구의 가이드라인을 공표했다.[1] 학문적 · 정치적 이유로, 나는 이 미국 국립보건원의 연구에 응하기 시작했다.

그래서 20년 전에 나는 미국 국립정신건강연구소(National Institutes of Mental Health)의 뜻에 맞춘 주요하고 큰 연구를 준비했다. 우리 팀과 나는 현존하는 연구물에서 아주 적은 수로 나타났던 ADHD 소녀들을 많이 모으고, 이 ADHD 소녀들을 조사하기 위해 ADHD 소년들을 캠프 활동에 넣는 여름 캠프 방법론을 활용할 것을 제안했다.[2, 3] 소녀들이 ADHD 증상을 경험할 수 있을 것이라는 믿음이 나에게 생기기 시작했지만, 체계적으로 잘 연구한 논문들에서 ADHD 소녀들의 수는 적었고 결론은 추측에 근거한 것이었다. 관심은 매우 높아지고 있었으나[4] 다음의 데이터와 같은 것은 없었다.

① 자연스러운 환경(예: 여름 캠프)에서 ADHD 소녀를 살펴봄으로써 ADHD 소녀의 학업 수행, 사회적 행동, 인지 처리, 가족 상호작용, 그리고 자기 인식(self-perception)에 관한 정보를 종합적으로 얻을 수 있다.
② 발달 궤적(developmental trajectories)과 전 생애에 걸친 증상, 장애(impairment), 탄력성(resilience) 패턴을 알기 위한 청소년기와 성인기에로의 장기적 추적 연구 결과이다.

이 제안은 큰 호응을 받았는데, 1995년에 전례 없는 높은 연구 우선순위 점수를 받았다. 검토 위원은 단순히 여성과 남성의 성 비교 연구를 하지 말고, 모든 여성을 염두에 두고 ADHD 소녀들의 권리를 생각하면서 ADHD 소녀들을 연구해야 한다고 말하였다. 그래서 1997년, 1998년, 1999년 3년 동안 연속적으로 열린 여름 캠프에 참여할 사람을 구할 준비를 시작했다.

우리가 적절한 연구 대상자를 구하지 못할 수도 있다는 생각은 했지만, 일단 베이 에어리어(Bay Area)에 있는 의사, 정신건강센터 관계자, 여러 임상가, 학교 관계자에게 여름 캠프 프로그램에 대해 자문을 받고 토의하기로 했고, 전화가 연속적으로 울리기 시작했다. 1,200개가 넘는 질문을 사용하여 엄격한 선택 기준을 만들어 적용하고, 부모들, 교사들 그리고 소녀들과 여러 시간 접촉해서 다층 선별검사(multi-gated screening)와 평가 도구(assessment battery)를 개발한 후, 140명의 ADHD 소녀와 연령과 인종 비율을 맞춘 ADHD가 없는 88명의 소녀를 연구 대상으로 정했다. 우리는 폭넓은 선택 기준을 가지고 시작했지만, 결국에는 남성에게 적용하는 ADHD 진단 기준을 완전히 충족하는 ADHD 소녀들을 연구 대상으로 하기로 했다. 이 모든 여성, 초등학생 연령 연구 대상 학생의 인종과 사회-경제적 수준은 다양했으며, 복합형

ADHD(주의력 결핍과 과잉행동/충동성 모두 높은 수준)의 소녀들과 부주의 우세형 ADHD(주의력 결핍과 무체계화가 높은 수준)의 소녀들도 포함되었다.

우리는 집중적이고 생태적이었던 여름 캠프 프로그램에 참가한 후, 여러 정보 제공자와 다양한 검사를 통해 ADHD 소녀들의 생활의 여러 측면을 알아내고, 다양한 영역의 ADHD 소녀들의 행동과 학업에 관한 연구 결과를 발표하기 시작했다.[5~12] 이 초기의 연구들을 가지고 연구 대상 ADHD 소녀들의 자료들이 종합적으로 들어간 연구 결과들을 메타분석해서,[13, 14] 연구 대상 ADHD 소녀들에게 학업적 · 사회적 · 신경심리적 및 가족 관계에 결함이 분명히 있음을 밝혔다. ADHD 소녀를 연구 대상으로 한 다른 연구 논문과 마찬가지로,[15] 이 연구들의 데이터가 보여 주듯이, 냉정하게 말하자면 높은 수준의 장애(impairment)는 ADHD 여성의 ADHD 증상과 관련이 있다. 즉, ADHD 소녀들은 ADHD 소년들과 같은 식으로 어려움을 겪으며, 동료에게 거절당하고 수학과 실행기능에서 결함을 보여 줄 가능성이 ADHD 소년들보다 더 높기까지 하였다.

처음 여름 캠프 프로그램을 실시하기 전에 내가 ADHD 소녀의 가족들에게 우리의 뜻(계속해서 연구 기금을 조성하겠다는 의지)을 알리자, 그들은 ADHD 소녀들의 남아 있는 삶을 위해 자신의 ADHD 딸을 연구에 참여하게 했다. 추가로 막대한 지원을 받아, 우리는 연구 대상 ADHD 소녀들의 청소년기[16, 17]를 알아보는 추적 연구에 착수했고, 또 다른 기금 지원을 받아 연구 대상 ADHD 소녀들의 성인기 초기[18]에 대한 추적 연구를 했다. 끈질긴 추적과 모니터링을 통해 여름 캠프 프로그램 진행 동안 연구 대상 ADHD 소녀들과 긴밀한 관계를 형성하였고, 소셜미디어(예: 페이스북 등)를 잘 활용하여 우리는 여름 캠프 프로그램 실시 5년 후에 평균 14세가 된 연구 대상 ADHD 소녀 집단들을 살펴볼 수 있었다. 또한 여름 캠프 프로그램 실시 10년 후에 평균 20세가 된 연구 대상 ADHD 소녀 집단들을 살펴볼 수 있었으며, 지금은 여름 캠프 프로그램 실시 15년 후의 모습을 살펴보고 있다. 여름 캠프 프로그램 실시 15년 후의 모습을 알아보는 연구가 끝나면, 우리는 20대 중반의 모습을 알아보려고 한다.

발달에 있어 여성에게만 있는 특별한 양상을 고려해야 함이 중요하다는 예시로, 그리고 성장 과정에서 누적된 파괴적인 장애를 있는 그대로 상기시키자는 뜻으로, 나는 주요 연구 결과를 강조하고자 한다.[19] 청소년기 추적 연구를 열한 가지 영역에서 실시해 본 결과, 연구 대상 ADHD 소녀들에게서 의미 있고 종종 발생하는 큰 장애들을 찾아낼 수 있었고, 이 장애들로는 학업 기간, 동료관계, 공존장애, 전체적 손상(global impairment), 자아 인식 그리고 가족 기능을 들 수 있다.[20] 실행기능 검사에서 점수가 낮았던 것처럼, 수학 성취도는 현저히 낮았다.[21] 게다가 청소년기 조사에서 실망스럽게도 연구 대상 ADHD 소녀들 중 적은 수만이 긍정적이고 탄력적으로 기능을 발휘할 수 있는 것으로 드러났다.[22] 요약하면, ADHD와 관련된 장애는 ADHD 초기에 보였던 증상들이 줄어들기는 하지만, 아동기보다 10대에 더 강하게 나타난다.

5년 후, 초기 성인기까지 유사한 장애는 지속된다. 게다가 아동기에 측정한 실행기능은 아주 중요한 기능장애의 지표가 된다.[23, 24] 더욱이 그리고 결정적으로, 연구 참여자 청소년의 발달 수준과 관련 있는 또 다른 기능 영역을 알아내었는데, 이 기능 영역에는 자해가 포함된다.[25, 26] [이때 종단연구가 사용되어야 하며, 두 가지 사항을 준수해야 한다. 첫째, 이전에 사용했던 검사 도구를 통해 얻게 된 결과가 시간의 경과 후 어떻게 변했는지 밝히기 위해 과거에 사용했던 검사 도구와 유사한 검사 도구를 사용하여 시간의 경과에 따른 패턴을 밝혀내는데, 이때 가능하다면 과거에 사용한 검사 도구와 새롭게 사용한 검사 도구 간의 교란(confounding) 변수를 제거하도록 한다. 둘째, 동시에 이전에 사용된 검사 도구를 보완할 수 있도록 적절한 발달검사 도구를 더해서 검사를 실시하도록 한다.]

여기에서 아주 좋지 않은 연구 결과를 제시하고자 한다. 주의력 결핍 우세형 ADHD로 진단받은 ADHD 소녀들이 나중에 복합형 ADHD로 진단받은 ADHD 소녀들과 비슷한 장애를 보인다는 사실을 알아냈다. 아동기에 주의력 결핍뿐만 아니라 높은 충동성을 보인 ADHD(즉, 복합형 ADHD) 소녀 집단에서 심각한 자살 시도를 청소년기에 (주의력 결핍 우세형 ADHD나 비교 집단에 비해 훨씬 높은 수치인) 거의 23%가 하는 것으로 나타났고, 중간에서부터 심각한 수준까지의 비자살 자해 행동은 50% 이상 하는 것으로 나타났는데, 이는 다른 하위 집단에 비해 훨씬 높다. 요약하면, ADHD 소녀들은 생애 주기 전체에 걸쳐 높은 수준의 자기파괴 행동을 할 위험성이 있다는 것으로, 이는 ADHD 소년들보다 훨씬 높은 것이다.[27] 충동성으로 인해 발생했던 초기의 문제들이 지속되는데, 특히 소녀기에서 청소년기로 옮겨 갈 때 이미 어려웠던 상황이 그대로 옮겨지는 경험을 하게 되며,[28] 이러한 경험은 ADHD 소녀에게서 내재화 행동과 자해 행동의 패턴이 ADHD 소년들보다 훨씬 더 많이 발생할 것을 예고한다. 더구나 청소년기의 불안과 우울은 자살 시도를 장기적으로 할 위험성의 매개가 되는 반면, 청소년기의 공격 행동과 빈약한 반응 억제력은 연구 참여자들이 비자살 자해 행동을 할 위험성의 매개가 된다.[29] 또한 초기에 겪었던 (신체적 학대, 성적 학대, 방임이 포함되는) 트라우마는 특별히 자살 행동의 예측요인이 된다.[30]

이 연구 결과는 몇 가지 주요 사항을 담고 있다. 첫째, 소녀들이 ADHD를 가지면 ADHD 증상이 장기적으로 나타나 파괴적인 결과를 낳고 주요 영역에서 ADHD 소년들이 보이는 양상과는 다른 양상이 나타난다. ADHD 소녀들에게 충동성과 충동성으로 인해 생기는 양상은 자해 행동의 수준을 예고하는데, 이는 ADHD 소년에게서는 보이지 않으며, ADHD는 소녀들에게 존재하지 않는다든가 ADHD는 소녀와 성인 여성에게 그렇게 중요한 것이 아니라는, 근거 없는 믿음이 틀렸음을 보여 준다. 둘째, 임상가들과 연구자들은 ADHD 소녀와 성인 여성의 수 증가에 주목해야만 하는데, 그들은 진단에 만연하는 잠재적 문제를 피할 주의 깊은 평가를 요구해야 하며,[31] 특정 성(gender)의 양상과 경로와 장애들을 강조해야 한다. 셋째, ADHD 소녀들과 성인 여성들에 관한 접근 가능하고 민감하고 임상적으로 적절한 정보를 사회 각계각층의 독자가 활용할 수 있도록 해야만 한다.

『ADHD 소녀들 이해하기(Understanding Girls with ADHD)』의 신판이 주목

을 받게 되었다. 이 확장되고 업데이트된 책을 통해, 캐슬린 네이도(Kathleen Nadeau), 엘렌 리트먼(Ellen Littman)과 패트리샤 퀸(Patricia Quinn)은 ADHD 소녀와 성인 여성이 ADHD에 어떻게 잘 대처할 수 있는가를 알려 주었고, 포괄적인 최신의 내용을 알기 쉽게 전달해 주었으며, 생애 주기와 여러 생활 영역(예: 가정, 직장, 친밀한 관계)에서 겪는 ADHD 소녀와 성인 여성의 복잡함(complexity)에 초점을 맞춘 내용을 알기 쉽게 제시하고 있다. 임상 사례 사례 연구, 그리고 전 세계에서 실시한 연구 결과들을 잘 종합했고, 유아기 때의 ADHD의 근원을 제시하고 ADHD 유발 요인을 요약해서 보여 주었으며, 아동기, 청소년기 그리고 성인기에 ADHD 소녀와 여자 성인이 겪었던 것을 개별적으로 자세히 살펴서 제시하였다. 이 책 후반부의 장에서는 ADHD와 ADHD의 전개 양상에 관한 지식을 활용해서, ADHD와 힘겹게 싸우고 있는 ADHD 소녀와 그 가족이 직면하는 복잡한 사안을 중재하는 데 필요한 여러 처치(treatment) 전략을 알려 줄 것이다. 아주 많은 ADHD 소녀가 경험하는 실행기능의 결핍에 관한 저자들의 지식(예: 실행기능 결핍 문제에 접근하는 옳은/잘못된 생생한 예)은 수많은 ADHD 가족에게 중요할 것이다. 더욱이 저자들은 ADHD가 외부와 단절된 상태에서 존재하는 일은 거의 없고 공존장애의 이해와 처치는 필수적이라는 것을 강조했다.

『ADHD 소녀들 이해하기』는 주요 논쟁 영역을 피하지 않는다. 예를 들어, 주된 사안이 ADHD인지 또는 다른 문제인지를 가족이 알게끔 어떻게 할 수 있을까? 신문지상에서 혹평을 받았고 여러 번 근거 없는 믿음을 준다고 지적되었던 약물치료를 ADHD의 여러 치료법의 일부로 다루는 방법을 안다면, 적절한 약물을 발견하고 의사가 가족과 함께 협업해서 긍정적 효과와 부작용을 주의 깊게 감시할 수 있다는 조건하에서 약물치료는 큰 도움이 된다. 음식물 병리학, 약물 남용 그리고 ADHD 소녀들에게 두드러지게 나타나는 또 다른 어려운 장애 영역의 장기적인 위험은 어떠한가? 다른 결과를 만들어 버리는 부정적인 기대의 덤불과 가끔씩 발생하는 독이 들어간 가족 간의 상호작용을 ADHD 소녀들과 가족이 어떻게 타개하도록 할 것인가?

ADHD가 있는 사람들을 모두 같은 사람이라고 보지는 않는데, 특히 ADHD 소녀들에게는 더욱 그러하다. 『ADHD 소녀들 이해하기』에서는 다른 사람, 다른 가족, 다른 연령을 넘어서서 ADHD 소녀 그 자체로서 자신을 나타내는 다양한 방법을 강조하고 있다. 언제나 민감하고 주저함 없이 권위 있는 어조로, ADHD 소녀들과 가족의 역량을 그들이 원하는 방식대로 올려 줄 것이다. 이 책은 ADHD를 가진 사람들 중 특정 성에 제한된 ADHD 양상을 강조하고, ADHD 소녀들과 성인 여성들을 괴롭혔던 실행기능 결핍을 해결할 실제적인 방법을 담고 있기에, 중요한 가이드북이라는 명성을 계속 유지할 것으로 확신한다.

『ADHD 소녀들 이해하기』는 ADHD 소녀의 문제에 민감하게 반응하며 열정을 가지고 있고 ADHD 치료 최전선에서 겪은 경험들을 임상적으로 사용할 수 있는 지혜로운 지식으로 바꾼 내용으로 가득 차 있기에, ADHD 여성에 관한 지식과 지도 및 지원이 필요한 사람들에게 필요한 책이다. 여전히 ADHD를 정신장애[32]의 하나로 보며, ADHD에 대한 부정적 낙인을 언급하는 내용 및 발달정신병리학[33]과 ADHD에 관련된 나의 연구들이 이 책에 포함되어 있다. 이 책이 현자의 글로부터 도움을 받을 수 있고 도움을 받고자 하는 수백만의 ADHD 소녀와 가족에게 확신, 깨달음 그리고 지도의 수단으로 사용될 수 있기를 기대한다. 사람들은 너무나 자주 ADHD를 필연적으로 숨겨진 재능의 근원으로 보기보다 현실에 존재하는 장애의 근원으로 본다. 그럼에도 불구하고 이 책에서 밝혀 왔듯이 비난, 수치심 그리고 부정적 낙인을 영구화할 필요는 없다. 대신에 역량강화, 지식, 지원, 증거 기반 처치가 모든 ADHD 가족에게 필요한 것이다.

UC 버클리

스티븐 P. 힌쇼(Stephen P. Hinshaw), Ph.D.

차례

제5장 중학교 시절의 새로운 도전 123

제6장 더 많은 요구와 위험요소가 있는 ADHD 여고생 149

제**1**장

우리는 먼 길을 달려왔다. 하지만 아직 갈 길이 멀다

몇 십 년 전만 해도 'ADHD 소녀'라는 것이 존재하지 않았다. 소녀에게도 ADHD가 발병했지만 인식되지 않았고, ADHD가 아닌 다른 명칭으로 많이 불렸다. ADHD 소녀는 무릎이 성치 않은 '톰보이'(역자 주: 활달하고 남성스러운 여성)로 분류되거나, 주변 사람들은 이 소녀가 안정을 취하고 성장하기를 바랐을 것이다. 한편, ADHD 소녀는 사랑스럽고 수줍은 공상가였을 수도 있다. 이러한 성향의 딸을 둔 부모들은 "우리는 걱정하지 않아요." "우리 아이를 사랑해 줄 좋은 남편을 만날 거예요."라고 말할지도 모른다. ADHD 소녀는 매우 사교적인 것으로 보일 수도 있고, 수업 시간에 항상 말을 하는 행동으로 인해 어려움을 겪었을 수도 있다. 교사는 "이 아이는 똑똑하지만 자기 일에 집중하지 않아요."라고 평가할 수 있다. 아마도 소녀들은 더 여성스러워지라는 어머니의 훈계를 거부하면서 불같이 성내고 논쟁적으로 행동할 수도 있다.

부모와 교사들은 ADHD 소녀에 대해 나름의 생각과 의견을 가지고 있지만, 정작 ADHD 소녀들은 어떠한가? 이 소녀들은 어떻게 느끼는가?

소녀에게 나타나는 ADHD는 어떠한가

다음에 제시된 「엄마가 아셨으면 좋았을 텐데」는 나이가 많이 들어서야 비로소 자신이 ADHD를 가진 것을 인식하게 된 수많은 ADHD 여성 중 한 명의 경험담을 설득력 있게 표현한 시이다. 이 시는 중년이 되어서야 ADHD로 진단받은 한 여성에 의해 1990년대 중반에 쓰였다. 이 여성 또한 사랑스럽고 수줍은 공상가 중의 한 명이었을 것이다. 이 시가 쓰였을 무렵에도 대부분의 ADHD 소녀는 여전히 교실에서 무기력하고, 사람에게 관심 받지 못하고, 오해를 받거나 조용히 고통을 받았을 것이다. 이 시로 인해 ADHD 여성들이 진단을 받게 되는 시도가 이루어졌다.

엄마가 아셨으면 좋았을 텐데

메리 H.(Mary H.)

엄마가 아셨으면 좋았을 텐데
내가 사실 아주 똑똑했다는 것을.
엄마가 아셨으면 좋았을 텐데
더 많은 관심이 필요했다는 것을.

엄마가 아셨으면 좋았을 텐데
수업 시간에
부끄러움과 굴욕을 당할 것이라는 생각에

두려움과 무서움으로 떨며
매일 어린아이가 되어
내가 학교에 갔던 것을.

엄마가 아셨으면 좋았을 텐데
가정에서의 나의 낮은 자존감과 신체적인 애정 결핍으로
결국 혼돈스러움이 만연하게 되었다는 것을.

엄마가 아셨으면 좋았을 텐데
언젠가는 나도 세상에서 경쟁하는 것이 필요하고
결혼이 나의 안전을 보장하는 것은 아니라는 것을.

엄마가 아셨으면 좋았을 텐데
자극과 달성 가능한 도전이 얼마나 절실히 필요했는지를.
(나에 대한 기대가 너무 낮았기 때문에
내가 도전을 좋아한다는 걸 깨달았을 때
나조차도 깜짝 놀랐어요!)

엄마가 아셨으면 좋았을 텐데
나의 욕구를 충족시키기에
내가 너무 민감하고 수줍어하며 부끄러웠다는 것을.

엄마가 아셨으면 좋았을 텐데
내가 쉽게 잠들거나 깨어날 수 없다는 것을,
내가 그것을 통제할 수 없다는 것을.

엄마가 아셨으면 좋았을 텐데
내가 계속해서 높은 IQ 테스트 결과를 받았음에도
낙제생들 반에 들어가야 했던 것이 얼마나 모욕적이었는지를,
결국 시도조차 하지 않게 만들었다는 것을.

엄마가 아셨으면 좋았을 텐데
친구가 한 명뿐이었던 것이
정상이 아니었고
다른 문제를 시사했을 수도 있었다는 것을.

엄마가 아셨으면 좋았을 텐데
지퍼를 채우지 않고,
단추를 틀리게 꿴 채
때론 도시락이나 책을 놓고
집을 나섰던 것이 신호였다는 것을.

엄마가 아셨으면 좋았을 텐데
내가 삶에 대한 호기심이 컸지만,
공립학교에서는
그것을 실현할 수 없었다는 것을.

엄마가 아셨으면 좋았을 텐데
나의 예술적이고 창조적인 능력이
중요했고
그러한 능력을 개발하도록 격려받았더라면
그것이 나를 지탱할 수 있었을 텐데.

엄마가 아셨으면 좋았을 텐데
내가 내 방을 정리할 수 없었던 것을.

우리가 지금 알고 있는 것을
엄마가 아셨으면 좋았을 텐데
엄마는 몰랐어요. 엄마는 최선을 다하셨죠.
그리고
나는 엄마가 아시길 원해요.
내가 엄마를 얼마나 많이 사랑하는지를.

메리의 시는 이 책의 개요 역할을 할 수 있다. 그녀는 부모와 교사에게 신호를 보내는 다음과 같은 근본적인 문제 행동들에 대해 자세히 설명한다.

- 학교 공포증 또는 회피
- 낮은 자존감
- 높은 IQ와 창의성에도 불구하고 낮은 학업 성취
- 열악한 조직 기술, 지저분함
- 수면 문제
- 수줍음
- 사회적 능력 부족
- 흐트러진 외모, 몸단장을 하지 못함
- 교실에서의 위축 행동

메리는 부모와 교사가 모두 그녀의 재능과 능력을 간과하고 과소평가하는 무의식적인 가정(assumptions)에 대해 기술한다. 그녀는 원인뿐만 아니라 한계를 극복하는 데 도움이 될 수 있는 가능한 해결책을 제시한다.

- 그녀의 고군분투한 삶에 대한 다른 사람의 인식과 이해의 필요
- 그녀의 자존감을 훼손시키는 일상적인 공격을 상쇄하기 위한 긍정적인 관심과 애정
- 긍정과 격려
- 그녀의 강점에 대한 인정
- ADHD 친화적인 학습 환경
- 적절한 자극과 도전
- 구조적이며 조직적인 지원
- 만성 수면 문제에 대한 도움 제공
- 더 많은 자기주장을 할 수 있도록 지원
- 사회적 도전에 대한 인식 및 지원

우리의 과제는 아직 끝나지 않았다

ADHD 소녀에 대한 판별이 현저하게 진행되었지만, 우리의 과제는 아직 끝나지 않았다. 최근 연구에 따르면 교사는 예전과 같이 여전히 ADHD 소녀보다는 소년을 더 많이 식별한다. 이는 소년들이 교실에서 더 소란스럽기 때문일 가능성이 크다.[1] 그러나 더 심각한 연구 결과는 동일한 행동을 보이는 경우에도 교사나 부모는 소녀보다 소년을 서비스에 의뢰할 가능성이 더 높다는 것이다.[2]

교사가 ADHD 소년을 쉽게 알아차리는 이유는 무엇인가? 반면, ADHD 소녀들이 다른 학생들과 다르다는 것을 왜 간과하게 되는가? 아마도 ADHD 소녀가 일반적으로 나타내는 감정과 행동이 ADHD의 징후라는 것을 실제로 이해하기가 더 어렵기 때문일 것이다. ADHD 징후에는 과도하게 말이 많음, 손을 들지 않고 답을 불쑥 말하기, 사회적 위축, 지시를 잊거나 잘못 이해하

는 경향, 필요한 준비물을 챙기지 않고 등교하기, 지저분함, 조직적이지 않음, 시험 불안, 지각 또는 과제 빠뜨리기, 건망증과 같은 패턴이 포함된다. ADHD 소녀는 학업에 대한 강렬하면서도 짜증 날 정도로 민감하게 집중하는 행동이나 자신의 어려움을 보상하려고 과도하게 노력하는 특성을 보인다. 교사는 점심 식사비를 잊어버리거나, 숙제를 빼먹거나, 교실에서 동기가 낮은 특성을 나타내는 소녀를 ADHD 진단을 위해 의뢰할 가능성은 낮다. 이는 아마도 이러한 행동들이 ADHD 소녀의 전형적인 패턴이라는 것을 교사들이 모르기 때문일 것이다. 따라서 이러한 행동으로 인해 고통받는 사람은 소녀 자신일 뿐이다.

어머니는 ADHD 딸의 행동이 다른 소녀들과는 차이가 있음을 교사들보다 훨씬 더 잘 알고 있을 것이다.[3] 그러나 ADHD 증상에 대한 진단 기준에는 이러한 차이점이 아동의 기능에 부정적인 영향을 미쳐야 하고, 두 가지 장소 이상에서 나타나야 하는 것으로 제시되어 있기 때문에 오히려 이러한 진단 기준은 ADHD 소녀를 진단하는 데 있어 주요 방해요인이 된다. 또한 어머니가 딸의 ADHD 증상을 잘 알고 있을 수 있지만 교사가 이를 인식하지 못하면 진단이 내려지지 않을 수도 있다. 더 좋지 않은 사실은 이러한 행동이 학교에서 관찰되지 않는 경우 가정 내의 문제로 인식되어 어머니가 비난을 받을 수도 있다는 것이다.

저자의 임상 경험을 통해 볼 때, 소녀는 ADHD로 인한 고충을 감추면서까지 교사의 기대에 부응하기 위해 훨씬 더 많이 노력하며, 결국 매우 열심히 노력함에도 불구하고 ADHD 문제들을 극복할 수 없다는 사실을 알게 된다. 2013년에 발표된 DSM−5[4]의 변경 사항은 이러한 ADHD 소녀들의 판별 방법을 개선하는 데 기여해야 한다. 새로운 DSM−5 지침은 증상이 12세에 늦게 나타나는 경우에도 ADHD로 진단되는 것을 허용한다(이전에는 절단점이 7세였음). 이러한 변화는 소녀들이 지닌 열 가지의 ADHD 증상이 늦게 나타난다는 증거가 있기 때문에 소녀들을 진단하는 데 상당한 영향을 미칠 것이다.[5]

자기보고 척도의 사용

부모와 교사가 작성한 척도만을 사용한 연구들은 소녀보다 소년의 ADHD 증상을 더 많이 인식한 결과를 제시하였으나, 이와 달리 자기보고 척도를 ADHD 진단의 일부로 사용한 연구는 거의 동일한 수의 ADHD 소년과 소녀를 발견하였다.[6] 대부분의 소녀에게 ADHD는 내재화 장애, 즉 다른 사람들이 쉽게 관찰할 수 없는 방식으로 개인에게 영향을 미치는 장애이기 때문에 소녀들의 자기보고가 중요하다.

이 책의 저자는 ADHD 소녀가 자신의 경험을 설명할 수 있도록 소녀용 ADHD 자기보고 척도를 개발하고 최근에 수정하였다. 이 척도는 이 책 끝부분의 부록에서 찾을 수 있다. 이 자기보고 척도에 대한 표준화된 규준(standardized norms)은 아직 없다. 따라서 진단 도구로 사용해서는 안 된다. 그러나 ADHD로 인해 어떠한 영향을 받는지에 대해 소녀들과 보다 상세하고 포괄적인 대화를 시작하는 수단으로 활용하기에는 매우 유용할 것이다.

ADHD에 대한 발전적인 이해

이제 우리는 ADHD 소녀를 식별하기 위한 훨씬 더 나은 작업을 수행하고 있다. 우리의 주된 관심은 소녀를 더 잘 이해하고, 그들이 느끼는 방식, 그들이 행동하는 이유, 그리고 그들이 더 잘 느끼고 기능하도록 도울 수 있는 방법에 초점을 맞춘다. 아직 우리는 모르는 것이 너무 많다. ADHD 소녀는 ADHD 소년과 어떤 면에서 유사한가? 어떤 면에서 다른가? ADHD 소녀에게 다른 지원과 치료 방법이 필요한가? 시간이 지남에 따라 소녀에게 나타나는 ADHD 예후는 어떠한가?

지난 15년 동안 ADHD에 대한 우리의 이해는 지속적으로 진화해 왔고 중요한 발전이 있었다. 이러한 발전은 특별히 ADHD 소녀와 관련이 있었던 것은 아니지만 ADHD를 개념화하는 새로운 방법이 소년뿐만 아니라 소녀에게도 적용되기에 관련성이 높다고 할 수 있다. 다음 부분에서 ADHD의 새로운 개념화를 간략하게 소개하고자 한다.

ADHD는 이제 발달장애로 간주된다

ADHD에 대한 우리의 최근 견해는 과잉행동, 충동성 및 산만성보다 손상된 인지 기능에 중점을 둔다. 이러한 새로운 이해를 반영하여 DSM-5는 ADHD를 이전 분류인 '아동기 행동장애'가 아닌 '발달장애'로 분류한다.[7] 우리는 이제 과잉행동, 충동성 및 파괴적 행동을 강조했던 이전의 초기 이해에서 벗어나 ADHD가 인지 기능에 미치는 영향에 초점을 둔다. 이러한 변화는 자연스럽게 과잉행동, 충동성 및 파괴적 행동을 보일 가능성이 적은 소녀들을 더 쉽게 식별하게 할 것이다.

ADHD-실행기능에 초점을 두다

예일 대학교의 토머스 브라운(Thomas Brown) 박사는 실행기능을 ADHD의 핵심 문제로 바라보는 전환을 이끈 초기 리더이다. ADHD를 가진 매우 지적 수준이 높은 학생들에 대한 연구에서 그는 과잉행동과 충동성은 일부 학생에게만 나타나지만, 기분 관련 문제와 핵심 실행기능의 문제는 모든 학생에게 나타난다는 것을 발견했다. 그는 브라운 ADD 척도(Brown ADD Scales)[8]를 개발했는데, 이 척도는 과제 시작, 도전적인 과제에 대한 노력 지속, 과제에서 산만해짐, 감정 조절(낮은 좌절감, 감정적 과잉 반응, 기분 및 불안 문제), 기억력장애와 같은 영역에서의 개인의 어려움을 평가한다.

최근 몇 년 동안 조직, 계획, 자기모니터링, 시간 인식 유지, 문제 해결 및 의도적으로 초점 전환하기 등과 관련된 ADHD 실행기능의 핵심 구성 요소인 뇌의 실행기능에 대해 훨씬 더 많이 저술되고 있다. 이러한 모든 실행기능 문제는 ADHD 소녀에게 큰 영향을 미치며, 이에 대해서는 이 책의 후반부에서 살펴볼 것이다.

다른 장애와 관련된 '기초적 장애'로서의 ADHD

ADHD는 다른 많은 장애와 관련된 복합적인 상태이다. 앞에서 언급한 ADHD 실행기능 문제에 대해 연구한 토머스 브라운 박사는 ADHD를 '기초적 장애'로 언급했다. 아이들이 성장하고 성숙함에 따라 아동기 ADHD는 다른 많은 정신 질환의 발단이 되는 기초를 제공하는 것으로 보이기 때문이다. 연구에 따르면 ADHD 성인은 하나 이상의 정신 질환이 공존할 확률이 70%이다.[9]

우리는 ADHD 소녀들에게 불안장애와 기분장애가 빈번하고 ADHD가 종종 양극성장애의 발달에 선행한다는 것을 오랫동안 알고 있었다. ADHD는 일반적으로 다양한 학습장애와 공존하는 것이 발견되며, ADHD와 읽기장애가 함께 공존하는 경우 쓰기언어장애(written language disorder)는 거의 항상 나타난다. ADHD는 물질남용장애, 경계성 인격장애 및 기분조절장애의 위험을 동반한다. 『ADHD 소녀들 이해하기』의 초판이 출판된 이후 몇 년 동안 ADHD 소녀들이 섭식장애, 특히 폭식장애의 위험에 처해 있다는 사실이 점점 더 널리 인식되고 있다. 이러한 공존 문제는 다음 장에서 자세히 설명할 것이다.

ADHD 소녀 이해하기

우리는 앞에서 ADHD에 대한 생각의 변화를 설명했다. 이것은 남성과 여성 모두에게 적용된다. 이제 우리의 관심을 ADHD 소녀에게 나타나는 특별한 발달적 측면으로 돌려 보고자 한다.

장애는 사회적 및 생물학적 맥락에서 존재하며 영향을 받는다. 소녀는 소년과 생물학적으로 다르다. 또한 소녀들이 사회화하고 언어화하는 방식이 다르며 오늘날 남성과 여성에 대한 기대가 다른 사회에 살고 있다. 소녀에게 나타나는 ADHD가 생물학적 및 사회적 성별에 따라 어떤 차이를 지니는지 살펴볼 필요가 있다.

성(gender)과 ADHD 진단 범주

소녀에게 나타나는 ADHD를 진단하는 것이 그동안 발전을 이루어 왔음에도 불구하고 여전히 도전적인 과제가 남아 있다. ADHD 진단 기준은 오랫동안 남성을 기반으로 하였고, 매우 천천히 변화되어 왔다. 최근 한 연구[10]에 따르면 ADHD 아동의 어머니는 ADHD 표준 진단 기준이 ADHD 소녀보다 소년을 더 잘 설명하는 것으로 보고 있다. 결과적으로 현재의 연구에서조차 이러한 남성 기반 기준을 계속 사용한다면 여성 ADHD에 대한 더 큰 이해에 기여하는 바가 제한될 수 있을 것이다.

성(gender)과 ADHD 행동 발현

대부분의 연구는 ADHD 소녀가 ADHD 소년보다 행동 문제 또는 적대적 반항장애를 훨씬 적게 보인다는 데 동의한다.[11, 12] 그러나 이러한 결과에는 단점이 있다. 앞서 논의한 바와 같이, 행동 문제의 발생이 적기 때문에 교사 의뢰율은 낮아지며, 주의력 부족과 주의 산만함에 있어 중대한 문제를 가질 수 있는 ADHD 소녀들이 교사로부터 주의 집중을 하지 않는다는 이유로 처벌을 받게 되는 불이익을 당할 수 있게 된다.[13]

마찬가지로, ADHD 소녀가 소년보다 과잉행동이 덜하다는 연구 전반에 걸친 일반적인 동의가 있다.[14] 아직 제기되지 않은 한 가지 질문은 소년과 소녀의 과잉행동이 동일한지 여부이다. 예를 들어, 임상 관찰 결과 소녀의 과잉행동은 운동적인 과잉행동보다 측정하고 정량화하는 데 더 어려움이 따르는 과잉 언어화 및 정서적 흥분/반응성을 통해 더 많이 나타날 수 있음이 제시되었다. 따라서 소녀는 증상이 적거나 다를 수는 있지만 마찬가지로 장애가 있다.

성(gender)과 ADHD의 사회적 도전

사회적 도전은 흔한 일이지만 ADHD 아동의 경우 소녀가 소년보다 더 많은 사회적 문제에 직면한다.[15] ADHD 소녀는 동료들로부터 소외되는 경향이 있다.[16] 연구에 따르면 ADHD 소녀는 ADHD 소년보다 동료 거부를 더 많이 경험하며[17] 나이가 들어 감에 따라 또래들에게 인기가 적다.[18]

소년들에게 더 흔히 나타나는 신체적 공격성과는 달리 소녀들은 언어적 공격성, 가십(역자 주: 근거 없는 뜬소문) 및 사회적 배제에 얽히는 경향이 있다.[19] ADHD 소녀들은 종종 이러한 관계적 공격의 대상이 된다. 복합형 ADHD 소녀는 ADHD를 갖지 않는 소녀에게 사회적으로 거부당할 가능성이 더 높다. 부주의 우세형 ADHD 소녀는 적극적인 거부의 대상이 되기보다는 '사회적으로 홀대를 받을' 가능성이 더 높다.[20]

성(gender)과 높은 자기비하, 낮은 자존감

ADHD 소녀는 자신이 동료, 교사 및 부모로부터 받은 비판을 내재화하는 경향이 있다. 이는 강한 수치심과 자기비난으로 이어진다. 연구 결과에 따르면 여성은 충동적인 청소년기를 보낸 이후 성인이 되었을 때 이전의 충동적 행동에 대해 수치심이나 굴욕감을 느낄 가능성이 남성보다 훨씬 더 높은 것으로 나타났다.[21] 이러한 결과는 남성과 여성의 장애 차이가 보고되지 않았음에도 불구하고 ADHD 여성이 남성보다 부정적인 자아상으로 훨씬 더 어려움을 겪는다는 또 다른 연구에 의해 지지된다.[22] 강한 문화적 요인은 남성보다 여성이 더 자주 보고하는 낮은 자존감에 확실히 영향을 미치고 있다.[23]

성(gender)과 ADHD에 미치는 호르몬 영향

사춘기에 발생하는 호르몬 변화는 정서적 변화에 영향을 미쳐 많은 ADHD 소녀가 정서적으로 과민 반응을 하게 된다. 휴시(Huessy)는 많은 ADHD 소녀의 행동 문제가 사춘기 이후에 시작되며 정서적 과잉 반응, 기분 변화, 충동성이 증가한다고 하였다.[24] DSM-5 기준에는 ADHD 진단을 받으려면 12세 이전에 ADHD 문제 관련 증거가 있어야 한다고 제시되어 있기 때문에 많은 소녀가 이 기준으로 인해 진단에서 배제된다는 것은 중요한 발견이라 할 수 있다.

성(gender)과 사춘기 이후의 ADHD

ADHD 소녀의 불안과 우울증의 비율은 청소년기 후기를 거쳐 성인기 초기에 접어들면서 증가한다. ADHD 소녀는 ADHD가 없는 소녀보다 주요우울증 진단을 받을 가능성이 5.4배 더 높은 것으로 밝혀졌다.[25] 또한 ADHD가 없는 소녀와 비교할 때 대부분의 사춘기 시기의 ADHD 소녀는 지속적인 ADHD 증상, 행동 문제, 내재화 문제(즉, 우울 및 불안 증상), 사회적 기술, 또래 관계 및 학업 기능 문제로 제대로 적응하지 못하는 것으로 밝혀졌다. ADHD가 없는 소녀의 86%가 청소년기에 전반적으로 긍정적인 적응을 하는 것과는 대조적으로, ADHD 소녀는 16%만이 청소년기에 전반적으로 긍정적인 적응을 하는 것으로 나타났다.[26]

성(gender)과 ADHD 관련 장기간의 위기

ADHD 소녀는 신체적으로 덜 공격적이고, 덜 파괴적이며, 덜 활동적이고, 덜 반항적이기 때문에, 수년 동안 덜 심각한 ADHD를 지닌 것으로 간주되었다. 그러나 지난 10년 동안의 연구 결과에 따르면 ADHD 소녀는 성장하면서 심각한 정신 질환이 생길 위험이 훨씬 높은 것으로 나타났다. 러클리지(Rucklidge)와 태녹(Tannock)의 연구에 따르면 청소년기 ADHD 소녀는 소년보다 심리적 고통이 더 크다. 소년과 비교할 때 ADHD 소녀는 더 많은 불안, 더 많은 고통, 더 우울한 증상을 보고했고, 자신의 삶에서 일어나는 일들을 거의 통제할 수 없다는 신념(belief)을 지닐 가능성이 더 크다. 이들은 또한 더 많은 심리적 장애의 위험에 처해 있었다.[27] 성인기에 재평가된 ADHD 아동을 대상으로 한 연구에서 ADHD 소녀는 소년에 비해 성인기에 정신건강의학과 입원을 할 가능성이 두 배 이상 높았으며, 평생 기분장애, 물질남용장애 또는 조현병 진단을 받을 가능성이 더 높았다.[28] 또한 최근 연구에 따르면 ADHD 소녀는 ADHD가 없는 소녀에 비해 자살을 시도할 위험이 훨씬 더 크다.[29]

좋은 소식

ADHD 소녀의 부모는 심각한 정신 건강 상태가 나중에 발전할 가능성에 대해 경각심을 갖고 반응할 수 있다. 부모가 이해해야 할 중요한 점은 ADHD를 조기에 판별한 후 중재를 통해 이러한 다양한 공존 상태의 출현과 심각성을 줄일 수 있다는 것이다. 성공적인 중재에는 가정과 소녀가 다니는 학교 환경의 구조 및 지원의 증가, 긍정적이고 효과적인 양육 접근 방식을 배우는 부모 교육, 운동, 수면, 영양, 스트레스 감소, 사회적 및 환경적 중재가 포함되며, 또한 두뇌에 건강한 일상 생활습관 개발 및 약물치료가 포함된다.

염려하는 부모를 위한 조언

부모는 ADHD 딸에게 강력하고 긍정적인 영향을 미칠 수 있다. ADHD의 특정 특성이 ADHD 소녀와 그 가족에게 문제가 될 수는 있지만, 이와 같은 많은 성향이 적응적인 측면도 가지고 있다는 것을 명심하는 것이 중요하다. 부모는 ADHD의 어려움을 인정할 수 있지만 딸이 어려움을 기회로 재구성하도록 도울 수도 있다. ADHD 소녀들은 사회적 관습에 얽매이지 않는 비선형적 사고를 하며, 문제를 해결하는 비일상적인 방법과 사물을 다시 생각하는 창의적인 방법을 갖고 있음을 발견할 수 있다. 공상가인 ADHD 소녀들은 자신의 풍부한 상상력이 창작의 원동력이 된다는 것을 알게 될 것이다. 높은 에너지를 가진 ADHD 소녀들은 관심 있는 프로젝트를 수행하는 데 지치지 않을 것이다. 그들은 자신이 믿는 대의를 위해 가장 헌신적이고 단호한 자원봉사자가 될 수 있다. 증상의 문제에만 집중할 것이 아니라 증상을 재구성하여 자신만의 독특하고 가치 있는 강점을 인식하도록 할 수 있다.

부모는 학교가 딸의 강점과 관심사에 적합하지 않다고 생각할 수 있지만 학령기가 끝나면 훨씬 더 광범위한 선택들이 그들을 기다리고 있다는 것을 딸에게 가르쳐야 한다. 우리는 ADHD 소녀들이 자신을 이해하고 자신의 독특성과 잘 어울리는 환경을 찾거나 만드는 것이 성공과 만족의 길이 될 수 있다는 것을 이해하도록 도와야 한다. 학업적으로 성공할 수 있다고 생각하는 ADHD 소녀가 긍정적인 결과를 얻을 가능성이 더 높다는 사실을 부모가 이해하는 것이 중요하다. 실제 성취와 상관없이 학업 능력에 자신감을 갖는 소녀가 시간이 지남에 따라 학업 성공률이 높아졌다. 이 소녀들은 기분, 불안 또는 행동에 대한 문제가 적을 뿐만 아니라 물질남용의 위험이 감소된다.[30]

자신의 능력에 대한 신념이 부모와 교사에 의해 일관되고 열정적으로 길러져야 한다. 잠재적인 결과는 이러한 소녀들이 학교에 계속 남아 참여할 가능성이 더 높다는 것이다. 이러한 결과는 부모가 제공할 수 있는 가장 강력한 중재 중 하나가 바로 지속적으로 희망을 갖는 것임을 암시한다.

일관된 훈육과 적절한 제한으로 딸을 양육하는 것이 긍정적인 결과를 얻을 가능성이 더 크다는 사실을 부모가 이해하는 것도 중요하다.[31] 이들의 경험이 가족에 의해 인정받을 때 강한 자부심을 가질 가능성이 더 크다. 지원적이고 조화로운 가족은 ADHD 소녀가 자신의 요구 사항을 적극적으로 전달하고 스스로를 옹호하는 데 필요한 기술을 가르칠 수 있다.

딸이 잘못된 행동을 하고 당신을 실망시킨다는 것을 아주 잘 알지만, 가능한 한 딸이 잘하는 것을 발견하기 위해 노력하는 것이 중요하다. '잘한다'는 것은 정돈되거나 좋은 성적을 내는 것을 의미하지 않는다. 비록 성공하지 못하더라도 환한 미소, 도움이 되는 몸짓, 친절한 말, 또는 결연한 노력을 의미할 수 있다.

당신이 소중히 여기는 행동을 발견하여 칭찬하는 것은 자녀가 같은 행동을 다시 수행하는 데 필요한 힘이 될 것이다. 당신의 딸이 수치심에 침묵하기보다, 당신이 자녀의 말을 듣고자 하며 당신이 듣고 있다는 것을 자녀가 아는 것이 필요하다.

결론

이 책의 목표는 부모, 교사 및 기타 전문가에게 소녀에게 나타나는 미묘한 ADHD 징후를 알리고, 소녀의 ADHD와 관련된 위험요인들을 강조하고, ADHD 소녀를 치료할 수 있는 좀 더 성 특수적인 방법들을 탐구하는 것이다. 아울러 삶의 모든 측면에서 발생할 수 있는 ADHD 소녀들의 필요에 초점을 맞추는 것이다.

이 책을 읽은 후 부모, 교육자 및 기타 전문가가 다음 사항을 이해하기를 바란다.

- ADHD는 복합적인 장애이며 거의 항상 ADHD와 함께 치료해야 하는 다른 장애를 동반한다.
- 부모는 적절한 치료, 부모 지원, 교육 편의 제공, 가정, 학교 및 딸의 사회적 환경에서 ADHD 친화적인 환경 조성 등을 통해 이러한 여러 조건으로부터의 위험요인을 줄이고 보호요인을 제공할 수 있다.
- ADHD 딸을 키우는 일은 어려운 일이지만 잠재적으로 매우 보람 있는 일이 될 수 있다. 부모는 긍정적이고 효과적인 양육 전략을 배우기 위해 최선의 도움을 받아야 하며 딸의 생애 초기에 도움을 받아야 한다.

다음 장에서는 독자들이 생물학적 · 사회적 · 정서적 · 학업적 측면에서 ADHD 소녀를 더 잘 이해하도록 안내할 것이다. 또한 다양한 발달 단계에서 소녀들이 ADHD의 영향을 어떻게 받는지에 대해 논의할 것이다. 아울러 무엇보다 가장 중요한 것으로 부모, 교육자 및 기타 전문가들이 일상생활에서 이 소녀들이 잘 기능할 수 있도록 돕는 실용적인 정보 및 ADHD로 인해 야기되는 문제들을 해결하기 위한 문제 해결 방법을 제공할 것이다. 갈 길이 멀기 때문에 이제 시작하도록 하겠다.

제2장

ADHD에 영향을 미치는 두뇌 및 그 외의 다른 생물학적 요인들에 대해 더 많이 알아보기

이 장에서 우리는 당신과 함께 두뇌에 대해 가벼운 여행을 떠나서, 두뇌가 어떻게 발달하고, 어떻게 기능하고, ADHD에 의해 어떤 영향을 받는지의 기초적인 내용들을 이해하도록 할 것이다. 이 장을 읽는 부모에게 주는 핵심 메시지는 ADHD가 잘못된 양육, 잘못된 행동, 혹은 학업적 어려움을 변명하기 위해 만들어진 병이 아니고, 실제 두뇌 기반 장애라는 것이다. 또한 ADHD는 두뇌를 기반으로 하기 때문에 부모들이 약을 복용하는 것 외에는 할 일이 없다고 생각하지 않기를 바란다. 우리는 참여하는 활동을 통해서 두뇌를 바꿔 나가고 개발할 수 있다. 우리의 두뇌는 우리가 활동하고 있는 환경에서와 마찬가지로 참여하는 두뇌의 건강한 일상 습관에 따라 더 좋게도 혹은 더 나쁘게도 기능한다. 이 장에서 ADHD 증상과 관련된 두뇌의 차이를 설명할 것이다. 그리고 다음 장에서는 두뇌 기능에 영향을 미치고 향상시킬 수 있는 여러 가지 방법을 소개할 것이다.

두뇌는 놀랍도록 복잡한 기관이다. 우리가 두뇌의 힘과 기능을 이해하려고 시작하지만, 훨씬 더 많은 것이 미스터리로 남을 것이다. 우리가 아는 것은 ADHD가 두뇌 기반 장애라는 것뿐이다. 연구에서는 ADHD를 가진 사람들의 두뇌 구조, 두뇌 화학 및 뇌파 패턴의 차이가 입증되었다.

새로운 기술들이 두뇌의 창을 열다

이제 우리는 비침습적 방식[nonivasive fashion; 역자 주: 기술이 발달하기 이전에 두뇌 내부를 들여다보거나 접근하기 위해서는 두개골을 절개하는 방법밖에는 없었지만, 컴퓨터를 이용한 단층촬영 기술(CT scan)이 등장한 이후 두개골을 절개하지 않고서도 다양한 방법으로 두뇌의 구조나 활동을 들여다볼 수 있게 되었다]으로 두뇌 내부를 들여다볼 수 있는 기술이 있어, 두뇌의 구조와 기능에 대해 알 수 있게 되었다. PET 스캔은 두뇌의 특정 영역의 활동 수준을 측정할 수 있다. CAT 스캔으로 두뇌 여러 부분의 크기와 구조를 알 수 있고, fMRI는 다양한 정신적 작업을 수행하는 동안 두뇌의 어느 부분이 활성화되었는지 혹은 꺼졌는지를 정확하게 알려 줄 수 있다. EEG(뇌파검사)는 두뇌의 여러 영역에서 뇌파 패턴을 추적할 수 있다. 부분적으로, 이러한 기술들 덕분에 ADHD에 대한 우리의 이해는 점점 증가하고 발전해 나간다.

이전에 우리는 ADHD를 두드러지게 눈에 띄는 행동들(과잉행동, 충동성 및 산만함)을 토대로 어린 시절의 행동장애로 분류했다. 하지만 이제 우리는 그런 것은 ADHD 아동의 일부에게만 해당된다는 사실을 알게 되었다. ADHD를 가진 당신의 딸은 과잉행동 및 충동성을 보일 수도 있고 보이지 않을 수도 있지만, 자기조절[1]이나 실행기능[2]과 같은 다른 ADHD 관련 문제들을 가질 수 있다. 우리는 이제 ADHD를 행동장애보다는 발달장애로 분류한다. 발달장애는 출생 전에 시작해서 아동기 초기 발달 기간 동안 계속되는 행동 및 인지 기능에 영향을 주는 장애를 말한다.[3]

두뇌 발달

ADHD 소녀를 더 잘 이해하기 위해서는, 먼저 주의력, 계획하기, 작업 기억, 감정 그리고 동기를 조절하는 영역들에서 보이는 차이를 담당하는 두뇌와 그 형성 및 발달에 대해 이해하는 것이 중요하다.

일반적으로 발달하는 뇌에서, 수십 억 개의 뇌세포(뉴런)는 대부분의 여성이 자신이 임신했는지조차 모르는 시기, 즉 수태 후 3~4주 동안에 단일 세포층[배아(embryo; 역자 주: 수정란의 분할이 끝난 임신 2주 후부터 신체 주요 기관들의 형성이 끝나가는 임신 8주까지의 생명체를 말한다)의 바깥 세포층(외배엽)]으로부터 생겨난다. 임신 초기 몇 주 동안, 이들 세포는 아주 빠르게 늘어난다. 놀랍게도, 임신 6개월경이 되면, 두뇌는 이미 성인과 거의 비슷한 수의 세포들을 가지게 된다. 6개월이 지나도 뇌세포는 번식을 계속하고, 태어날 때쯤이 되면 아기는 오히려 성인보다 더 많은 뇌세포가 가진다. 이 뇌세포는 뇌가 특정 기능 영역을 개발함에 따라 더 이상 필요가 없어진 세포들이 제거되면서 점차적으로 그 수가 감소한다.

한편, 풍부한 섬유 네트워크가 발달하면서 이러한 특정 뇌 영역들을 연결하여 함께 행동함으로써 복잡한 기능을 수행할 수 있도록 한다. 이러한 풍부한 네트워크는 뇌의 기능을 수행하기 위해 뇌 신호를 전달하는 데 필요하다. 뇌량(corpus callosum)이라고 부르는 연결 섬유의 가장 중요한 네트워크 중 하나가 두뇌의 두 반구 사이의 소통 및 조절을 촉진한다. 신경망은 각각의 개별 마을에 있는 작은 도로까지 연결하는 고속도로와 같이 두뇌의 한 영역에서 다른 영역으로 효율적으로 신호를 보낸다. 뇌의 영역 대부분은 성장을 멈추는 한편, 세포의 가지치기 및 특성화 과정을 시작한다. 뇌의 기저에 있는 중요한 영역 중 하나인 소뇌(cerebellum)는 아기가 10세 또는 11세가 될 때까지 계속 발달한다. 이마 바로 뒤에 위치한 전전두엽(prefrontal cortex: PFC)은 계획하기, 의사결정, 자기모니터링 및 자기조절과 같은 높은 수준의 인지 기능의 자리이다. 이것은 가장 늦게 발달을 마치는 영역으로, 종종 후기 청소년기까지 발달한다.[4] PFC에 대해서는 ADHD의 증상과 관련하여 두뇌에서 상당히 중요한 영역이기 때문에 이 장의 후반부에서 추가적으로 논의하겠다.

발달하는 뇌 및 ADHD 위험요소

상상할 수 있듯이, 태아기(역자 주: 임신 9주부터 출산 때까지의 기간)에는 뇌가 급속한 발달을 하는데, 특히 손상에 취약하다. 태아기 뇌에 가해지는 임신 초기의 출혈을 포함하여, 모성 스트레스, 모성 흡연, 알코올 또는 코카인 남용, 분만 중 합병증 등[5, 6] 여러 가지 요인으로 인해 발생할 수 있다. 출생한 이후, 대뇌 성장의 빠르고 취약한 기간은 출생부터 약 4세까지 지속한다. 발달 과정 중 이 기간 동안, 뇌는 영양 결핍, 외상, 감염 및 납이나 살충제와 같은 환경 독소들로 인한 손상에 특히 취약하다.[7] 미숙아와 출생 시 저체중아는 더 복잡한 요인이라고 할 수 있는데, 이 유아의 거의 절반이 후에 학습장애 및 ADHD를 일으킨다.[8] 유전 또한 발달하는 뇌 구조 및 기능에 영향을 미친다. ADHD는 유전적이며 아주 높은 가족력을 보여 왔다.[9] 만일 부모 중 한 명 또는 부모 모두 ADHD가 있으면, 자녀 또한 이를 앓을 가능성이 매우 높다.[10]

ADHD의 신경생물학적 근거

뇌 내부를 들여다볼 수 있는 최신 기술들 덕분에 전전두엽(PFC)과 ADHD와 관련된 PFC의 여러 영역의 기능을 더 잘 이해할 수 있게 되었다. PFC의 어떤 한 부분은 주의력, 계획하기 및 작업 기억을 조절하는 것 같고, 어떤 다른 부분은 인지 조절에 관여하며, PFC의 세 번째 부분은 우리의 감정과 동기를 조절한다.[11]

ADHD를 가진 아동과 청소년에서 거의 모든 대뇌 영역의 발달이 느린 것과 특히 PFC 내의 구조 이상이 발견되었다.[12] ADHD를 가진 아동 및 청소년에서, 주의력과 실행기능을 조절하는 네트워크를 포함하는 영역의 피질이 ADHD가 없는 아이들과 비교했을 때 더 얇은 것으로 밝혀졌다. 자라서 더 나쁜 예후를 보인 아동들은 주의력 네트워크가 지속적으로 문제되도록 얇아진 상태가 고정되어 보이는 데 반해, 나이가 들어 감에 따라 더 나은 예후를 보이는 아동들의 경우 동일한 영역(오른쪽 두정엽 피질)의 두께가 궁극적으로 정상적으로 되어 가는 것으로 보인다.[13] 조금 더 나이가 많은(10~18세까지) ADHD 아동을 대상으로 피질 두께를 측정한 연구[14]에 의하면, 청소년기 이전 뇌세포의 과잉생산의 특징적인 발달 패턴과 청소년기의 가지치기(pruning)가 ADHD 군에서는 훨씬 뒤에 나타나기는 하지만, 일반 대조군과 비슷한 것을 알게 되었다. ADHD를 가진 모든 아동은 피질 성숙이 지연되었음을 장기 추적 연구는 시사한다. 더 좋은 예후를 가진 아동들만이 청소년기 혹은 그 이후에 완전한 피질의 성숙을 보여 준다.[15] 사실, 성인이 되어 ADHD 증상이 계속되는지는 주의력을 조절하는 것으로 여겨지는 뇌 영역이 청소년기 동안 지속적으로 피질이 얇아져 있는지 여부로 예측할 수 있다.[16]

이 연구에서 우리는 어떤 결론을 내릴 수 있을까? 첫째, 다양한 뇌 구조의 크기에서 발견되는 차이점은 결국 ADHD는 대부분의 경우 이러한 뇌 발달이 일어나는 태아기 및 유아기의 발달과 연결된 평생 지속되는 질환이라는 점을 시사한다. 둘째, 뇌 구조의 이러한 변화는 초기 발달 동안 뇌에 미치는 영향의 직접적인 결과라는 것이다. 이러한 변화의 근본적 원인은 알 수 없지만, 유전적 소인이나 미숙아, 감염, 또는 납에 대한 노출과 같은 가해의 결과일 가능성이 가장 높다. 셋째, 여러 많은 연구에서 뇌의 여러 구조가 작아져 있음을 보고하였지만, 그 어떤 연구에서도 뇌 손상의 증거를 발견하지 못했다는 점에 주목할 필요가 있다. 마지막으로, 아동의 삶에서 나중에 발생하는 잘못된 육아, 열악한 학교, 나태한 교사 등은 뇌 구조의 이러한 차이의 원인이 될 수 없다는 점을 지적해야만 하겠다.

ADHD가 있을 때의 뇌 구조와 연결성의 차이

수많은 연구에서 PFC,[17, 18] 소뇌 및 뇌량(corpus callosum: 대뇌의 양쪽을 연결하는 다리)[19, 20]을 포함한 특정 영역들에서 ADHD 뇌의 구조적 차이를 보고하였다. 이러한 여러 근거에도 불구하고, 일반인들은 물론 의료계 전문가와 언론에서 ADHD는 실제 장애가 아니라 오히려 잘못된 양육, 나태한 교사, 열악한 학교, 또는 급변하는 사회의 결과라는 견해를 계속해서 주장하여 골치를 썩이고 있다.

손상된 PFC 네트워크 기능의 발견은 전전두엽(PFC)의 기능이 ADHD 환자에서 특징적으로 손상되기 때문에 매우 중요하다. PFC와 뇌의 다른 주요 영역을 연결하는 신경망의 손상이 뇌 발달 과정 중에 일어나고, ADHD 증상이 평생 지속하는 데 기여하기 때문이다.[21]

화학적 신경전달물질

ADHD 뇌의 차이는 뇌 구조와 관련이 있을 뿐만 아니라 뇌 화학에도 적용된다. 신경전달물질이라는 화학물질이 뇌세포(뉴런)에서 분비된다. 이 화학물질은 뇌세포 사이의 작은 간격인 시냅스(synapse)를 가로질러 인접한 세포에 메시지를 보낸다. 하나의 뉴런은 1,000~1만 개의 다른 세포와 접촉한다. 뇌에 있는 각 뉴런은 수많은 다른 뉴런으로부터 이러한 화학적 메신저를 받을 수 있다. 뇌의 단일 영역으로 ADHD의 모든 증상을 설명할 수 없지만, 도파민과 노르에피네프린에 관여하는 신경회로가 ADHD를 가진 사람들에게서 우리가 보는 행동들과 관련되어 있다.

ADHD 유무에 관계없이 소년의 두뇌에 대한 연구에 따르면, ADHD를 가진 소년은 신경화학적 도파민이 중요하게 작용하는 뇌 영역의 부피가 감소한 약간 더 작은 뇌를 가졌다.[22, 23] 도파민은 ADHD에 관여하는 것으로 알려진 화학적 신경전달물질에 대한 귀중한 정보를 제공한다. 도파민과 노르에피네프린 수치의 변화는 뇌 기능, 특히 PFC를 변화시킨다.[24] ADHD 증상을 감소시키는 데 효과적인 많은 약물은 PFC 및 뇌의 다른 영역에서 도파민과 노르에피네프린의 양을 증가시킨다.

두뇌의 차이는 학령전기와 같은 초기에 존재한다

비록 어린 아동들의 뇌를 들여다보는 연구는 드물지만, 이미 발견된 이런 차이점들을 주목하는 것은 중요하다. ADHD와 관련하여 뇌 차이에 대해 알려 주는 연구들은 거의 대부분 7세 이상의 아이들에게 집중되어 있다. 그러나 2011년에 미취학 아동들에 대한 한 연구에서 인지 및 운동 조절 모두에 중요한 뇌 부위를 들여다보았는데, 보통 아이들에 비해 ADHD를 가진 아이들의 해당 부위가 더 작았다.

연구자들은 ADHD 증상이 있든 없든 미취학 아동들(4세, 5세)의 뇌 이미지, 특히 과잉행동 및 충동성과 상관관계가 있다고 알려진 뇌의 특정 부위를 조사했다. 그들은 ADHD 아동들의 뇌 부위가 ADHD 증상이 없는 아동들에 비해 크기가 상당히 줄어들어 있는 것을 알아냈다.[25] 이 연구의 가장 중요한 시사점 중 하나는 ADHD의 차이가 아동 발달의 아주 초기에 존재한다는 것과 ADHD 증상이 나중의 사회적 또는 환경적 요인에 의해 야기되지 않는다는 근거를 제공한다는 것이다.

두뇌 구조에서 성별의 차이

현시점의 대부분의 뇌 연구는 ADHD를 가진 소년들만을 대상으로 했지만, 그럼에도 불구하고 ADHD를 가진 사람의 뇌에서 무슨 일이 일어나고 있는지를 이해하는 것은 여전히 중요하다. 이 연구는 전두엽과 전전두엽은 물론 그것들이 뇌의 더 깊은 부분과 연결되는 부위들(피질 하부/선조체 영역)이 관여하고 있음을 분명히 보여 준다. 이것들은 사람이 ADHD에 걸렸을 때 부정적인 영향을 받는 두 가지 뇌 기능인 동기부여 및 정서 조절과 특별히 연결되어 있는 영역들이다.[26] 두뇌의 실행기능들(주의력, 충동 조절, 목표 지향성, 문제 해결력) 또한 전전두엽 및 이들 피질 하부 연결에 의존하는 것으로 알려져 있다.[27]

그러나 만일 있다면 여성과 남성 뇌에서 보이는 성별 차이는 무엇일까? 이 질문에 답하기 위해 몇 가지 다른 연구를 살펴보겠다. 그러한 연구 중 하나에서 7~11세 사이의 아동들 30명(남아 15명, 여아 15명)의 여러 뇌 구조의 크기를 측정했다. 이 연구를 통해 이 나이의 뇌 크기가 성인 뇌의 95%라는 것을 발견했다. 신체의 다른 부분에서와 마찬가지로 전반적인 여성의 뇌 크기는 남성의 뇌에 비해 약간 작았지만, 그 크기는 전반적인 신체 크기에 비례하였고, 유의미한 차이는 나지 않았다.[28] 여성의 뇌는 전반적으로 간과 신장이 더 작고 무게가 덜 나가는 것과 같은 이유로 남성의 뇌보다 무게가 가볍다. 여성의 발 크기가 더 작은 것처럼, 여성의 머리 크기도 더 작다.

이같이 비율적으로 작은 크기의 관계는 대부분 뇌의 영역들에서 유지되고 있었지만, 몇몇 의미 있는 예외가 있었다. 여성은 뇌의 특정 부위가 남성보다 더 컸는데, 예를 들면 미상핵(caudate), 해마(hippocampus), 담창구(pallidum) 등이다. 이러한 구조물의 크기는 과잉행동의 정도(예: 미상핵이 작을수록 더 많은 과잉행동을 보이는 것)에 반비례하는 것으로 알려져 왔으며, 따라서 아마도 (미상핵이 더 큰) 여자아이들이 일반적으로 남자아이들보다 과잉행동을 덜 하는 이유일 것이다. 반대로 편도체(amygdala)는 여성의 뇌에서 불균형적으로 작다고 알려져 있다. 불안과 우울증과 같은 정서장애는 편도체의 활동과 연관되어 있다. 변연계(limbic system)의 이들 구조(감정 조절의 영역)의 차이는 여성 대 남성에서 나타나는 병합 질병의 상이한 패턴의 원인 중 하나가 될 것으로 예상되며, ADHD를 포함한 특정 장애에서 다양한 증상이 나타나는 기초가 될 수도 있다.

ADHD 증상을 보이는 소년과 소녀에서 두뇌 발달의 차이

같은 연구에서 ADHD 증상을 보이는 소년과 소녀들의 두뇌에서 또 다른 차이점이 발견되었다. 전전두엽(PFC)이 ADHD와 관련된 수많은 과제에 연관되어 있기 때문에, ADHD 소녀에서 PFC가 성인의 세포 크기에 도달했음을 발견한 것은 매우 중요하다. 그것은 여아의 PFC는 세포 가지치기가 아직 일어나지 않은 남아의 뇌보다 더 일찍 기능이 보다 명확하게 결정되었음을 시사하기 때문이다. (이 장 초반에 언급한 불필요한 세포를 제거하는 세포 가지치기가 뇌가 성숙해지고 특정한 기능을 하는 보다 명확하게 규정된 영역을 발달시킴에 따라 일어난다는 것을 기억해 보라.) 따라서 조기 성숙과 함께, 실행기능 기술은 소년보다 소녀에게서 더 일찍 나타나는 것으로 보이고, 기술(그리고 결함)은 시간이 지남에 따라 소녀의 이들 영역에서 보이는 것과 같이 호전이 별로 없이 점차 고정되는 것으로 보인다.

이러한 연구 결과는 소년들의 뇌가 청소년기 동안 가지치기로 인해 줄어드는 세포의 과잉생산이 더 크다는 것을 입증하는 이전의 연구들을 확인시켜 주지만, 소녀들의 뇌는 그렇지 않다. 두뇌의 뉴런 경로의 보다 효율적인 기능인 특이성(specificity)의 증가와 증상 감소를 확인시켜 주는 것은 바로 이 가지치기이다. 따라서 소녀의 뇌에서 이러한 부위가 더 일찍 성숙하게 되면 소년의 뇌에서보다 결함이 더 많이 고정되는 것같이 보인다. 소년의 경우 세포의 과잉생산 및 늦은 가지치기로 인해 이들이 청소년기 후기에 더 많은 기능 호전 및 증상 감소의 기회를 얻게 되는 것 같다. 결론적으로, 소녀들의 뇌는 일찍 성숙하지만 나중에 장애를 극복할 기회가 적어진다는 것이다. 그러므로 그들의 PFC 및 연관된 영역의 특화와 관련된 결함의 고정은 소년에 비해 더 일찍 일어난다.

도파민 수용체에서 성별 차이

ADHD는 현재 두뇌의 도파민 및 노르에피네프린 신경전달물질 경로의 손상의 결과로 여겨지고 있다. 특정 수용체는 두뇌의 특정 영역에서 전달을 제어하여 행동을 조절하는데, 성별에 따라 영향을 받는 것으로 알려져 있다. 동물 연구들은 여성 대 남성 뇌에서 두뇌 발달 중에 일어나는 일에 대해서 우리에게 단서를 준다. 그중 한 연구에서 사춘기부터 성인기까지 수컷 쥐와 암컷

쥐의 도파민 수용체 수를 측정했다. 이 연구에서 수컷이 암컷보다 이러한 수용체의 과잉생산과 제거가 더 크다는 것을 발견했다.[29] 도파민 시스템의 발달에 있어 이러한 성별 차이는 ADHD에서 보이는 성별 차이와 관련하여 중요한 시사점을 가진다.

연구가 시사하는 것처럼, 사춘기 이전 시기에 도파민의 과잉생산은 왜 소년에서 과잉행동 증상 및 투렛 증후군과 같은 다른 장애들을 더 많이 가지는가를 설명하는 데 도움을 줄 수 있을 것이다. 마찬가지로, 청소년기에 일어나는 활발한 가지치기는 사춘기 이후 소년에게서 과잉행동 증상이 감소하는 이유를 설명하는 데 도움이 될 수 있다. 그리고 가장 중요한 것은, 소녀에서 밀도가 줄어들지 않는다는 사실은 사춘기 이후에 소녀에서 왜 ADHD 증상이 더 지속할 가능성이 높은지를 설명할 수 있다. 과잉생산의 결과로 인한 가지치기는 뇌가 이전 결합을 교정하고 기능을 호전시키는 보다 효율적인 시스템을 이룰 수 있도록 해 준다.

소녀에서 과잉생산과 가지치기 부족은 그들의 뇌에서 이 기회를 빼앗고 결합이 고정되고 증상이 지속되는 것을 초래한다. 이러한 뇌 발달 패턴에 대한 비정상적인 조절이 성 호르몬 차이의 결과로서 남녀의 심리 및 행동 장애의 차이와 연관될 수 있다는 증거들이 새롭게 등장하고 있다. 이 연구에 대해서는 사춘기 ADHD에 관한 절에서 더 논의될 것이다.

두뇌 발달에 대한 에스트로겐의 효과

에스트로겐이 성기에 미치는 영향은 이미 오랫동안 알려져 왔지만, 뇌에도 영향을 미친다는 것은 최근에야 밝혀졌다. 소년 및 소녀 모두 뇌 발달 초기 단계에서 자궁 내에 있는 동안 높은 수준의 에스트로겐에 노출된다. 출생 후에는 남녀 모두 에스트로겐을 생산한다. 그러나 여성은 폐경기에 이를 때까지 남성보다 3~10배 정도의 에스트로겐 수치를 갖는다. 특히 우리는 소녀에서 뇌의 성숙과 기능에 대한 높은 수준의 에스트로겐의 효과를 생각해야만 한다. 맥퀸(McEwen)과 동료들은 1997년에 도파민 및 세로토닌 수치를 포함하여 난소 스테로이드제의 두뇌 전역에 걸친 효과를 보고하였다.[30] 에스트로겐은 도파민과 세로토닌 수용체를 유의미하게 증가하도록 자극하는 것으로 나타났다.[31]

에스트로겐 수치의 변화에 대한 민감도

수용체와 결합 부위는 중요한데, 우리가 갖고 있는 수용체가 많을수록 시스템은 적은 양의 신경전달물질에도 더 잘 반응하기 때문이다. ADHD나 우울증 같은 경우에서 만일 신경전달물질 수치가 낮아진다면, 수용체를 더 많게 하거나 혹은 이들 수용체의 민감도를 강화할 때 (부피를 증가시켜) 증상 감소를 초래할 수 있다.

여성의 뇌는 저에스트로겐 상태(예: 생리 전, 출산 후, 폐경)에 민감하여, 이 기간 동안 기분 변화, 이자극성, 수면장애 그리고 다른 인지적 문제들이 나타난다. 사춘기와 폐경기 이후 ADHD를 가진 소녀 및 여성들에게 추가적인 부담을 줄 수 있는 것은 이러한 저에스트로겐 상태들이다. 이러한 시기에 나타나는 에스트로겐의 감소는 이미 낮은 수준의 전달체(도파민 및/또는 세로토닌) 및/또는 더 기능이 떨어진 뇌 영역(전전두엽 및 상호연결 피질하 영역)에 의해 손상되어 있는 소녀와 여성의 수용체 양을 감소시키거나 민감도의 감소를 초래할 수 있다. 그 결과로 ADHD 증상의 악화, 기분장애의 증가, 인지 기능의 저하 등이 초래될 수 있다.

1990년 한스 휴시(Hans Huessy)는 ADHD를 가진 소녀들에게 사춘기의 시작과 함께 점점 더 심각한 문제가 생길 수 있음에 주목함으로써 호르몬의 문제와 ADHD의 관계를 처음으로 다루었다. 그는 생리 주기 단계 전반에 걸쳐 호르몬 변동이 증가하면 ADHD 증상이 증가한다고 하였다.[32] 또한 ADHD를 가진 사춘기 소녀들에서 이자극성 및 기분 변화 등 더욱 심한 생리전증후군(premenstrual syndrome: PMS; 역자주: 생리 전후에 심한 감정 불안정, 짜증, 불쾌감, 통증 등이 발생하는 증상)가 보고되었다. 게다가 일화적인 보고에 따르면 ADHD를 가진 많은 여성이 폐경기에 들어갈 때까지 상당한 기능을 유지할 수 있으나, 폐경기에 이르러 호르몬 수치의 감소와 함께 그들의 ADHD 증상에 더 이상 효과적으로 대처할 수 없었다. 이러한 일화적인 보고에도 불구하고, 우리는 ADHD를 가진 소녀 및 여성들, 그리고 사춘기, 폐경기 및 다양한 호르몬 수치의 영향을 연구하기 전까지 이러한 많은 질문에 대한 해답을 얻을 수 없을지도 모른다.

사춘기 소녀에서 ADHD 증상의 증가

사춘기는 큰 혼란과 변화의 시기이다. 뇌가 성숙기에 가까워질수록 성증발생(부신샘의 발현) 중에는 부신 호르몬의 극적인 증가에 노출되고, 1~2년 후 성샘 기능 개시(유방 및 생식기 발달) 중에는 성 호르몬(테스토스테론과 에스트라디올)의 증가에 노출된다. 사춘기의 이러한 호르몬 변화는 이 시기에 나타나는 기분 및 행동 변화의 원인으로 오랫동안 지목되어 왔다. 조숙한 성증발생을 갖는(부신샘은 활성화되지만 성 발달은 아직 일어나지 않는) 아이들에 대한 연구에서, 연구자들은 행동에 대한 사회적 요인의 간섭 없이 호르몬의 영향을 연구할 수 있었다. 이 연구에서 사춘기가 더 일찍 시작된 아이들은 적절한 시기에 이 과정을 시작한 아이들에 비해 부신 안드로겐, 에스트라디올, 코르티솔의 수치가 상당히 높은 것으로 밝혀졌다. 이러한 정상보다 높은 수치의 호르몬을 가진 아이들은 불안/우울증, 주의력 및 행동 문제, 인지 기능 저

하, 학교 성적 저하 등 유의미한 정신사회적 문제를 가지고 있는 것으로 보고되었다.[33]

대부분의 경우 ADHD는 태어날 때부터 존재하지만, 많은 소녀에게는 사춘기가 될 때까지 ADHD의 증상은 문제가 되지 않을 수 있다. 사춘기 무렵에 ADHD 증상의 악화가 관찰될 수 있다. 게다가 소녀의 손상된 실행기능은 늘어나는 삶의 요구에 대한 반응에서 혼란에 빠지고 수행이 악화되는 것으로 그때만 나타날 수 있다. ADHD 소녀들의 엄마들은 그들의 딸이 사춘기 때부터 이자극성과 기분 변화가 현저하게 증가하였다고 보고한다. 그렇지만 현재까지 ADHD 소녀들에게 사춘기 이후 나타나는 증상의 악화가 부신 및 성호르몬의 높은 수준과 관련이 있는지 또는 크게 변동하는 호르몬 수치가 그 당시 ADHD 증상 및 우울한 기분의 실제 악화를 유발하는지를 규명한 연구는 수행되지 않았다.

fMRI를 이용한 한 연구에서, 작업 기억 과제를 수행함에 있어 ADHD가 없는 소녀에 비해 ADHD 소녀들의 전전두엽(PFC)의 비효율성을 확인할 수 있었다.[34] ADHD 어린 소녀들에 대한 이전 연구에서는 소년들과 마찬가지로 심각한 실행기능장애를 발견할 수 없었지만, 아마도 이것은 연구 대상 소녀들의 연령이 요인이 될 수 있었다. 소녀들은 너무 어려서 사춘기가 시작된 후 흔히 볼 수 있는 정도로 뇌기능장애의 증상을 나타내지 못했을 수도 있다.[35] 청소년기 소녀들에 대한 다른 연구에서는 포도당 대사 감소에 의해 측정된 뇌기능장애가 태너 단계(tanner stage: 유방과 음모 변화에 의해 측정된 소녀의 사춘기 진입 정도)와 상관관계가 있다는 것을 발견하였다. 이러한 2차 성적 특성이 더욱 발달할수록, 소녀의 연령과 관계없이 뇌기능장애가 더 컸다.[36] 이 연구는 재검증되지 않았지만, 이 절의 앞부분에서 논의된, 사춘기 동안 정상 호르몬 수준보다 높은 수준을 갖는 소녀들의 심리적 · 행동적 장애의 상관관계와 시기에 관한 연구들에서 발견된 것과 유사한 내용을 보고하고 있는 것 같다.

결론

두뇌에 대한 이 새로운 정보로부터 우리는 무엇을 배웠을까?

첫째, ADHD는 출생 전후의 중요한 발달 기간 동안 뇌에 대한 여러 영향(유전적 소인을 포함하여)의 결과에 따른 발달학적이고 뇌를 기반으로 하는 질병이다. 이 시기 동안, 뇌는 손상 및 뇌 발달에 영향을 미치는 여러 가해에 매우 취약하다. ADHD는 부적절한 육아, 가난, 또는 기타 환경적 원인의 결과가 아니다.

둘째, ADHD를 가진 남성과 여성의 뇌에 차이가 존재한다는 것이 미취학 아동과 초등학교 아동, 청소년을 포함한 연구와 동물 연구 모두에서 밝혀졌다. 이러한 차이점들은 일상생활에서 소녀의 행동, 학업 성취 및 사회적 기능에 영향을 주는 ADHD의 증상들을 설명하고, ADHD 소녀 및 ADHD 소년에서 관찰되는 차이점들을 설명하고 있다.

셋째, 그리고 더 중요하게는, 뇌가 성숙기에 가까워질수록 소녀들의 ADHD에 특유하게 영향을 주고 복잡하게 만드는 월 주기의 호르몬 충격에 노출된다. (이것은 다음 장에서 더 자세히 논의할 것이다.)

마지막으로, 최근의 연구는 또한 ADHD가 없는 소녀들과 비교했을 때 ADHD를 가진 소녀들의 뇌 구조와 기능에서 상당한 차이를 보여 주었다.

제3장

취학 전 시기의 어린 ADHD 소녀

취학 전 시기는 대략 3~5세까지의 시기를 포함한다. 이 시기는 자아 개념이 발달하고, 숙달, 자기결정 및 더 큰 세계로의 모험이 시작되는 시기이다. 또한 이 시기는 신체적으로나 정서적으로 강도 높은 탐구와 폭발적인 변화의 시기이며, 초등학교에서 학업을 시작하기 위한 기술을 습득하는 시기이다. 이 기간 동안 ADHD를 진단하는 것은 어려울 수 있지만 ADHD에 사용되는 진단 기준이 취학 전 아동에게 적용될 수 있다는 증거가 있다. 취학 전 아동의 메틸페니데이트 효능에 대한 다중 사이트 연구를 포함한 문헌[1] 검토 결과, 이 기준이 취학 전 아동의 ADHD를 적절하게 판별할 수 있음이 밝혀졌다. 조기 아동기 진단의 정확성은 3~6세 사이에 ADHD 진단을 받은 아동이 몇 년 후에도 신중하고 철저한 다학제적 평가를 통해서도 계속해서 진단 기준을 충족한다는 연구 결과에 의해 뒷받침된다.[2] 이는 취학 전 시기에 ADHD 진단을 받은 아동의 절반만이 몇 년 후 ADHD 기준을 충족했다는 최근 연구와는 대조적이다. 또 다른 최근 연구에 따르면 조기 진단을 받은 유아 중 몇 년 후 더 이상 ADHD 기준에 충족되지 않는 경우가 있었지만, 대부분 사회적 · 학업적 적응에 문제가 있고 다른 정신병리의 징후가 나타난 것으로 보고되었다.[3]

이 연령대에서는 특히 부주의 증상이 주로 있는 경우 진단이 어려울 수 있지만, ADHD 소녀를 조기에 식별하고 적절한 치료를 제공하는 것은 학교에서의 성공 가능성을 높이고 문제를 예방할 수 있기 때문에 매우 중요하다. 미국 소아과학회(American Academy of Pediatrics)는 조기 진단의 중요성을 인식하고 1차 진료 임상의가 학업 또는 행동 문제와 부주의, 과잉행동 또는 충동성 증상을 보이는 4~18세 아동에 대해 ADHD 평가를 실시할 것을 권장한다.[4]

이 초기 발달 기간 동안 ADHD로 진단받은 아동은 일반적으로 다른 아동보다 두드러진다. 이들의 과잉행동 때문이다. 그러나 6~7세가 되면 부주의 증상이 나타나고, 이러한 증상은 ADHD가 없는 아동과 ADHD 아동을 구별할 수 있을 정도로 다소 우세하게 나타난다.[5] 결과적으로, ADHD로 진단받은 대부분의 취학 전 아동은 일반적으로 과잉행동 또는 복합 증상을 나타낸다. 50명의 취학 전 아동(ADHD 아동 25명, ADHD가 없는 아동 25명)을 대상으로 한 연구에서 68%가 과잉충동 유형, 28%가 복합 유형, 4%만이 부주의 우세형 유형이었다.[6]

파괴적인 행동과 과잉/충동성 증상은 부주의 증상보다 ADHD 유아들에게서 더 자주 관찰된다. 취학 전 연령 집단(정신과 진료소에 의뢰된 아동의 12%)에서 확인된 가장 일반적인 상태는 주의력 결핍 과잉행동장애(ADHD, 86%), 파괴성장애(61%), 기분장애(43%) 및 불안장애(28%)이다. 취학 전 아동들 사이에서 정신장애의 공존이 흔하게 나타났고, 대부분 두 가지 이상의 장애를 보였다.[7]

ADHD로 진단된 두 집단의 아동, 즉 취학 전 아동(평균 발병 연령이 2세 이상)과 학령기 아동(평균 발병 연령이 4세 미만)을 살펴보면, 두 집단 간 ADHD

증상에는 차이가 없음이 나타났다. 두 집단 모두 비슷한 정신병리 공존 상태를 보였으며 각 집단의 아동 중 70% 이상이 다른 상태로 진단을 받았다. 또한 두 집단 모두 사회, 학교 및 전반적인 기능에 상당한 장애가 있는 것으로 나타났다.[8]

ADHD 유아들은 나이가 많은 ADHD 아동보다 더 높은 활동 수준을 보이는 경향이 있으며, 상황에 따라 행동도 달라진다. 행동은 또한 광범위하게 발생하지 않을 수 있으며 학교보다 집에서 더 많이 발생할 수 있다. 자녀가 집에서만 이런 행동을 나타낼 때 어머니들은 자주 스스로를 비난한다. 어머니들은 이러한 상황을 다루지 못하고 스스로를 문제의 원인이라고 생각한다. 많은 사람은 더 나은 육아 기술만 있으면 상황이 더 나아질 것이라고 생각한다. 부모-자녀 관계 개선을 위한 상담은 이러한 상황을 개선할 수는 있지만 그렇다고 해서 문제의 원인이 부모라는 것을 의미하는 것은 아니다. 보다 어린 시기에는 가정에서 주로 문제가 발생하는데, 가정은 아이에게 가장 편안한 장소이기 때문이다.

그렇다고 실제로 문제가 존재하지 않는다는 의미는 아니다. 실제로 ADHD는 신경생물학적 상태이며 잘못된 육아로 인한 것이 아니라는 것을 기억해야 한다. 비록 부족한 육아 기술이 문제를 더 악화시킬 수 있지만, 우리가 살펴보았듯이 그것이 문제의 원인은 아니다. 부모가 되는 것은 어렵고 시간이 많이 걸리는 일이다. 특별한 도움이 필요한 딸의 부모가 되는 것은 극도로 힘들고 좌절감을 줄 뿐만 아니라 힘들 수도 있다.

취학 전 아동들의 주요 특징 중 하나는 활동적인 것이기 때문에, 이 시기에 ADHD를 어떻게 진단해야 할 것인가? 이 주제에 대한 연구에 따르면 취학 전 ADHD 소녀가 정상적이고, 선천적으로 활동적인데, 활기찬 또래와 구별되는 결정적인 요인은 바로 활동의 질과 정도이다.[9] 이 시기에 과잉행동을 보이는 소녀들은 맹목적으로 달리기 및 점프하기, 자주 돌아다니는 행동, 기어오르기나 다른 위험한 활동 같은 큰 위험을 감수하는 행동들을 자주 나타낸다.

그 결과, 더 많은 사고와 부상을 당하고 자주 응급실에 간다.[10, 11] 정서적 반응으로 표현되는 까다로운 기질도 시간이 지남에 따라 과잉행동 증상과 관련이 있는 것으로 밝혀졌다.[12]

활동 수준과 정서적 반응 외에도 다른 행동 단서들이 취학 전 소녀들의 방해 행동 혹은 부적절한 행동의 중요성을 평가하는 데 도움이 될 수 있다.

- 공격적인가?
- 전이를 어려워하는가?
- 자신의 환경을 탐색하고 참여하는가, 아니면 혼자 있거나 위축되어 보이는가?
- 어떤 질감이나 옷을 불편해하는가?
- 잠을 자거나 잠드는 데 어려움이 있는가?
- 달래기가 어려운가, 아니면 반응이 주어진 상황에 부적절한가?
- 이유 없이 짜증을 내는가?
- 계속 움직이려고 하는가?
- 위험한 행동을 하는가?
- 매우 충동적인가?
- 식사나 배변에 문제가 있는가?
- 과도하게 위축되어 있는가?
- 지시를 따를 수 있는가?
- 2세 시기에 일반적으로 나타나는 저항 행동을 3, 4세 혹은 그 이상이 되어도 계속하는가?
- 코를 고는가? 그렇다. 코골이! 편도 비대와 아데노이드 비대는 어린아이들에게 수면무호흡증과 행동장애를 유발할 수 있으며, 연구에 따르면 간단한 아데노이드 절제술이 ADHD 증상을 크게 개선할 수 있다.[13]

문제를 일으킬 수 있는 요인들이 너무 많은데 부모가 딸의 행동에 대해 추가 조사가 필요한지 어떻게 알 수 있을까? 일반적으로 ADHD 진단을 예측하는 두 가지 행동 패턴이 있다. 첫째, 일반적으로 공격 행동, 학교 활동 참여 거부 및/또는 다른 아동의 소유물이나 경계를 존중하지 않아 발생하는 유치원 퇴원(배제) 조치이다. 둘째, 또래 거부로 이는 부모가 쉽게 식별할 수 있는 것이다. 극도로 수줍음이 많거나 또는 으스대는 행동으로 아이들은 종종 반 친구들로부터 따돌림을 당하고 놀이터에서 무시되거나 외면당하며, 그렇지 않으면 고립되거나 거부당한다.

앞서 제시된 질문들과 논의점들로 인해 딸의 ADHD 유무에 대해 걱정하거나 의문을 제기할 수 있지만 그것이 장애에 대한 진단을 의미하지는 않는다.

ADHD의 다른 유형

취학 전 ADHD 아동은 이러한 각 영역에서 문제가 있을 수 있지만, 일반적으로 DSM-5에 정의된 두 가지 유형(과잉행동/충동성과 부주의/산만 유형) 중 하나에 해당한다.[14] 후자의 하위 유형에서 발견된 많은 소녀는 부주의하고 산만할 뿐만 아니라 수줍음이 많고 내성적인 것으로 보인다. 그러나 많은 소녀가 두 하위 유형의 특성을 모두 보이며 명확한 패턴에 속하지 않는다는 점에 유의해야 한다. 소녀가 어떤 하위 유형에 속하든 중요한 문제는 문제 행동을 조기에 판별하여 이후의 학업적, 정서적 또는 사회적 어려움을 완화하는 것이다.

하지만 영유아 시기의 ADHD 소녀를 어떻게 인식해야 할 것인가? 각 하위 유형을 각각 살펴보고자 한다.

과잉행동/충동성 유형

> 제시카(Jessica)의 엄마는 제시카가 언니와 다르다는 것을 일찍이 알고 있었다. 제시카는 매우 발달된 운동 기술을 지니고 있었다. 제시카는 앉기가 빨랐고, 7개월에 몸을 일으켜 세우고, 9개월에 걸음마를 시작했다. 제시카는 항상 움직였고 거의 잠을 자지 않았다. "야간 수유 후에 제시카를 잠들게 하는 것은 매우 어려웠어요. 남편은 몇 시간씩 제시카를 안아 흔들어 주어야 했어요." 세 돌이 될 때까지도 제시카는 여전히 밤새 잠을 자지 않았고, 18개월에는 낮잠을 아예 자지 않았다. "제시카는 걷기도 전에 침대에서 기어 나와 항상 물건들을 탐색하고 물건에 집중했어요. 걸음마 시기에는 여기저기 뛰어다니는 것이 당연하다고 생각했지만, 세 돌이 될 즈음에 우리는 아이가 뛰는 것보다 걷는 것을 더 많이 했으면 좋겠다고 생각했어요."

이 소녀는 밤에 잠들지 못하거나 아침 일찍 일어날 것이다. 이 시기에 이 소녀는 자주 침대에서 벗어나 놀거나 침실 서랍에 있는 모든 것을 바닥에 엎어 버리고 서랍에 있는 것을 다 꺼내기도 한다. 아침에 아이의 방은 자주 어질러져 있고 아이가 바닥, 옷장 또는 침대 밑에서 자고 있는 것을 발견할 수 있다.

과잉행동을 보이는 취학 전 아동들은 기어오르기를 포함한 위험한 활동을 자주 한다. 18개월 된 한 아이가 식당 탁자 위에 있는 것이 발견되었다. 이 아이는 샹들리에를 붙잡고 그네를 타다가 탁자 주위를 뛰어 다니는 강아지의 등에 뛰어내렸다! 충동적이고 위험한 행동을 나타내는 취학 전 아동들은 다른 면에 있어서 사뭇 다른 점이 발견된다. 제이미(Jamie)의 엄마는 제이미가 다른 5세 아이들보다 사고에 취약하며, 더 미숙하다고 생각했다. 그러나 제이미가 두 차례 뼈가 부러지고, 봉합을 위해 세 차례 응급실로 간 다음에야 비로소 제이미의 행동이 평범하지 않다는 의문을 갖게 되었다. 많은 연구에서 ADHD 유아들은 사고에 더 취약한 것으로 묘사되었다. 모든 행동변수 중 사고 빈도와 가장 밀접하게 관련된 것은 일반적인 활동량이었다.

일부 ADHD 소녀의 경우, 과잉행동은 달리기나 점프와 같은 운동 활동보다는 과잉발화(hyperverbal) 또는 과잉수다(hypertalkative) 행동으로 나타날 수 있다.

> 캐시(Cathy)는 말이 빨랐고, 언어 발달이 조숙했다. 캐시는 말을 멈추지 않았고, 모든 것에 대해 의견을 말했다. 처음에는 귀엽게 보였지만, 곧 또래와 가족에게 문제가 되었는데, 또래와 가족은 캐시의 말에 대응하다가 종종 압도당했다. 이러한 유형의 수다스러움은 매우 당황스럽기도 하고 대화의 주제에서 자주 벗어나기도 한다. "다른 사람들이 식당에서 어떤 음식을 주문할 것인지에 대해 말하는 동안, 캐시는 왜 로널드 맥도널드(Ronald McDonald)가 빨간 코를 가졌는지, 생일 선물로 자기가 무엇을 원하는지에 대해 이야기했어요." 이 소녀들은 수백만 가지의 질문을 하거나 끝없이 수다를 떨기도 한다. 여러 명의 어머니가 다음과 같이 말하는 것을 들은 적이 있다. "아이가 1분만이라도 말을 안 했으면 좋겠어요. 아이는 혼자 놀면서도 쉬지 않고 말을 해요."

어떤 소녀들은 활동적일 수는 있지만, 연령에 보다 적합하고 수용 가능한 활동에 참여하기도 한다.

> 랭(Lang)은 야외에서 노는 것을 좋아했고 운동 능력이 매우 좋았다. 랭은 나무를 오르는 것을 좋아했고 소년들과 노는 것을 좋아했지만 항상 위험한 방식은 아니었다. 랭은 4세가 될 무렵 조정 능력이 매우 뛰어나 보조 바퀴가 없는 이륜 자전거를 탔다. 랭은 대체로 협조적이었고, 아버지와 좋은 관계를

유지했다. 랭의 아버지는 랭의 경쟁심과 용기 있는 태도를 즐겼다. 랭은 같은 나이 또래의 소년들보다 공을 더 잘 치고 던질 수 있었으며 항상 소년들의 경기에 초대되었다.

ADHD 연속체의 과잉행동 끝자락에 있는 일부 소녀는 의지가 강하고 통제력이 강하며 또래와 놀 때 문제가 있을 수 있다. 에이미(Aimee)는 그런 소녀 중 하나였다. 에이미의 어머니는 다음과 같은 말로 상황을 묘사했다. "모든 게임을 자신의 생각대로 해야 하고, 자기 규칙대로만 해야 해요. 에이미는 놀이를 할 때 각자 맡을 역할을 다른 사람에게 할당하고 자신은 대개 엄마 역할을 해요!" 언제나 다른 사람에게 통제받는 것을 원하지 않는 에이미의 이러한 행동 때문에 어머니와 딸 사이에도 문제가 발생했다. 이러한 소녀의 가정 상황은 흔히 다른 가정보다 더 강렬하다고 묘사될 수 있다. 이러한 소녀의 어머니는 딸과 이야기하고 노는 경향이 적음이 관찰되었고, 자녀에게 더 많은 좌절감을 느끼며, 또한 더 많은 체벌을 사용하는 경향이 있다.

테리(Teri)는 과잉행동적일 뿐만 아니라 자기주장이 강했다. 테리에게 통제는 중요한 문제였다. 테리는 모든 상황을 통제하려 했기 때문에 식사와 화장실 훈련에 문제가 발생했다. 테리가 먹는 음식은 몇 가지뿐이었고, 식사 중에 백만 번이나 식탁에서 오르락내리락하면서 주로 제한된 음식만을 먹었다. 테리는 변기를 사용하는 것을 거부했고, 풀업®(역자 주: 화장실 훈련을 하는데 사용되는 기저귀)을 하고 유치원에 등원하기 시작했다. 시간이 지남에 따라 테리의 어머니는 테리가 움직이느라 바빠서 멈추거나, 먹거나, 혹은 변기를 사용하는 것을 할 수 없다는 것을 깨달았다. 테리는 또한 이러한 부분이 통제를 위한 전쟁터가 된다는 것을 깨달았다. "결국 저는 제가 강하게 밀어붙일수록 혹은 제가 소리를 지를수록 테리가 더욱 강하게 고집을 부린다는 것을 깨달았어요. 우리의 일상은 저의 고함 소리와 테리의 비명 지르기, 성질

부리기로 가득했어요. 제 남편은 참지 못했어요. 남편은 제가 아이처럼 세 살 수준으로 행동한다고 말했어요. 우리는 말다툼을 많이 했지만, 어떤 날은 남편이 저를 그렇게 평가한 것에 대해 반박할 수 없었어요. 내 딸 옆에 있는 것조차 싫었어요."

부주의/산만 혹은 수줍음/위축 유형

1960년대 후반, 미국 국립정신건강연구소(NIH)의 연구자들은 어떤 ADHD 소녀는 예상과는 정반대의 행동을 보인다는 것을 발견했다. 이러한 소녀들은 수줍어하고 위축된 행동을 보였다.[15]

사만다(Samantha)는 유치원생이다. 사만다는 좋은 아이였고 매우 침착하고 적응력이 뛰어났다. 사만다는 영아기에 주변 세상에 요구를 많이 하는 아이가 아니었다. 사만다는 걸음마 시기에 다른 아이들과 쉽게 어울리지 않았고, 오히려 옆에서 지켜보았다. 사만다는 한 가지 활동에 지나치게 집중하면서 혼자 노는 경향이 있었다. 좋아하는 활동이나 친숙한 활동을 할 때는 몇 시간 동안이나 혼자 놀 수 있었다. 하지만 사만다는 여러 가지 자극을 받았을 때, 자극에 압도당하고 한 가지 일에 집중할 수 없는 것처럼 보였다. 해야 할 지시나 과제가 주어졌을 때, 사만다는 시선을 사로잡는 다른 것을 가지고 놀면서 도중에 산만해지거나 어찌할 바를 모르는 경향이 있었다. 때때로 심부름을 보낼 때, 사만다는 목적지에 도착하기는 했지만, 자신이 무엇을 하기 위해 왔는지 잊어버렸다. 사만다는 한번에 너무 많은 지시를 받는 것을 부담스러워했고, 종종 헤드라이트에 비춰진 사슴처럼 굳어 버렸다.

어떤 부모들은 자신의 딸들을 "장미 향기를 맡으려고 멈춘 내 아이"라고 불렸다. 어떤 소녀들은 언어 지연이나 청각 처리 문제를 가지고 있는 것으로 생각될 수 있다. 대부분의 부모와 전문가는 ADHD 진단을 거의 고려하지 않으며, 진단을 받지 않는 한, 이 소녀들은 많은 세월 동안 무시되고 간과될 수 있다. 교실 뒤편에 앉아 문제를 일으키지는 않지만, 마음이 다른 곳에 있기 때문에 무슨 일이 일어나고 있는지 전혀 모른다. 소녀들은 현명하거나 똑똑하지 않은 것으로 인식되고, 다른 사람들과 같은 수준으로 성취할 능력이 없다고 인식되어 많은 세월을 낭비하게 된다.

> "멜린다(Melinda)는 18개월이 되어서야 몇 단어를 사용하기 시작했어요. 그 후 두 돌이 되자 속도가 느려졌어요. 멜린다의 세상이 보육원, 도서관 방문, 동네 수영장에서의 수영 시간으로 확장될 때, 멜린다는 계속해서 낯선 사람들을 응시하고, 항상 마지막으로 활동에 참여한다는 것을 알게 되었어요. 다른 친구들이 1등을 하려고 바삐 서두르고 밀치고 하는 동안 멜린다는 주저하며 창밖을 내다보며 상냥하게 웃었어요". 멜린다의 어머니는 멜린다를 말 · 언어 평가와 청력 평가를 위해 데려갔다. 예상대로 청력은 정상이었지만 멜린다는 특히 소음과 소란이 많을 때 언어 처리에 약간의 어려움을 보였다. 멜린다는 하나 이상의 명령을 받았을 때도 어려움을 겪었다. 8세 때, 멜린다는 한 신경심리학자에 의해 평가되었는데 멜린다가 ADHD 특징을 많이 보인다고 하였다. 그러나 멜린다가 과잉행동을 보이지 않았기 때문에, 멜린다의 부모는 학교와 의료진 모두에게 이러한 진단을 납득시키는 데 큰 어려움을 겪었다.

학교 준비도 및 ADHD의 행동

행동 문제는 유치원 준비에 상당한 영향을 미칠 수 있다. 어린 시절의 행동 문제는 운동, 언어, 놀이, 학교 및 사회정서적 기술의 상당한 지연과 관련이 있다. 한 연구에서 행동 문제가 있는 아이들은 인구통계학적 변인과 지역 변인을 통제한 경우에도 낮은 수준의 말과 언어, 운동, 놀이 및 학교 기술을 지닌 채 유치원에 입학하는 것으로 보고되었다. 행동 문제가 있는 자녀의 부모는 자녀가 유치원에 갈 준비가 되지 않았다고 보고하는 경우가 5배가량 더 높았다.[16] ADHD 소녀가 학교에서 보이는 어려움은 또한 비효율적인 인지 스타일을 초래하는 부주의 혹은 충동적 행동에서 비롯될 수 있다. 인지 조절에 대한 초기 문제들은 부주의와 과잉행동과 상관관계가 있는 것으로 밝혀졌다.[17] 어떤 소녀도 특정 유형에 완벽하게 포함된다고 할 수는 없지만, 문제가 되는 행동은 이후의 학업 능력 및 성취도와 관련이 있는 것으로 나타났다. 3세 아동을 대상으로 한 연구에서는 문제 행동, 열악한 관계 형성 및 과제 지향 간에는 중요한 연관성이 있음이 밝혀졌다. 행동 문제가 있는 취학 전 아동은 더 활동적이고 안절부절못하며 극도의 기분 변화를 보이는 경향이 있었다.[18] 3세경 남아의 과잉행동과 여아의 수줍음과 분리의 어려움은 5세경 학교에서의 행동 문제와 상관관계가 있는 것으로 나타났다.[19]

청각 처리 및 수용/표현 언어 기술 발달

ADHD 아동의 경우 지시를 따르고 구두로 제시된 정보를 처리하는 능력(청각 처리)이 지연될 수 있다. 한 대규모 연구[20]에서 언어 능력(수용 어휘로 측정됨)과 부주의/과잉행동과 외현화 행동 문제[역자 주: 모(母) 점검 척도]가 4세에서 12세 동안 2년마다 측정되었다. 연구 결과, 문제 행동이 이후의 언어 능력을 예언하는 것보다 언어 능력이 문제 행동을 더 강하게 예언하며, 영향력의 방향이 언어 능력에서 행동 문제의 방향으로 전개됨이 제시되었다.

ADHD 아동은 또한 자신을 표현하는 데 어려움 및/또는 표현 언어 지연이 있을 수 있으며, 이는 전반적인 인지 기능에 영향을 미칠 수 있다. 한 연구에서 기록된 바와 같이, ADHD 증상(부모 보고)과 언어 지연(교사 보고)이 있는 3세 아동은 대부분의 언어 관련 인지 측정에서 ADHD 증상만 있는 아동들보다 현저하게 더 좋지 않은 결과를 보였다. 대부분의 비언어적 측정 결과에서는 그룹들 간에 차이가 없었다.[21]

이러한 추가적인 언어 문제의 결과로, 취학 전 ADHD 아동들은 주의를 기울이고, 정보를 처리하고, 자신에게 읽어 주는 이야기에 대한 질문에 대답하는 데 어려움을 겪을 수 있다. 이들은 또한 집에서 또는 학교에서 낮에 있었던 일을 명확하게 설명하지 못할 수도 있다. 이런 소녀들에게 시각적 단서(그림)를 사용하여 방향성을 제시하고 언어를 조직화하는 형식을 제공할 수 있다. 또한 지시 따르는 능력을 향상시키거나 일련의 단계 또는 일상적인 활동에서 다음에 무엇을 해야 하는지를 아는 능력을 향상시키려면 동일성(sameness)이 필요하다.

ADHD, 초기 문해력 및 후기 학습

취학 전 시기의 부주의, 과잉행동 및 충동성 문제는 초기 문해력(early literacy) 발달과 후기 학업 성취도에 영향을 미친다.[22] 취학 전 아동을 대상으로 한 한 연구[23]에서는 부주의가 발현적 문해력(emergent literacy)에 영향을 미치는 반면, 과잉행동/충동성은 그렇지 않은 것으로 나타났다. 432명의 취학 전 학생 집단을 대상으로 이루어진 교사 평정(teacher rating) 결과를 분석한 또 다른 연구에서는 주의-기억(attention-memory)이 음운 인식 및 어휘 지식의 영향력 이상으로 단어 읽기를 예측하는 것으로 밝혀졌다.[24] 이 두 연구의 결과는 부주의가 초기 읽기 능력의 발달에 고유하게 영향을 미치며, 주의력 문제를 경험하는 어린 소녀들은 나중에 학업적 어려움을 겪을 위험이 더 크다는 것을 보여 준다.

취학 전 아동의 ADHD와 실행기능

취학 전 ADHD 아동은 또한 억제(inhibition) 및 작업 기억과 관련된 실행기능(executive functions: EF)에 문제가 있는 것으로 밝혀졌다. 어린아이들의 억제 부족은 ADHD, 파괴적 행동장애(DBD), 작업 기억 능력 저하와 관련이 있는 것으로 밝혀졌다. 억제와 작업 기억 수행은 시간이 지남에 따라 향상되었는데, 특히 ADHD 아동과 일반 발달 아동의 초기 취학 전 시기에 그러했다.[25]

ADHD로 진단받은 소녀들은 유치원에서 어떻게 행동할까

우리가 논의한 DSM-5 유형을 기반으로 전형적인 ADHD 소녀가 유치원 교실에서 어떻게 행동하는지 살펴보고자 한다.

교실에서의 과잉행동/충동성 유형의 소녀

과잉행동과 충동성의 ADHD 소녀는 보통 유치원 교실에서 쉽게 발견될 수 있다. 소녀는 많은 에너지를 가지고 있으며 교실 안을 많이 돌아다닌다. 소녀는 하나의 활동에 머무르거나 오랜 시간 동안 하나의 장난감을 가지고 놀지 않는다. 소녀는 활동에서 활동으로 이동하지만 실제로 참여하지는 않는다. 앉는 활동이 필요할 때, 이 소녀는 책상에 오래 머물지 않고 오르락내리락하는 행동을 상당히 많이 나타낸다. 소녀는 다른 아이에게 우두머리 행세를 하려 하고 더 공격적인 경향이 있다. 소녀는 등반 연습장의 가장 높은 곳으로 이동하거나 올라가지 말라고 제한한 나뭇가지 위로 이동하는 등 놀이터에서 위험한 활동을 할 수 있다. 이 소녀는 집단을 배회하고 집단에서 또는 집단보다 앞서 나가는 경향이 있다. 이 소녀에게 현장 학습은 어려울 수 있으며, 소녀를 돌보기 위한 성인이 배정될 필요가 있다.

과잉행동/충동성이 있는 ADHD 소녀는 가만히 앉아 있는 데 어려움을 겪는 것 외에도 끊임없이 말하거나 질문하거나 방해할 수 있다. 소녀는 어떤 상황이든 통제하기를 좋아하며 많은 관심을 필요로 한다. 실제로, 소녀는 관심의 중심이 되고자 노력하며, 그렇게 되지 않으면 행복하지 않다는 것을 확실하게 드러낸다. 이 소녀는 항상 새로운 자극을 찾고 있다. 그러나 이전에 제시된 자료를 인식하도록 요청하면 마치 본 적이 없는 것처럼 행동할 수 있다. 또한 충동적으로 대답하는 경향이 있어 동료보다 정답이 적다. 소녀는 그림에서 볼 수 있는 운동충동성을 보여 줄 수 있다. 이 소녀는 만들기 활동을 서둘러 하고, 다른 아이들보다 훨씬 빨리 그리는 경향이 있다. 이러한 행동은 조기 학습 패턴을 형성하는 데 문제가 되고 학습, 숫자, 색상 및 문자와 같은 작업에 어려움을 초래한다.

이 소녀는 잠이 거의 필요하지 않기 때문에 낮잠 시간이 특히 어려울 수 있다. 일찍이 집에서 낮잠 자는 것을 포기한 이 아이들은 한곳에 가만히 있는 것이 어렵다. 이 아이들은 방을 돌아다니거나, 노래하거나, 낮잠 시간이나 조용한 시간에도 말하는 것을 좋아하며 다른 사람들을 전반적으로 방해할 수 있다.

교실에서의 부정적인 행동

집에서는 다루기 힘든 행동을 하던 소녀가 학교에서는 집에서 나타내던 모든 행동을 보여 주지 않을 수도 있다. 하지만 결국 수업의 요구를 충족시키는 데 어려움을 겪을 것이다. 아마도 이 소녀는 활동을 시작하는 데 어려움을 겪을 수도 있고, 활동을 마칠 시간이 다 되었을 때나 다른 학생이 활동을 다 마쳤을 때 활동을 마치기를 원하지 않을 수도 있다. 힘겨루기가 교실 내에서 점차 나타날 수 있다. 이 소녀는 더 자주 울고 대개 더 부정적일 수도 있다. 소녀는 너무 많은 선택을 제안받을 경우 어려움을 겪을 수 있고, 쉽게 결정을 내리지 못한다. 이들은 일관성이 없다. 어떤 날에는 낮잠을 자고 싶어 하지 않다가, 어떤 날은 아주 긴 시간 동안 잠을 잘 수도 있다.

이 소녀의 반응이 사건의 발생과 비례하지 않을 수 있으며, 자신의 반응을 조절하는 데 자주 어려움을 겪는다. 발을 구르고, 가슴에 팔짱을 끼고, 무는 것과 같은 화난 표현들이 교실에서 문제가 될 수도 있다. 이 소녀는 다른 사람들의 행동을 잘못 인식하거나, 자신이 무시당했다고 느끼거나, 또는 의도된 것이 아닌데도 자신의 공간이 침범당했다고 느낄 수 있다. 소녀의 행동은 점점 더 심해지는 경향이 있으며, 이 소녀를 진정시키기 위해 신체적 제압(physical restraining)이나 집단으로부터 타임아웃을 시키는 것이 필요할 수도 있다. 기분과 반응을 예측할 수 없으며 빠르게 변한다. 이 소녀는 현장 학습을 하는 동안 아주 즐거워하다가도 떠날 때가 되면 어려움을 겪기도 한다.

교실에서의 부주의 혹은 수줍음/위축 유형의 소녀

유치원에서 수줍어하고 위축 행동을 보이는 소녀는 과민하고 충동적인 소녀와는 매우 다르게 보일 수 있다. 이 아이는 다른 아이들로부터 소외되기도 하고, 집단 주변에서 다른 아이들을 관찰하고 있는 것을 자주 볼 수 있다. 이 아이는 몽상가처럼 보일 수 있으며, 과제로부터 쉽게 주의가 산만해진다. 한 과제에서 다른 과제로 전이하는 데 어려움을 겪으며, 항상 다른 아이들보다 한발 늦을 수 있다. 이 아이는 장갑, 모자, 코트, 심지어 신발을 제자리에 두지 못하거나 자주 잃어버린다.

이 소녀는 흔히 혼자 노는 것을 선호하고 활동에 지나치게 집중하는 것처럼 보인다. 이 소녀는 자신들이 하고 있는 일에 빠져들어 주변에서 무슨 일이 일어나고 있는지 알지 못한다. 때때로 혼란스러워 보인다. 낮잠 시간과 청소 시간에는 전이와 관련하여 어려움을 겪는다. 또한 적응 능력이 뛰어나지 않아서 학급의 새로운 일과나 사람으로 인해 어려움을 겪는다. 현장 학습은 일상의 일과를 벗어난 일이며, 새로운 환경이기 때문에 이 소녀에게 문제가 되기도 한다.

취학 전 시기의 ADHD 유아 진단

이 장에서 설명하는 많은 행동은 3세 이하의 유아에게 가장 적합하다. 그렇다면 여러분이 관찰한 행동이 문제가 있는 행동인지 그리고 이상 발달이라는 것을 어떻게 알 수 있을까? 취학 전 시기 유아의 ADHD 진단은 논란의 여지가 남아 있다. 그러나 적절한 진단 없이 해가 지남에 따라 증가하는 자존감, 관계 형성 및 학업 잠재력에 대한 부정적 결과를 피하려면 ADHD 진단은 해결해야 하는 문제이다.

만약 유아기 딸에 대해 당신이 걱정하고 있다면, 소아과 의사, 아동심리학자 또는 아동정신의학과 의사에게 데려가야 한다. ADHD 진단에는 철저한 의료·발달 이력, 가정 내 사회적·정서적 상황 관찰, 아이와 접촉한 교사 및 보건 전문가의 피드백이 포함되어야 한다. 불안장애, 언어처리장애, 반항성장애, 감각 통합 문제 등 ADHD와 증상이 겹칠 수 있는 조건을 배제하기 위해 많은 경우 다른 검사가 필요할 수 있다.

전문가의 도움을 받으라

진단을 받기 위해 가장 중요한 첫 번째 단계는 유아들을 대상으로 일하는 것을 훈련받은 전문가의 도움을 구하는 것이다. 많은 전문직 종사자가 잘 훈련되어 있고 초등학교 소년들을 대상으로 한 경험은 있지만, 취학 전 유아나 소녀들을 진단해 본 경험이나 전문 지식이 있는 사람은 거의 없다.

유치원 교사, 보육 서비스 제공자 및 베이비시터로부터 정보를 수집하는 것도 도움이 될 것이다. 이 전문가들은 이 연령대의 많은 아이를 다룬 경험이 있다. 자녀가 유치원에 다니지 않는 경우, 자격을 갖춘 유치원 프로그램에 배치하는 것을 고려하라. 자격을 갖춘 유치원 프로그램에는 헤드스타트(Head Start) 또는 기타 공립 유치원 프로그램 등이 포함된다. 다른 자녀에게 ADHD가 없다면 이 아이에게 정말로 문제가 있는지를 결정하는 것은 어려울 수 있다. 경험이 풍부한 유치원 교사는 발달상 적절한 행동을 분류하는 데 도움이 되는 훌륭한 자원이 될 수 있다.

ADHD는 병력과 관찰된 행동(증상)에 기반한 진단이다. ADHD에 대한 특정 검사는 없으며 한 가지 환경에서만 아동의 행동을 관찰하여 장애를 진단하거나 진단에서 배제할 수는 없다. 질문을 하고 최대한 많이 읽으라. 취학 전 유아도 진단될 수 있음을 인식하고 소녀에게 어떻게 ADHD가 나타나는지 살펴보라. 이것은 당신의 딸, 학생 또는 환자가 ADHD가 있는지를 확인할 수 있는 유일한 방법이다.

다른 사람들로부터 정보를 수집하기, 평정척도와 질문지 사용

설문지를 사용하고 질문을 하는 것은 ADHD를 주의 깊게 진단하기 위해 정보를 수집하는 데 가장 좋은 두 가지 방법이다. 이 장의 끝 부분에 제공된 질문지와 같은 질문지들은 문제가 있을 가능성을 아는 데 매우 유용할 수 있다. 그러나 아동의 행동 문제에 대한 복잡한 진단을 내릴 때는 복수의 평가자로부터 얻은 정보에 대한 정확한 해석이 필수적이다. 부모와 교사들이 아이들의 행동에 항상 동의하는 것은 아니라는 것을 알아 두라.

행동장애가 있는 유아와 없는 유아에 대한 한 연구에서, 유아의 행동에 대한 전반적인 평가에서 부모와 교사의 동의 수준이 낮았으며, 행동 문제가 없는 아동 평가에서는 동의 수준이 가장 높았다. 그러나 부모 및 교사의 평가는 이 집단에서 ADHD의 일반적인 유병률과 상관관계가 있었고, 서로 각각 독립적으로 상관관계가 있는 것으로 제시되었다.[26] 부모와 교사의 평가 결과를 결합하는 것이 행동 문제가 존재하는지를 판단하는 효과적인 방법인 것으로 밝혀졌다.[27] ADHD 진단을 시도할 때 여러 자원으로부터 이러한 평가를 얻는 것은 매우 중요하다.

조기 판별 프로그램 찾기

모든 학교 시스템은 법에 따라 행동 또는 학습 문제의 위험에 처한 아동을 판별하는 프로그램을 가지고 있어야 한다. 이것은 당신이 추구할 수 있는 또 다른 방법이다. 해당 지역의 헤드스타트 및 조기 판별 프로그램은 선별 및 평가를 제공해야 한다. 심각한 정서 및 행동 문제를 보이는 취학 전 아동은 지역의 학군에서 유아 특수교육 서비스를 받을 자격이 있다. 이러한 프로그램의 평가자 및/또는 유아 특수교육 교사는 ADHD 증상에 대한 훌륭한 보고자가 될 것이다.

가계 내에서의 정보 수집

ADHD는 종종 가족 내에서 발생한다.[28] 부모 중 어느 쪽이 ADHD 증상이 있는지, 진단을 받았는지 여부를 고려하라. 부모 중 한 명 또는 두 명 모두 ADHD가 있으면 자녀도 그럴 가능성이 높다. ADHD 아동의 형제자매는

ADHD 아동을 형제로 두지 않은 아동에 비해 ADHD가 나타날 위험이 2~3배 높다. 다른 가족 구성원과 이야기하라. 다른 가족이 아이와 같은 문제를 겪은 적이 있는가? 다른 형제자매, 사촌 또는 조카가 ADHD 또는 학습장애 진단을 받았는가?

딸의 소아과 의사와 상담하라

딸의 담당 소아과 의사와 상의하라. 소아과 의사는 임신 및/또는 가족력과 관련된 모든 위험요소와 딸의 현재까지의 발달에 대해 의논할 수 있어야 한다. ADHD 진단이 고려될 경우, 신체검사, 시력 및 청력 검사, 발달 선별검사가 실시되어야 한다. 이러한 검사는 아이의 행동에 영향을 미칠 수 있는 다른 조건들을 배제할 수 있다. 또한 심리검사는 특정한 학습 차이를 배제하고 학습 강점을 정의하는 데 도움이 될 것이다.

하지만 많은 소아과 의사가 이렇게 어린 유아들의 ADHD를 진단하는 것에 대한 훈련을 받지 않기 때문에, 당신이 걱정하는 것을 전달하고 그러한 면이 심도 있게 다뤄지고 있는지에 대해 평가하는 것이 중요하다. 당신의 소아과 의사가 모든 해답을 가지고 있다고 생각하거나, 다른 곳으로부터의 도움을 구하는 것이 충분히 충족되지 않는다고 불만을 느끼지 않는 것이 좋다. 소아과 의사가 취학 전 유아의 ADHD를 인식하는 일은 여전히 드문 일이고, 특히 과잉행동이 없는 유아가 ADHD가 있다고 인식하는 것은 더욱 드문 일이기 때문이다.

진단 이후

일단 취학 전 소녀가 ADHD 진단을 받게 되면, 가정과 유치원에서 상황을 더 좋게 만들기 위해 당신이 취할 수 있는 몇 가지 긍정적인 조치가 있다. 가장 중요한 첫 단계는 도움을 구하는 것이다. ADHD 소녀는 많은 상황에서 다루기가 더 어렵다. 당신의 딸이 과잉행동을 나타내든, 수줍음이 많든, 짜증을 내든, 고집이 세든 관계없이, 당신과 교사는 소녀가 유치원이나 보육 프로그램에 더 잘 적응하도록 돕는 방법을 알고 있어야 하며, 이러한 방법에는 다른 사람들과 긍정적인 관계를 형성하는 것도 포함된다.

부모 행동 훈련

6세 미만의 유아를 다룬 연구에 따르면, 과잉행동을 나타내는 취학 전 유아를 위해 특별히 고안된 부모 행동 훈련(Parent Behavior Training: PBT)과 정서 사회화 프로그램이 가정과 학교/어린이집 통합 중재 또는 메틸페니데이트를 포함하는 연구와 비교할 때 유아의 행동 개선에 매우 효과적이었던 것으로 나타났다.[29]

ADHD에 대한 자료를 읽고 다루기 힘든 아이를 양육하는 방법을 배우는 것은 중요하다. 양육 방법을 다루는 수업에 참여하거나 당신을 도와줄 치료사나 가족 상담사의 도움을 구하라. 새로운 행동 관리 기술을 배우는 것은 매우 중요하다. 그들은 당신이 당신 딸의 행동에 더 잘 대처하고 전이와 같은 문제 상황을 해결하거나 제거하는 데 도움을 줄 수 있다. 지난 몇 년간 수행된 연구들은 부모 행동 훈련 중재의 효과를 지속적으로 문서화하고 있다. 특히 한 연구는 ADHD 위험 유아를 대상으로 약물치료 중재[30]를 포함하여 다른 중재들과 비교하였을 때 부모들이 아동의 정서 조절 개선을 위한 정서 사회화 전략뿐만 아니라 과잉행동 및 파괴 행동 관리를 위한 양육 전략을 가르치는 14주간의 양육 프로그램에 참여한 결과, 자녀의 부주의, 과잉행동, 적대적 반항 그리고 정서적 불안정이 현저히 적었다고 보고하였음을 밝혔다. 이 부모들은 또한 훨씬 더 긍정적이고 덜 부정적인 양육 전략을 사용하는 것이 관찰되었다.[31]

당신이 시도할 수 있는 전략

긍정적인 태도 유지

부모, 보호자, 교사는 긍정적인 태도를 유지해야 한다. 문제는 소녀 자신이 아니라 소녀의 행동이라는 것을 기억하라. 많은 소녀는 평생 부정적인 말을 들었기 때문에 자신이 나쁜 아이이고 똑똑하지 않다거나 자신에게 문제가 있다고 느끼며 성장한다.

적절한 활동 선정하기

전문가들은 학생의 발달 수준에 따라 적절한 활동을 선택하도록 도움을 줄 수 있다. 적절한 활동은 소녀의 좌절감을 줄이고 자신감을 키우는 데 도움이 될 수 있다.

더 적은 선택 사항 제공하기

ADHD 소녀들과의 힘겨루기와 짜증을 피하기 위해 더 적은 선택 사항을 제공해야 한다. 이러한 행동이 발생하면 확고하고 일관성 있게 관리해야 한다.

타임아웃 사용하기

짧은 타임아웃 혹은 행동을 잠시 무시하는 것은 유아의 짜증 행동을 처리하는 적절한 방법일 수 있다. 타임아웃은 통제 불능인 소녀를 상황에서 분리시켜 스스로 진정할 수 있는 시간을 제공한다. 이 전략이 일관되고 침착하게 사용될 때 두 살 정도의 소녀에게도 사용될 수 있다. 타임아웃은 짧게 실시해야 하며 몇 개의 단어나 설명을 통해 일관되게 사용되어야 한다. 경험상 1세에 1분의 시간으로 제한한다(역자 주: 2세는 2분, 3세는 3분 등). 소녀 스스로 연습의 가치를 알 수도 있고 결국에는 자제력을 얻기 위해 스스로 타임아웃을 원할 수도 있다.

붙잡기

ADHD 소녀가 극도로 통제 불능이거나, 자신 또는 다른 사람들에게 위험한 상황이 될 때 종종 붙잡기(holding) 문제가 발생한다. 통제 불능의 상황에서 성인은 이 기술을 사용하여 소녀가 진정될 때까지 소녀를 꽉 붙잡고 있을 것이다. 소녀들은 종종 당신에게 자신이 괜찮은지 혹은 더 이상 붙잡을 필요가 없다는 것을 말할 수 있다. 소녀가 그 시간에 충분히 통제하고 있거나 일단 진정된 후에 타임아웃을 실시할 수 있다. 체벌은 어떤 상황에서도 적절하지 않다.

힘겨루기 피하기

한 어머니가 말했다. "우리가 배운 가장 중요한 교훈 중 하나는 타협하는 기술이에요. 칼라(Carla)가 고집을 부릴 때, 저는 요청하는 방법과 기다리는 방법을 배워야 했어요. 칼라의 궁극적인 목표는 기분이 좋아지는 것인데, 결국 자신이 '손해' 본 것처럼 느끼지 않고 저를 기쁘게 하는 방법을 받아들여야 하죠. 저는 보통 딸에게 선택권을 준 다음, 딸아이가 선택할 수 있도록 뒤로 물러서 있어야 해요."

"우리는 한동안 집에서 타임아웃을 사용했어요. 메리(Mary)의 행동이 통제 불가능할 때마다 우리는 지속적으로 메리에게 타임아웃을 했어요. 몇 달 동안 메리는 그것에 익숙해졌어요. 결국 제가 '지금은 타임아웃이 필요한 것 같아.'라고 말만 하면 메리는 우리가 거실에 놓은 작은 의자로 가서 앉아 자신의 책 중 하나를 보곤 했어요. 메리가 다시 이전 상황으로 돌아왔을 때, 메리는 대개 더 차분하고 더 협조적이었어요. 어느 날, 제가 메리의 보육원 교실에 방문했을 때, 메리가 의자 게임을 하며 흥분해 있다는 것을 알아챌 수 있었어요. 메리는 웃으며 다른 아이들을 만지고 잡아당기기 시작했고 상황이 점점 더 악화되어 걷잡을 수 없게 되는 것을 볼 수 있었어요. 그런데 갑자기 메리가 아이들 집단에서 뛰쳐나와 큰 빈백 의자에 앉아 자신의 얼굴을 가리기 위해 책을 집어 들었어요. 저는 깜짝 놀랐어요. 메리는 집에서 했던 것처럼 스스로 타임아웃을 하고 있었어요. 몇 분 후, 메리는 침착해 보였고 교사가 다시 오라고 요청했을 때 집단에 다시 합류했어요. 저는 메리가 너무 자랑스러웠고 집에서 타임아웃 기술을 사용해 온 것이 기뻤어요."

기대와 계획

ADHD 소녀와 함께 살아갈 때, 어려움이 발생할 수 있는 상황을 예측하는 것 또한 중요하다. 어려움이 발생할 수 있는 상황에는 취침 시간, 식사 시간, 화장실 훈련, 다른 사람들과 노는 것 그리고 형제자매들과 잘 지내는 것이 포함될 수 있다.

어려운 상황 다루기

취침 시간

취침 시간에는 많은 문제 행동이 발생할 수 있다. 어떤 소녀들에게는 취침 시간이 부모나 형제와 떨어져야 하는 시간이 될 수 있다. 이러한 문제는 이해와 일관성을 가지고 다루어져야 한다. 취침 시간 의식(rituals), 확고한 제한 설정 및 일관성 있는 안정감 제공은 대개 취침 시간의 문제를 해결하기에 충분하다. 아이가 피곤해할 때까지 깨어 있도록 하거나 잘 준비가 될 때까지 깨어 있도록 하는 것은 이 문제를 해결할 수 없으며, 대개 다음날 아이를 피곤하게 하고 짜증 나게 만든다. 많은 아이가 자신이 잠들 때까지 부모가 방에 같이 있거나 같이 누워 있어 주길 바란다. 어떤 아이들은 부모의 침대에서 잠들거나 밤에 부모의 침대에 들어가기를 원한다. 이러한 것들은 분리 또는 통제 문제를 해결하지 못하므로 적절하지 않다. 잠을 거의 자지 않는 아이인 경우, 방에서 조용히 놀거나 음악이나 이야기 테이프를 듣는 것이 한 방법이 될 수 있다.

> "케이샤(Keisha)는 언니가 자는 만큼 잠을 많이 자지 않아요. 제가 나중에 일어나서 불을 끌 때까지 케이샤가 방에서 놀도록 허용해요. 케이샤를 자기 방에 두는 것은 케이샤가 언니나 남동생을 깨울까 봐 걱정하지 않아도 되기 때문에 도움이 돼요. 우리는 또한 케이샤에게 헤드폰 세트를 사 주었어요. 케이샤는 조용히 음악이나 이야기를 듣는 것을 좋아해요. 이런 방법은 장거리 자동차 여행에도 효과적이에요."

밤에 잠에서 깨는 아이인 경우, 혼자 외출하거나, 높은 물건에 오르거나, 스토브 근처의 부엌에 들어가는 것과 같은 위험한 상황으로부터 보호하는 것이 중요하다. 보호를 위해 부엌 문을 잠그거나 침실 출입구에 문을 설치하거나 집의 현관문을 이중으로 잠글 수 있다. 경보 시스템은 이제 상대적으로 저렴하고 문이나 창문을 열 때 울리는 동작 감지기와 경보기로 설정할 수 있다. 똑똑한 ADHD 소녀들은 매우 창의적이기 때문에 부모들은 좀 더 창의적인 해결책을 찾을 필요가 있다.

"주말에는 제시카(Jessica)가 오전 6시 이전에 아주 일찍 일어나요. 제시카가 방에서 놀고 장난감을 보며 즐겁게 지내던 시절은 지나갔지요. 아침에 일어나서 아래층으로 내려가 음식을 먹고 엉망진창으로 만들었어요. 불가능하다고 생각했던 일이 계속된 후, 제시카가 의자에 올라가 냉동실을 열고, 아이스크림을 꺼내고, 냉동실을 열어 둔 채 아이스크림을 먹으러 뒤 데크로 나갔을 때 우리는 무언가를 해야 할 필요가 있다고 결정했어요. 남편은 톱으로 제시카의 침실 문을 반으로 잘라(예전 네덜란드 문과 같이) 우리는 그 아래쪽에 자물쇠를 달았어요. 제시카가 안전하게 방에 있을 때, 굿나잇 키스를 해 주고는 우리는 아랫 부분을 잠가요. 우리는 제시카에게 엄마 아빠가 필요할 때는 전화를 하면 되고, 아침에 자기 방에 가만히 머물러 있으면 아침 식사를 '대접'받을 수 있다고 반복해서 이야기했어요. 이 방법은 매력적으로 작용했고 제시카가 안전하게 되어 행복했어요!"

화장실 훈련

화장실 훈련은 대립과 힘겨루기의 영역이 될 수 있다. 일반적으로 소녀들은 소년보다 더 쉽게 훈련을 받고 발달적으로 더 빨리 준비된다. 하지만 만약 아직 준비가 되지 않은 소녀가 있다면, 더 많은 시간이 허락되어야 한다. 화장실 가기에 대한 인식 부족으로 소변 실수를 한다면 화장실 가는 것을 자주 말해 주거나 계획적으로 화장실에 가도록 하는 것이 화장실 훈련에 도움이 될 수도 있다. 화장실에 갈 필요성에 신경을 쓰지 않아 유아기에 본인이 의도하지 않았던 사고를 일으키는 경우가 흔하다. 이러한 실수는 소녀에게 당혹감을 불러올 수 있고 소녀가 집 밖을 나서는 것을 원치 않게 만들 수 있다. 야뇨증은 ADHD 아동에게 더 자주 나타나며 소녀에게도 문제가 될 수 있다. 이 상황을 주의와 관심으로 다루는 것이 최선의 접근법이다.

"제시카 언니가 화장실 훈련이 늦었기 때문에 제시카가 풀업®을 착용하고 유치원에 다니는 것을 걱정하지 않았어요. 하지만 시간이 흐르면서 저는 풀업®이 편리하기 때문에 제시카가 그것을 계속 착용한다는 알게 되었어요. 화장실에 가기 위해 하던 일을 멈출 필요가 없었으니까요. 저는 제시카에게 속옷을 입혀 주었고, 화장실에 가서 변기를 사용할 때마다 스티커를 받을 것이라고 말해 주었어요. 제시카는 행복해했고 일주일 만에 더 이상 스티커가 필요하지 않았어요. 배변은 더 힘들었어요. 하지만 스티커는 매우 효과가 있었어요. 마지막 장애물은 풀업®을 착용하지 않고 잠자리에 드는 거예요."

식사 시간

식사 시간에 통제 문제와 행동 문제가 발생할 수도 있다. 어떤 소녀들은 식사를 하기 위해 활동을 중단하는 것에 어려움을 겪는다. 어떤 아이들은 음식의 질감과 선호도에 문제가 있을 수 있다. 감각 민감도에 대한 전체 치료 프로그램의 일환으로 작업치료사와 감각 문제를 처리하는 것이 가장 좋다. 통제 및 주의 문제는 제한 설정 및 행동 관리 시스템(적절한 행동에 대해 보상하는 시스템)—다양한 음식을 맛보거나 선호하지 않는 음식을 소량 섭취하고 선호하는 음식을 추가로 제공하는 등—을 사용하여 별도로 해결해야 한다.

"캐리(Carrie)가 세 살이었을 때 마카로니와 치즈, 사과 소스, 요구르트만 먹곤 했어요. 저는 캐리의 영양 상태를 걱정했는데, 아니나 다를까 소아과 의사가 검진 후 캐리가 약간의 빈혈이 있다고 말했을 때 저는 정말 걱정이 되었어요. 의사는 감각 과민증 때문에(캐리는 셔츠에 라벨 붙은 것을 좋아하지 않았고 부드러운 스웨트 팬츠만 입으려고 했다) 작업치료사를 만나 보라고 권했어요. 작업치료사는 제게 과민성의 문제에 대해 설명했고, 우리는 캐리가 먹을 것을 점차적으로 늘리는 프로그램을 시작했어요. 몇 개월이 걸렸지만,

꾸준하게 캐리가 원하는 보상과 좋아하는 음식을 간식으로 제공함으로써 캐리가 먹는 음식을 점차 늘려 나갔어요. 캐리는 마침내 햄버거, 닭고기와 야채가 들어간 수프 그리고 다른 으깬 과일을 먹기 시작했어요. 우리는 작업치료와 둔감화(desensitization) 프로그램을 계속했어요. 결국 캐리가 참을 수 있는 음식들이 더 많아졌어요."

이 장의 앞부분에 나오는 테리와 어머니를 기억하는가? 테리와 그 어머니 또한 화장실 훈련과 식사 시간의 통제에 있어서 어려움을 겪고 있었다. 그들의 이야기도 해피엔딩으로 끝난다.

"가족치료사의 도움을 받아 테리와 함께 이러한 문제들을 해결하기 위한 행동 프로그램을 마련했어요. 한번에 모든 것을 끊임없이 바꾸려고 하기보다는 한 가지 행동을 선택하고 그것을 바꾸는 데 집중하기로 결심했어요. 테리가 음식을 다 먹은 후에 식탁에서 일어나는 행동을 목표 행동으로 정했어요. 어렵기는 했지만, 지속적으로 상기시키고 보다 적은 양의 음식을 제공하여 점차 테리는 자리에 앉아 식사를 할 수 있게 되었어요. 이후의 목표 행동은 화장실에 가서 변기에 앉아 있는 것으로 정했어요. 이것이 작은 단계이기는 하지만, 진전을 이루고 있습니다."

사회적 상호작용

형제자매나 또래 등 다른 사람과 노는 것도 문제 영역이 될 수 있다. 거친 놀이는 과도한 자극과 활동 중단 문제로 이어질 수 있다. 한두 명 정도의 아이들과 놀이 날짜를 정하는 것이 필요할 수도 있다. 계획되고 관리된 활동은 일반적으로 구조화되지 않고 관리되지 않는 놀이 시간보다 잘 작동한다. ADHD 아동은 한계를 알아야 한다. 수용 가능한 행동과 수용 가능하지 않은 행동을 미리 알게 해야 한다. 생일 파티와 같은 여러 사람이 모이는 모임은 어려울 수 있으며 일반적으로 흥분이 고조됨에 따라 행동이 악화된다. 소모임을 계획하는 것이 대개 더 성공적이다. 수줍음이 많고 세심한 소녀들 또한 대집단이 힘들 수 있다.

> "유치원 친구의 생일 파티에 참가할 때마다 멜리사(Melissa)는 항상 힘들어 보였어요. 다른 아이들처럼 게임과 사탕에 파묻혀 즐거워하는 대신, 멜리사는 나에게 달라붙어 내 무릎에서 떨어지지 않거나 내 다리에 몸을 감고는 떨어지지 않으려 했어요. 멜리사는 미소를 지었지만, 자기 가방을 가져가는 것을 거부했고, 나머지 시간에는 울먹일 것 같았죠. 다른 엄마들은 멜리사가 힘들어하는 모습에 대해 언급했고, 나는 이러다가 멜리사가 다른 아이들에게 전혀 초대받지 못할까 봐 걱정이 되었어요. 가을에 있을 멜리사의 생일을 어떻게 해야 하나 저조차도 몹시 두려웠어요. 멜리사의 생일날에 멜리사의 친구 중 조용한 여자아이와 남자아이를 초대하기로 결정했어요. 우리는 가족방에 비디오를 설치하고 케이크와 아이스크림을 먹었어요. '생일 축하' 노래는 부르지 않았어요. 친구들은 한 시간 정도밖에 머물지 않았고 모두 잘 지냈어요. 멜리사는 생일 파티가 끝나 친구들이 떠날 때 정말 아쉬워하는 듯 보였어요."

ADHD 소녀는 손위 혹은 손아래 형제들과 상호작용하는 데 어려움을 겪을 수 있다. ADHD 소녀가 자신의 열정이나 충동을 조절하는 데 어려움을 겪을 수 있기 때문에 동생들과 노는 것은 관리될 필요가 있을 수 있다. 종종 이 소녀들은 손위 형제들의 공간을 침범하거나 따라다니면서 짜증 나게 할 수도 있다. 출입금지 구역(손위 형제의 침실 등)을 정하고 엄격하게 시행하는 것이 중요하다. 또한 항상 손위 형제들에게 베이비시터의 역할을 부여하지 않도록 하는 것이 중요하다. 이것은 손위 형제들이 어린 여동생을 원망하게 할 수도 있다. 그러나 나이가 들면 손위 형제들은 ADHD 여동생을 적절하게 감독하고 대처하는 방법을 이해할 수 있게 되고, 때로는 서비스를 지원하는 데 계약적으로 응할 수 있다.

최고의 유치원 선택하기

딸의 첫 학교 경험을 위해 딸을 위한 유치원을 찾고 있거나, 딸이 현재 배치된 유치원에서 어려움을 겪고 있어 다른 환경으로의 변화를 고려하고 있다면, 딸의 성공적인 학교 경험을 위해 고려해야 할 몇 가지 사항이 있다.

학교만 보지 말라

딸의 필요에 가장 잘 부응하는 적합한 학교를 선택하라. 평판, 위치, 편의성, 가격 및 가치가 중요하지만, 가장 좋은 유치원을 찾는 대신 딸에게 가장 적합한 유치원을 찾는 것이 중요하다. 두 가지가 다를 수 있다! 학습에 대한 접근 방식과 ADHD 아동에게 구체적으로 접근하는 방법에 대해 관리자와 교사에게 문의하여 잘 이해하도록 하라. 그들이 제공하는 것은 무엇인가? ADHD 아동들을 성공적으로 이끌기 위해 그들이 사용하는 방법은 무엇인가? 학교 내 교실 배치도 중요하다.

확인해야 할 몇 가지 사항

자극이 적고 일과가 분명한 소규모 교실

이것은 종종 취학 전 ADHD 유아의 증상 개선에 엄청난 차이를 만들 수 있다. ADHD 아동에게 적합한 학교는 학습의 핵심 토대로서 구조와 일관성에 초점을 맞추는 경향이 있다. 구조와 지원은 당신의 딸이 환경으로부터 무엇을 기대할지와 자신에게 기대되는 것이 무엇인지를 아는 데 도움이 될 것이다. 가정뿐만 아니라 교실도 이 충동적인 소녀를 보호하기 위해 아동 보호 장치를 해야만 한다.

최고의 교사를 구하기

ADHD 소녀들은 체계적인 환경에서 더 잘하지만, 교사와 학생 사이에서 가능한 한 좋은 짝을 찾는 것이 항상 중요하다. 교사는 당신 딸의 역할 모델이다. 성격이 급하거나 판단력이 떨어지는 교사들은 대부분의 아이가 학습하는 것을 싫어하게 만든다. 학습 차이를 고려한 교사의 태도와 교육, 학교의 철학 및 개인 교수 방식이 모두 고려되어야 한다. 당신은 확고하지만 진실하며, 안전하고 편안한 학습 환경을 만드는 교사가 당신의 아이를 가르치길 원한다.

모든 발달 기술 영역을 지원하기

각 소녀의 개별 요구 사항을 고려하여 배치가 이루어져야 한다. 개별 요구 사항에는 활동 수준, 조직화, 미세 운동 및 대운동 발달, 구조 및 창의성 요구와 같은 문제가 포함된다. ADHD 자녀가 성공하는 데 필요한 모든 지원을 받기 위해 학교에서 전문가 팀을 활용할 수 있는지 확인하라.

실제적인 학습 접근 방식

ADHD 아동들은 실제적인 접근을 통해 더 잘 수행한다. 자녀가 몇 시간 동안 앉아서 듣기만 하도록 하는 학교보다는 적극적으로 학습에 참여할 수 있는 학교를 찾아보라. 규칙적인 운동도 중요하다.

옹호자 되기

많은 부모는 자녀가 다닐 학교를 선택할 능력이 없다. 만약 그렇다면 부모들의 가장 중요한 역할은 딸을 알고 딸이 필요로 하는 것을 옹호하는 것이다. 당신은 딸의 학교에서 교사들 및 관리자들과 같은 팀에 속해 딸의 성공을 보장하기 위한 대화를 하며 함께 일하는 것을 원할 것이다. 딸의 담임교사들과 개방적이고 자유로운 의사소통을 하고 딸을 도울 수 있는 학교의 모든 자원을 요청하라.

취학 전 ADHD 유아의 약물치료

NIMH(National Institute of Mental Health)에서 실시한 취학 전 ADHD 유아의 치료 연구(Preschool ADHD Treatment Study: PATS)는 취학 전 ADHD 유아에게 행동치료를 한 후, 일부 유아를 ADHD 치료를 위한 자극제인 메틸페니데이트로 치료한 후 효과를 평가한 최초의 장기 연구이다. 첫 번째 단계에서 유아(3~5세 중증 취학 전 ADHD 유아 303명)와 부모가 10주 동안 행동치료 과정에 참여했다. 1/3의 유아가 행동치료만으로도 ADHD 증상이 극적으로 개선되어 ADHD 약물 단계로 진행되지 않았다.

행동치료 과정 후에도 ADHD 증상이 호전되지 않고 부모가 약물치료를 받기로 동의한 가장 심각한 ADHD 증상이 있는 유아만이 약물 연구에 포함되었다. 약물 연구의 첫 번째 부분에서 유아들에게 총 3.75mg에서 22.5mg의 메틸페니데이트를 하루에 3회 동일한 용량으로 투여했다(비교하면, 학령기 아동의 복용량은 일반적으로 하루 총 15~50mg이다). 그 후 연구는 메틸페니데이트의 효과를 위약에 비교한 결과, 메틸페니데이트를 복용하는 유아들이 위약을 복용하는 유아들에 비해 ADHD 증상이 더 두드러지게 감소했으며, 서로 다른 복용량에 가장 잘 반응하는 것으로 나타났다. 이 연구는 또한 취학 전 ADHD 유아들이 처음에는 적은 양의 메틸페니데이트만을 필요로 하지만, 나중에 이 약의 효과를 유지하기 위해 더 높은 복용량이 필요할 수 있다는 것을 발견했다. 보고된 예상 값에서 키와 체중이 감소하는 경미한 부작용이 나타났다. 유아의 89%가 약물을 잘 견뎌 냈지만 11%는 부작용으로 연구를 중단해야 했다. 다른 부작용으로는 불면증, 식욕 부진, 긴장 또는 걱정과 같은 기분장애, 피부 꼬집기 행동 등이 있었다.[32]

과잉행동이나 충동성이 높은 소녀 또는 자신이나 타인에게 위험한 소녀의 경우, 어린 나이에도 약물 사용이 필요할 수 있다. 공격성과 통제되지 않은 화를 내는 것은 가족 및/또는 또래 관계에 부정적인 영향을 미칠 수 있기 때문에 이 소녀들에게 약물을 사용하는 것은 생명의 은인이 될 수 있다. 이러한 장애를 치료하기 위해 사용되는 각성제와 다른 약물들은 제11장에서 더 자세히 논의된다.

다른 치료와 훈련

운동이나 언어 지연을 해결하기 위해 추가적인 치료법이 필요할 수 있다.

ADHD 소녀는 이미 인지적 스타일에 따라 학습 곤란을 겪고 있을 수 있다. 다른 발달 지연은 상황을 더 복잡하게 만들 수도 있다. 언어 지연, 과민증 또는 감각 통합 기능장애, 미세 운동 혹은 대운동 조정장애 또는 지연을 처리하기 위해 작업치료사 또는 물리치료사 및/또는 언어병리학자가 교육 프로그램의 지원을 위해 필요할 수 있다. 미래의 문제를 피하기 위해 학습 곤란의 위험에 처한 아동을 특수 교육 또는 프로그램에 배치하는 것이 적절할 수 있다.

실행기능, 주의력, 운동 능력 향상 프로그램이 취학 전 유아에게 유용한 것으로 나타났다. 한 연구[33]에서 저자들은 억제 조절, 작업 기억, 주의력, 시각-공간 능력, 계획 및 운동 능력 향상을 위한 일련의 게임에 정기적으로 참여할 취학 전 유아와 부모를 모집하였다. 부모들은 하루 30~45분 동안 아이와 함께 놀며 이러한 기술을 향상시키기 위한 전략을 가르쳤다. 이 프로그램에는 '시몬 가라사대'와 '얼음 댄스'와 같은 게임들, 쇼핑 목록이나 컵 속에 숨겨진 보물의 위치를 기억하는 것이 포함되었다. 5~10주간의 회기와 게임 후 치료 전 · 후의 검사 결과, ADHD 증상에 대한 부모 및 교사의 평정이 모두 크게 낮아진 것으로 보고됐다. 3개월까지 주당 회기와 회기의 평균 시간이 더 짧아지기는 했지만, 1개월과 3개월의 후속 조치에서 치료 후의 결과가 부모들의 지속적인 게임 활동에 대한 보고를 통해 계속 관찰되었다.

결론

ADHD의 가장 일관된 특성 중 하나는 불일치이다. 3세 이전에 나타나는 ADHD 행동 특성 중 일부가 일반 발달 과정에서 나타나는 특성이기 때문에 취학 전 시기의 ADHD를 진단하는 것은 어려운 일이나 이는 매우 중요한 일이다. ADHD의 조기 진단은 여러 가지 이유로 중요한데, 조기 진단은 치료 및 중재 프로그램에 대한 조기 접근으로 이어진다. 이러한 조기 중재 프로그램은 많은 2차적인 문제가 발전하는 것을 예방할 수 있다. 또한 조기 진단은 좋은 습관과 패턴을 확립하고, 긍정적인 관계를 형성하며, 더 나은 육아 기술의 개발을 장려한다. 당신의 자녀도 자신에 대해 더 좋게 느낄 것이다.

이 장에서 우리는 취학 전 소녀들을 대상으로 한 ADHD 유형에 대해 논의했다. 그러나 인생이 그렇게 단순하거나 명확하지는 않다. 당신의 딸, 학생, 또는 환자는 부주의와 과잉행동/충동성의 ADHD 하위 유형의 증상을 모두 보일 수 있다. 진단자들은 또한 이러한 현상을 관찰했고, 장애의 복합적인 유형을 정의했다. 또한 우리는 조기에 나타나는 몇 가지 다른 증상을 제시했다. 우리는 수줍음이 많은/소심한 취학 전 유아에 대해 부주의/산만형 ADHD 소녀의 하위 유형 내에서 이들의 어려움을 살펴보고 더 잘 문서화해야 한다. 초등학교나 중학교 후반까지 학업에 어려움을 겪지 않는 소녀는 어떤 유형인가? 감정 기복이 잦은 어린 소녀 중 지나치게 예민하거나, 자주 그리고 쉽게 우는 소녀는 어떤 유형인가? 이런 소녀들이 나중에 ADHD뿐만 아니라 우울증을 갖게 되는가? 아직까지는 이 모든 질문에 대한 답이 없다.

그러나 ADHD 소녀들이 더 행복하고 만족스러운 삶을 살도록 돕기 위해 할 수 있는 일이 많이 있으며, 빨리 시작할수록 좋다. 취학 전이라고 해도 그리 이른 것이 아니다. 자존감과 대인 관계에 대한 피해의 대부분은 이미 7세까지 진행되고 있다. 딸이나 학생이 어려움을 겪고 있다고 생각되면 평가를 받거나 전문적인 안내를 받으라. 당신과 자녀는 당신이 그렇게 한 것에 대해 기뻐할 것이다.

취학 전 딸에 대해 자신에게 물어볼 질문

이 목록은 사용자의 인식 수준을 높이고 올바른 질문을 하도록 돕기 위해 작성되었다. 이러한 전형적인 행동을 염두에 두고 취학 전 연령의 딸, 학생 또는 환자를 살펴보기를 바란다. 다음 질문으로 인해 의혹이 제기될 경우 추가 평가를 받으라.

- 안절부절못하거나 지나치게 활동적인가?
- 걷지 않고 뛰는가?
- 가만히 앉아 있는 데 문제가 있는가?
- 항상 서 있고 이동 중인가?
- 감정의 기복이 잦고 안절부절못하는가?
- 집중 시간이 짧은가?(이 연령의 평균 집중 시간은 10~15분임)
- 한 장난감에 장시간 집중하거나 가지고 노는 데 어려움이 있는가?
- 읽어 주는 이야기를 듣는 데 어려움이 있는가?
- 위험한 활동을 하는가?
- 적절한 두려움을 나타내지 않는가?
- 잦은 사고(봉합, 베임, 타박상, 부러진 뼈 또는 응급실 방문)를 겪는가?
- 다른 아이들을 괴롭히는가?
- 대장 노릇을 하려 하는가?
- 다른 사람을 차거나 물거나 때리는가?
- 장난감을 공유하는 데 어려움이 있는가?
- 종종 공간을 응시하는가?
- 공상가인가?
- 쉽게 포기하는가?
- 그룹 활동에 참여하기 전에 종종 옆에 서서 지켜보는가?
- 지나치게 걱정하는가?
- 혼자 노는 것을 선호하는가(단독 놀이)?
- 새로운 상황을 걱정하는가? 두려워하는가?
- 공개적으로 말을 거의 하지 않는가?

- 말하기 또는 언어 능력이 지연되는가?
- 자신을 표현하는 데 어려움이 있는가?
- 물건을 잃어버리거나 분실하는가?
- 짜증을 내는가?
- 비참하거나 불행해하는가?
- 자주 그리고 쉽게 우는가?
- 울화를 나타내는가?
- 까다롭거나 지나치게 독특한가?
- 다른 사람을 비난하는가?
- 다른 사람들이 아이를 좋아하는가?
- 장난감을 파괴하는가?
- 배변 훈련이 지체(3년 이상)되었는가?
- 배변 훈련을 받았지만 여전히 소변이나 대변 실수를 하는가?
- 피곤할 때도 낮잠을 자거나 조용히 쉬는 경우가 거의 없는가?

제**4**장

초등학교 시기, ADHD가 없는 학생과 있는 학생의 차이는 무엇인가

초등 ADHD 여학생이 직면하는 특별한 어려움을 가장 잘 알아볼 수 있는 방법은 이 연령대의 아이들이 보이는 전형적인 발달 배경과 비교하는 것이다. 대부분 5세를 넘어서게 되면 아이들은 양육자에 의해 면밀히 관찰되는 환경이나 가정으로부터 더 이상 제한받지 않는다. 대신에 이 유아들은 다양한 사회적 환경에서 자신의 행동에 대한 책임성이 점점 더 커진다. 더 큰 자율성이라는 틀 안에서 성공하기 위해, 초등학생 연령의 아동들은 이전에 성인이 가져 왔던 책임들의 일부를 점차적으로 떠맡아야 할 것이다. 많은 아동은 이 발달 단계 동안 자신의 행동을 미리 계획하고, 우선순위를 정하고, 조직하고, 점검하는 법을 배우기 시작한다. 유아기를 시작으로 초등학교 시절 집단생활을 하면서 실행기능 기술을 사용한다. 많은 아동이 이 발달 단계 동안 자신의 행동을 미리 계획하고, 우선순위를 정하고, 조직하고, 점검하는 법을 배우기 시작한다. 유아기부터 실행기능을 사용하기 시작하지만, 초등학교 시절 동안 부각하는 실행기능 기술들을 모으게 된다.[1]

이 단계의 발달 특징 중 하나는 크게 향상된 인지 능력이다. 이 인지 능력은 논리적이고 유연하게 사고하는 것, 한번에 하나 이상의 것을 추적하는 것, 독립적으로 과제를 수행하는 것, 목표를 수립하고 목표를 포기하고 싶은 유혹을 뿌리치는 것들이다. 장 피아제(Jean Piaget)는 이러한 인식 능력 향상의 열쇠는 구체적 조작기(concrete operation)라고 부르는 더 높은 형태의 사고 구체화에 있다고 믿었다. 이 새로운 수준의 추론 능력은 아동들에게 물리적 세계를 보다 이해하기 쉽고 예측하기 쉽도록 한다. 예를 들어, 아동들이 길이가 긴 물병의 물을 길이가 짧고 우묵한 그릇 형태의 물병으로 옮겨 부어도 물의 부피는 변하지 않는다는 사실을 이해하게 되면, 이 아동들은 더 융통성 있는 사고를 할 수 있게 되고 미래에 대한 예측이 가능할 수 있다.[2]

초등 여학생들은 부모와 가정환경으로부터 분리되기 시작하면서 학업과 대인관계 모두 학교의 어려움들에 더 자유롭게 에너지를 쏟을 수 있게 된다. 학교는 이들의 삶에서 중심적인 역할을 차지하기 시작하고, 교사들과 또래들은 새로운 자극을 많이 제공한다. 이 모든 새로운 정보를 처리하는 데 필요한 기술은 이 기간 내내 지속적으로 학습된다. 어린 소녀들은 보통 짝을 지어 함께 놀면서, 복잡한 언어적 절충이 필요한 가장놀이나 상상놀이를 통해 상호작용한다. 이 놀이 행위는 이들에게 성공적인 의사소통에 필요한 주고받기(give-and-take)에 대한 많은 것을 이해하는 데 도움이 된다.[3]

이러한 발달적 기대치와 일치하지 않는 행동을 보이는 소녀들이 있을 수 있는 시기이다. ADHD 연속체의 한쪽 끝에는 또래 집단의 가장자리 위치에서 관찰될 수 있는 주의력 결핍(inattentive)의 소녀가 있다. 이들은 정보를 천천히 처리하고, 이미 사소한 농담을 놓치거나, 다른 소녀들의 빠르고 재치 있는 말재담을 따라가지 못하는 행동이 관찰될 수 있다. ADHD 소년에 비해 소녀들이 언어적 결함(deficit)이 더 자주 나타날 수 있기 때문에,[4] 이러한 주의력 결핍 소녀들은 사회적 발달을 불리하게 시작하고 있다. 연속체의 다른 한쪽 끝에는 과잉행동(hyperactive) 및/또는 충동적(disruptive) 행동을 하는 소녀들이 있다. 이와 같은 보다 충동적인 소녀들은 주변 소녀들의 언어적 · 비언어적 의사소통에 세심한 주의를 덜 기울이기 때문에 초등학생 소녀들의 전형적인 사회적 상호작용에 적응하는 데 어려움을 겪는다. 이들은 충동적으로 방해 행동을 할 수도 있고 다른 소녀들과 사회적 관계를 유지하기 위해 타협하기보다 자기 방식대로 일을 진행하기를 요구할 수도 있다. 이 소녀들은 또래에 비해 더 공격적인 행동을 자주 보여 평가(assessment)에 의뢰될 가능성이 높다.[5]

이 소녀들은 학교 그 이상으로 자신의 관심을 넓혀 가고, 또래나 교사 그리고 다른 어른들과 교류하거나, 친밀한 가족 집단 안에서의 자신의 역할을 뛰어넘는 나름의 정체성을 개발하는 장기적 과제에 돌입한다. 부모(그리고 다른 성인)가 이러한 형성기에 할 수 있는 가장 중요한 역할 중의 하나는 ADHD 소녀들에게 거침없이 부정적으로 반응하거나 비판하지 않음으로써, 그녀들의 정체성 발달에 부정적인 자아상이 스며들지 않도록 돕는 것이다. 초등학교 전반에 걸쳐 이 소녀들은 특정 기술을 습득하고 사용함에 있어 개인 간 또는 개인 내 차이가 존재한다. 새로운 능력이 나타남에 있어서도 능력 발휘에 상당한 발달차가 존재할 수 있다는 사실도 놀라운 일이 아니다. ADHD 소녀의 부모들은 자녀가 대부분의 또래가 능숙하게 하는 기술들을 어려워하는 불균형적인 실제 발달 모습을 보게 되면서 상당히 불안해할 수 있다.

대부분의 초등 ADHD 소녀가 이러한 어려움을 다양한 정도로 경험하고 있을지라도 문제를 더 혼란스럽게 만드는 것은 이들의 증상이 표현되는 방식이 상당히 다를 수 있다는 것이다. 다음의 행동 분류는 DSM−5[6]에 요약된 ADHD 설명에 근거한 것이다. 이러한 DSM−5의 설명은 시간이 지나면 맞지 않다고 판단될 수도 있어,[7] 여기서는 주로 극히 평범한 사례(convention)를 다룬다. 그럼에도 불구하고 세 가지 사례는 초등학교 시기에 ADHD 소녀가 이질적인 특성을 나타낸다는 점을 강조하고 있다.

과잉행동/충동성 우세형 사례

> 내가 1학년인 얀(Jan)을 평가하도록 전화를 받았을 때, 그녀의 선생님은 얀이 대집단 활동 시간(circle time)에 다양하고 반복적인 개입에도 불구하고 가만히 앉아 있지 못한다는 우려를 전달하였다. 얀은 다른 아이들이 자신의 행동에 성가시고 방해가 된다고 생각했고, 자신의 옆에 앉기를 꺼렸다고 말했다. 선생님은 얀이 똑똑하고, 기대되는 것을 잘 이해하는 아동이라고 생각했다. 선생님은 얀이 전형적으로 반항적인 아동은 아니지만, 얀의 행동을 설명하는 데 당혹스러워했다. 내가 얀과 단둘이 있을 때, 선생님의 걱정을 서로 공유하였다. 얀은 "선생님이 내가 자리에 가만히 앉아 있기를 원하는 것을 알고 있어요. 나도 가만히 앉아 있고 싶어요. 매일 나의 엉덩이에게 대집단 활동 시간에 내 자리에 가만히 있어 달라고 말하고 있지만, 이 엉덩이가 내 말을 안 들어요."라고 대답했다.

얀의 진술은 사람의 행동이 그 사람의 의도를 설명하지 않는다는 수수께끼를 보여 주는 것이다. 안타깝게도, 얀의 행동으로 인해 아이들은 얀을 피하였고, 친구들과 노는 데에도 거의 초대받지 못했다. 그러나 장기적으로 보면, 얀은 두드러진 과잉행동이 행운이었을지 모른다. 얀은 자신의 다른 ADHD 증상들을 가릴 만큼 충분히 영리했음에도 불구하고, 교사의 주의를 끌 정도로 상당히 방해되는 신체적인 행동을 보여 주었다. 그래서 결국 초기 평가에 의뢰되어 진단받을 수 있었다.

> 데비(Debbie)는 스쿨버스 쪽으로 두 명의 소년과 달리기 경주를 하였고, 자신이 이 경주에서 이겼는지 확실히 하기 위해 줄을 밀어 제치며 안으로 나아갔다. 그녀가 버스 뒤편으로 갔을 때, 누군가가 그녀를 발로 차는 것을 느

> 꼈다. 데비는 고통과 굴욕 그리고 무엇보다도 분노를 느꼈다. 그녀는 생각을 하지 않고 마구 욕을 했다. 데비는 이것이 혼잡한 버스에서 일어날 수 있는 우연한 사건이라고는 결코 생각하지 않았다. 그녀가 버스 운전사에게 펀치를 가하고 그것이 교장선생님께 보고될 가능성을 전혀 생각하지 않았다. 그녀는 이 상황에 대해 비공격적인 해결책이 있을 수 있음을 알지 못했고, 그녀의 공격적인 반응 때문에 친구들이 자신을 거부할 가능성 역시 모르고 있었다. 데비는 자신이 범인이라고 생각하는 소년을 심하게 때렸지만, 버스에 내릴 때까지 화가 나 있었다. 버스에서 내리던 중에 책가방을 몇몇 다른 아이에게 충동적으로 내리치고, 버스에 탄 모든 사람이 패배자 무리라고 크게 소리쳤다. 나중에 그 남자아이의 어머니는 이 사건에 대해 논의하기 위해 데비의 어머니에게 전화를 걸었다. 데비의 어머니가 이 일을 말하자, 더 이상 화가 나지 않았던 데비는 울음을 터뜨리면서 "내가 잘못한 게 아니야."라고 말했다.

얀과 데비와 같은 초등학교 소녀들에게서 가장 명백하게 확인할 수 있는 증상이 과잉행동, 충동성이라면, 이러한 행동은 ADHD 소년들의 행동과 비슷하기 때문에 쉽게 식별된다. 이 소녀들의 행동은 특히 사회의 성 역할에 대한 기대와 관련하여 적절하지 않은 것으로 인식된다. 이 소녀들은 복합형 또는 부주의 우세형 소녀들보다 또래 관계에 있어 문제가 더 많고, 외현화된 증상을 더 많이 보이는 것으로 나타났다.[8] 심지어 예전보다 전통적인 성 역할에 대한 강조가 덜해진 오늘날에도 ADHD 소년들처럼 행동하는 ADHD 소녀들은 심각한 결과에 직면하게 된다.[9] 실제로, 신체적으로 공격적이면서 과잉행동이 심한 소녀들은 미래에 여러 가지 심리적 적응 문제를 가질 위험이 아주 큰 것으로 나타났다. 일반적으로 과잉행동/충동성(hyperactivity/impulsive) 증상은 감소하게 되고, 나이가 들면서 이러한 사례들은 점점 보이지 않게 된다.[10]

복합형 사례

이 복합형 ADHD 사례에서는 과잉행동, 충동성 그리고 부주의 증상이 혼합되어 나타난다. 복합형 ADHD 소녀는 과잉행동을 보이지만, 좀 더 일반적인 여성성을 보여 주는 것처럼 활기가 넘치고 수다스러운 모습을 보이거나, 산만함 때문에 당면한 과제에 집중하지 않는 모습을 보인다. 전형적인 행동의 특성은 다음과 같다.

> 레이첼(Rachel)은 4학년 수학 수업을 들으면서 옆에 앉아 있는 여자 친구에게 아주 열심히 속삭인다. 점점 더 큰 소리로 잡담을 하게 되자 그녀의 뒤에 앉아 있던 여자 친구의 관심도 끈다. 관심의 중심에 있다고 느끼게 된 레이첼은 일종의 선언문을 만들기 시작하고, 그것을 강조하기 위해 연필로 책상을 세게 치는데, 결국 연필을 놓쳐 그녀의 자리로부터 두 책상을 지나 연필이 날아가 버린다. 그것을 집어든 소년은 레이첼의 짓궂은 분위기에 동조하면서 연필을 돌려주지 않는다. 레이첼은 신경질적으로 킥킥거리며, 자리에서 일어나 연필을 달라고 한다. 선생님은 즉시 그녀를 불렀고, 레이첼은 "연필 없이는 과제를 할 수 없어요."라고 말한다. 레이첼은 웃고, 다른 아이들은 긴장하면서 낄낄거리고, 선생님은 레이첼에게 수업이 끝난 후에 보자고 한다.

레이첼의 행동은 방해를 하고 충동적이기는 하지만 화가 나거나 공격적이지는 않다. 부모와 교사들은 이 세상의 수많은 레이첼을 어리석고, 대담하며, 그들만의 사회생활 드라마에 사로잡힌 존재로 인식할 수 있다. 과잉행동과 충동성을 보이는 소년들만큼 성가신 아이들이 없지만, 이러한 복합형 아동의 가족들은 부주의형 아동의 가족에 비해 훨씬 더 많은 어려움을 느낀다. 이 복합형 소녀들의 부모들에 의해 보고되는 문제들은 행동 문제보다는 ADHD 증상인 주의력 결핍과 비구조화에 더 관련이 있다.[11] 레이첼과 같은 복합형의 소녀는 나이가 들수록 실력이 향상되는 ADHD가 없는 여학생에 비해 시간이 지날수록 수학 실력이 떨어지는 것으로 나타났다.[12] 수학 기술(math skills)은 누적되어서 나타나는데 수업에 열심히 참여하지 않았을 뿐만 아니라 상위 수학 기술은 그 이전의 수학 기술을 마스터해야 습득될 수 있는데 그러지 못했기 때문에 수학 기술이 누적되지 않았을 것이다. 복합형 ADHD 소녀들의 지능은 과소평가될 가능성이 높으며, 이들의 기저에 깔려 있는 문제들은 종종 숨겨진다. 곧 알게 되겠지만, 과잉행동을 두드러지게 보이지 않는 소녀들이 반드시 행운이라고 말할 수는 없다.

부주의 우세형

부주의 우세형은 ADHD 소녀들의 대다수를 차지할 수 있다.[13] 하지만 이들의 증상은 보다 모호하고 쉽게 관찰되지 않기 때문에 진단명이 잘못 붙여지거나, 오해받거나, 완전히 간과될 가능성이 높다. 이들의 증상은 내면적이어서 타인이 관찰하기 어렵기 때문에, 자기보고 척도(이 책 끝 부분에 제공) 진단에서 특히 중요하며, 자기보고 척도는 부모나 교사들이 잘 모르는 부주의 우세형 ADHD 소녀들의 내적 경험을 부모나 교사들에게 알려 준다. 심지어 어린 소녀들도 자기보고 척도를 통하지 않더라도 자신 속에 부주의 우세형 ADHD 소녀들의 감정이 있음을 인정할 수 있다.

이 유형의 소녀는 복합형인 경우보다 더 수동적이고, 덜 직접적인 행동을 보이기 때문에 여성성(femininity)이라는 표준적인 개념에 더 잘 들어맞는다. 이 유형의 증상은 내재화되는 경향이 있기 때문에 교실에서 훨씬 덜 주목을 받는다. 즉, 이들은 타인을 방해하는 행동을 보이지 않기 때문에 관심의 중심에 있는 것을 두려워한다. 이 유형의 소녀는 비난받는 것을 두려워하기 때문에 일반적으로 교사의 인정을 받기를 바라며, 협조적이고 순종적이다. 그러나 이들은 자신의 지식에 대해 거의 자신감을 느끼지 못하고 수업에 참여하는 것을 피하는 경향이 있다. 이들은 정보를 천천히 처리하며, 수업 중에 어색한 침묵을 지키며, 머뭇거리면서 말한다. 이들은 여러 단계의 지시를 따르거나 제시간에 교실 과제를 완료하는 것을 힘들어한다. 이들은 종종 수업 중에 공상에 잠기고, 자신의 이름을 불러 놀라게 하는 교사보다 조심스럽게 다시 집중할 수 있도록 이들의 어깨를 가볍게 만질 수 있는 교사가 더 도움이 된다. 어지럽힌 책상과 지저분한 책가방에도 불구하고, 교사들은 이 소녀들을 ADHD로 힘들어하는 미묘한 징후로 인식하지 않고 온순하고 많이 수줍어하는 학생으로 자주 묘사한다. 사실, 부주의 우세형의 소녀는 소년보다 학업동기, 학업 기대, 성적, 지능지수 등이 더 낮아 유의미한 수준의 학업상의 어려움을 보일 수 있다.[14]

부주의 우세형 ADHD인 칼리(Carly)가 4학년 교실에서 겪는 너무나도 일반적인 딜레마는 다음과 같다.

> 칼리는 일어나면 엄마에게 머리가 아프다고 말하고 학교에 갈 수 있을 것 같지 않다고 말한다. 초등학교 시절, 칼리가 필사적으로 집에 있고 싶어 한다는 것을 엄마는 알면서도 어쨌든 학교에 가라고 재촉한다. 칼리가 학교에 도착하면, 사물함을 사용하는 데 어려움을 보이고, 이로 인해 자의식과 수치감을 느끼면서 몇 분 늦게 수업에 들어가게 된다. 바튼 선생님(Mrs. Barton)은 지난 몇 주 동안 읽기 수업을 했던『샬럿의 거미줄』에 대해 토론을 하고 있었다. 칼리는 재빨리 두 마리의 도마뱀붙이(gecko)를 들고 액체가스를 담는 탱크 옆, 교실 뒤쪽 자리로 갔다. 칼리는 도마뱀의 소리에 기분 좋게 정신이 팔리곤 하는데, 오늘도 예외는 아니었다. 오늘과 같은 날에는 칼리는 도마뱀붙이처럼 갇혀 있다고 느끼고, 밖에 자유롭게 있는 것을 상상해 본다. 선생님이

자신을 부르는 것이 두렵고, 자신이 투명인간이었으면 좋겠다고 생각한다. 칼리는 선생님과 서로 눈이 마주치지 않으려고 아래를 내려다본다. 칼리는 읽기를 잘 따라가지 못한다. 이러한 부분은 전형적인 행동으로, 읽으려고 마음을 먹고 20페이지 정도 읽다 보면 흥미를 잃기 시작한다. 집중하기가 점점 더 어려워지게 되고, 그래서 같은 페이지를 반복해서 읽게 된다. 칼리는 일주일 동안 그 책을 쳐다보지도 않았는데, 그 반의 모든 사람이 그 사실을 알고 있다고 생각한다. 사물함 안에 그 책이 있어서 어차피 못 꺼냈을 것이라고 생각한다.

선생님은 학생들에게 현재 이 장의 대안적인 결말에 대해 논의할 파트너를 고르라고 말한다. 칼리는 '파트너'라는 단어를 듣자마자 위가 꼬이기 시작하고, 다른 학생들이 짝을 맺은 것을 보면서 눈물을 참는다. 아무도 칼리와 파트너를 하지 않는다. 칼리는 다른 학생들이 좋아하지 않는 브루스(Bruce)와 함께 파트너가 된다. 칼리는 몹시 수줍어하며 부르스가 말을 걸어 주기를 기다리지만, 브루스는 자기 의자를 얼마나 뒤로 젖힐 수 있는지 보느라 바쁘다. 선생님이 중재를 하려고 끼어들면 이 둘은 침묵한다. 칼리는 너무 화가 나 있어 숙제를 제대로 듣지 못했지만, 선생님에게 다시 이야기해 달라고 말하는 것을 두려워한다. 바튼 선생님은 칼리에게 브루스와 토론을 시작하라고 했는데, 칼리는 멍하니 선생님을 바라보았다. 선생님은 칼리가 주의를 집중하지 않으며, 대화를 시작하는 것을 싫어하여 짜증이 난 것이 확실하다고 생각하였다. 이 두 사람을 위해 바튼 선생님은 몇 가지 지시 사항을 말하고 나갔다. 칼리는 멍청한 생각을 온화하게 말하였고, 브루스는 칼리에게 그 생각은 멍청하다고 말했다. 그러자 칼리는 눈물을 흘리기 시작했다.

사회적으로 부주의 우세형 소녀들은 또래 관계와 자아 개념 측면에서 부주의 우세형 소년들보다 사회적으로 덜 발달되었다. 이 ADHD 소녀들은 ADHD 소년보다 유의미한 수준으로 더 인기가 적었으며, 괴롭힘을 당할 가능성이 더 높은 것으로 밝혀졌다.[15] 사회적 고립과 또래로부터 왕따를 당하는 것 때문에 이 소녀들은 베개에 얼굴을 묻고 조용히 울지만, 부모에게는 아무 문제가 없다고 주장한다. ADHD 소녀는 ADHD 소년들이나 ADHD가 없는 소녀들보다 유의미한 수준의 내재화된 증상을 더 많이 경험할 가능성이 높다.[16, 17] ADHD의 진단이 더 오래 지연될수록 심리적 스트레스 증상들이 더 많이 증가하며, 이는 결국 청소년기의 적응장애 가능성을 증가시킨다.

초등학교 시기의 여학생들에게 불안과 우울과 같은 2차 증상은 이제 막 시작되고, 진정한 장애 수준으로 도달하는 경우는 거의 없다. 그럼에도 불구하고 부주의 우세형 소녀들은 학업과 사회적 영역에서 분명한 어려움을 보이며, 이와 함께 ADHD 소년들보다 불안장애가 공존할 가능성이 더 높아, 이들을 주의 깊게 관찰해야 한다는 사실은 놀라운 일이 아니다.[18]

높은 지능지수를 가진 소녀

부주의 우세형의 아주 영리한 ADHD 소녀가 시기적절하게 진단받을 가능성은 매우 낮다. 똑똑하면 할수록 명백한 외현적인 증상을 보이지 않고 초등학교 시기를 더 쉽게 보낼 수 있다. 성적이 높을 경우 아무런 문제가 없다고 사람들을 납득시킬 수 있다. 지능은 이 소녀의 어려움을 쉽게 보상할 수 있어서, 교사들이 자신들의 이상하거나 수줍어하는 행동에 신경 쓰지 않도록 한다. 그리고 부주의 우세형의 아주 영리한 ADHD 소녀는 더 많이 성공할수록 계속해서 똑똑해 보여야 한다는 압박감이 더 커지게 된다. 한 연구에서 ADHD 영재는 다른 ADHD보다 더 많은 어려움을 겪는 것으로 나타났다.[19] 이것은 이들 영재 아동의 우수한 능력이 ADHD 증상을 다양한 범위로 가릴 수 있고, 많은 ADHD 영재아의 능력이 ADHD로 진단받을 가능성을 낮춘다는 것을 암시한다. 사실, 영재들을 대상으로 한 연구에 의하면 이들 학생 중

약 10% 정도가 ADHD로 진단될 수 있지만 판별되는 경우는 거의 없다.[20]

ADHD 아동의 사회적 · 정서적 발달은 동갑내기 또래보다 3년 정도 뒤처지는 것으로 보고되고 있다.[21] 이것은 영재아들에게도 해당되는 것으로, 이들의 지적 능력은 또래보다 3년 정도 앞서기 때문에 훨씬 더 큰 차이를 보일 수 있다. 영재아에게는 지적 능력과 정서적 성숙 간에 6년의 차이가 있을 수 있어 부모나 교사에게는 이해하기에 벅찰 수 있다. 사실, 지능이 또래들보다 3년 앞설 수 있기 때문에 훨씬 더 큰 차이를 보이는 영재들에게도 마찬가지이다. 그들의 지적 능력과 정서적 성숙도 사이의 이러한 6년의 차이는 이 영재아들을 기죽게 하거나, 부모나 교사가 영재아를 이해하기 어렵게 한다. 사실은 우수한 지적 능력과 ADHD를 함께 가지게 되면 불안감 증대, 과잉반응, 또래 집단으로부터의 거부 등을 야기하는 사회적 · 정서적 요인을 초래할 수 있음이 밝혀졌다.[22]

대부분 이들 증상은 이 나이에 드러나지 않기 때문에, 우수한 지능을 이용하여 이 증상들을 보상할 수 있다. 학교에서 보이는 비조직화, 꾸물거림, 건망증과 같은 만성적인 어려움을 숨길 수 있을 것이다. 똑똑하면서 주의가 산만한 소녀들의 성적표는 부모들에게 자녀가 상냥하고, 조용하고, 영리하지만 아직 잠재력을 발휘하지 못했음을 확신시켜 줄 것이다. 이 소녀들이 방어를 늦출 수 있고 몽상가로 보일 수 있는 곳은 집에서뿐이다. 사실, 높은 IQ를 가진 소녀들은 평균 IQ를 가진 ADHD 소녀들보다 기분장애, 불안장애 그리고 파괴적인 행동장애가 공존할 수 있음이 밝혀졌다. 이 연구에서는 다른 사람들이 이 똑똑한 소녀들에게 ADHD가 있을 가능성을 눈치채지 못하도록 파괴적인 행동을 줄일 수 있는 내재화된 불안감을 설명하고 있다.[23] 이러한 역동성은 ADHD 영재 소녀들의 고군분투하는 모습을 반대로 숨겨 놓는 것일지도 모른다.

완벽주의/강박 성향

부모와 교사는 성공하기 위해 너무 열심히 노력하는 것처럼 보이는 소녀들에게 발생할 수 있는 근본적인 문제들을 인식하는 법을 배울 필요가 있다. 단순히 일반적인 소녀들이 아니라 ADHD 소녀들의 경우는 단정하게, 잘 정리하여 예의 바르게 행동하라는 사회적 압력을 예민하게 느낀다.[24] 이러한 어려움을 관리하는 일반적인 방법 중의 하나는 과제를 완성하기 위해 고도의 집중을 하도록 도와주는 엄격한 완벽주의 성향을 개발하는 것이다. 이들의 성취는 희생 없이 이루어지는 것이 아니고 상당한 고군분투가 수반된다.

일요일 밤 9시이다. 발레리(Valerie)는 3학년이며, 잠자리에 들 시간에 축소모형(diorama)을 보고, 내일 제출하는 프로젝트에 매력적인 표지판이 있다면 선생님이 더 좋아할 것이라고 생각한다. 빨리 끝내야 한다는 부담감에 바닥에서 발견한 파란 종이에서 직사각형을 오려 내었는데, 그 반대편 종이 면에는 학교 출입증이 있다는 것을 알지 못했다. 그녀는 가장자리가 완벽하게 일직선이 되도록 한 면과 다른 면을 번갈아 가며 잘랐고, 의도했던 것보다 훨씬 더 작아졌다. 그녀는 작은 종이에 별 의미가 없어 보이는 제목을 출력하고, 각각의 글자를 디자인으로 장식하기로 마음을 먹는다.

발레리 엄마가 잘 시간이 지났음을 발레리에게 상기시켰으나 그녀는 각각의 문자를 조심스럽게 디자인하는 것을 반복하느라 완전히 몰두되어 있다. 발레리의 말로는 금방 끝날 거라고 한다. 그러나 앞면과 디자인을 보지 않았고, 각각의 연속적인 문자가 점점 더 커지게 되면서 마지막 글자가 종이의 가장자리를 삐져나오게 되었다. 그녀는 실망하였고, 화를 내면서 글자를 지웠고, 종이가 구겨졌으며 연필 끝이 부러질 정도로 세게 누르면서 글자를 다시 썼다. 새로 깎은 연필로, 종이의 한 부분이 찢어질 때까지 새 글자를 다시 따라 적었다. 종이가 찢어지자 자신에게 화가 났으며 발레리가 아직 깨어 있다는 사실에 화가 난 어머니가 들어왔을 때 발레리는 새 종이를 찾고 있었다. 발레리는 엄마에게 망친 표지판을 보여 주는 것이 창피하여 거의 다 했다고 말했다. 엄마는 과제를 더 하기에는 너무 늦었고, 발레리는 과제를 해야 하는 일을 망각한 것에 대한 결과를 배울 필요가 있다고 말했다. 발레리는 "이것은 불공평해요."라고 말했지만, 엄마는 발레리에게 잘 시간이라고 말한다. 발레리는 울음을 터뜨리고, 엄마는 이 상황을 어떻게 다루어야 할지 몹시 갈등하였다. 발레리는 선생님이 자신의 프로젝트를 싫어할 것이고, 모든 사람이 그녀의 표지판을 비웃을 것이라고 확신하였다.

발레리의 강박적인 성향은 세부 사항을 간과하는 ADHD 성향을 보상하는 하나의 방법이다. 이러한 ADHD 소녀들은 여성들이 모든 것을 함께 가지고 있어야 하고 단정하게 굴어야 한다는 사회적 기대에 부응하기 위해 모든 세부 사항에 주의를 기울여야 한다고 종종 생각한다.

ADHD 불일치가 초등학교 시절을 어떻게 복잡하게 만드는가

ADHD 소녀의 부모는 딸의 행동에 일관성이 없다는 사실에 예상대로 당황하게 된다. 이 일관된 불일치성을 받아들이기 어렵고 이해하기도 어렵다. 부모는 ADHD 딸들이 좀 더 높은 이해력을 반짝 보여 주면 기대치를 높이게 된다. 이 어린 소녀들은 긍정적인 피드백을 얻고 싶어 이를 따르기 위해 노력한다. 그러나 어떤 날은 실행기능이 잘 작동하지만 그 다음 날은 실행기능이 잘 작동하지 않는다. 부모는 자녀가 실수로부터 배우지 못하는 것처럼 보이면 화가 날 수 있다. 즉, 부모는 자녀가 자신의 행동을 거의 바꾸지 않고 같은 실수를 계속해서 반복하는 모습을 보게 되면 화가 난다.

특정 상황에서 이 상황과 비슷한 상황으로 일반화하기를 배우는 것은 삶의 문제를 해결하는 데 필수적인 것이다. 그러나 ADHD 소녀들은 새로운 상황에 노출될 때 일반화에 어려움을 보인다. 실제로, 초등학교 시기에 ADHD 소녀는 ADHD 소년에 비해 계획을 세우고 반응을 억제하는 부분에서 보다 어려움을 겪는 것으로 나타났다.[25] ADHD 소녀는 하루의 일과와 구조에 극도로 의존하는 경향이 있고, 심지어 부모가 딸에게 앞으로 직면하게 될 어려움을 예상해 보도록 할 때에도, 작은 변화는 친숙한 것들을 친숙하지 않은 것으로 만들어 버린다. 이 소녀들이 이전에 성공한 경험이 부족할 경우 더 많은 부분에서 어려움을 겪을 수 있다.

미셸(Michelle)은 브라우니(Brownie, 걸스카우트)에 가입한 8세 된 ADHD 소녀이다. 이번이 그녀의 첫 번째 과외 집단 활동인데, 화요일 오후 야외 활동이 무섭기도 하고 신나기도 하다. 그녀가 속한 집단은 가끔씩 예상보다 일찍 야외 활동을 마치고 돌아와 부모님이 도착할 때까지 자유롭게 논다. 리더가 미셸에게 앞으로 일어날 일에 대해 설명을 해 주지 않으면 흥분하거나 화를 내는 경우가 있다. 부모들은 오후 5시에 오기로 되어 있지만, 미셸은 점점 더 참을성이 없어지고 어머니가 도착할 때까지 종종 울기도 하였다. 그녀의 어머니는 이 문제를 해결하기 위해 딸에게 지역주민센터(community center)에 돌아오자마자 엄마에게 전화를 하라고 하였고, 그러면 즉시 딸을 데리러 가려고 최선을 다하였다. 이러한 계획은 두 번 연속 성공했으며, 엄마와 딸은 이 결과에 만족했다.

한번은 자연보호구역으로 갈 때 걷지 않고 미니버스를 탔고, 돌아올 때 버스가 지역주민센터 대신 초등학교로 갔다. 미셸은 혼란스러웠지만, 울지 않으려고 애쓰며 몇 명의 남아 있는 소녀들과 함께 기다렸다. 마지막 소녀가 차를 타게 되자, 미셸은 자기 어머니가 왜 그곳에 없는지 이해하지 못하고 미쳐 버릴 것만 같았다. 오후 5시에 그녀의 어머니는 지역주민센터에 도착했고,

다시 학교로 향했다. 오후 5시 7분에 학교에 도착하자 미셸은 리더에게 신경질적으로 울면서 매달렸다. 한 30분 정도 지나자 미셸이 진정되었고, 그녀는 브라우니를 그만둘 것이라고 하였다. 그녀의 어머니가 그녀를 설득하려고 하자, 미셸은 귀에 손가락을 넣으면서 큰 소리로 노래를 불렀다. 엄마는 죄책감을 느꼈고 미셸에게 새로운 비니 아기(Beanie Baby) 인형을 사 주겠다고 했다. 미셸은 그 제안을 받아들였지만, 엄마에게 여전히 브라우니에 다니지는 않을 것이라고 말했다.

미셸이 통제력을 잃을 만큼 변인들이 바뀌어졌다. 미셸은 종종 정서 조절을 어려워한다. 자신의 강한 정서 상태가 명료하게 생각하고 적절하게 반응하는 능력을 압도한 것이다. 이러한 경향은 ADHD 소녀들이 흔하게 나타내는 사회적 어려움에 중요한 영향을 끼친다.[26] ADHD 소녀들은 자주 감정적으로 강하게 반응함으로써 자신이 두렵고 압도당했다고 느끼고, 이미 명확하게 생각할 수 없게 된다. 이러한 ADHD 딸의 패턴은 ADHD 딸을 양육하는 데 있어 가장 좌절되고 가장 빈번하게 발생하는 요소들 중의 하나이다. 엄마는 딸에게 기술을 가르친다. 즉, 딸은 기술을 배운 것은 보여 주지만, 그 기술을 사용하지 않는 일들이 추후에 발생한다. 엄마와 딸은 모두 왜 그런지 설명하기가 힘들고, 두 사람 모두 좌절하고 실망한다. 엄마는 딸에게 무리한 기대를 한 것에 대해 죄책감을 느끼고, 딸은 엄마를 실패시킨 것에 대해 죄책감을 느낄 수 있다. 엄마와 딸의 관계가 매우 중요하기 때문에, 그들 관계의 일시적인 혼란은 단순히 기술을 사용하지 못하는 것 이상의 수치심과 불안감을 불러일으킬 수 있다.

관계의 문제

캐럴 길리건(Carol Gilligan)은 소녀와 소년의 도덕적 행동에 대한 정의를 내릴 때 성별의 차이를 강조하였다. 일반적으로 남자들은 도덕성을 경쟁하는 권리(competing rights)로 정의하는 반면, 여자들은 도덕성을 갈등하는 책임감(conflicting responsibilities)이라는 측면에서 정의하였다. 즉, ADHD 소녀는 게임에서 승리하는 것이 상대방에게 슬픔을 남길 수 있고, 그녀의 입장에서 갈등하는 책임감은 불안을 야기하여 서로가 갈등하는 결과를 만드는 것으로 보았다. 그리고 친구 사이에서 관계의 편안함이 자신의 성취보다 더 중요하여, 친구를 자기보다 더 위에 두게 되어 친구와의 상호관계를 붕괴시킬 우려가 있을 수 있다. 반면에, 소년은 자신이 규칙에 따라 경기를 했다고 알고 있는 한 자신이 상대편보다 더 우월한 지위를 얻기 위해 노력했다고 느끼며 우승자가 되는 것에 흥분될 수 있다.[27] 길리건은 소녀와 소년 사이의 차이를 설명하기 위해 그물구조(web) 대 사다리(ladder)로 비유하였다. 소녀에게 그물구조는 상호 연결을 상징하는 반면, 소년의 사다리는 위계적이고 성취 지향적인 관계를 나타낸다.

소녀들에게 있어, ADHD와 관련된 사회적 기술의 손상은 사회적 환경에 더 친밀해지려는 그녀들의 특성 때문에 더 치명적일 수 있다.[28] 가끔씩 소녀들은 그러한 선택이 개인적인 발달에 방해가 될 때에도 관계를 유지하기 위해 선택할 수 있다. 그러나 이러한 타인 중심의 선택과는 대조적으로, 가끔씩 다른 소녀들과의 관계에 대해 일어날 수 있는 결과를 생각하기도 전에 충동성에 의해 문제 행동이 나타난다. ADHD 소녀들은 좀 더 전형적인 소년들이 보이는 성취 지향 행동과 유사하게 집중적으로 한 가지 일에 집중하여 다른 것은 보지 못하는 상태로 단기적인 목표를 추구할 수 있다. 이 소녀들이 이렇게 몰두하게 되면 이기적이거나 지배적인 것으로 인식될 수 있다. 이들에게

급해 보이는 것과 또래에게 중요한 것을 구별하는 것은 어렵다. 이 소녀들은 협력보다는 경쟁을 더 선호하는 것처럼 보일 수 있다. 그러나 이들은 또래들의 감정에 초점을 맞추지 못하고, 그 순간의 충동성에 반응하는 것일 수 있다.

충동적이고 자기중심적으로 집중하는 데 사로잡힌 소녀들은 그 이유를 이해하지 못한 채 또래들로부터 거부당할 수 있다. 실제로 ADHD 소녀들은 ADHD 소년들보다 또래에게 더 미움을 받거나, 부모들과 교사들로부터 ADHD가 없는 또래 소녀들보다 대체로 사회적 발달이 뒤처진다고 평가되었다.[29] 이와 같은 반복적인 경험은 ADHD 소녀들에게 불안감을 증가시키는 결과를 초래할 수 있고, 이로 인해 이들은 자신의 판단을 실제로 신뢰할 수 없다는 생각에 빠질 수 있다.

ADHD 소녀들은 ADHD가 없는 소녀들보다 사회적으로 더 어색하고 문제 행동을 더 많이 한다. 이들은 일반적으로 ADHD가 없는 또래들보다 더 공격적이다.[30] 특히 주의력 결핍과 충동성을 함께 가진 복합형의 ADHD 소녀들은 주의력 결핍 유형의 소녀들보다 더 공격적인 것으로 밝혀졌다. ADHD 유무와 관계없이 소녀들은 어떤 종류의 것이든 공격성을 보이는 소녀들을 싫어하는 것으로 밝혀졌다.[31] 한 연구에서 충동성이 더 강한 ADHD 소녀들은 공격적인 존재로 인식되었고, 또래들에게 매우 부정적으로 평가되었다. 반면, 부주의 우세형의 소녀들은 사회적으로 고립된 것으로 보였다[32]. 또래들에게 비치는 이러한 두 유형의 ADHD 소녀의 사회성과 문제 행동은 이 소녀들의 연약한 자아의식을 손상시킬 가능성이 높다.

이러한 사회성 맹(盲, social blindness)이 드러나는 방법 중 하나는 관계상의 공격성을 통하는 것이다. 왜냐하면 소녀들은 사회적 수용과 정서적 친밀감을 매우 중요시하기 때문에 피해자들의 관계를 해치는 것은 특히 효과적인 조종 수단이 된다.[33] ADHD 소녀들은 자신의 요구를 충족시키기 위해 타인을 강요하는 전략을 사용하면서 사회적 통제감을 느낄 수 있다. 관계상의 공격성은 어떤 경우에는 간접적이고 계획적이며 언어적 기술(예: 정교한 거짓말을 생성하고 유포하는 것)을 수반하는 반면, 다른 경우에는 직접적이고 강한 충동성(화가 나서 모임에 누군가를 초대하지 않는 것)을 수반한다. 연구자들은 이 소녀들의 관계적 공격 성향에 영향을 주는 요인들을 계속해서 살펴보고 있지만, ADHD 소녀들의 공격적인 행동에 대한 이해가 이들에게 지대한 영향을 줄 사회적 장애를 평가하는 데 핵심이라는 것은 자명하다.[34, 35]

자존감

일반적으로, 긍정적인 상호작용을 해 온 사람은 더 나은 자존감을 발달시킬 수 있다. 흥미로운 사실은 ADHD 초등 여학생들이 지속적인 사회적 상호작용의 실패를 경험했다 하더라도 객관적인 측정치나 성인의 평가에 비해 이들의 사회적 능력이 과대평가되어 있다는 것이다. 이러한 긍정적인 환상 편향(positive illusory bias)은 더 적대적인 소녀들에게서 가장 높았고, 더 우울한 증상을 보이는 소녀들에게는 낮았지만, ADHD가 없는 소녀들보다는 항상 더 높았다. 자신을 긍정적인 시각으로 묘사하는 경향은 방어적 대처 스타일의 전형적인 허세를 반영할 수 있으며, 수치심을 숨기려는 의도 및/또는 자신의 수행을 정확하게 평가하지 못하는 무능을 숨기려는 의도로 보인다.[36] 마찬가지로 우려되는 것은 ADHD 소녀들의 부모와 교사들은 이들의 학업 성취도를 객관적인 수치보다 훨씬 더 나쁘게 평가했다는 사실이다. 이러한 왜곡은 ADHD 초등 소년들이나 ADHD가 없는 소녀들보다 ADHD 소녀들에게 더 많이 나타났다.[37] 연구자들이 ADHD 소녀들이 왜 부모, 교사 그리고 또래들로부터 그러한 부정적인 평가를 받는지에 대해 계속해서 연구를 수행해 오고 있지만 우리는 이러한 부정적인 메시지들이 ADHD 소녀들에게 내재화된다는 것을 알고 있다.

초등학교에서 ADHD 소녀들은 우정을 나누고 유지하는 데 어려움을 겪는다. 일반적으로 이들은 친구가 거의 없는 경향이 있다. 즉, 주의력 결핍 유형의 소녀들은 한 명의 친구에게 지나치게 의존하게 되고, 충동성 우세형 소녀들은 우정을 유지하는 데 어려움을 겪는다. ADHD 소녀들의 우정이 ADHD가 없는 소녀들의 우정과 유사하게 긍정적인 특성을 가지고 있지만, ADHD로 인한 관계 기술 부족 때문에 갈등을 겪거나 공격성을 보이기도 한다. ADHD 소녀가 다른 ADHD 소녀와 우정을 맺는 초기 단계에서는 만족스러울 정도는 아니지만 친절하게 대한다.[38] 그러나 이미 알고 있는 경험이거나 자신과 관련 없는 경험에 대해 서로 대화해야 할 경우에는, 적절한 언어 사용이나 주의 집중하는 능력이 부족하여 종종 또래들에게서 부정적인 피드백을 받게 된다. 이로 인해 결국 외로움이나 고립감을 느낄 수 있다.

1학년 미술 수업 시간에 마니(Marnie)는 하늘 그림에 색을 칠하고 싶어 파란색 마커가 필요했지만, 그때 파란색 마커 모두를 학급 친구들이 사용하고 있었다. 그녀는 학급 친구들에게 큰 소리로 "파란색 가지고 간 사람?" 이라고 말하며 필요함을 알렸다. 아이들은 여전히 파란색 마커를 사용하고 있었으며, 마니는 화가 난 채로 발을 구르며, "내가 지금 하늘에 색칠해야 한다고!" 라며 소리쳤다. 그녀는 파란색 마커를 사용하고 있는 두 친구에게 달려가서 손으로 마커를 움켜쥐고 뺏었다. 친구들의 손바닥에는 파란 선 자국이 남겨졌고, 돌아온 그녀는 한 손에 파란색 마커 한 개를 꼭 쥐고, 다른 손의 파란색 마커로 하늘을 색칠하였다. 반 친구들이 불평하였고, 선생님이 다가가 보았지만 마니는 마커를 포기하지 않았다. 그녀는 선생님에게 "나는 쟤네보다 파란색이 더 필요했어요." 라고 말했다. 선생님이 마니의 행동은 수용할 수 없는 것이라고 설명하자, 울먹이며 이해한다고 하였다. 마니는 친구들과 함께 점심을 먹었고, 마음을 다친 친구들에게 점심값의 일부를 주었다.

사실은 마니가 정서적 욕구를 가지고 있거나 통제감을 느끼고 싶은 절박함이 행동에 깔려 있을 수 있다. 그러나 어린이와 성인들은 이러한 행동을 잘못 해석할 가능성이 있다. 왜냐하면 마니와 같은 어린 ADHD 소녀들은 단지 자신의 감정에 충실하려는 충동성 때문에 종종 무례하거나, 오만불손하거나, 이기적이거나, 비열한 사람으로 묘사될 수 있다.

어린 ADHD 소녀들은 갑자기 자극에 압도되었을 때 본인조차도 자신의 부적절한 행동을 설명할 수 없다. 이와 같은 갑작스러운 공격이 초등학교 3학년 봄 음악회 리허설에서 발생했다.

멜리사(Melissa)는 자신이 좋아하는 노래를 집중하여 부르며, 자기 파트에 목소리를 맞추느라 그녀의 친구인 캐시(Cathy)와 의도치 않게 부딪혔다는 것을 몰랐다. 그녀 옆에 서 있던 캐시와 또 한 번 부딪혔을 때 멜리사는 잠시 짜증이 났지만 그녀가 가장 좋아하는 노래 부분을 해야 할 때가 되어 노래하는 것에 재집중하였다. 루이스(Louis)가 멜리사와 같은 파트의 소리를 맞추지 못하자, 멜리사는 또 캐시가 일부러 방해한 것이라고 생각했다. 멜리사는 갑자기 분노가 치밀어 올랐고 복수심이 불타올랐다. 멜리사는 아무런 의심 없이 자신의 파트를 노래하고 있는 캐시를 밀어내 버렸다. 그러자 캐시는 울었고, 노래 부르기가 중단되었으며, 멜리사는 다른 누구 못지않게 충격을 받았다. 선생님은 멜리사에게 왜 친구를 밀쳤는지 물었고, 멜리사는 "모르겠어요."라고 솔직하게 대답했다. 이 대답은 선생님을 짜증 나게 했고, 멜리사는 교장실로 보내졌으며, 슬픔을 가누지 못하고 울었다. 교장선생님이 그 사건을 멜리사의 어머니에게 전하기 위해 전화했을 때 멜리사의 어머니는 멜리사와 캐시가 자주 함께 잘 놀았기 때문에 그 내용을 듣자 어쩔 줄 몰라 했다. 최근 들어, 멜리사의 어머니는 학교를 마친 후에 전화기가 울리면 두려워지기 시작했다. 종종 부모님이나 선생님이 멜리사의 행동에 대해 불평하려는 전화처럼 여겨졌기 때문이다.

이 경우 멜리사는 공연 준비로 흥분한 상태였고, 선생님이 멜리사 파트 쪽을 가리키며 노래를 하라고 하는 것에 집중을 하고 있었으며, 자기 파트에서 음이 벗어나지 않아야 한다고 생각하는 등의 다양한 원인이 누적되어 과도한 자극을 받았다. 말할 필요도 없이, 멜리사는 자신이 좌절을 인내할 수 있는 한계에 놓여 있어 과부화되어 있다는 생각을 전혀 하지 못했다. 루이스의 음이 이탈하자 이것이 결정타가 되었다. 멜리사의 예민한 감각 체계에 느껴지는 여러 요구를 관리해야 해야 하는데 이를 제대로 통제하지 못해 불편감이 폭발된 것이다.

자신의 감정이나 다른 누군가의 반응에 의해 숨겨진 감정이 터지는 이 고전적인 경험은 ADHD 소녀들의 삶이 통제 불능이라고 느끼는 중요한 부분이다. 다른 사람들과의 경험이 무작위적이고 예측할 수 없는 것처럼 보인다. 그렇기 때문에 왜 많은 ADHD 소녀가 나쁜 결과를 초래하는 이해할 수 없는 상호작용을 경험하기보다 상호작용에서 손을 떼는지를 쉽게 이해할 수 있다. 이러한 예는 ADHD 소녀들에게서 지연되는 중요한 발달 과제 중 하나로, 자신의 행동을 일관되게 모니터하는 데 어려움을 가지는 본질적인 특성을 보여 준다.

자가 점검하는 데 실패하는 ADHD 소녀들은 자신의 경험에 너무 집중한 나머지, 다른 사람의 반응에 매복될 수 있다.

> 페니(Penny)는 수업 시간에 앞에 앉은 메리 앤(Mary Ann)의 머리를 땋기 시작했다. 처음에 메리 앤은 이 행동을 받아들이고 페니에게 감사해했다. 그러나 이러한 긍정적인 강화로 인해 페니는 땋은 머리를 풀고 다시 땋는 행동을 했다. 곧 메리 앤은 페니에게 그만하라고 했다. 페니는 다른 아이와도 이러한 행동으로 친밀하게 관계를 맺고 있었기 때문에 머리 땋는 이 행동에 흥분해 있어 메리 앤의 요구를 들어주지 않았다. 메리 앤은 페니에게 점점 더 짜증이 났고 마침내 돌아서서 "내 머리 만지지 마!" 라고 소리쳤다. 메리 앤의 반응에 예상치 못한 모욕을 느낀 페니는 울기 시작했다.

자신이 메리 앤에게 어떤 영향을 주고 있는지를 알 수 없었기 때문에 페니는 난데없이 튀어나온 메리 앤의 부정적인 반응에 충격을 받았다. 페니가 메리 앤뿐만 아니라 자신의 경험을 동시에 점검할 수 있는 기술이 아직 발달되지 않았음을 쉽게 알 수 있다. 페니는 초등학교 시절 동안 사회적 상호작용에서 어려움을 느꼈지만, 힘든 부분의 이유를 알기 어려웠다. 그녀는 시간이 지나면서 친구들과 관계를 맺을 때 초등학교 시절에 겪었던 힘든 고통의 순간이 떠올라 힘들어하였다.

이 일화는 이 소녀들이 자신만의 세상 가치를 측정하는 방식에 타격을 받는 경험들이 존재할 수 있음을 보여 준다. 태어난 것이 유감스럽거나 살 가치가 없다고 말하는 어린 ADHD 소녀를 심각하게 받아들여야 한다. 일부 부모는 이러한 발언들이 단순히 감정적이거나 꾀를 부리는 것이라고 추측할 수 있으며, 딸의 감정 강도를 오해할 수 있다. 불안감이나 우울감은 대인관계의 어려움으로 인해 초등학교 시절부터 나타나기 시작할 수 있다. ADHD의 충동성과 결합된 극심한 불행감은 전문가에 의해 즉각적으로 평가를 받아야 한다는 위험 신호로 봐야 한다. 만약 중재를 하지 않을 경우, 이러한 정서적 경향은 성인기 초기[39]에 기분장애로 발전할 가능성이 높으며, 이는 다시 부정적인 결과를 초래할 위험을 증가시킬 수 있다.[40]

가족의 역할

ADHD는 신경생물학적 증상의 기저에 유전에 의한 상태임이 잘 정립되어 왔다.[41] ADHD 소녀의 생물학적 특성은 그녀의 사회적 · 심리적 환경, 특히 가족 환경에 의해 강한 영향을 받는다. 가족 간의 상호작용은 ADHD 상태의 심각성과 전반적인 발달 과정에 좋든 나쁘든 영향을 미친다.[42] ADHD

소녀의 부모는 ADHD가 아닌 소녀의 부모보다 육아 역할에 더 부담감을 느끼는 것으로 나타났다.[43] ADHD 아동의 부모가 ADHD가 아닌 아동의 부모보다 육아에 더 많이 압도된다는 연구 결과가 있다. 부모의 스트레스 수준은 ADHD 자녀의 행동 문제뿐만 아니라 부모의 우울증으로 악화될 수 있다.[44] 한 연구는 ADHD 초등 소녀들에게 가정의 정서적 환경이 미치는 영향을 탐구했다. 딸에 대한 부모의 적개심이나 분노를 살피는 비판적 요소와 자기희생적 · 과잉보호적 태도를 측정하는 감정적 개입 요소를 측정했다. 이들 가정에서는 딸의 행동에 대해 좌절과 불안 사이에서 오락가락하는 등 부모의 감정 표현이 비판적이면서도 참견하는 경향이 강했다. ADHD 하위 유형에 상관없이, 딸의 ADHD 증상에 대응해 어머니들의 감정 표현이 강하게 나타났다. 즉, 어머니들은 주의력 결핍을 보이는 ADHD 딸과 공격적인 행동이나 반항적인 행동을 하는 ADHD 딸 모두에게 똑같이 양가적이고 얽히는 모습을 보였다.[45] 이러한 점은 양가적이고 지나치게 관여하며 때로는 서로에게 독이 되는 모녀 관계가 이 발달기에 형성되기 시작함을 보여 주는 것이다.

ADHD가 아닌 소녀들에 비해 ADHD 소녀들은 적대적 반항장애(oppositional defiant disorder: ODD)와 품행장애(conduct disorder: CD) 진단을 받을 확률이 높다.[46, 47] 이 소녀들이 겉으로 드러나는 행동을 할 때에는 남자아이들이 보이는 전형적인 몸싸움과 같은 노골적인 행동보다는 도둑질이나 거짓말 같은 더 은밀한 행동을 하는 경향이 있다.[48] 그러나 부모가 부정적으로 표현하게 되는 것은 이들의 행동이 성별과 맞지 않아서 나타날 가능성이 높다. 부모의 ADHD 딸에 대한 부정적인 성향은 품행 문제를 보이지 않았음에도 나타났다.

ADHD는 가족력을 가지기 때문에[49] 이 소녀들의 부모들 중 일부는 ADHD를 가지고 있을 가능성이 높으며, 초등학교 시절에는 충동 조절로 고군분투했을 수도 있다. 실제로, ADHD 소녀들이 일반적인 소년들에 비해 더 강한 신체적 공격이나 공공연한 반항적 행동을 보이면, 충동성 조절에 어려움을 가진 일부 부모는 ADHD 소녀들을 정서적으로나 신체적으로 학대하기도 한다. 이러한 가능성은 ADHD 소녀들이 ADHD가 아닌 소녀들보다 신체적 또는 성적 학대를 경험했을 가능성이 높다는 연구 결과에 의해 뒷받침된다.[50]

소녀들에게 나타나는 ADHD 증상의 많은 표현이 부모에게 좌절과 실망을 불러일으킨다는 사실에도 불구하고, 상호작용의 정서적 온도를 낮추고 대신에 부모와 ADHD 딸 사이의 정서적 유대감을 강화하는 전략이 많이 있다. 예를 들면, 상담, 코칭, 인지-행동 훈련, 사회 기술 훈련, 약물치료 등이다. 부모는 모든 사람에게 성공할 수 있었던 전략들 중에서 자신에게 맞는 전략을 찾아 사용한다면, 이 ADHD 소녀들에게 안전망을 넓힐 수 있을 것이다. ADHD 소녀들의 독특한 임상 과정과 심리사회적 요구에 대해 알게 되면서 소녀들에게 맞춤형 중재가 특히 도움이 될 수 있음이 점점 더 분명해지고 있다.

ADHD에 친화적인 양육 방법

가정생활을 구조화하기

ADHD 소녀들이 자신들의 강점을 발휘하도록 도와줄 수 있는 구체적인 방안들이 많이 있다. 가장 중요한 목표는 예측 가능한 구조적 맥락 안에서 안전감과 통제감을 경험하도록 도와주는 것이다. 이는 주말을 포함하여 온 가족이 따라야 할 일과를 마련함으로써 달성할 수 있다. 이 소녀들은 그들이 원하는 것을 혼자 하고 싶다고 말할 수도 있지만, 실제로 기대 수준의 윤곽을 제시해 주면 ADHD 소녀들이 집중해서 참여할 수 있을 것이다. 딸과 일상을 함께함으로써 성공 경험을 많이 하게 되면 딸은 더욱 힘을 얻게 될 것이다. 부모는 미리 승인한 두 가지 선택 중에 하나를 선택하게 함으로써 딸의 의견을 존중할 수 있다. 예를 들어, "저녁은 오후 6시에 먹을 건데, 그전에 샤워할래, 아니면 식사하고 샤워할래?"라고 말할 수 있다.

현실적인 기대치 유지하기

이 나이의 대부분의 소녀에게 간단한 집안일하기를 기대하는 것은 적절하다. 대개 이러한 일의 목록을 매우 명시적으로 차트(chart)로 제시하는 것은 형제와 번갈아 가면서 수행해야 할 경우 일을 따라 하는 데 도움이 될 수 있다. 이러한 차트는 해야 할 것의 기대 수준에 대한 불평을 줄일 수 있다. 이 차트는 보상 시스템과 함께 사용할 경우 더욱 효과적이다. 부모가 보상 시스템을 ADHD 소녀에게 상기시키고 감독하게 되면, 매일 정해진 시간에 집안일을 ADHD 소녀가 하는 데 도움이 될 수 있다. 다시 말하지만, 딱딱하지 않으나 단호하게 가이드라인을 말해야 한다. 예를 들어, 30분 이내에 쓰레기를 언제 치울 것인지 선택하게 할 수 있다. 책임감에 따르게 하고 막판 위기를 피할 수 있는 알림 시스템을 개발하여 지원해야 한다. 즉, ADHD 소녀들이 해야 할 많은 책임감을 현실적인 행동으로 나타낼 수 있도록 돕는 것이다. 부모의 유연성은 자녀에 대한 존중을 의미하며, 부모의 유연성으로 인해 ADHD 소녀들은 자신의 책임에 대한 주인의식을 가질 뿐만 아니라 자신이 성취한 것에 대해 자부심을 가질 가능성이 높다.

비록 그들이 어떤 일을 해낼 수 있을지 없을지는 때때로 불확실하지만, 많은 사랑하는 부모는 자신들의 딸들의 분투에 너무 잘 맞추어 주고 있기 때문에 딸들이 좌절하게 될 일을 예상할 수 있다. 부모들은 혼란스럽고 저항적인 딸들을 고통스러운 경험으로부터 보호해 주고자 이러한 일들을 수행하게 될 것이다. 예를 들면, 많은 부모는 초등학교 2학년생들이 아침에 버스를 탈 수 있도록 옷을 입히고, 만약 딸이 운동화를 거부하면 어그 부츠를 찾으러 달려간다. 그들은 4학년 딸의 긴 머리를 빗겨 포니테일로 묶어 주지만, 딸들은 다르게 해 달라는 지시와 불평을 퍼붓는다. 부모들은 초등학교 5학년 딸이 바닥에 놓고 간 숙제를 들고 정신없이 학교로 달려간다.

이 접근 방식의 문제점은 '너 스스로 이 일을 할 수 없기 때문에 내가 너를 위해 이 일을 하는 것이다.'라는 무언의 메시지를 전달하는 것이다. 부모가 자녀의 완벽한 글쓰기를 위해 제출할 숙제를 교정해 주게 되면, 결국 교사는 학생이 실제 할 수 있는 기능 수준이 어느 정도인지, 그리고 학생의 요구를 가장 잘 충족시키기 위해 어떻게 해야 할지 결코 알 수 없게 된다. 게다가 이 소녀들은 부모가 먼저 고치지 않는 한 자신의 과제가 완벽해지지 않는다는 것을 배우게 된다. 소녀들이 필요한 기술들을 숙달하기 위해서 무엇을 배워야 하는지 명확한 기대 수준을 제시해 주어야 하는데, 그렇지 못하면 이러한 상호작용으로 인해 기술을 배우려는 시도조차 하지 않게 될 수도 있다.

이 소녀들이 성숙해짐에 따라서 부모의 개입에 좀 더 의존하게 되는 반면, 다른 소녀들은 독립성이 성숙함에 따라 더 큰 독립성을 위해 필요한 기술들을 연습한다. 좋은 의미로 동정심 많고 보호적인 부모들의 손에 이끌려 신경학적으로 지연된 발육이 훨씬 더 지연된다. 이 소녀들에게는 이런 일을 할 수 있다는 메시지를 주는 것이 훨씬 더 유용하다. 그리고 소녀들이 하는 문제 해결 시도에 대해 칭찬을 하고, 실패의 결과를 경험하도록 해야 한다. 부모는 항상 최선을 다하는 것이 중요하다는 것을 반복적으로 강조하고, 딸의 노력과 성공할 수 있는 능력이 있음을 믿을 수 있도록 칭찬을 해 주어야 한다.

자녀의 뇌는 휴식이 필요하다는 것을 기억하기

이 소녀들이 학교생활 내내 정신적으로 힘을 쏟은 후에는 충동성을 통제하는 일에서 벗어나야 한다. 이상적으로는 가정은 부정적인 결과에 대해 '심리적으로 누그러질 수 있는' 안전한 곳이어야 한다. 이는 많은 어머니에게 딸의 방과 후 행동이 다른 때보다 왜 더 나빠지는지를 설명할 수 있는 부분이다. 딸의 충동적인 행동은 부모를 겨냥한 것이 아니라, 부모의 보호 속에서 자신이 편안하기 때문에 하는 것이다.

방과 후는 딸의 하루에 대해 질문할 수 있는 최적의 시간이 아니다. 즉, 부모들은 딸의 하루에 대해 알고 싶어 할 수도 있지만, 방과 후는 딸의 하루를 공유할 최적의 시간이 아니다. 이 시간은 자녀가 원하는 대로 기어를 변속하는 데 써야 하고, 자녀가 힘을 재정비하고 집에서 적응할 수 있도록 해야 한다. 딸에게 아무것도 요구되지 않을 예측 가능한 냉각 시간이라고 명시적으로 정해 주는 것이 도움이 된다. 딸은 이로 인해 TV 시청, 비디오 게임, 음악 감상 등의 더 수동적인 활동을 할 수 있다. 이 시간은 방과 후 일과의 한 부분이어야 하며, 이 휴식이 끝나고 숙제가 시작되는 시기에 대해 모두가 같은 생각을 가져야 한다.

사회적 성공 가능성 증가시키기

많은 소녀는 방과 후 더 이상 집중력을 요하는 상호작용을 참을 수 있는 에너지가 없다는 사실을 깨닫지 못한 채 놀고 싶어 한다. 실제로, 약간의 휴식 시간이 없으면, 부모들끼리 잡는 자녀들의 놀이 약속(play date)은 요구와 불평으로 인해 과잉자극을 받는 재앙으로 변한다. 이 소녀들에게는 시작 시간과 종료 시간을 정해 놓고 세심하게 감독하는 구조화된 방과 후 활동을 하는 것이 가장 성공적인 환경이 된다. 이들이 놀이를 할 때에는 짧은 시간에 가정에서 할 수 있는 최적의 활동을 미리 짜 놓고, 부모가 과도한 자극으로 인해 나타날 수 있는 징후를 모니터링할 수 있어야 한다. 비구조화되고 개방된 놀이는 충동성을 자유롭게 발휘할 수 있다. 부모들은 자녀를 제자리로 돌아오도록 수습하고, 활동을 하지 않을 때 친근한 대화를 나누면 30분을 더 놀 수 있다고 이야기하며, 만약 그렇지 않으면 계속 놀지 못할 수도 있다고 이야기한다. 이 혼란스러운 시나리오는 ADHD 소녀들에게 앞으로 일어날 일이 무엇인지에 대한 정보를 정확히 주지 못한다. 통제하는 부모들에게는, 명확한 설명이 없는 것이 이 소녀들에게 얼마나 불균형적 느낌을 받게 하는지 알기 어렵다.

ADHD 소녀들에게 인터넷상에서 수많은 소셜 네트워킹 기회가 존재하는데, 그중 다수는 부모들이 감시하기 어려운 것들이다. 많은 소녀의 경우, 익명성은 그녀들이 판단의 자유로움을 느끼도록 하는 상황을 만들고 새로운 행동을 대담하게 시도하게 만든다. 안타깝게도, ADHD 소녀들은 온라인에서 종종 그들의 어색한 사회성을 알아차리는 사람들에게 쉽게 희생되거나 그녀들이 아는 또래들로부터 괴롭힘을 당한다. 또한 초등학생 소녀들의 성적 호기심은 온라인과 파티에서 쉽게 추구된다. 부모들은 이런 사실을 불편해하고 믿기 어려워하기보다 이러한 문제들이 초등학생 소녀들에게 영향을 미칠 수 있음을 간과해서는 안 된다. 음악과 동영상은 ADHD 뇌에 특히 유혹적인 강한 자극적 시나리오를 전달한다.

운동하기-비밀 무기

운동은 ADHD 소녀들에게 훌륭한 배출구이다. 연구에 의하면 규칙적인 운동은 여러 영역에서 유익한 결과를 제공한다. 대표적으로 스트레스, 불안, 우울한 기분, 충동성 그리고 부정적인 감정과 관련된 증상들을 개선시킬 수 있다. 운동은 ADHD 소녀들의 가만히 못 있게 하는 에너지를 내보내고 집중력을 높이는 신체적인 노력이다. 건강한 수준의 활동은 ADHD 소녀들에게 밤에 잠드는 시간을 단축시킬 수 있고, 수면의 질을 향상시킬 수 있다. 게다가 유산소 운동 중에 뇌가 방출하는 엔도르핀이 짜증 날 때 기분 감정을 고조시킬 수 있다. 방과 후는 자전거를 타든, 춤을 추든, 조직적인 운동을 하든 운동 일정을 잡기에 좋은 시간이다. 방과 후에는 활동이나 자극으로 과하게 부담을 주지 않는 것이 중요하지만, 운동은 하루의 긴장을 풀어 주고 더 나은 준비를 하도록 도울 수 있다.

큰 그림을 보기

무엇보다 부모는 자녀가 생각할 수 있는 창의성, 자발성, 독특한 생각을 만들어 낼 수 있는 에너지를 소중히 간직할 수 있도록 집중해야 한다. 부모는 대화할 수 있다는 것을 분명히 하되, 자녀의 용어로 가장 자유롭게 의사소통할 수 있다는 사실을 받아들여야 한다. 자녀와 부모는 같은 팀이라는 것을 자녀에게 상기시키고, 유머감각을 유지해야 한다. 신뢰의 기반을 만들어 자녀가 부모에게 자신의 취약점을 기꺼이 드러낼 수 있도록 해야 한다. 초등학교에서 발생하는 문제들은 빙산의 일각에 불과하다. 즉, 이 소녀들은 직관과 인지가 다듬어지지 않은 사춘기와 성적 발달이 결합되어 쉬운 해결책 없이 복잡한 문제를 만들어 내는 중학교 시기로 진학하게 될 것이다. 건강한 일상을 개발하고, 자존감을 지원하고, 좋은 의사소통을 모델링하는 것이 이 소녀들이 중학교의 높은 위험도/높은 스트레스 구역으로 들어갈 수 있도록 준비하는 데 도움이 될 것이다.

결론

ADHD 소녀들이 어려움을 겪는 것은 초등학교가 처음일 것이다. ADHD의 경로를 바꿔 이차적으로 정서적 · 사회적 · 학문적 문제가 발생하지 않도록 하려면 가능한 한 조기에 개입하는 것이 중요하다. 많은 부모는 딸이 가정에서 도움을 받아 초등학교에서 잘 지내고 있다면 다른 개입이 필요하지 않다고 잘못 판단한다. 이는 사실과 무관하다. 낮은 자존감은 일찍 발달하고 다른 장애의 토대는 학교에서 첫 번째 중요한 시기에 마련된다는 것을 명심해야 한다. ADHD에도 불구하고 이러한 어려움을 예방하고 잘 지낼 수 있도록 배우는 것은 조기 진단과 치료에 달려 있다. 이러한 일에 부모가 딸의 옹호자가 되어야 한다.

초등학생 딸에 대해 자신에게 물어볼 질문

다음 질문들은 어린 딸의 ADHD 가능성에 대해 궁금해하는 부모들을 돕기 위해 만들어진 것이다. 자신의 딸을 염두에 두면서 질문에 답해 보자. 일부 주의력 결핍 증상을 가진 소녀들은 이 나이에는 이 증상을 숨길 수 있지만 나이가 들면 ADHD의 징후가 더 뚜렷해질 수 있다는 것을 명심해야 한다. 초등학교 시절에는 서로 다른 능력의 발달이 불균일하게 진행되며, 시간이 지남에 따라 일부 관련 행동이 사라질 수 있다는 점도 이해해야 한다. 다음 질문에 '예'라고 대답하더라도 반드시 딸이 ADHD를 가지고 있다는 뜻은 아니다. 그러나 문제가 발생할 경우 전문가에게 조언을 구할 것을 추천한다.

- 백일몽을 자주 꾸는가?
- 숙제를 시작하는 데 어려움이 있는가?
- 일상적인 일에는 쉽게 정신이 팔리는가?
- 여러 단계의 지침을 기억하는 데 문제가 있는가?
- 여가 시간에 독서하는 것을 싫어하는 것 같은가?
- 지나치게 예민하고 쉽게 당황해하는가?
- 일반적으로 체계적이지 않다고 생각하는가?
- 아침에 힘겹게 일어나는가?
- 신체적인 불편함(예: 복통 또는 두통)을 자주 호소하는가?
- 학교나 다른 활동에 자주 늦는가?
- 다른 드러머의 박자에 맞춰 행진하는가?
- 보통 잠자리에 드는 시간이 지나서도 깨어 있는가?

- 물건을 잃어버리거나 잃어버리는 경우가 많은가?
- 대규모 집단 활동 시 가장자리에 머무르는가?
- 가끔 화장실에 가는 마지막 순간까지 참는가?
- 친구가 더 있었으면 하는가?
- 종종 시간 가는 줄 모르는가?
- 다른 아이들에게 수줍음을 타는 경향이 있는가?
- 건망증이 있는 것 같은가, 아니면 멍한 것 같은가?
- 집 전체에 소지품을 흘리고 다니는가?
- 인내하는 수준이 낮은 편인가?
- 대화를 방해하는 편인가?
- 더 어린 아이들과 노는 것을 선호하는가?
- 교사가 자녀가 수업 시간에 큰 소리로 말하고 더 노력해야 한다고 말하는가?
- 금방 짜증을 내는가?
- 과민반응을 하는 것 같은가?
- 일을 나중으로 미루는 경향이 있는가?
- 통화할 때 종종 말을 듣지 않는 것처럼 보이는가?
- 책임을 받아들이기보다는 다른 사람을 비난하는 경향이 있는가?
- 한 가지 활동을 하다가 다른 활동으로 넘어가는 것을 어려워하는가?
- 종종 반항적이고 논쟁하기를 좋아하는가?
- 사고를 잘 당하는 편인가?
- 매우 활동적인 말괄량이인가?
- 쉴 새 없이 말을 하는가?
- 자주 방해하는 편인가?
- 분노를 잘 조절하지 못하고 폭발하는가?

제**5**장

중학교 시절의 새로운 도전

ADHD 딸들이 중학교에 입학했을 때, 발달이 나름대로 진행될 것이라는 것을 아는 것은 위로가 된다. 성숙함에 따라, 이들은 자신들의 충동을 멈출 수 있는 점점 더 정교한 인지 능력을 갖게 될 것이다. 만약 이들이 이전에 과잉활동적이었다면 이제는 그런 현상이 훨씬 덜 명백할 것인데, 특히 대근육 운동 측면에서 그럴 것이다.[1] 이들의 증상들 중 일부는 눈에 덜 띄고 통제하기 덜 힘들어지게 되어 사회적으로 더 수용 가능해질 것이다. 그렇다고 해서 ADHD 영향을 받는 소녀들의 입장에서 볼 때 증상이 덜해지거나, 덜 광범위하거나, 덜 침입적이라는 뜻은 아니다. 자기점검, 만족 지연, 전환, 일반화 등 지난 장에서 논의했던 일부 발달 단계는 이 기간 동안 더욱 안정될 가능성이 높다.

하지만 ADHD 중학생 딸들은 자신들의 신체적 · 지적 발달이 적절하게 이루어지더라도, 사회적으로나 학문적으로 자신들의 동급생들보다 계속해서 뒤처질 것이다. ADHD 소녀들이 중학교로 진학하면서, 자신을 돌보는 것에서 보다 과중한 학업과 장기간의 과제들 그리고 복잡한 사회적 요구를 스스로 완수하는 것으로 초점이 옮겨 가면서, 이들의 실행기능장애가 보다 명백해진다.[2] 소녀들의 경우 부주의 우세형의 ADHD가 소년들보다 많이 나타나고,[3] 이들이 교실에서 파괴적인 행동을 보이지 않기 때문에,[4] 이 시기가 되어서야 실행기능장애로 인해 마침내 교사들의 관심을 끌게 되는 경우가 많다. 그 결과, 이 연령대에서 주의력이 부족한 소녀들이 평가에 의뢰되는 수가 크게 증가하게 된다.[5]

여중생들은 어떤 대가를 치르더라도 자신이 속한 집단에 순응하고 싶어 한다. 그래서 자신이 힘들어하는 정도와 관계없이, 이들에게는 자신이 장애가 있든 없든 장애를 가지고 있다는 생각을 거부하는 것이 훨씬 더 중요할 수 있다. 초등학교 시기에 진단을 받은 소녀들은 아마도 학교의 지원, 약물치료, 또는 치료를 거부하기 시작할지도 모른다. 중학교 시기에 평가에 의뢰된 소녀들은 "내게는 잘못된 게 없어요." 그리고 "나는 그 기분 나쁘고 들떠 있는 남자애들과 절대로 같지 않아요."라고 주장하면서 ADHD의 가능성을 격렬하게 부인할 것이다. 호르몬의 변동은 초등학교 후반기의 안정성을 떨어뜨려 이들 내부에서 혼란과 갈등을 불러일으키는 강렬하고 변덕스러운 감정을 촉발한다.[6] 또래들로부터의 타당화가 부족해지면서, 부서지기 쉬운 약한 자존감으로 인해 이들은 ADHD 소년들과 ADHD가 없는 소녀들보다 더 위험한 수준까지 심리적 고통을 느끼게 된다.[7, 8, 9] 이러한 고통은 이들의 ADHD 증상을 더 악화시키고 이 장애에 대한 치료를 더 복잡하게 만들 수 있다. 부정적인 결과를 피하기 위해서는 ADHD 소녀들의 이 독특한 잠재적 위험들에 주의를 기울이고 개입할 필요가 있다.

발달 과제

에릭 에릭슨(Eric Erickson)은 정체성을 확립하는 것이 청소년기의 중심 과제라고 믿은 많은 이론가 중 한 명이었다. 정체성 발달의 초기 단계에는 자신과 타인과의 관계에 대한 이해가 수반된다. 중학생들이 분리와 개별화의 과정을 시작하면서, 이들은 자율성을 높여야 한다는 요구에 당면하게 된다. 동시에 이들은 또래들과의 더 깊고 복잡한 관계를 맺게 된다. 분리된 개인이 되는 것과 다른 사람들과 연결된 채로 남는 것 사이의 균형을 찾는 것은 이 시기의 가장 큰 발달 과제들 중 하나이다.[10] 그러나 이러한 보편적인 발달 과정의 맥락 안에서조차 소녀들의 경험은 소년들과 서로 다르다.

성 역할 기대

1991년에 있었던 '무시당하는 소녀들, 무시하는 미국: 법제화 요구(Shortchanging Girls, Shortchanging America: A Call to Action)'는 아동과 자존감에 대한 가장 대규모의 연구였다. 연구자들은 소녀들이 청소년기에 접어들면서 자기 자신과 능력에 대한 자신감을 잃게 된다는 것을 발견했다. 가장 충격적인 것은 소년들의 경우 이와 유사한 개인적인 부적절감을 경험하지 않는다는 것이다.[11] 연구는 우리 사회의 성 역할에 대한 기대가 소녀들의 이미 형성된 정체성조차 혼란스럽게 할 수 있다는 것을 보여 주었다. 소녀들은 본래 소년들보다 더 높은 수준의 애착과 헌신을 보이며 보다 더 가깝고 친밀한 사회적 관계망에 의존한다. 소녀들에게는 개인의 자율성보다 또래와의 관계를 더 선호하는 무언의 규칙이 있다. 소년들은 스스로를 자율적인 존재로 보는 반면, 소녀들은 "내가 그러면 친구가 기분이 나빠지기 때문에 그럴 수 없어."

라며 기회를 거절한다. 달리 말하면, 여중생들의 경우 사실상 관계를 고려하지 않은 결정이 거의 없다는 얘기이다. 결과적으로, 또래와의 상호작용은 여중생들에게 자기가치를 결정짓는 강력한 요소가 된다.[12]

관계적 관점

소녀들의 심리적인 위기는 부모로부터의 규범적인 분리의 시작이든 또는 또래 친구들 앞에서 자신을 주장하는 위험이든, 관계의 단절에서 기인한다. 사회적 기대는 순응, 수동성, 협조 등을 여성성의 이상으로 규정하기 때문에, 소녀들은 자신이 타인에게 동의하지 않거나 반대하는 것이 주변 사람들을 멀리 보내 버릴 수 있다는 것을 알게 된다.[13] 캐럴 길리건(Carol Gilligan)은 청소년기에 접어든 소녀들이 관계를 보존하기 위해 감정을 부인하고 자신의 의견을 억압하는 경우가 많다고 설명했다. 많은 소녀가 자신들이 타인의 거절을 피할 수만 있다면 그런 거래가 가치가 있다고 결론짓는다. 그 결과, 이들은 계속 타인과 연결되어 있기 위해 침묵하기 시작하고, 자신의 목소리를 기꺼이 포기한다. 건강한 관계는 상호성을 요구함에도 불구하고, 소외와 거부를 가져올 갈등을 시작하는 위험을 피해 소녀들은 자신의 목소리를 희생하고자 한다.

위니컷(Winnicott)은 **진정한 자아**(true self)는 자발적이고, 진실하며, 비난받지 않고, 안전할 때 자유롭게 발달할 수 있다는 가설을 제시했는데, 이것은 많은 소녀들의 초기 아동기에는 가능했다. 그러나 중학교 때는 또래의 행동이나 믿음에 동조하는 것이 최고조에 달하는 시기이다. 소녀들은 또래의 비판을 두려워하고 자신들의 **진짜 모습**이 받아들여지지 않을 것을 두려워한다. 결과적으로, 많은 소녀는 또래의 기대에 더 잘 부합할 것이라고 믿는 **거짓된 자신**(false self)을 위해 자기의 **진짜 모습**을 감추기 시작한다.[14] 반복적으로 스스로를 침묵시킨 후, 이들의 창조적 통찰력과 새로운 시나리오는 내적 대화로 격하되고, 주도권을 잡은 가짜 자아와 함께 기능하는 것이 점점 더 쉬워진다. 사회적으로 우리는 수많은 가치 있는 소녀의 목소리를 잃고 있으며, 이들의 아이디어는 이면에 잠재되어 있다.

ADHD와 정체감 발달

이러한 불행한 발달적 경향성은 ADHD 소녀들에게만 강화된다. 이미 이해받지 못한다고 느끼고 거절에 대한 두려움을 경험하는 상황에서 거짓 자아를 통해 수용받는 데 도움이 될 수 있다는 가능성은 ADHD 소녀들에게 매력적인 제안이다. 결과적으로, ADHD 소녀들은 다른 사람들과의 차이를 보상하는 방안으로서 가면을 쓸 가능성이 매우 높다. 그 가면은 대인관계 완충제를 제공하는 것처럼 보일 수 있지만, 결국은 비싼 대가를 치르게 한다. 그 가면이 순종, 오만, 냉담 중 어떤 형태를 취하는지에 따라 결과는 매우 끔찍할 수 있다. 그녀들의 진짜 모습은 사람들에게 결코 알려지지 않고, 인정받지도, 검증되지도 못한다. 시간이 흐르면서, 점점 이들은 발각되는 것을 두려워하는 사기꾼처럼 느끼기 시작한다.

부모 및 교사와의 관계와는 달리, 또래와의 상호작용은 아이들이 동등한 지위를 가진 일원으로서 협력하고 협상하는 법을 배울 수 있게 한다. 이러한 기술의 발달은 성공적인 사회적 기능을 위해 매우 중요하며, 문제가 있는 또래 관계는 광범위한 부정적인 결과를 가져올 위험을 증가시킨다.[15] 실행기능장애와 ADHD 증상을 ADHD 소년들도 똑같이 가지고 있음에도 불구하고, 부주의함은 ADHD 소녀들의 또래 상호작용의 부족과 관련이 있고 ADHD 소년들의 경우에는 그렇지 않다. 게다가 ADHD 패턴은 남학생에 비해 여학생들의 또래 수용에 더 부정적인 영향을 미친다. 소녀들은 또한 ADHD 소년이

나 ADHD가 없는 소녀들보다 또래 집단의 괴롭힘을 훨씬 더 많이 경험하는 것으로 나타났다.[16] 방해하거나, 너무 무뚝뚝하거나, 점심 때 지저분하거나, 스포츠에서 너무 경쟁적이거나, 미묘한 사회적 단서를 놓치는 등, 그녀들은 이 사회가 여성에게 적절하다고 여기는 행동을 보여 주지 않는다. 이러한 행동들에 대한 소년과 소녀의 문화적 관용 차이 때문에, ADHD 소녀들은 거부될 가능성이 더 높으며, 자신들을 지속적으로 사회 문제가 될 위험에 처하게 만든다.[17] 안타깝게도, 손상된 사회적 관계는 ADHD 소년들보다 ADHD 소녀들의 전반적인 발달에 더 해로운 영향을 미치며, 그러한 어려움은 청소년기까지 지속된다는 증거가 있다.[18]

내재화 증상

자신의 목소리를 내지 않는 경향과 더불어, ADHD 여학생들은 자신의 목소리를 내거나 행동으로 옮기기보다는 자신들의 두려움과 실망을 내재화하기 시작한다. 실제로 ADHD 소녀들은 ADHD 소년들이나 ADHD를 갖지 않은 여학생보다 내재화 증상이 공존하는 경우가 더 많다.[20, 21, 22] 이러한 내재화 경향은 대부분의 관찰 가능한 ADHD 증상을 모호하게 만드는데, 특히 부주의한 소녀들에게서 더 그렇다. 대신에 내현화된 불안, 빠른 말투, 짜증, 불안, 불안정감, 회피적 행동, 반추 또는 집착, 과장된 두려움, 수면 곤란(장애), 공황, 두통, 복통의 에피소드가 더 쉽게 관찰된다. 이러한 경향은 제대로 다뤄지지 않으면, ADHD 소녀들이 청소년기에 별개의 내재화 장애를 일으킬 수 있는 위험에 처하게 할 수 있는데,[23] 주의력이 부족한 소녀들은 분리불안 장애를 일으킬 가능성이 더 높다.[24] 낮은 자존감과 관련된 가장 흔한 내재화 증상은 고립과 철수, 죄책감과 수치심 그리고 우울감이며 잦은 눈물과 과도한 수면을 포함한다.[25, 26] 반복된 학습 부진과 고립감으로 인해 절망감과 사기 저하를 경험하게 된다.[27] ADHD가 제대로 다뤄지지 않으면, 이 소녀들은 희망을 잃을 수 있고, 더 충동적인 소녀들은 이러한 절망적인 감정에 기초해서 행동화할 수도 있다.[28]

내재화 증상을 보이는 ADHD 소녀들이 비슷한 증상을 보이는 남학생에 비해 지속적으로 부정적인 사회적 평가를 받는 것으로 나타났다. 평가자가 또래든 교사든 부모든, 부정적 반응을 이끌어 내는 것은 ADHD 증상 자체가 아니라 이들의 내재화 증상들이었다.[29] 이것은 내재화 증상들이 특히 소녀들에게 ADHD의 궤적에서 중요한 역할을 할 수 있다는 것을 시사한다.

내재화 증상을 평가하기 위해 필요한 자기보고 도구

내재화된 증상들은 관찰하거나, 인지하거나, 기술하고 명명하기 어려운 추상적인 경험들이다. 또 ADHD 소녀들은 자신들의 내면의 삶의 질이 다른 여학생들과 다르다는 것을 알 수 없기 때문에 불안하거나 우울한 감정이 정상적이라고 가정할 수도 있다. 이러한 이유로, ADHD 소녀들은 자신들의 내재화 증상에 대한 언급을 혼자 힘으로는 하지 못하고, 내재화 증상을 알게 해 줄 무언가가 주어질 때만 내재화 증상에 대해 말할 수 있다. 그렇기 때문에 ADHD 증상뿐만 아니라 내재화(외재화) 증상을 종합적으로 평가해야 한다. 소녀들의 내재화 증상이 ADHD에 부차적인 것인지, 아니면 장애 수준에 도달했든지 간에, 도처에 나타나는 내재화 증상의 존재는 부모 평가 외에도 자기평가를 필요로 한다.[30] 이러한 중요한 경험들은 부모나 교사의 보고에 의해 탐색될 수 없기 때문에 자기보고 질문지의 가치가 빛나게 되는데, 자기보고 질문지는 임상가들에게 ADHD 소녀들의 내면생활을 들여다볼 수 있는 필수적인 창을 제공한다.

외재화 증상

보다 충동적인 ADHD 소녀들에게 있어, 중학교 시기는 외재화 증상이 더욱 두드러지는 시기이다. ADHD 소녀들이 ADHD 소년들보다 외재화 행동을 덜 보이지만, 부모와 교사는 ADHD 소년에 비해 ADHD 소녀들의 반항적인 행동에 대해 더 많은 어려움을 보고한다.[31] 이는 중학생 소녀들의 성적으로 전형적이지 않은 외향적인 행동에 대한 성인들의 불편감을 반영하는 것일 수도 있다. 더 노골적인 신체적 공격과 규칙 위반을 특징으로 하는 소년들의 행동들에 비해 소녀들이 하는 반항 및/또는 공격적인 행동들은 거짓말, 도둑질, 언어폭력과 같이 보다 더 은밀한 경향이 있다.[32] 이러한 충동적인 소녀들은 ADHD가 없는 소녀들보다 적대적 반항장애를 진단받을 가능성이 더 높다.[33, 34]

사춘기의 영향

호르몬 변화의 생리학적 영향에 대해서는 제3장에서 설명하였지만, 사춘기의 심리적 복잡성은 또 다른 측면의 도전을 제공한다. ADHD 소녀들의 경우, 정서적 성숙도가 신체적 성숙도에 비해 현저히 뒤처져, 발달하는 신체를 다룰 준비가 심리적으로 미비하다. 이들이 실행 가능한 대처 전략을 개발하고 있을 때, 호르몬의 변화는 이 소녀들에게 예측할 수 없는 정서적 변동성을 야기한다.[35] 많은 소녀가 자신이 잘 알지 못하는 영역으로의 이행에 저항하면서 자신들의 신체 변화를 부정한다. 갑자기 이들은 낯설고 어색한 상황에 처하게 된다. 예를 들어, 브래지어를 받아들여야 하는 것, 데오드란트 사용을 기억하는 것, 학교 장면에서 생리의 복잡성에 대처하는 것은 이 나이의 거의 모든 ADHD 소녀를 힘들게 한다. 게다가 충동적인 성적 감정이 생겨나면서 엄청난 내적인 혼란이 야기된다. 부모들은 매우 미성숙하고 충동적인 딸들이 유혹적인 신체 곡선을 갖게 되고, 이들이 남자아이들에게 관심을 보이기 시작하면서 걱정스러운 상황에 처하게 된다. 사춘기의 고조된 정서적 · 생리적 민감성을 관리하고 그것들을 발달된 자아감각으로 통합시키는 것은 중학교 시절 ADHD 소녀들의 중요한 도전들 중 하나이다.

학업 과제

중학교에서 ADHD 소녀들은 익숙하던 학업 구조(보다 복잡한 교과과정, 많은 교사 및 교실, 엄격한 시간 압박하에서 붐비는 복도를 오가는 것, 큰 가방, 사물함 등)에서 갑작스러운 변화를 겪게 된다. 이러한 변화는 ADHD 소녀들에게 특히 어려운데, 왜냐하면 정서적 분위기가 덜 우호적이고, 성인들의 지도가 적어지며, 독립적인 기능에 대한 기대가 크기 때문이다. 학급 안팎에서 사회적 상호작용은 호르몬과 감정적 과잉반응에 의해 촉진되어 훨씬 더 복잡해진다. 자기지시, 조직화, 기억 효율성, 적절한 우선순위 지정 및 신속한 전환 능력 등의 향상에 대한 요구가 갑자기 대두된다. 이러한 새로운 수준의 복잡성을 관리하기 위해서는 실행기능이 매우 중요한 것으로 나타났는데, 실행기능은 ADHD 소녀들에게는 불리한 영역이다.[36] ADHD 여중생들은 ADHD 하위 유형에 관계없이 ADHD가 없는 또래에 비해 실행기능장애가 큰 것으로 나타났고,[37] 이러한 신경심리적 결함은 청소년기까지 지속된다.[38]

중학교에서의 부주의 증상은 과잉행동 유무와 관계없이 학업 부진의 위험성을 강하게 높이는 것으로 나타났다.[39] 또 ADHD와 흔히 함께 발생하는 실행기능장애는 학업 성취도 저하, 유급, 학습장애 등의 위험도 높인다.[40] 그 결과, ADHD 소녀들의 인지 기능이 ADHD가 없는 여학생들보다 더 많이 손상된 것은 놀라운 일이 아니며, 이는 낮은 IQ, 낮은 점수 평균, 낮은 동기부여, 낮은 학업 기대치에 반영된다.[41, 42] 비록 시간이 지남에 따라 결손의 패턴이 변할 수 있지만, ADHD 소녀들은 또래에 비해 작업 기억력, 계획력, 인지적 유연성의 척도에서 낮은 성과를 보인다.[43] ADHD 중학생의 신경심리학적 성별 차이는 거의 없지만, 여학생들은 언어장애를 가질 위험이 남학생에 비해 더 높다.[44] 특히 읽기장애를 동반할 때, 문어적 언어장애의 위험이 유의하게 크다.[45] 또한 그녀들은 ADHD 소년들보다 교사들의 즉각적인 피드백이 없는 과제[46]와 시각/공간 계획[47]을 포함하는 계획 수립 과제에서 더 많은 어려움을 보인다.

교사들의 관점

ADHD 소녀들은 일반적으로 명백한 규칙을 따르고 눈에 안 띄게 행동한다. 쉽게 소외되고 압도당하기 때문에, 또래들은 이들을 수줍어하는 것으로 보게 되고, 이들은 ADHD가 아닌 또래들보다 더 많은 사회적 고립을 경험한다.[48] 이들은 답할 준비가 안 된 질문으로 교사가 자신의 공상을 방해하지 않기를 바라며, 수업 참여와 시선을 회피하면서 교실 뒤쪽에 숨는다. 학업에 좌절했을 때 도움을 청하기보다는 빨리 포기하는 경향이 있고, 숙제와 관련해서도 건망증이 심하다. 이러한 이유로 생기는 학업 부진은 이들이 학업에 몰두하지 않은 것 때문이지만, 능력 부족으로 인한 것으로 오해받기 쉽다.

부주의 증상은 ADHD 소녀들의 대표적인 특징이다. 그러나 이러한 미묘한 증상은 ADHD 소년들에게서 보이는, 더 파괴적인 ADHD 증상보다 교사들의 관심을 끌지 못한다. 한 연구에서 교사들은 ADHD 소년들에 비해 부주의한 ADHD 소녀들을 가장 장애가 덜한 것으로, 과민반응과 충동적인 증상을 가진 소녀들을 가장 장애가 많은 것으로 보았다.[49] 이것은 한편으로 소녀들의 부주의 증상들이 ADHD의 전형적인 징후로 인식되지 않기 때문일 것이며, 다른 한편으로는 이러한 증상들이 남자아이들의 증상보다 교사들에게 눈에 덜 띄고 덜 성가시기 때문일 것이다. 조용히 고통을 받고 도움을 요청하지 않는 경향성이 합해져서, 이들은 평가에 의뢰될 가능성이 적고 소년들보다 훨씬 더 오랫동안 치료받지 않은 채로 ADHD의 부담을 떠안게 될지도 모른다.

실제로, 550명의 교사를 대상으로 한 전국 설문조사에서 거의 절반의 교사가 남학생들보다 여학생들에게서 ADHD 증상을 인식하는 것이 더 어렵다고 말했다. 교사들은 대부분의 학교(90%)가 ADHD에 대한 교육을 거의 실시하지 않거나 아예 실시하지 않았다고 보고했다.[50] 실제로, 교사들은 ADHD 소년들에 비해 ADHD 소녀들의 반항 행동, 품행 문제, 사회적 어려움, 불안, 우울증이 다루기 더 힘들다고 보고했다. 즉, 교사들은 ADHD 핵심 증상이 아니라 ADHD와 공존할 수 있는 심리적 장애에 반응하고 있었던 것이다. 교사들은 불안과 같은 생리적 내재화 증상을 ADHD가 없는 소녀들과 ADHD 소녀들을 구별하는 데 도움을 준 가장 중요한 비 ADHD 증상이라고 밝혔다.[51]

중학교 시절에는 이전의 과잉행동이 보다 미세한 신체적 표현으로 바뀌게 되는데, 안절부절못하는 것, 머리카락 꼬기, 손톱 큐티클 뜯기, 손톱 물어뜯기, 그리고 자주 낙서를 하는 것과 같은 더 미묘한 신체적 징후를 보인다. 많은 소녀가 자리에 앉아 있을 수는 있지만 내적으로 안절부절못하는 느낌을 경험하며 끊임없이 시계를 확인하게 된다. 충동적인 ADHD 소녀들은 규율에 의해 구조화되고 지지받는다기보다는 제한을 받는다고 느끼기 때문에 규칙을 깨는 경향이 있다. 부주의한 소녀들보다 더 반항적이고 공격적이며 충동적인 소녀들은 사회 규범을 위반하는 다른 소녀들에게 친밀감을 느끼게 될 수도 있다. 이들은 또한 자신들이 사회 규범을 위반하는 또래들에게서 인정을 받을 수 있다는 것을 발견할지도 모른다. 이들은 자신의 충동과 싸우는 대신, 규칙 위반을 수반하는 위험한 행동에 참여하려는 의지를 가진 반항적인 또래와 연결된다. 그렇다면 ADHD 소녀가 충동적일수록 또래에게 수용받는 수단으로 담배, 술, 마약, 성 등을 실험하는 것을 선택한다는 것은 일리가 있다. 놀랍게도, 어떤 소녀들에게는 이러한 패턴들이 11세부터 시작될 수 있지만, 거의 대부분은 중학교에서 이러한 탐험이 시작된다.[52]

IQ가 높은 소녀

논란이 많은 주제이지만 높은 IQ의 아동도 ADHD 진단 기준을 충족할 수 있는 것으로 나타났다.[53, 54] 매우 똑똑한 ADHD 소녀들은 비교적 적은 노력으로 자신들의 ADHD 증상을 보상하면서, 아마도 초등학교를 성공적으로 마칠 수 있었을 것이다. 초등학교의 수업 스타일은 시각적 소재와 손을 활용한 고도로 구조화된 수업을 강조하는데, 이는 ADHD 소녀들의 강점에 해당한다. 비록 이들이 내적으로 불편함을 느꼈을지는 모르지만, 학업은 아마도 특별히 어려운 것으로 경험되지 않았을 것이고, 이들의 성취는 인상적이었을 것이다. 비록 사회적 영역에서는 잘 적응하지 못했어도, 학교 성적은 그녀들이 의지할 수 있는 자존감의 원천이었을 것 같다.

높은 IQ 여학생들이 가장 흔히 흔들리기 시작하는 것은 중학교 때이다. 브라운(Brown)과 동료들은 IQ가 높은 ADHD 아동들도 실행기능장애를 가지고 있으며, 작업 기억과 처리 속도에도 상당한 약점을 가지고 있다는 것을 보여주었다. 그럼에도 불구하고, 높은 IQ는 이들이 이러한 어려움을 보상할 수 있게 하며, 진단과 치료를 더 늦게 받게 만든다.[55] 타고난 지능이나 습득한 지식과 상관없이, ADHD를 가진 매우 똑똑한 소녀들은 이러한 요구에 지속적으로 대응하기 위해 여전히 또래들보다 더 많은 시간, 연습, 노력을 필요로 한다.

이 똑똑한 소녀들은 이전에는 뛰어난 지능을 기반으로 자신을 정의했고 그 위치에서 자신의 자존감을 유지했다. 그런데 이제 그녀들은 자신이 어려움을 겪고 있는 동안, 별 재능 없는 또래들이 더 많은 성취를 하는 것을 보게 된다. 이들은 자신이 기대했던 성공을 얻지 못한 채 갑자기 왜 그렇게 열심히 공부해야 하는지 이해할 수 없게 된다. 어떤 소녀들은 규칙에 독선적으로 집착한다. 충동적인 규칙 위반자들을 목격할 때, 이들은 매우 가혹하고 경직된 판단을 할 수 있다. 이들은 자신들의 바뀐 지위에 대해 수치심을 느끼는 경향이 있다. 학업 부진은 청소년기 내내 지속되는 영구적인 주제가 되어 이들에게 혼란을 일으키고 자존감을 떨어뜨릴 수 있다. 이들은 더 이상 똑똑한 아이들과 자신을 동일시하지 않게 되고, 또래들과 어울릴 수 있는 새로운 방법을 찾아야만 한다.

사회생활의 지뢰밭

또래들에게 받아들여지고 싶은 욕망은 특히 여중생들에게 강렬하다. 하지만 실행기능이 떨어지는 여학생들은 사회적 기능이 저하될 위험이 높다.[56] ADHD 여중생들은 ADHD가 없는 여중생들보다 더 많은 사회적 장애와 또래의 괴롭힘을 경험한다.[57, 58] 이들은 ADHD가 없는 소녀들보다 행동, 기분, 불안, 언어 등에 문제가 있을 가능성이 높으며, 이는 모두 또래 관계에 부정적인 영향을 미칠 수 있다.[59] 이들은 ADHD 소년들[61] 혹은 ADHD를 가지지 않은 소녀들[62]보다 또래 소녀들에게 언어적으로 공격적일 가능성이 더 높다. 게다가 이들은 ADHD가 없는 소녀들보다 관계적 공격에 더 많이 관여할 가능성이 있다.[63, 64] 부주의한 ADHD 소년들에 비해 부주의한 소녀들은 괴롭힘을 당할 위험이 더 높다. 이들은 인기가 없고 또래 관계가 좋지 않은 경향이 있다.[65] ADHD 증상과 실행기능장애가 여학생들의 사회적 문제 발전에 기여하는 것은 분명하지만 이들이 겪는 사회적 손상을 충분히 설명하지는 못하는 것으로 보인다.[66]

관계적 공격성

관계적 공격성은 관계를 위해(危害)의 수단으로 사용할 때 발생한다. 여중생들에게 있어 일반적인 시나리오는 악의적인 험담을 퍼뜨리거나, 다른 사람에게 누군가와 대화하지 말라고 강요하거나, 다른 사람에게 자신의 그룹에 들어올 수 없다고 말하거나, '네가 ~하지 않으면 너의 친구가 되지 않겠다.'와 같은 최후통첩을 사용하는 것이다. 또래 관계에 대한 이러한 은밀한 공격은 여학생들에게 있어 친밀감 교류가 엄청나게 중요하다는 점을 감안할 때, 특히 여중생들을 조종하는 효과적인 수단이 된다.[67] 직접적인 의사소통에서 나타나는 정서적 강도가 드러나지 않는 컴퓨터화된 사회적 상호작용 게임에서도 ADHD 소녀들은 다른 소녀들보다 더 노골적으로 공격적이고, 사회적으로 어색했다.[68]

대부분의 소녀는 초등학교 말기에 접어들면서 점점 더 복잡한 사회적 · 인지적 기술을 습득하게 되고, 친구들과 더 친밀한 관계를 맺을 수 있게 된다. ADHD 소녀들은 이러한 능력의 개발이 지연되기 때문에 중학교에 와서야 더 가까운 우정을 탐색하기 시작한다. 불행하게도, 이들이 갖게 된 친구들에 대한 사적인 지식은 친구에게 불리하게 사용되는 무기를 제공한다. 실제로, 소녀들은 가까운 친구들에게 관계적인 공격을 사용하는 것으로 나타났다. 친구 관계 내에서 친밀감과 배타성이 높을수록 관계적 공격성의 가능성도 높아진다.[69]

한 연구는 적어도 한 명의 친구라도 있는 소녀들은 또래의 괴롭힘을 겪을 가능성이 낮다는 것을 밝혀냈는데, 이 또래 괴롭힘은 더 약한 또래 친구들에 대한 잦은 언어적 또는 관계적 괴롭힘으로 정의된다. 이는 ADHD 소녀들이나 그렇지 않은 소녀들 모두에게 해당되었고, 그 친구가 ADHD를 가지고 있든 없든 이들의 피해 위험성은 줄어들었다.[70] 또 다른 연구는 소녀들이 자신의 친구 관계가 높은 자기노출과 정서적 지지를 포함한다고 인식하고 있을 때 사회 문제의 위험이 낮다는 것을 보여 주었다. 달리 말하자면, 관계의 존재 자체보다는 친구 관계의 질이 이들을 보호했다는 것이다. 구체적으로는 진정한 친밀감 교류가 있다는 느낌이 친구 관계를 질적으로 좋게 만들고, 이것이 ADHD 소녀들의 사회 문제 발생 위험을 낮추었다.[71]

그러나 불행하게도, 또래 괴롭힘으로부터의 보호가 또래 거부로 인한 부정적인 영향을 줄여 주지는 않는다. 실제로, 초기의 또래 거부는 중학교 시기에 비행, 우울증, 불안, 물질 사용, 일반적인 손상의 위험을 증가시킨다.[72] ADHD 여중생에게 관계적 공격성은 그녀들이 가해자든 피해자든 내재화 증상과 관련이 있다.[73] 또래 거부가 섭식장애와 같은 미래 청소년기의 심리적인 문제의 위험을 증가시킨다는 연구 결과가 나왔다.[74] 그럼에도 불구하고, ADHD 소녀들은 우정과 소속감을 간절히 갈망한다. 이러한 동기 때문에 이들은 다른 사람들에게 매력적으로 보이기 위해 기꺼이 많은 노력을 기울인다. 이들은 인기 있는 소녀들에게 액세서리를 주거나, 단지 일반적인 소녀들의 위치에 오르기 위해 흥미나 능력이 없는 댄스 수업에 참여하는 등 필사적인 시도를 할 수도 있다. 그럼에도 불구하고, 자신들이 또래의 사회적 기대에 부합할 수 없다는 것을 인식하게 되었을 때, 그녀들은 또래와 연결될 수 있는 다른 길을 찾기 시작한다.

섹슈얼리티의 힘

이 나이가 되면 많은 ADHD 소녀는 자신들이 인기 없다는 것에 대해 체념한다. 기껏해야 이들은 사회적 집단의 가장자리에 매달려 있고, 최악의 경우에는 일상적으로 또래로부터 거부당하고 괴롭힘을 당한다. 이렇게 상황이 절망적으로 보일 때, 이들은 전에 자신들에게 관심이 없었던 소년들이 갑자기 자신들에게 친절하고 관심을 보인다는 것을 알게 된다. 사회적 · 정서적 발달의 지연으로 인해, 이들은 처음에는 이 소년들의 관심을 플라토닉한 것으로 보고 열광적으로 반응한다. 많은 ADHD 여중생은 "이유는 모르겠지만, 나의 가장 친한 친구들은 모두 남자아이들이에요."라고 말하며, 심지어 자신이 남자아이들 중 한 명으로 받아들여지는 것을 즐길 수도 있다. 자신이 특별하다고 느낄 정도의 사회적 성공을 한 번도 누려 본 적이 없는 소녀들에게 이것은 엄청나게 강력한 경험이다. 이것은 압도적인 느낌과 충동의 아찔한 조합일 수 있다. 이 모든 것이 엄청나게 자극적이다.

곧 이들은 그 관계의 의미도 제대로 알지 못하고, 자신들이 남자 친구가 있다고 자랑스럽게 말할지도 모른다. 만약 이들이 운이 좋다면 남성 사춘기에 수반되는 성적 충동을 점차적으로 이해할 수 있는 기회를 갖게 될 것이다. 많은 ADHD 소녀는 조기 성적 경험의 이점이 크다고 생각한다. 일부는 이러한 성적 상호작용을 거부하기 어려워져서 문란해질 수 있다. 비디오, 노래 가사, 그리고 젊은 10대 연예인들은 모두 이러한 성적 목표의 승리를 축하하며 부추긴다. 불행하게도, ADHD 소녀들은 쉽게 이런 상황에 빠질 수 있기 때문에 부모들은 파티, 사적인 온라인 채팅 그리고 문자 메시지를 경계심을 가지고 살펴보아야만 한다. 높은 자극, 호르몬 변화 그리고 사회적 보상이 결합되면 이들은 성적 행위에 중독될 수 있다.

음식과의 애증 관계

성생활과 마찬가지로, ADHD 소녀의 음식 조절은 ADHD 소녀들이 매일 씨름하는 충동 조절과 관련이 있다. 체중 걱정, 신체 불만족, 다이어트에 대한 관심은 이들이 사회의 터무니없는 여성 매력의 전형을 추구하면서[75] 성 역할 이상(gender role ideals)[76]을 고수하는 것을 반영한다. 이들은 자신을 타인과 비교하면서 스스로를 가혹하게 판단하고 죄책감, 수치심, 불안감, 낮은 자존감을 경험하는 경향이 있다. 다음 샤리(Shari)의 이야기는 ADHD 여중생의 전형을 보여 준다.

8학년인 샤리는 아직 레베카(Rebecca)의 파티에 초대받지 못했다. 벌써 목요일이고 파티는 토요일인데, 이렇게 늦게 초대장을 받을 수 있을까? 그녀는 초대받지 못했다. 그녀는 그것을 알고 있었지만 현실을 마주하고 싶지 않았다. 학교 친구들이 파티에 무엇을 입고 갈 것인지에 대해 이야기할 때 그녀는 주의 깊게 귀를 기울였고, 일부러 미소를 지었다. 그리고 그녀는 데이비드(David)가 거기 참석할 것이라는 것을 알았다.

이제 그녀는 거울 속의 자신을 보았고, 자신이 너무 뚱뚱했기 때문에 아이들이 그녀를 초대하지 않은 거라고 확신했다. 그녀가 뒷모습을 보기 위해 몸을 막 돌리고 있는데 그녀의 오빠인 매트(Matt)가 노크도 하지 않고 문을 확 열어젖혔다. 샤리가 소리쳤다. "나가, 안 그러면 죽여 버릴 거야." 매트는 문을 쾅 닫으며 밖으로 뛰어나갔다. 그 충격으로 캐런(Karen)의 생일 파티에서 그녀가 그렸던 석고 꽃이 바닥에 떨어져 부러졌다. 샤리는 고개를 숙이고 울음을 터뜨렸다. 매트가 집을 나가는 소리를 들었을 때, 그녀는 조용히 부엌으로 내려갔다. 그녀는 미친 듯이 냉장고를 뒤졌지만 그녀의 마음에 드는 것은 아무것도 없었다. 그러고 나서 그녀는 팬트리 안을 들여다보고 초콜릿 칩 쿠키를 발견했다. 그녀의 엄마는 오늘밤 필(Phil) 삼촌이 왔을 때 그 쿠키들이 디저트로 나온다고 말했다. 샤리는 쿠키 몇 개를 먹기로 결심했고, 그래도 남은 게 많을 거라고 생각했다. 그녀는 아무도 자신이 쿠키를 먹는 것을 보는 것을 원치 않았고, 그래서 그것들을 자기 방으로 가져갔다. 그녀는 컴퓨터에서 음악을 틀고 첫 번째 쿠키를 두 입 만에 먹어치웠다. 그녀는 다음 다섯 개도 똑같이 먹었고, 이내 마음이 평온해지기 시작했다. 그녀는 삼촌 필, 엄마 그리고 매트를 잊어버렸다. 그녀는 자신이 레베카의 파티를 위해 2주 동안

다이어트를 했다는 것도 잊어버렸다. 쿠키가 다 떨어졌을 때, 그녀는 왜 자신이 그 파티에 가고 싶지 않은지 합리화하기 시작했다. 생리 전날인 줄을 깨닫지 못했었고, 그녀 자신이 레베카를 정말 좋아한 적이 없다고 스스로를 설득했다. 그녀가 죄책감을 느끼기 시작하는 데에는 5분밖에 안 걸렸다. 나중에 엄마가 쿠키를 보았냐고 물었을 때, 그녀는 "아니요."라고 말하고는 재빨리 자기 방으로 걸어 올라갔다. 그녀는 방에 들어오면서 거울에 비친 자신의 모습을 보았고, 다시 심란해졌다.

온라인상의 사회적 딜레마

사회적 복잡성에 위축된 ADHD 소녀들에게 온라인 소셜 네트워크 서비스(SNS)는 다양한 사람과 접촉해 볼 수 있는 기회를 제공한다. 온라인 게임은 사회적 능력이 떨어지는 사람들도 참여할 수 있는 사회적으로 용인된 하위문화로의 진입을 허용하는 또 다른 방법이다. 인터넷은 너무나 많은 것을 제공하므로 여중생들은 매일 몇 시간씩 온라인에 몰두하며 시간을 보낼 수 있다. 많은 부모는 자신의 딸들이 오랜 시간 동안 인터넷에 대한 관심을 지속할 수 있기 때문에 진짜 ADHD인지 의문을 제기한다. 인터넷 오래 하기가 가능하려면 실행기능이 자극적인 요인들의 조합에 대응하여 함께 일할 수 있을 때 가능해진다. 즉, 끊임없이 변화하는 다감각 자극, 즉각적이고 다양한 보상, 압도되거나 짜증 나거나 지루할 때 쉽게 빠져나가는 것 등이 포함된다. 이러한 이유들로 인해 이 소녀들은 온라인에서는 완전히 집중할 수 있지만 숙제를 끝낼 수 있을 만큼 오랫동안 집중력을 유지하지는 못한다.

ADHD 여중생들은 인터넷을 통해 자신의 방 안에서 안전하게 사회적 수용을 경험할 수 있을 것이라고 지각할 수도 있다. 하지만 많은 경우에 소녀들은 인터넷과 문자를 이용하여 전형적인 괴롭힘의 표적인 ADHD 소녀들을 괴롭히는 것으로 나타났다. 실제로, 온라인상에서 ADHD 여학생들은 일반적으로 거의 항상 피해 대상이 되고 있으며, 이러한 괴롭힘은 우울증 발달에 기여한다.[77]

성에 대해 호기심이 있는 ADHD 여중생들은 인터넷에서 또래 집단이 찾고자 하는 것과 유사한 것을 찾을 수 있다. 이들은 또래들에게 이 주제를 꺼내는 것보다 인터넷에서 성에 관한 호기심을 해결하는 것이 더 편안하게 느껴질 것이다. 무엇보다도, 아무런 감독을 받지 않는 사이트들은 쉽게 접근 가능하고, 거기에는 수없이 왜곡된 사실과 잘못된 정보들이 있다. 성적인 채팅은 이 소녀들에게 호기심과 흥분의 원천이 된다. 불행하게도, 이 접근법에는 많은 함정이 있다. 이들은 사이트에 있는 사람들로부터 자신들이 평소에 안전하다고 느끼는 방법이 아닌 방식으로 행동해야 한다는 압력을 느낄 수 있다. 그녀들은 충동적으로 개인 정보를 제공하고, 성적인 도전의 대가를 지불하고, 중요한 사회적 단서를 놓치고, 성적 가해자가 될 가능성을 고려하지 못할 수도 있다. 사실, 소녀들에게 ADHD는 다른 어떤 요인보다 인터넷 중독의 가능성을 증가시키는 것으로 나타났다. 소셜 네트워킹이든 게임이든 성적인 채팅방이든, 강박적으로 몰두하고 시간을 엄청나게 투자하는 것은 건강한 기능을 손상시킨다.[78]

수용받는 것에 필사적인 것

ADHD 여중생들이 문제 있는 또래 집단들을 적극적으로 찾아 나서지는 않지만, 마침내 이런 문제 있는 또래 집단에게라도 받아들여진다면 그것은 이들에게는 충분히 가치 있는 거래가 된다. 심지어 아주 많이 소외되고 위축된 소녀들도 이 비밀스러운 삶의 흥분과 보상에 말려들 수 있다. 이 비행 청소년 집단들은 저마다의 하위 문화, 전문용어, 사회적 규칙을 가지고 있다. 그것은 회원만을 위한 클럽과 같고, 회원으로서 수용되는 것은 이 소녀들을 특별하게 느끼게 한다. 이러한 활동들은 많은 시간을 요구하며, 이미 시간 관리에 어려움을 겪고 있는 ADHD 소녀들은 학업이 더 어려워지기 시작할 것이다. 이런 활동을 들키지 않도록 피하는 것은 ADHD 두뇌에게는 높은 자극으로 경험될 수 있다. 사실, 이러한 위험들 사이를 빠져나가는 것은 이들에게 사회적 성공뿐만 아니라 유능감도 제공할 수 있다. ADHD와 공존할 수 있는 중독 행동에 대한 자세한 설명은 제13장에서 볼 수 있다.

개입 방법

또래의 수용을 얻기 위해 자극적인 행동들로 무장한 ADHD 소녀들은 심지어 자신들이 문제 있는 또래 집단에 참여한 것에 대해 과시할지도 모른다. 슬프게도, 이 형편없는 판단은 ADHD 여중생들이 이들 그룹의 다른 아이들보다 먼저 잡히거나 또래들에 의해 부정적으로 분류되는 결과를 초래할 수 있다. 이러한 비행 행동들이 밝혀졌을 때, ADHD 딸들에게 가장 매력적인 것이 애초에는 사회 집단이었다는 것을 부모들이 기억하는 것이 필요하다. 부모들은 당연히 ADHD 딸이 위험한 행동에 더 깊이 관여하게 될 위험에 초점을 맞춘다. 하지만 사회적 연결의 상실을 해결하지 않는 한 개입은 효과적이지 않다. ADHD 소녀들의 복잡한 욕구 때문에 중독을 깨는 것은 고통스럽지만, 그녀들에게 사회적 수용을 제공했던 생활 방식과의 연결을 끊는 것도 고통스럽다.

대안적인 ADHD 친화적인 환경을 제공함으로써 이들이 구조화되고 감독이 가능한 활동에 참여하도록 도울 수 있다. 스포츠 활동이든 사회봉사 단체든 종교 청년 단체든 드라마 단체든 이러한 활동들은 그 자체가 또래 집단을 제공한다. 이러한 활동에서는 성인들이 상호작용을 위한 활동, 시간, 기본 규칙을 명시한다. 보통 부주의한 유형은 작은 친밀한 그룹 활동을 선호한다. 보다 과잉감정(hyperemotional) 유형은 더 크고 더 다양한 집단을 선호할 것이다. 이런 집단 내에서는 또래와 피할 수 없는 오해가 생길 경우에도 충분히 많은 수의 다른 잠재적인 친구들이 남아 있다. 이러한 활동은 삶에 또 다른 반복적 일상을 가져다주고 자존감을 얻을 수 있는 또 다른 장을 제공한다. 학교 성적이 부진하고 자랑할 만하지 않다면 이러한 활동은 특히 가치가 있다. 마지막으로, 실제적인 관점에서 사회적으로 용인된 활동에 참여하게 되면 더 위험한 방법을 추구할 시간과 동기가 줄어들 것이다. 카풀에 참여해서 같이 다니든, 팀 경기에 참석하든, 감독이나 차출에 자원해서 참여하든, 부모들은 다양한 활동을 통해 자신들의 지지를 보여 줌으로써 이러한 활동의 중요성을 강화할 수 있다.

부모들은 자신들의 딸이 문제가 있는 또래 집단으로 옮겨 가고 있다는 초기 징후를 놓치기 쉽다. 학부모들은 학업 성취도 하락에 초점을 맞추고 있으며, 이를 더 큰 문제 증상으로 보지 않을 수도 있다. 흡연이나 음주를 하는 부모들은 처음에 이러한 행동을 위험의 표시로 여기지 않을 수도 있다. 부모들은 자신들의 딸이 바람직하지 않은 활동에 관여하기에는 너무 어리거나 순수하다고 생각하기 때문에 현실을 부정할 수도 있다. 하지만 부모들이 ADHD 딸에 대한 인식을 제고하기 위해 할 수 있는 일들이 있다. 무엇보다도, 딸들의 사회적 상호작용의 변화를 인식해야 한다. 갑자기 새로운 친구가 생겼는가? 이들은 옷, 머리, 화장, 문신 등 어떤 식으로든 외모를 바꿀 수도 있고, 또는 전에 매우 좋아했던 옷을 입는 것을 거부할 수도 있다. 이들은 여가 시간을 보내는 방법이나 그 시간 동안 어디에 있는지에 대해 더 비밀스러워질지도 모른다. 중학교의 또래 관계에서의 갈등 문제를 민감하게 다루는 영화가 많다. 딸과 함께 〈비열한 소녀들(Mean Girls)〉 같은 영화를 보는 것은 딸과의 의사소통을 위한 하나의 방법이 될 수 있다.

ADHD 코치

코치는 ADHD 여중생들을 위한 지원 네트워크에 도움이 될 수 있다. 부모가 책임에 관한 규칙을 시행해야 하는 경찰 같은 입장이 되면 딸과의 관계에서 갖는 정서적 안전과 즐거움에 방해가 된다. ADHD 코치가 소녀들이 책임 맡은 일을 잘하는지 알아보는 역할을 해 주면, 부모들은 피할 수 없는 자녀들과의 격렬한 권력 투쟁에서 벗어날 수 있다. 협상이 필수적이긴 하지만, 경찰의 역할은 딸들의 성공에 대해 정서적 개입이 되지 않은 사람에게 맡기는 것이 더 낫다. 매우 일반적인 시나리오를 테리(Terry)의 아버지가 말해 주었다.

> "저녁에 집에 오면, 저는 숙제의 세부 사항을 책임집니다. 테리는 숙제가 있는지 없는지, 숙제가 얼마나 있는지, 그것을 하는 데 시간이 얼마나 걸릴지, 몇 시에 시작해야 하는지, 언제 쉬어야 하는지 등의 모든 것에 대해 논쟁합니다. 우리가 벌이는 전투는 상상할 수 없을 정도예요. 낮 동안 딸을 보지 못한 상태에서, 나는 이런 싸움이 우리 관계의 기반이 되는 것이 싫고, 종종 우리는 딸이 잠자리에 들 때까지 숙제 때문에 고군분투하기도 합니다. 우리 둘 다 내가 아빠라기보다는 경찰 같다는 사실에 동감하고, 우리 둘 다 이런 상황이 싫습니다. 나는 테리의 심리학자에게 이에 대해 불평했고, 그녀는 우리에게 코치를 구해 보자고 제안했어요. 우리가 줄리(Julie)를 고용한 이후로, 테리와 나의 대화는 재미있고 사랑이 넘치고, 테리는 자신의 숙제를 잘 끝마칩니다. 코치를 구한 것이 제가 지금까지 한 가장 잘한 투자 중 하나입니다."

이 이야기에서와 같이, 이 시기는 소녀들이 목소리를 잃기 시작하는 때이다. 부모들은 이들의 내면 목소리의 가치를 강화할 수 있고, 침묵하는 소녀가 되기를 권하는 문화 속에서 침묵하며 살아갈 때의 강점을 지지할 수 있다. 앞서 언급했듯이 ADHD 소녀들의 경우 중학교 말기에 불안과 우울증의 정도가 높아진다는 연구 결과가 있다.[79] 이 소녀들이 사춘기로 접어들면서, 이들은 자신들의 발을 땅에 단단히 딛기 위해 고군분투한다. 이들이 한꺼번에 사방으로 흔들리든 또는 자기 내부로 숨어들어 가든, 어느 누구도 예측할 수 없는 거친 바람에 시달리는 것을 막을 수는 없다. 궁극적으로, ADHD 소녀들은 자신들이 바람의 방향을 바꿀 수 없다는 것을 스스로 알아야 하겠지만, 돛을 조절하는 법은 배울 수 있다.

가장 중요한 메시지

이 연령 그룹에서는 또래의 승인이 가장 중요하지만, 그러한 필요의 강도는 조절할 수 있다. 당신의 집이 딸이 걱정을 털어놓을 수 있을 만큼 편안하고 안전한 안식처가 되도록 노력하라. 소녀들이 인정받고 지지받는 확고한 모녀 관계를 갖고 있다면, 또래들만으로 자신의 가치를 규정하지 않을 가능성이 높다. 확실히 딸의 분리를 지지하고 독립심을 키우는 것과, 또 한편으로는 고통으로부터 딸을 보호하고자 하는 욕구가 부모의 가장 애달픈 부분 중 하나이다. 딸에게 신체와 감정의 변화에 대해 솔직하게 말하게 되면, 딸은 이러한 변화가 정상적이고 자신을 남들과 더 다르게 만드는 것이 아니라는 것을 알게 된다. 중학교 시절이 많은 새로운 감정과 산만함이 있는 혼란스러운 시기라는 것을 인정하는 것은 그녀의 경험을 타당화할 것이다.

"그건 불공평해." 그리고 "당신은 이해하지 못할 뿐이야."와 같은 말을 딸이 할 것을 예상하라. 딸이 자주 가족들로부터 고립되어 방에 틀어박혀 있을 것이라는 것을 예상하라. 거의 모든 부모의 이야기에 대한 기본 반응으로서 불쾌감을 드러낼 것을 예상하고, 부모의 통제 비슷한 것에 대해 좌절, 빈정거림 그리고 짜증스러움을 보일 것으로 예상하라. 이들은 세계를 흑백 논리로 개념화하는 경향이 있기 때문에 타협을 받아들일 수 있는 선택으로 보지 않을 것이라는 것을 예상하라. 이제 호르몬이 증가함에 따라 반응의 강도는 높아지고 반응성 또한 증가한다. 한 어머니는 자신의 딸 팸(Pam)을 이렇게 묘사했다. "딸은 사소한 것에 대해 울기 시작하고, 곧 히스테릭하게 흐느낍니다. 나중에는 '더 이상 나를 어린애 취급하지 말라고요.'라고 말합니다." 어린이와 젊은 여성의 경계를 넘나들며 그녀의 몸은 그녀가 더 이상 어린아이가 아니라는 것을 말해 주지만, 그녀의 행동은 종종 여전히 어린아이이다.

어머니들이 자신들이 그 나이였을 때도 같은 기분을 느꼈다는 것을 딸들에게 알려 주면 이들의 경험을 정상화시킬 수 있다. 무엇보다도, 당신이 이들을 있는 그대로 받아들이고 이들을 지지할 것이라는 일관된 메시지를 주라. 이것은 당신이 이들의 행동에 찬성한다는 것을 의미하지는 않는다. 걱정스럽고 혼란스러운 혹은 두렵게 하는 행동들이 나타날 것이고, 이의 아버지, 다른 가족, 친구 그리고 전문가들과 의논해야 한다. 단기 가족 상담은 종종 몇 가지 기본 규칙을 마련하는 데 유용하다. 그러나 딸들에게 전하는 가장 중요한 메시지는, 세상이 그러는 것처럼 당신은 딸들을 심판하거나 배척하지 않을 것이라는 것이다. 이러한 신뢰 관계를 발전시키기 위해, 당신의 메시지는 일관성이 있어야 한다. 만약 당신이 자신들을 있는 그대로 포용해 준다고 믿는다면, 이들은 당신에게 자신의 취약한 부분을 드러낼 것이다.

중학생 딸에 대해 자신에게 물어볼 질문

이 목록은 자신의 중학생 딸들의 ADHD 가능성에 대해 궁금해하는 부모들을 돕기 위해 고안되었다. 이 질문들에 대해 자신의 딸을 염두에 두고 답하기를 바란다. 당신이 다음 질문들 중 많은 것에 '예'라고 대답한다고 해도, 반드시 당신의 딸이 ADHD를 가졌다는 것은 아니다. 하지만 만약 당신이 염려가 된다면, 전문가의 조언을 구하는 것이 좋을지도 모른다.

- 자주 공상에 잠기는가?
- 숙제를 시작하는 데 어려움이 있는가?
- 일상적인 활동에서 쉽게 주의가 산만한가?
- 자신이 해야 할 일을 잊어버리는가?
- 자신이 좋아하는 활동을 하기 위해 책 읽기를 꺼리는가?
- 과민하고 쉽게 당황하는 것 같은가?
- 일반적으로 체계적이지 않은가?
- 아침에 일어나게 하는 것이 힘든 일인가?
- 두통이나 복통과 같은 신체적인 증상들이 자주 있는가?
- 학교나 기타 활동에 자주 늦는가?
- 정상 범주에서 벗어나는 행동을 하는가?
- 보통 당신이 원하는 것보다 늦게까지 깨어 있는가?
- 물품 분실 또는 분실 사고가 자주 발생하는가?
- 대규모 그룹 활동의 가장자리에 머무르는가?
- 자신에게 친구가 더 있었으면 좋겠다고 생각하는가?
- 종종 시간을 잊어버리는가?
- 또래들에게 수줍어하는 경향이 있는가?
- 건망증이 심하거나 멍한가?
- 집 안 곳곳에 소지품 흔적을 남기는가?
- 좌절을 견디는 힘이 약한가?
- 대화를 방해하는 경향이 있는가?
- 나이에 비해 미숙해 보이는가?
- 교사가 그녀에게 수업 시간에 목소리를 높여야 한다고 말하는가, 아니면 더 노력해야 한다고 말하는가?

- 금방 짜증을 내거나 화를 내는가?
- 과민반응을 보이는가?
- 일을 나중으로 미루는 경향이 있는가?
- 당신이 그녀에게 말할 때 종종 말을 듣고 있지 않은 것처럼 보이는가?
- 책임을 받아들이기보다는 다른 사람을 비난하는 경향이 있는가?
- 상황 변화에 대해 많이 혼란스러워하는가?

제6장

더 많은 요구와 위험요소가 있는 ADHD 여고생

소년들에게서 보였듯이,[1~3] 초등학교 때 ADHD 진단을 받은 거의 모든 소녀도 청소년기까지 ADHD 진단과 증상을 벗어나지 못한다.[4, 5] 그 결과, 고등학교 시절은 청소년기 학생들에게 힘들고 어려운 시간이 될 수 있다.[6] 마치 자연의 법칙과 사회가 함께 조성한 것처럼 온갖 어려운 도전들이 가득한 이 4년은, 가장 능숙하고 적응력이 뛰어난 학생들에게도 버거운 시간이다. 여기에 ADHD라는 난제가 더해졌을 때, 고등학교 시절은 더욱 힘들어지고 ADHD 청소년들에게는 아주 부정적인 기억으로 남을 수도 있다.

이 장에서 우리는 특히 ADHD 여학생들의 취약점과, 그녀들의 부모, 선생님 그리고 다른 개입된 전문가들이 도울 수 있는 방법들을 제안하겠다.

ADHD 여학생들의 적응

어린 시절에 ADHD 진단을 받은 소녀들은 청소년기 때 잘 적응할 확률이 현저히 낮다.[7] 청소년기 시절에 잘 적응하는 비율을 조사하기 위해 ADHD 진단을 받은/받지 않은 4~6세 아동들에 대해 향후 8년간, 일곱 번의 심리 평가를 하였다. ADHD와 적대적 반항장애/품행장애 증상들, 우울증/불안감 척도와 사회성, 사회적 선호도 등 여러 가지 정보가 다양한 방법과 정보 제공자를 통해 수집되었다. '잘 적응한다'는 것은 다섯 가지 평가 영역에서 최소 네 가지 점수가 역치(threshold)를 넘었을 때를 기준으로 정의되었다. 이 7~8년간의 추적 연구에서 대상 아동들이 11~14세가 되었을 때 아동들 중 ADHD 진단을 받은 청소년들이 잘 적응할 확률이 현저히 떨어지는 것으로 나타났으며, 이는 나이와 인종적 요인을 맞춘 통제 집단과 비교했을 때의 결과이다. ADHD 진단을 받은 아동들 중 소수만이 감정적 · 행동적 · 사회적 영역 모두에 걸쳐 평가했을 때 적응 능력이 좋은 것으로 나타났다. 시간이 지나면 ADHD 증상이 많이 호전된다고는 하지만, 거의 모든 ADHD 아동이 처음 ADHD 진단을 받은 지 7~8년이 지난 청소년기에 커다란 장애를 겪는 것으로 드러났다.

2009년에 보고된 연구에서는, ADHD 여학생들을 그렇지 않은 여학생들과 비교했을 때, 그 대다수가 적응을 잘 하지 못하는 것으로 나타났다. 연구자들은 ADHD 여학생들과 그렇지 않은 여학생들의 적응을 여러 영역에서 살펴보았다. 이를 위해 ADHD 증상, 행동 문제, 내재화 문제 행동(예: 우울감과 불안 증상), 사회적 기능, 교우 관계와 학업 능력 등을 알아보고, 이 중 다섯 가지 이상의 영역에서 평균 이상의 점수를 받는 여학생들은 전체적 긍정적 적응도(overall positive adjustment: PA)를 나타낸 것으로 정하였다. 이러한 기준으로 보았을 때, 비 ADHD 비교군 중 86%의 여학생이 PA를 나타낸 것에 비해, ADHD 여학생들 중에는 겨우 16%만이 PA를 보였다.[8]

같은 연구에서 연구자들은 또한 두 가지 다른 유형의 ADHD 진단(부주의 우세형 vs 복합형)이 적응도와 관계가 있는지를 조사하였다. 흥미롭게도, 이 5년간의 추적 연구에서 복합형에 비해 부주의 우세형 진단을 받은 여학생들이 더욱 낮은 PA를 보였다. 또한 과거에 심리치료를 받은 경험 유무와 적응도 간에 관계가 있는지 알아보았다. 예상대로, 전체적 긍정적 적응도(PA)를 보인 아동들이 약물치료나 심리치료를 받았거나, 받고 있을 확률이 높았다.[9] 종합적으로 보았을 때, 이 연구 결과들은 어릴 때 진단받은 여학생들의 ADHD 증상과 관련 장애가 얼마나 만성적으로 가는지를 알려 주고 있다. 그러나 부모들은 이 연구 결과에서 소수의 ADHD 학생은 긍정적으로 적응을 잘하고 있다는 것을 기억할 필요가 있다. 아동기에 받은 ADHD 진단은 지속적인 어려움을 시사하지만, 절대적인 결과는 아니다. 이제 ADHD 여학생들이 여러 영역에서 어려움을 겪는 이유를 하나하나 알아보자.

고등학교와 ADHD는 잘 맞는 궁합은 아니다

압박감과 학업적 요구는 고등학교를 들어서면서 최고점을 찍는 듯 보이는데, 그 이유는 체제와 스케줄에 유연성이나 선택의 여지라는 것이 거의 없기 때문이다. 고등학교는 그 구조 자체가 ADHD 불친화적으로 설계되었다. 하루는 너무 일찍 시작하고 너무나 길다. 또한 높은 집중력과 정리 능력을 요구하는데, 이는 ADHD가 없는 학생들에게도 과할 정도이다. 졸업에 필요한 필수과목들은 거의 선택의 여지가 없다. 많은 ADHD 학생은 자신이 거의 흥미가 없는 과목들을 읽고 공부하도록 강요당하는데, 어떤 과목은 고등학교를 졸업하자마자 공부하지 말라는 조언을 강하게 듣는 과목이다! 하지만 고등학교 시절에는 자기가 듣는 수업과 과외 활동들을 스스로에게 맞게 고를 수 있는 선택권은 거의 없다. 그 결과, ADHD 청소년들은 수많은 학업 문제를 안고 가게 된다.

부모들과 교사들의 보고에 따르면, ADHD 청소년들은 매일 해야 할 다수의 과제로 문제를 겪게 되는데, 가장 흔한 문제는 시간 관리 능력과 계획 세우기에 관한 것이다.[10] 학업 능력은 지속적인 실행기능 저하로 인해 영향을 받을 가능성이 크다. 어릴 때 ADHD 진단을 받은 여학생들에 관한 추적 연구에서 실행기능 저하(계획 세우기, 정리하기, 억제 조절 능력, 지속적인 집중력, 작업 기억, 장면 전환)가 청소년기[11] 그리고 성인기 초기[12]까지 지속되는 것으로 나타났다. 이후 추적 연구 결과에서 실행기능장애는 ADHD 유형(복합형 vs. 부주의 우세형)과 무관한 것으로 나타났으며, ADHD 증상이 남아 있는 여학생들과 후에 ADHD 증상이 호전되어 더 이상 ADHD로 진단받지 않는 여학생들을 비교했을 때도 실행기능장애는 무관한 것으로 나타났다.

청소년기 때 커지는 사회적 압박감

어릴 때부터 지속적으로 보여 왔던 사회성 결여가 청소년기의 소녀들이 자신의 가족으로부터 떨어져 중요한 사회적 환경으로 옮겨 가는 데에 막대한 지장을 주게 된다. 고등학교에 진입하면서 소녀들은 중학교에서 주를 이루었던 소녀들만의 집단을 벗어나 동성이나 이성 관계에서 자신의 개성을 탐구하게 된다. 훨씬 더 복잡한 고등학교에서의 인간관계는, ADHD 소녀들이 따라갈 수 없는 수준의 사회적 자각과 자제력을 요구하게 된다. 이 슬프지만, 이 사회성 결여는 ADHD 여성들이 아주 빈번하게 언급되는 스토리의 주를 이루는데, 고등학교 시절에 도저히 사회적 분위기나 흐름을 이해하지 못해 동료들 사이에 낄 수 없었다는 것이다.

사회적 압박감은 청소년기에 있는 모든 학생에게 강하게 작용하여, 동료 분석(peer analysis)에 많은 에너지를 쏟게 한다. 이러한 동료 분석에는 주시하는 것, 따라 하는 것, 관계하는 것, 비교하는 것, 그리고 따르거나 순응하는 것 등이 있다. 이 동료 분석은 지치는 과정이어서, ADHD 여학생들은 절망감까지 느끼게 된다. 자신의 학창 시절을 떠올리며 많은 ADHD 여성이 반복적으로 말하고 또 말하게 되는 대목은 "저는 도저히 (그룹에) 낄 수 없었어요." 아니면 "나는 항상 (다른 학생들과) 다르게 느껴졌지만, 그 이유는 알 수 없었어요."이다. 많은 ADHD 여성이 '친구가 없거나' 오직 '한 명의 절친만 있었을 뿐'이라고 대답하며, 다른 이들은 자신의 청소년기를 충동적 행동과 문란함, 과도한 음주 등 친구들에게 받아들여지기를 바라며 했던 간절하고 필사적인 마음과 행동들이 뒤섞인 흐릿한 기억들로 묘사한다. 그중 학업 성취도가 높았던 몇몇은 좋은 성적을 받기 위해 많은 수고를 하면서 사회적 관계를 맺어 볼 기회는 거의 없었던 것으로 기억했다.

> "고등학교에서 저는 내성적이고 친구가 거의 없었어요. 저는 그냥 그 어떤 종류의 아이들과도 맞지 않는 것 같았어요. 제가 똑똑하다는 생각도 들지 않았고, 그렇다고 '거친 아이들'의 그룹에 낄 생각도 없었고요."

가족들의 지지와 수용은 아주 중요하지만, 또래 집단에게 거절당해 받은 상처는 가족들의 지지와 인정으로 치료될 수는 없다. ADHD로 진단받은 여학생들은 이 시기에 아주 부정적인 자아상을 구축하는데, 그 영향은 수년 동안 지속될 수 있다. 또한 이러한 패턴 때문에 청소년기 ADHD 여학생들에게 집단치료를 적극적으로 권유할 수 있다. 집단치료는 ADHD 여학생들이 처음 느껴 보는 이해와 인정을 줄 수 있는 환경이 되어 줄 수 있으며, ADHD 증상으로 인한 각종 문제들을 다루어 볼 수 있는 대응 기능(coping skills)을 배우는 안전한 장소가 될 수 있다.

집단치료의 효과는 최근에 나온 연구 결과의 지지를 받았다. 최근 연구에서는 청소년기 ADHD 학생들을 대상으로 동성(single gender)이나 혼성(mixed gender) 집단치료 환경에 있는 학생들의 사회적 행동을 평가하였다. 여름 치료 프로그램에서 동성이나 혼성 그룹으로 게임을 하는 청소년기 학생들에게서 사회적 행동(친사회적인 동료와의 상호작용, 자기주장, 자기관리, 순응, 신체적 공격, 관계적 공격성)이 평가에서 나타났다. 여름 치료 프로그램의 상담사들이 총 10개의 레크리에이션 프로그램 후에 자신이 담당했던 청소년기 학생들을 평가하였다. 몇 가지 아주 흥미로운 연구 결과가 발견되었는데, 그중 하나는 소녀들은 혼성 그룹보다 동성 그룹에서 활동할 때 더 많은 이점이 있었다는 것이다. 소녀들은 동성 그룹에서 활동할 때 더 높은 긍정적 자기주장, 자기관리 그리고 순응을 보였다.

성별에 따른 기대는 종종 ADHD의 특성과 정반대이다

오늘날 십 대 소녀들에게 주어지는 사회적 압박감과 기대를 살펴보면, 그것이 ADHD 특성이나 경향성과 직접적으로 상충되는 것을 볼 수 있다. 예를 들면, 소녀들은 보통 정리정돈을 잘하고, 여성적이고(잘 통제되어 있고 수동적이고), 세심히 단장하였고(이성에게 매력적으로 보이기 위하여), 타인의 감정에 민감하며, 어른들에게 순응적이다. 스티븐 힌쇼(Steven Hinshaw)가 쓴 책『The Triple Bind』[역자 주: 스티븐 힌쇼와 레이첼 크랜츠(Rachel Krantz)가 2009년 쓴 책으로 원 제목은 'The Triple Bind: Saving Our Teenage Girls from Today's Pressures and Conflicting Expectations'이다. The Triple Bind는 십 대 소녀들에 대한 기성세대의 세 가지 기대를 말하는 것으로, 이 세 가지 기대 때문에 십 대 소녀들이 힘들다는 것을 의미하며 굳이 번역하자면 '세 가지 속박'이라고 번역할 수 있겠다]에서는 오늘날의 사회적 기대 때문에 십 대 소녀들이 마주하는 고비에 대해서 이야기한다. 첫 번째로, 소녀들은 "전통적으로 소녀들이 하는 것을 잘해야 한다. …… 인간관계…… 공감 능력…… 그리고 유대감 형성", 두 번째로, 소녀들은 또한 “전통적으로 소년들이 잘하는 것도 잘해야 한다. …… 최고 명문대의 자리를 차지하기 위해 경쟁하는 것, 취업 시장에 뛰어들기 위한 준비, 그리고 스포츠나 운동 등”, 세 번째로, 소녀들은 대안을 허락하지 않는 편협하고 비현실적인 기준에 순응해야만 한다. 스티븐 힌쇼는 이 세 가지 위협에 엮인 현대의 십 대 소녀들이 왜 많은 위험 부담을 안고 살 수밖에 없으며 25%에 달하는 십 대 소녀들이 섭식장애, 자해, 우울증 그리고 자살 위험에 놓여 있는지 이해할 수 있다고 주장한다.[14]

이런 심한 압박감의 결과로, 사회적 기대에 대해 십 대 ADHD 소녀는 심한 불안감으로, 때로는 강박적으로 반응할 수 있다. 십 대 ADHD 소녀는 자신의 방과 생활을 정리하는 것에 능숙하지 못해 깨끗하고 색이 잘 맞는 옷을 갖춰 입고 매일 아침 등교할 수 없을지도 모른다. 십 대 ADHD 소녀는 바닥, 더러운 빨래 바구니, 또는 여동생/언니의 옷장에 있는 옷들을 마구 뒤질 때, 흥분한 상태로 큰 소리로 장황한 말을 할 수 있다. 그러다가 마침내 손에 닿는 것을 아무거나 집어 입고 학교에 뛰어가게 될지도 모른다. 그리고 중요한 것들을 집에 둔 채 학교로 가지고 가지 않을 가능성이 높다.

모든 십 대 소녀에게 흔한 자기회의 그리고 경쟁심은 ADHD 소녀들에게서 더 뚜렷하게 나타난다. 상처받은 감정들로 인해 더 빠르게 충동적인 말을 하거나 과잉반응을 할 수 있다. 많은 연구 결과가 ADHD 소녀들은 ADHD 소년들처럼 행동으로 공격성을 표현하기보다는 언어적으로 공격적일 수 있다고 보고하고 있다.[15] 그러나 이런 극적인 사건이 지나간 후에는 ADHD 소녀들은 잘 잊는다. 하지만 동료들이 ADHD 소녀들의 말을 더 이상 참을 수 없고 그 말로 인해 상처를 받아서 ADHD 소녀들을 거절하는 사태에 직면하게 된다.

물론 ADHD 소녀들과 소년들의 어려움은 겹치기도 한다. 소녀들만이 사회적으로 따돌림을 느끼는 것은 아니다. 하지만 ADHD 소녀들의 경우 청소년기 동안 사회적 어려움에 대한 반응이 ADHD 소년들에 비해 더 강하게 나타나는 편이다. 그 이유는 아마도 부분적으로는 위험 감수하기, 말다툼, 반항 그리고 행동 지향적이 되는 것 등의 ADHD 같은 행동들을 하면 소녀보다 소년들이 더 사회적으로 용인되기 때문일 것이다. 같은 행동을 보이는 소녀들의 경우, 비난을 받거나 배척당할 수 있다.

소년들은 소녀들이 겪는 사회적 기대치 없이 단체 행동이나 스포츠를 할 수 있다. 소년들 사이에서는 서로 저지하거나, 반대하거나, 화가 나서 대꾸하는 행동을 하여도 아주 지나친 정도가 아니라면 사회적으로 배척당하는 일은 적다. 또한 소년들은 운동선수라는 그룹 특성 뒤에 숨거나, '무슨 상관이야?' 하는 태도로 사회적 기술의 결여를 무마할 수도 있다.

ADHD 소녀들을 도와줄 때 궁극적인 목표는 이들로 하여금 자기 자신을 귀하게 여기는 법을 배우도록 하고, 자신들의 강점을 존중해 줄 수 있는 동반자를 만나도록 도와주는 것이다. 자신의 강점과 재능을 인지하면 ADHD 소녀들은 사회적 통념에 부응하지 못하는 것에 대한 자책에 빠지지 않게 된다.

ADHD 소녀들의 부모와 다른 전문가들은 그녀들의 사회적 설계(social engineering)를 도와줄 수 있다. ADHD 소녀들이 고등학교에서의 압도적인 불안감과 경쟁의식 속에서 안전하게 느낄 수 있는 작은 사회적 공간을 보장받게 해 주는 것이다. 예를 들면, 아주 명석하고 내성적인 부주의 우세형 소녀는 자신의 고등학교에서 '공부하자(It's Academic)' 동아리에 들어간 것을 큰 위안으로 삼았다. '머리가 비상한' 동아리 회원들은 같이 점심을 먹고 주말에 있을 다른 학교와의 대결을 위해서 서로 시험을 치며 준비하곤 했다. 이 동아리에 들어가기 전에 ADHD 소녀는 점심시간에 같이 앉을 친구가 없는 것에 대해 극도의 불안감을 느껴 점심 먹는 것을 매번 거부하고는 했다. 또 다른 ADHD 소녀는 부모의 도움을 받아 승마에 완전히 빠져 버렸다. 이 ADHD 소녀는 근교에 있는 마구간에서 일하며, 털털하고 외모 치장에 크게 신경 쓰지 않는 같이 일하는 소녀들과 어울렸다. 또 다른 ADHD 소녀는 고등학교의 연극 동아리에서 활동하면서 자신의 큰 목소리와 자기표현, 격한 감정들과 색이 다양한 성격을 마음껏 표현할 수 있는 기회를 찾았다.

성숙에 대한 압박

청소년기가 되면서 책임감이 있는 개인으로 자라나야 한다는 압박감은 커지게 된다. 부모가 자신의 딸이 철든 모습을 보이기를 원하는 기대가 ADHD의 신경인지적 구조와 완전히 충돌할 때도 있다. ADHD 딸들이 성숙한 개인이 될 수 없다는 것은 아니지만, 성숙 역시 ADHD적인 시각으로 바라보아야 한다. 다른 말로 하자면, ADHD 소녀들이 특히 취약할 수 있는 면들을 분명히 인정해 주어야 한다는 것이다. 우리가 흔히 말하는 성숙이라는 것은 계획을 만들고 계획대로 행동할 수 있는 능력, 즉각적인 만족을 미루는 능력, 결과를 고려하는 능력, 절제된 감정 반응을 보이는 능력, 주어진 일을 신뢰할 수 있게 확실히 해내는 능력, 과거로부터 배우는 능력, 미래를 설계하는 능력 등이다. 우리가 생각하는 이 성숙의 징후라는 것은 전두엽의 실행기능에 기반한 것인데, ADHD에 의해 전두엽이 영향을 받게 된다. 실행기능과 ADHD에 관해서는 제10장에서 더 자세히 다루고 있다.

이것은 청소년기 ADHD 소녀들에게 무엇을 의미할까? ADHD 소녀는 잘 잊어버리고, 어떤 일을 믿고 맡기기가 어렵고, 계획을 세우거나 장기적인 과제를 해내는 데 취약할 수 있다. 기본적으로, ADHD 소녀는 고등학교에서의 여러 과제, 방과 후 활동, 사회생활, 아르바이트 등을 하는 것을 몹시 힘들어할 수 있다. 그러나 희망적인 것은 전두엽이 청소년기를 지나 성인기 초기까지 발달한다는 것인데, 이는 전두엽의 발달로 인해 ADHD 소녀가 자신의 인생을 책임질 능력도 함께 발달한다는 것을 의미한다.

순응과 따름에 관한 기대

많은 요소가 ADHD 소년들과 소녀들에게 작용하여 고등학교 생활을 잘하기 어렵게 만든다. ADHD 소녀들은 ADHD 소년들보다 더 많은 압박이 가해지는데, 그 이유는 대체로 더 순응(conformity)하고 싶어 하는 욕구가 클 뿐만 아니라 사회적으로 받아들여지고 인정받고 싶은 마음이 더 크고, 부모와 교사들의 기대를 더 충족시키고 싶어 하기 때문이다. ADHD 소녀들은 다른 사람을 만족시키려는 욕구와 다른 사람이 기대한 것을 하려는 욕구가 실제 자신의 능력보다 더 크기 때문에, 불안감이 ADHD 소년보다 더 높을 수 있다. ADHD 소녀들이 다른 사람들의 기대를 충족시키기 위해 하는 노력 때문에, ADHD 증상과의 힘겨운 싸움이 가려지고 부모나 교사들이 ADHD 소녀들을 간과하기 쉽다. ADHD 소녀들이 사회나 주변 사람들의 기대를 충족시키는 일은 점점 어려워지며, 불안감이 상승하고, ADHD로 인해 생기는 일들을 수용하고 자신에 대해 긍정적으로 생각하기가 ADHD 소년들보다 더 어려워질 수 있다.

소녀가 어릴 때부터 들어 온 착해야 한다(다정하고, 말 잘 듣고, 깔끔하고, 단정해야 한다)는 사회적 조건들은 사라진 것처럼 보일지라도 그것은 머릿속에서 사라지지 않는다. 만약 당신이 딸아이와 매일 소리를 지르고 싸우며 분투 중인 부모라면 이 말이 의아하게 들릴지 모른다. 아이가 따르려는 마음이 강하다고? 말싸움밖에 하는 게 없는데? 딸은 겉보기에는 감정적으로 아주 변덕스럽고 당신이 딸을 어떻게든 통제해 보려는 노력에 대해 심하게 반항할 수도 있지만, 딸은 계속 내적인 심리 갈등을 겪고 있다. 당신의 딸은 어릴 때 교사가 하라는 것을 제대로 해내지 못해 복통에 시달렸고, 지금도 복통이 있을 수 있다. 상담가로서 우리는 성인이 된 ADHD 여성들의 이야기를 들으면서 이 사실을 알 수 있었다. 그녀가 당신에게 직접적으로 알리지 않더라도, ADHD 아동은 부모, 교사, 혹은 다른 사람들의 비난에 가슴 깊이 상처받고 상처를 묻어 두고 있는 경우가 많다. 그녀는 자기 자신과 또래 아이들의 성공을 비교하며 자신을 깎아내리고 있을지 모른다. 십 대 청소년기일 때 그녀는 소위 많은 사춘기 아이가 하는 행동처럼 자신이 무관심하며 괜찮은 것처럼 스스로를 포장했을 수도 있지만, 시간이 지나면 그녀는 이 청소년기를 상처 가득한 날들로 기억할 것이다.

증가하는 감정적 반응도

십 대 ADHD 소녀들은 또래의 다른 소녀들보다 감정적 반응도가 높아서, 감정 반응의 강약 조절을 잘할 수 없을 때가 많다. 숙제에 대한 좌절감이든, 자신의 외모에 관한 고충이든, 자신의 스웨터를 빌려 간 동생에 대한 분노이든, 사회적으로 고립된 것에 대한 절망감이든, 아니면 자신을 아기처럼 대하는 부모에 대한 분노이든, 이런 감정적인 기복을 ADHD 소녀들의 경우 더욱 심하게 겪는 것으로 나타난다. 초창기의 ADHD 전문가였던 휴시(Huessy) 박사는 ADHD 소녀들의 행동 문제는 대부분 사춘기 이후에 나타나기 시작하며, 보통 극심한 감정적 과잉반응도, 감정적 기복 그리고 충동성을 동반한다고 하였다.[16]

사춘기에 일어나는 호르몬 변화가 감정적 기복을 더욱 악화시키며, 특히나 ADHD 소녀들을 감정적으로 과잉반응하게 만든다. 이 시기에 보호자, 부모와 그녀를 돕는 주변 전문가들은 아이의 감정적 변화와 반응도가 신경정신적 근거가 있음을 깨닫는 것이 중요하며 그녀의 감정적 반응은 스트레스를 받거나, 피곤하거나, 배가 고프거나 또는 생리 전 등의 호르몬 변화를 야기하는 상황에서 더욱 예민해질 수 있음을 알아야 한다. 십 대 ADHD 소녀와 부모 모두는 사춘기에 그녀의 감정적 변화를 더욱 증가시킬 수 있는 요소들이 추가되었음을 알아야 하며, 어떤 외부적 자극들이 그녀의 스트레스를 가중시킬

지를 늘 자각하도록 노력해야 한다.

호르몬 변화의 영향

겨우 4년만 지나면, ADHD를 가진 우리의 딸들은 소녀에서 여성으로 성숙하기 시작한다. 엄청난 호르몬 변화가 일어나며, 특히 생리 주기에 겪는 호르몬 변동은 ADHD를 가짐으로써 이미 늘 겪어 왔던 혼란과 예측 불가능함을 가중시킨다. 생리전증후군은 모든 소녀들에게 불쾌감, 짜증, 피곤과 생리통을 야기하는 불편한 시기이지만 ADHD 소녀들에게는 특히나 감정적 예민도와 반응성, 짜증을 더욱 극대화하며 욕구 좌절에 대한 인내성을 떨어뜨리는 작용을 하므로 치료를 적극적으로 해야 한다. 그녀를 돌보는 의사, 상담가 그리고 다른 주변 사람들은 사춘기 ADHD 소녀를 돌볼 때 이 부가된 취약점을 반드시 떠올리고 인지해야 하며, 생리전증후군에 관한 최신 정보나 연구를 숙지하고 그녀에게 미칠 수 있는 영향을 최소화하려 노력하는 것이 중요하다.

늦게 진단받는 ADHD 소녀

요즈음은 소녀들이 ADHD 진단을 초등학교 때 받는 것이 더 흔해졌지만, 아직도 많은 소녀가, 특히나 그녀가 인지 능력이 뛰어나거나 지지가 충분한 좋은 환경에서 자라날 때, 고등학교나 그 이후까지 진단이 미뤄지는 경우가 허다하다. 부모와 그녀를 도우려는 전문가들은 왜 많은 소녀가 12세 혹은 그 이후까지 증상이 나타나지 않는지, 왜 고등학교나 심지어 대학교까지 가서 기능장애가 나타나고 나서야 ADHD 진단을 받는지에 대해 알아볼 필요가 있다. ADHD 소녀의 ADHD 증상이 더 어릴 때 뚜렷하게 나타나지 않는다고 해서 그녀의 ADHD 진단이 덜 확실한 것은 아니다. 이 때문에 DSM-5[17]에서는 ADHD의 시작점에 관한 내용이 수정되었다. ADHD 소녀들은 ADHD 소년들과는 아주 다르게 행동하는 경우가 허다하다. ADHD 소녀들은 자신의 학업 문제를 무마하거나 감추어 보려 더 애쓰고, 교사의 기대를 더 충족시키려 하며 다른 대처 방안을 찾아보려 노력한다.[18] 이런 경우에 ADHD 증상들을 늦게 보이거나 청소년기까지 거의 보이지 않을 수 있다. ADHD 소녀에 대한 사회적 · 학업적 기대(계획 세우기, 조직화, 기억력, 집중도와 다른 실행기능에 대한 요구)가 훨씬 높아지는 시점까지 말이다.

지금까지 계속 보아 왔듯이 이 소녀들은 ADHD 증상이 자신의 삶에 영향을 줄수록 심한 불안감과 우울감에 빠진다. ADHD 소녀들은 없는 또래 소녀들보다 내재화 혹은 외면화 증상이 생기거나 지속될 가능성이 높다.[19~22] 자존감이 떨어지고 행동 문제들이 나타난다. 이런 행동 문제들 때문에 ADHD 소녀들은 처음에 불안장애나 우울증으로 오진될 수 있으며 그에 관련된 치료를 먼저 받게 될 수 있다. 정작 이 소녀들의 문제를 야기하는 것은 ADHD인데, ADHD로 진단되지 않고 지나치는 경우가 허다하다. 어떤 설문조사에서 ADHD 진단을 받은 소녀들 중 14%가 ADHD 진단 전에 항우울제를 복용한 약력이 있는 반면, ADHD 소년들은 그런 약력이 있는 경우가 5%에 그친다는 연구 결과가 나왔다.[23]

유감스럽게도, ADHD의 진단이 늦어지는 경우 학교 관계자들이 회의적인 태도를 보이는 경우가 흔하다. 진단을 늦게 받은 소녀들의 경우, 대입 입시에 추가 시간을 받거나 고등학교에서 지원이나 지지를 요구할 때 보호자와 상담 전문가들의 강력한 지지와 개입이 필요하다.

청소년기 소녀들에게 나타나는 ADHD의 위험요소

앞서 이야기한 힌쇼 박사의 책『The Triple Bind』에서 언급했듯이, 요즘 세대의 청소년기 소녀들은 자해, 섭식장애, 폭력, 우울증, 자살 등 많은 위험에 노출되어 있다.[24] ADHD 소녀들은 사춘기 말에 앞서 언급한 것 외에도 더 많은 위험요소를 안고 살아간다. ADHD 증상인 충동성, 주의 산만, 의사결정이나 선택의 장애, 장기적 계획을 세우는 것에 대한 어려움 등은 청소년기 ADHD 소녀들에게 더욱 많은 어려움을 안겨 주게 된다. 이 위험요소들을 하나하나 살펴보고 부모로서 어떻게 딸들을 돕고 위험을 최소화할 수 있는지 알아보자.

소녀들에게서 보이는 ADHD와 품행장애

ADHD는 아동기와 청소년기에 품행장애를 일으킬 수 있는 큰 요인 중의 하나이다.[25] 한 연구에서, 청소년기에 시작되는 품행장애는 가족 내 불화가 있을 때 생긴다고 예상할 수 있는 반면, 아동기에 시작된 품행장애는 부계(父系)에 반사회적 인격장애가 있으면 예상할 수 있다고 한다. 또한 ADHD와 품행장애 진단을 받은 소녀들은 그렇지 않은 또래 소녀들에 비해 학업적 · 정신적 · 성적 문제 행동의 여지가 더 많다고 알려졌다.[26] ADHD와 품행장애의 치료법이 상이하기 때문에, 이 연구 결과들을 통해 ADHD 소녀들의 품행장애 진단과 치료를 조기에 해야 한다는 것을 알 수 있다. 두 그룹(ADHD와 품행장애)의 소녀들이 다 흥분제 약물에 대한 단기간의 반응이 같지만, ADHD와 품행장애가 같이 있으면 성인이 되어서 반사회적 인격장애를 가질 확률이 높아진다. 이 후자의 문제를 다루기 위해 부가적인 전문적인 치료가 필요할 수 있다.

이른 성적 행동

십 대 ADHD 소녀들이 다른 또래 소녀들보다 임신할 위험이 크다는 것은 이미 알려진 사실이다.[27] 이 좋지 않는 상황은 몇 가지 근거로 설명할 수 있다. 많은 ADHD 소녀가 그렇듯이, 낮은 자존감으로 고통받는 십 대 소녀들은 소년들로부터 성적인 관심을 받는 것으로 자신이 삶의 다른 부분에서 모자라다고 느끼는 감정을 보상하듯 채우게 된다. 또한 충동 억제의 어려움, 계획성이 부족한 점, 비일관성 등의 ADHD 특성 때문에 피임을 하지 않거나, 피임약을 꾸준히 복용하지 못하거나, 여러 파트너를 두게 될 수 있다. 결과적으로, 이 소녀들은 또래 집단 중 청소년기나 성인이 되었을 때 성전염성 질환(sexually transmitted disease: STD)을 갖게 되거나 원치 않는 임신을 하게 될 확률이 가장 높다. 한 추적 연구에서는 젊은 ADHD 성인들이 ADHD가 없는 또래 집단보다 부모가 되거나 성전염성 질환 치료를 받을 확률이 더 높다는 사실을 밝혔다.[28]

평가척도를 사용하여 ADHD를 진단하면 위험한 성적 행동이나 원치 않는 임신 등이 검사 결과에 특징적으로 나타나는 것은 아니지만, 이 위험요소들은 충동성과 관계가 있다. (8학년과 그 이상 학년 담당) 교사들을 대상으로 한 설문조사에서 ADHD 소녀들이 ADHD 소년들보다 더 문란한 것으로 나타났다.[29] 또한 다른 연구는 ADHD 여대생들이 ADHD가 없는 여학생들과 ADHD 남학생들보다 파트너의 콘돔 사용이 더 낮다고 보고했다.[30] 그러나 이 연구에서는 ADHD 여학생들과 ADHD가 없는 여학생들 사이의 의도하지 않은 임신율은 다루지 않았으므로, ADHD와 원치 않는 임신율의 관계를 알기 위해서는 더 많은 연구가 필요하다. 반대로, 또 다른 연구는 젊은 여성의 경우 더 높은 ADHD 증상 점수가 위험한 성적 행동, 잘못된 콘돔 사용, 성전염성 질환과 관련이 있음을 보고했다.[31] 핀란드의 한 연구에서는 약 8세에 외재화적 행동 문제(품행 문제와 과잉행동)를 가졌던 소녀들이 20세가 되기 전에 아이를 갖게 될 확률이 현저히 높다고 했다.[32]

부모와 전문가들이 위험을 줄여 주기 위해 무엇을 도울 수 있을까

- ADHD 소녀들을 위한 지지 집단에 참여하도록 도와주면 그녀들이 덜 외롭고 또래에게 받아들여진다고 느끼며, 이성에게 성적 관심을 받으려는 욕구가 줄어든다.
- 조직화·체계화되어 있는 과외 활동에 참여하게 해 주면 아이들의 자존감을 높이는 데 도움을 줄 수 있다. 우리가 흔히 상식적으로 알고 있던 사실이 최근 연구들로 입증되었다. 과외 활동, 스포츠, 교회 그룹 등 학교 외 활동들로 바쁘게 지낸 청소년들은 고등학교 시기에 문제를 일으킬 확률이 현저히 적다는 것이다.
- 부모와 지지적이고 개방적인 관계를 구축할 수 있으면 ADHD 소녀가 성적 경험을 하게 될 때 조언을 해 줄 사람이 생긴다. 피임 문제에 관해 의논할 수 있고, 임신 사실을 알았을 때 그 후에 선택과 판단을 도와줄 수 있다.
- ADHD 소녀가 능숙하고 잘한다고 느끼는 공간이 생기도록 도와주는 것은 그녀에게 큰 도움이 될 수 있다. 지지와 자존감을 쌓을 방편이 많은 그녀는 결핍을 적게 느낄 것이며, 따라서 성적 관심으로부터도 더 자유로울 수 있다.

미숙한 운전습관

ADHD가 있는 십 대에 관한 연구를 보면, 그들이 운전 사고에 엮일 확률이 높다는 것을 알 수 있다. 한 연구에서는 ADHD가 있는 십 대들이 훨씬 많은 사고 경험을 했다고 밝혔다. 연구자들은 이 높은 운전 사고율을 주의력과 인지 통제의 문제로 인한 것으로 보았다.[11] 거의 모든 연구가 ADHD 소년들의 운전습관을 대상으로 하였지만, 뉴질랜드에서 발표된 한 연구[12]에서는 주의력 결핍 문제를 가진 소녀들과 소년들 모두가 교통사고와 교통법규 위반에 취약하다고 밝혔다.

부모들이 유의하여야 할 점은 ADHD 딸들에게 운전 연습이 더 필요할 수 있다는 점이다. 더 많은 연습을 통해 운전을 무의식적으로 할 수 있게 하여 주의력과 집중력이 덜 필요하게 할 수 있다. 두 번째로, 주의력 문제가 교통사고와 밀접한 관련이 있으므로 ADHD 소녀들(그리고 소년들)은 운전을 배우는 첫해에는 덜 산만한 환경에서 운전할 수 있도록 도와주는 것이 중요하다. 차가 많거나 번잡한 지역을 피하고, 옆에서 신나게 떠드는 친구들 등의 사회적 자극도 줄여야 한다. 그리고 더 말할 것도 없지만, 당연히 술을 마시고 운전하는 것은 절대 금지이다. ADHD가 있는 십 대들은 도로 위의 상황에 더 의식적으로 계속 주의를 두도록 노력해야 한다.

성인이 되어서 사고를 방지하려면, ADHD를 가진 사람들은 대화에도 쉽게 정신이 팔린다는 것을 인지할 필요가 있다. 덜 숙련된 운전자들은 그런 작은 산만함이 사고로 이어지는 일련의 일들을 일으키기에 충분하다. 세 번째로, 충동적인 반응을 끌어내는 모든 상황은 운전 전이나 후에 다루어져야 한다. 예컨데, 충동적으로 위험을 추구하는 친구들을 태우고 운전하는 상황, 술을 마시고 옆에 운전 중인 십 대 ADHD 소녀에게 재미로 위험 행동을 부추기는 친구를 태우고 운전하는 상황 등을 들 수 있다.

정서 문제와 기분장애

> "나는 방에서 외로운 시간들을 많이 보냈다. 그때를 회고해 보면, 당시 우울증을 앓고 있었다고 믿는다. 나는 그것을 너무 잘 숨겼고, 엄마 아빠는 나의 이러한 상태를 몰랐다."
>
> – 크리스 D.(Chris D.)

청소년기 ADHD 소녀들이 기분장애를 가질 확률은 ADHD가 없는 소녀들에 비해 2.5배 높은 것으로 알려져 있다.[35] 이들이 갖고 있는 기분장애는 이른 나이에 시작하고, ADHD가 없는 기분장애를 가진 사람들에 비해서, 이들 증상의 지속 기간이 더 길고(두 배 이상), 더 심한 우울증 관련 장애가 있고, 자살률이 더 높고, 정신병원에 입원할 가능성이 더 높은 것으로 알려져 있다. 부모의 기분장애와 조증 증상은 다른 예측변수보다 ADHD 여학생이 기분장애를 가질 더 확실한 예측변수가 된다.

부모와 전문가들은 십 대 청소년들의 기분을 평가할 때, 특히 ADHD 여학생들의 정서적인 진폭이 정상 범주를 넘어 우울이나 불안 수준으로 간 것은 아닌지, 치료를 필요로 하는 것은 아닌지 주의 깊게 보아야 한다. 정서적 스트레스가 갑자기 역치를 넘어가게 되면, 정서적 기분이 빠르게 상승하여 위험 수위에 이를 수 있다. 우발적인 임신, 관계의 이별, 시험 실패, 대학 입학 실패와 같은 것들이 불안이나 우울 수준을 높일 수 있고, 심리치료나 약물치료를 필요로 하게 만들 수 있다.[35]

자살과 자해

ADHD 소녀들의 자살 시도는 중요한 관심사가 되고 있지만, 무엇이 자살 시도와 관련이 있는지는 아직 명확하지 않다. 러셀 바클리(Russell Barkley)와 동료들의 연구[36]에 따르면, 아동기 때의 품행장애 증상뿐만 아니라 과잉행동이 후에 ADHD를 가진 사람들이 하는 자살 시도의 예측변수가 된다고 했다. 또 다른 연구에서는 주로 부주의 우세형이 아닌 ADHD 소년으로 구성된 집단이 비교 집단에 비해 나중에 자살 시도를 할 위험성이 더 높았다고 주장했다.[37] 중요한 것은, 이 연구에 포함된 ADHD 소녀 집단이 ADHD 소년 집단보다 후에 우울증 또는 자살 시도를 할 가능성이 더 높았다는 점이다. 또 다른 연구[38]에서는 정서 조절을 잘하지 못하는 것이 훗날 자해의 예측변수가 된다는 것이다. 이러한 연구 결과들을 종합해 보면, ADHD와 정서 조절을 잘하지 못하는 문제를 가진 소녀들이 훗날 자살 시도를 할 가능성이 높고, 과잉행동과 품행장애는 이러한 위험성을 다소 높일 수 있다는 것을 알 수 있다.

힌쇼가 ADHD 소녀와 ADHD 증상이 없는 소녀들을 대상으로 한 유명한 연구에 의하면, 아동기에 ADHD 진단을 받은 소녀들은 청소년기와 성인기 초기에 정신과 증상 및 기능적 손상이 생길 가능성이 비교 집단에 비해 높다. 7세에서 12세 사이에 ADHD 진단을 받은 소녀들을 대상으로 10년 후 추후 연구를 하였을 때 여러 가지 부정적 패턴이 나타났다. 이 부정적 패턴 중에는 초등학교 시기에 복합형 ADHD 진단을 받은 ADHD 소녀들이 10년 후에는 높은 자살 시도와 자해를 보인다는 것이 포함된다.[39] 청소년 ADHD 소녀와 젊은 ADHD 여성은 충동성뿐만 아니라 내재화 장애와 외현화 장애들이 나타날 가능성이 높으며, 이렇게 되면 자살 시도나 자해가 증가할 것이라는 사실은 예측하기 어렵지 않은 일이다. ADHD 소녀들을 위해서는 정신건강 전문가의 자문, 약물치료 등이 반드시 필요하다고 할 수 있다.

힌쇼는 부모와 전문가들에게 어떤 하위 집단, 그리고 특히 어떠한 특징들이 자살을 예고할 수 있는지에 대해 연구하였다. 추적 연구[40]에서 그는 아동기에 ADHD 소녀들이 자해 행동과 자살 시도를 하는 가능성 있는 경로를 알아보았다. 연구 결과에 의하면, 아동기에 복합형 ADHD로 진단받은 성인 여성들이, 부주의 우세형 ADHD로 진단받은 소녀들과 ADHD로 진단받지 않은 소녀들에 비해 가장 심각한 형태의 비자살 자해 행동을 보이고, 여러 방법을 사용하여 비자살 · 자해 행동을 한다고 한다. 두 가지 ADHD 하위 유형 모두가 ADHD가 없는 집단에 비해서 자해 가능성이 더 높았으며, 이 두 하위 유형 집단 간에는 유의미한 차이가 없었다.

ADHD 소녀들이 ADHD가 없는 집단(4%)에 비해 자살 시도(22%)를 더 많이 한다고 한다. 추적 연구에서 외현화 행동(부족한 억제 통제와 충동성)이 비자살 · 자해 행동의 심각도를 의미 있게 부분 매개(significant partial mediator)하는 것으로 드러났고, 청소년기에 나타난 내재화 증상은 ADHD의 자살 시도를 의미 있게 부분 매개하는 것으로 드러났다.

이 연구의 연구자가 언급된 바와 같이, 이상의 연구 결과들은 복합형 ADHD 소녀들과 젊은 여성들이 보이는 자해 행동들을 철저하고 좀 더 자주 모니터링해야 한다는 사실을 강조하고 있는데, 특히 외현화 행동과 지속적으로 같은 진단 프로파일 내용을 보여 주는 복합형 ADHD에게는 더욱 그러하다.

"저는 잘하는 게 아무것도 없어요." ADHD 진단을 받은 9학년 여학생 리사(Lisa)는 절망감에 이렇게 말했다. 후회와 부러움을 보이면서, 그녀는 치어리더 팀을 만들거나, 최고 성적을 거두었거나, 오랫동안 음악이나 댄스 레슨을 받아 온 반 친구들에 대해서 이야기하였다. 리사는 여러 가지 관심 있는 것을 시도하고 또 그만두는 과정을 되풀이했는데, 이것은 ADHD 소녀들의 전형적인 패턴이다. 14세의 리사는 끈기를 가지고 무언가를 해야 하는 것에 대해서 더 이상 자기 자신을 신뢰할 수 없었다. 쉽게 낙담하고, 좌절에 대한 인내력이 낮아지면서, 리사는 자신의 관심사나 재능을 개발할 수 있다는 자신감을 점차 상실해 가고 있었다. 리사는 더 움츠러들고 불안정해지면서 속눈썹과 눈썹을 뽑기 시작하였다. 몇 달 후에 털을 뽑는 반응은 더 강해져 허벅지에 있는 털을 뽑아내었다. 리사의 어머니는 차츰 걱정이 되기 시작했고, 어느 날 딸이 자신이 왜 태어났는지 모르겠고, 죽었으면 좋겠다는 말을 했을 때 치료적 도움을 구하기 위해 방문하였다.

부정적인 생각들을 바꾸기 위해 부모가 할 수 있는 것은 무엇인가

부모는 ADHD 자녀가 단점에 매몰되어 있기보다, 자신의 강점을 발견하고 포용하도록 격려할 필요가 있다. 자신이 가지고 있는 재능 혹은 능력을 개발하면 리사가 가졌던 자기패배의 어두움에 빠지는 것을 예방하는 데 도움이 될 것이다. 부모와 교사들은 '내가 원하는 것이 무엇인지 모르겠다.'는 소녀의 넋두리를 줄일 수 있을 것이다. ADHD 소녀들이 가지고 있는 특정 취약성(어떤 능력도 가지고 있지 않다고 믿는 것)을 주변 사람들이 인식하지 못하는 경우가 많다. 부모나 교사들이 알아야 할 것은 이들 ADHD 소녀가 자신이 재능이나 능력을 가지고 있지 않다는 신념으로 인해 고통을 받는다는 사실이다.

고등학교 시절 동안, ADHD 소녀를 돕는 가장 건설적인 접근 방법 중 하나는 자신이 유능하고 재능이 있다는 사실을 인정하고 개발하도록 돕는 것이다. 자신에 대해 알고, 어떤 종류의 일이나 훈련들이 자신에게 잘 맞는지를 탐색하고 배울 수 있도록 하는 것들이 자녀를 돕는 첫 번째 단계이다. 자신이 ADHD라는 부정적인 사실에 집중하기보다는 자신이 갖고 있는 능력, 관심사, 성격에 집중하는 것이 중요하다. 이들은 본인이 '잘하지 못하는 것'에 대해서는 너무나 민감하게 잘 알지만, 자신의 강점에 대한 인식은 거의 없다. 진로 상담을 할 때, 강점과 능력을 인식하도록 돕는 것이 어떤 것보다도 도움이 된다. ADHD 소녀가 자신의 유능감과 접촉할 수 있을 때, ADHD가 종종 가질 수 있는 비판과 좌절로 인해 생기는 취약성에 영향을 덜 받게 될 것이다.

ADHD 소녀들을 위한 가장 효과적인 치료 과정은 자신의 능력과 유능감을 발달시키는 것이다. 이렇게 하려면 진로나 가능성에 국한되지 않고 탐색을 해야 한다. 비록 그것이 공부 시간과 겹치는 한이 있더라도, 방과 후 파트타임 작업을 통해 유능감을 느낄 수 있는 기회를 제공하는 것이 중요하다. 지역 병원이나 요양원에서 자원봉사를 하는 것, 학교 놀이를 위한 소품을 만드는 데 도움을 주는 것, 지역사회 미용에 참여하는 것, 승마를 배우는 것 등의 활동은 직접적인 진로로 도움을 주지 않더라도, 자신의 유능감을 구축하는 데 크게 도움이 될 수 있다.

섭식장애

ADHD 여학생들의 경우, 때로 심각한 섭식 문제를 가질 수 있다. 이전에 ADHD로 진단받은 적이 있는 청소년기 ADHD 여학생에 관한 두개의 후속 연구는 그녀들이 섭식장애와 유의미하게 관련 있다고 보고하고 있다.[41, 42] 첫 번째 연구에서 ADHD 소녀는 ADHD가 없는 소녀 집단보다 섭식장애가 발병할 확률이 3.6배 더 높은 것으로 나타났다. ADHD가 없는 소녀 집단보다, 폭식증이 나타날 가능성은 5.6배, 거식증이 나타날 가능성은 2.7배 높은 것으로 나타났다. 두 번째 연구에서는 충동성이 있고 복합형 ADHD로 진단받은 것이 청소년기에 섭식장애가 나타날 가능성을 가장 잘 예측하는 것으로 나타났다. 더욱이 또래 거부 및 부모-자녀 관계 패턴들이 ADHD 소녀들의 섭식장애를 예측해 주는 것으로 나타났다.

충동성을 줄이기 위해 흥분제를 사용한 약물치료를 하면 폭식의 욕구를 효과적으로 줄일 수 있어 심각한 섭식 문제의 개선에 도움이 된다.[43] 이 소녀들은 폭식을 하는 경향이 있으며, 일단 먹기 시작하면 멈추기가 어렵고, 눈에 보이는 것은 다 먹으려 하고, 배고프지 않은데도 계속 먹게 된다. 흥분제 약물치료가 ADHD 소녀들의 섭식을 어느 정도 조절하는 데 도움을 준다.

또한 먹는 것이 까다롭고 음식 질감에 예민한 ADHD 소녀의 경우, 주의력 향상을 돕는 치료제가 식욕을 감소시키기 때문에 여러 가지 복잡한 문제를 야기할 수 있다. 이 경우, 좋아하는 음식이나 칼로리 보조 식품 등을 제공하는 것이 필요할 수 있다. 반면, 과체중이고 식탐이 많고 음식을 멈추기가 어려운 소녀들의 경우는, 흥분제 약물치료가 주의력을 높이고 충동성을 감소시킬 뿐만 아니라 식욕 감퇴라는 부작용을 일으켜 오히려 도움이 될 수 있다. 구조화된 계획이 포함된 감독을 실시하여 적절한 체중 감소를 달성하도록 해야 한다. 그러나 약물 남용과 체중 감소라는 부작용은 연구자들의 관심사이다. ADHD 치료약과 그것의 부작용이 여러 가지 문제를 야기할 수 있기 때문에, 남녀를 불문하고 의사들의 처방을 정규적으로 받고 따라야 한다. 의사는 처방할 때 키와 체중을 고려한다. 생길 수 있는 부작용들은 항상 논의될 수 있어야 하고, 문제가 될 때에는 체중 감소도 다루어져야 한다. 부가적으로 영양사와 정신건강 전문가들에게 의뢰하거나 상담을 받게 하는 것이 필요할 수 있다.

물질 남용 및 기타 중독성 행동

일반적으로, ADHD 청소년은 약물 사용에 대한 위험이 증가한다. 하지만 이 위험이 어떻게 나타나는지에 대한 경로 등은 잘 모르고 있다. 최근 한 연구[44]에서 아동기 초기에 ADHD로 진단된 청소년들과 인구통계적으로 유사하게 통제한 집단 간에 담배, 알코올, 마리화나 등의 사용 결과를 비교하였다. 각 연구 참가자들을 대상으로 5세에서 18세까지 약물 시작, 빈도 등을 조사하였다. 그 결과, 인구통계적으로 유사하게 통제한 집단에 비해 청소년기 ADHD 집단이 담배를 더 많이 피우고, 알코올을 더 이른 나이에 시작하였고, 마리화나를 더 자주 사용하는 것으로 나타났다. 더욱이 이들 물질을 사용한 후에 인구통계적으로 유사하게 통제한 집단에 비해 청소년기 ADHD 집단이 물질 남용을 할 가능성이 약 4~5배 더 높았다. 담배를 일찍 배우기 시작하면 청소년기에 더 심각한 흡연을 할 가능성이 높아지는데, 이때 가족 구성원과의 문제가 보고되는 반면, 친구들과의 문제는 별로 보고되지 않았다. 더욱이 ADHD 증상이 증가하면 품행장애 증상도 같이 상승하는 것으로 나타났으며, 결과적으로 아동기의 품행장애 증상의 상승이 ADHD와 담배/마리화나 사용 간의 관계를 매개한다고 볼 수 있다. 아동기 동안 어머니의 음주는 이후 ADHD 청소년의 알코올 사용을 가장 확실히 예측해 준다.

흡연, 음주, 마리화나 흡연 그리고 다른 물질들을 경험하는 것과 관련된 또래들이 많아지는 만큼, 당연히 위험은 계속되고 위험의 강도도 높아진다. 12세 이전에 ADHD 진단을 받은 청소년기 소녀는 여러 가지 위험에 놓일 가능성이 커지게 되는데,[45] ADHD 소녀들 가운데 14%가 물질사용장애를 가지고 있고 1/5이 흡연을 하고 있다고 한다.[46] ADHD 십 대가 16세 또는 17세에 도달하고 운전면허증을 얻으면, 음주와 약물의 위험은 크게 증가한다. 부모가 자녀의 충동적인 음주운전 가능성을 염려한다면, 운전의 편리성과 위험 가능성을 잘 저울질해야 한다. 왜냐하면 약물이나 음주 상태에서 운전을 하게 되면 치명적인 결과를 초래할 수 있기 때문이다.

일상 관리 기술을 개발하기

고등학교 시기는 부모의 지배와 통제로부터 차츰 분리하는 시기이다. 하지만, 이 전환기에 ADHD가 있으면 이것이 지연되거나 강화될 수 있다. 독립을 원하는 정상적인 욕구를 가지지만, ADHD 여고생은 괴로워하고 드물지만 걱정을 표현하기도 하는데, 이 걱정은 성장하여 자유를 얻는 것은 좋지만 자유에 따르는 책임과 자립의 기대를 다룰 수 없기에 생기는 것이다. ADHD 십대 소녀들이 자신들의 충동성, 무조직화, 서투른 계획 능력으로 인해 생긴 딜레마에 압도되었다는 것, 심지어는 겁먹었다는 것을 느끼지만 더 많은 독립을 요구할 때, 독립의 욕구와 독립을 실현할 수 없음 사이의 갈등은 고등학교 시기를 아주 힘들게 보내게끔 한다.

만일 자녀가 조용하고 백일몽을 꿈꾸는 유형이라면 부모를 놀라게 하는 행동들, 예컨대 부모가 정한 규칙 무시, 음주, 약물 경험, 이른 성행동 등은 덜 할 수 있지만, 이 시기는 자녀들에게는 고통스러운 시간이 될 수 있다. ADHD가 있는 조용하고 수줍은 젊은 여성들 중 많은 여성이 너무 두려워서 집을 떠나서 생활하는 데 필요한 기술들을 배우기가 어렵다고 말한다.

자녀가 ADHD 증상이 있을 때, 부모가 인내심을 가지고 일반 청소년기 소녀들보다 ADHD 딸은 더 긴 과정을 밟아야 한다는 것을 인식하면, 부모는 ADHD 딸이 자율성과 독립성을 함양시키는 기술들을 얻도록 도울 수 있다. 사전에 실천해 보면 도움이 될 수 있다. 여기에서 몇 가지 실천할 것을 제안하고자 한다.

- 집을 떠나 대학에 가고 싶다면, 특별한 도움이 필요한 학생들을 위해 여름 기간 동안 신입생들을 위한 오리엔테이션 기간을 제공하는 학교들이 있는데, 이를 활용하는 것이 큰 도움이 될 수 있다.

- 고등학교에 다닐 때 은행 계좌를 개설하고, 현금 선물이나 여름방학 때 일해서 번 돈을 은행에 예치하면 도움이 된다. 이러한 방법으로, 은행 통장 사용 내역을 기록하고 은행 계좌의 잔고를 관리하는 습관을 오랜 기간 익힐 수 있다.
- 충전카드를 관리하는 법을 배우는 것이 성인으로서 생활하는 데 매우 중요하지만, 십 대들에게는 매우 어려울 수 있다. 사용 한도가 200~300달러 정도로 낮게 제한되어 있는 카드를 사용하면 재앙으로 가는 문을 열지 않고 충전카드 사용 경험을 할 수 있다.
- 고등학교 기간 동안 옷을 살 수 있는 비용의 범위를 정해 주면, 제한된 범위 내에서 돈 관리하기, 우선순위 정하기, 의사결정 경험을 할 수 있다.
- 플래너 사용법 배우기는 당신의 딸이 집을 떠나서 대학생활을 하거나 직장생활을 할 때 마스터해야 할 가장 중요한 기능 중의 하나이다. 플래너에는 약속을 적는 것뿐만 아니라 모든 중요한 정보, 예를 들어 전화번호, 주소, 쇼핑 목록, 지시 사항 등을 적도록 한다.
- 모든 중요한 정보를 한곳에 작성하는 습관을 들이게 한다면 건망증과 구조화의 어려움 같은 ADHD의 특성을 관리하는 데 매우 중요한 기능을 습득하게 된다.
- 알람시계를 사용하여 시간을 설정하고 스스로 정해진 시간에 일어나는 습관을 들이는 것은 ADHD 소녀에게는 종종 도전적인 과제일 수 있다. 이것은 집에서 가장 잘 연습해야 하는 기술이고, 자녀가 집을 떠나 대학에 가거나 혼자 처음 아파트를 장만하여 살게 되었을 때를 기다리기보다, 그전에 집에서 자녀가 이 기술을 배울 수 있도록 부모가 도와주는 것이 좋다.
- 조직화와 우선순위 정하기를 배울 때 ADHD 전문가와 협업할 수 있다. 고등학교에 입학하면 모든 고등학생은 많아진 다양한 요구에 직면하게 된다. 이 요구들의 목록은 길고 주눅이 들게 할 정도인데, 이런 요구들에

는 여러 교사와 숙제들, 과외 활동, 파트타임 일자리, 집에서 가사를 도울 책임이 늘어남, 운전 배우기, 데이트하기 등이 있다. ADHD 소녀들은 여러 요구를 조직화하고 관리하는 데 도움을 필요로 하며, ADHD에 맞는 선택을 하여 그녀들이 관리할 수 있는 것보다 많은 요구를 받아들여 곡예를 하듯이 살지 않도록 해야 한다.

ADHD 소녀들에게 힘을 실어 주기

자기주장과 자기옹호 기술 강화하기

'아니요'라고 말하기는 소녀들이 갖추어야 하는 기술에 포함되지 않는 경향이 있다. 오히려 우리는 소녀들이 협조적이고 순응적이어야 한다고 가르친다. ADHD 소녀들은 숨는 경향이 있으며, 주장해야 하는 상황에서 상호작용하는 것을 두려워한다. 사리 솔든(Sari Solden)은 자신이 쓴 『주의력 결핍 여성(Women with Attention Deficit Disorder)』이라는 책에서 대부분의 ADHD 성인 여성이 도움이나 지원을 필요로 하는 상황에서 적절하게 도움을 청하는 것을 어려워할 수 있다고 주장하고 있다.[47] ADHD 소녀들은 ADHD 소년들처럼 외향적이어서 '아니요'라는 말을 자주 사용할 수 있으나, 이것을 정중한 표현으로 하지 못하기 때문에, 타인들은 그녀들이 태도가 나쁘다고 생각할 수 있다.

ADHD를 가진 사람이 요구 주장하기를 배우는 것은 어려울 수 있는데, 이 때문에 ADHD 소녀들의 입장에서 주장하기가 어려울 수 있다. ADHD 십 대가 자신들의 요구를 처음으로 표현하고자 할 때 느끼는 자의식과 자기의심뿐만 아니라 어릴 때부터 순응하고 말 잘 들어야 하고 거만하거나 요구가 많으면 안 된다고 교육받아 온 것이 자기주장 학습에 부정적인 영향을 준다.

"내가 초등학교와 고등학교 다닐 때 엄마가 너무 까다롭게 굴지 말고 거들먹거리지 말라고 항상 말했다. 엄마는 항상 내가 '착하게' 되려고 노력하지 않으면 친구도 없을 거고, 선생님도 나를 좋아하지 않을 것이라고 말하곤 했다."

– 카라(Cara)

소녀들에게 고등학교 시기는, 고등학교 졸업 후 교육 환경(대학교)에 있든 직장에 있든 독립생활을 위해 요구되는 자기옹호를 발달시킬 시기이다. ADHD 소녀들은 고등학교 졸업 후, ADHD에 대해 잘 모르는 교수 또는 고용주에게 자신이 원하는 바를 자신 있고 설득력 있게 표현해야 한다. 부모가 자신의 딸이 의견을 표현할 권리가 있음을 확신하고, 건설적이고 효과적인 방식으로 의견을 표현하는 법을 딸이 배우도록 돕는 것은 의사표현 기술을 성공적으로 습득하는 데 매우 중요하다.

고등학교에서는 종종 ADHD 학생들에게 부모에게 의지하기보다는 ADHD 학생 자신이 자신의 자기옹호자가 될 필요성을 강조한다. 하지만 이러한 중요한 기술을 배울 수 있도록 실질적인 도움을 제공하는 고등학교는 거의 없다. 그래서 ADHD 소녀들은 지원 집단을 통해 많은 혜택을 얻을 수 있다. 지원 집단이 있으면, ADHD 소녀들은 자신이 주장을 했는데 당황스러운 상황이 생기거나 위협감을 느낄 때, 역할극을 이용해 자기 의견 말하기를 연습할 수 있고 지원을 받을 수 있으며, 자신의 요구를 주장하고 설명하는 가장 좋은 방법을 찾을 수 있다.

코칭과 구조화의 이점

ADHD를 가진 모든 연령대의 소녀와 마찬가지로, 십 대 소녀 역시 지원, 격려 그리고 구조화가 필요하다. 십 대 소녀들은 독립에 필요한 기술들을 개발하려고 하며, 때로는 그녀의 부모 이외의 누군가가 그녀에게 구조화를 제공하고 책임감을 기르도록 하는 것이 부모가 그것을 하는 것보다 더 도움이 된다. 그 누군가는 치료사, 코치 또는 학교 지도 상담원이 될 수 있다.

코칭은 더 어릴 때에도 도움이 될 수 있지만, ADHD 소녀가 고등학교에 들어가게 되면 조직화와 계획성에 대한 요구들이 증가하고 이 요구들을 충족하기 위해 ADHD 소녀가 열심히 배울 때 코칭이 매우 중요한 요소가 될 수 있다. 십 대 소녀에게 코치는 지시하고 제한하는 또 다른 성인이라고 생각하게 하기보다, ADHD 소녀 자신과 대등하게 협력하는 존재로 여기게 하는 것이 중요하다. 코치와 좋은 라포를 형성하는 것이 필수적이다. 코치와 자녀가 안건을 정하고 잘 협력하여 나아갈 수 있도록 부모는 뒤에서 도와주는 역할을 하는 것이 좋다. 고등학교 기간 전반에 걸쳐 ADHD 십 대 소녀가 코치와 함께 협력하면, 가까운 미래에 집을 떠나 대학이나 사회 속으로 나아갈 때 아동기의 의존성과 증가된 독립 요구 사이에 중요한 가교를 놓을 수 있다. 십 대 소녀가 수동적인 반응 모드를 벗어나서 시간에 맞춰 무언가를 하고, 조직화를 계속하고, 우선순위를 정하는 것의 중요성을 배울 필요가 있는 시기가 고등학교를 다닐 때이다. 코치와 협업하면서 그녀들은 이러한 기술들이 부모에 의해 정해진 것에 반대하고 자신을 위해 자신이 정할 수 있는 목표들을 달성하는 데 도움이 된다는 것을 알게 된다.

대학 진학 상담

ADHD 십 대 소녀가 고등학교 2학년이 되면, 그녀와 가족은 학교 졸업 후 그녀가 무엇을 할 것인지에 대해 같이 알아보아야 한다. 이때 대학 입학 관련 카운슬러의 도움을 받아 미로 같은 여러 가능성을 자세히 살펴볼 수 있다. 즉, 지역사회에 있는 전문대학에 갈 것인지, 직업 훈련을 받을 것인지, 집에서 다닐 수 있는 4년제 대학에 갈 것인지, 작은 대학/전문대학에 갈지, 혹은 큰 대학에 지원할지 등을 상의할 수 있다. 다양한 교육 환경이 있는 곳뿐만 아니라 다양한 교육 기관에서 ADHD 학생들에게 유용한 여러 지원을 하는 곳을 찾아보는 상담을 할 수 있다.

의사결정 과정에서 가장 중요한 요소에는 성숙도 수준, 집이라는 안정되고 구조화된 공간을 떠날 준비 정도, 학업 지원 요구, 생활하게 될 지역 분위기와 지리적인 위치, 다양한 학교가 제공하는 학업 과정 등을 정확하게 평가하는 것이 포함된다. 이 결정하기 어려운 과정을 ADHD 십 대 소녀 혼자 해결하도록 방치해서는 안 된다. 하지만 소녀가 본인의 취향과 원하는 것들을 적극적으로 표현하도록 하고, 실제 방문도 하고, 인터뷰도 하고, 자신의 옵션도 고려하는 등 결정 과정에 적극적으로 참여하여야 한다.

ADHD 십 대의 대부분은 에세이를 쓰고 추천서를 받고 대학 입학 지원서를 작성하는 어마어마한 일에 직면하게 될 때 상당한 지원이 필요하다. 이 과정에서 부모와 자녀 사이에 엄청난 긴장이 흐르므로, 때때로 코치 혹은 튜터가 제공하는 것이 주된 지원이 될 수 있다. 왜냐하면 대학을 선택하고 지원하는 어마어마한 과정에서 미루고 지연하는 것이 부모에게는 대학 갈 준비가 아직 되어 있지 않다는 신호로 해석될 수 있는데, 이렇게 해석되지 않도록 해야 한다. 이것은 상세한 행정적인 일이어서 ADHD 자녀에게는 어려운 일이고 잘할 수 없는 영역이다. 많은 ADHD 소녀가 에세이를 쓰고 응시원서를 작성하고 추천서를 요구하는 과정에서 이들을 안내할 코치나 튜터와 협력하면 이들에게는 큰 도움이 된다.

경력 상담/적성검사

최신 통계에 따르면 여성은 모든 교육 수준에서 동일한 수준의 교육을 받는 남성보다 적은 월급을 받고 있다. 사회적 고정관념은 고용주의 고용 관행뿐만 아니라 젊은 여성들의 구직 활동에도 여전히 강하게 영향을 미치고 있다. 일반적으로 여성들이 수행하는 일거리들 중 많은 부분을 차지하는 것에는 양육, 지원, 또는 행정 보조 등이 있다. 종종 이러한 일거리가 ADHD 여성에게는 적절하지 않을 수 있는데, ADHD 여성들을 위한 지원 체계가 갖추어져 있지 않은 상태에서 다른 사람들을 지원하는 일을 해야 하기 때문이다. 기억이 필요한 일, 세밀한 부분에 집중해야 하는 일, 조직화해야 하는 일, 그리고 서류 작업 보조들은 ADHD 뇌로는 가장 적합하지 않은 일들이다.

> "고등학교를 졸업했을 때, 나는 나의 관심사나 강점이 무엇인지에 대한 단서가 없었다. 커뮤니티 칼리지에 가서 비서 관련 과목들을 수강했다. 그러나 그 대학에서 공부한 지 2년 후에는 너무 지루했다. 나는 가족 중 원하는 것이 무엇인지 모르는 유일한 사람이 되어 있었다. 가족들 눈에 나는 그저 아무런 야망이 없는 사람으로 보였을 것이다. 대학 졸업 후 미용사가 되고 싶다는 생각이 들어서 뷰티 스쿨을 다녔다. 아빠가 '네가 미용으로 돈을 벌게 되면 인정하겠다.'라고 말한 것을 기억한다. 나는 하겠다고 말했고, 직장을 얻었지만 곧 싫증이 났다. 직장을 그만두었다는 사실에 스스로 자괴감이 들었다. 나는 일을 지속할 수가 없었고, 흥미를 잃었고, 실패자라는 생각을 떨칠 수가 없었다. 지금까지도 나는 내게 맞는 직업이 무엇인지 잘 모르겠다.
>
> – 진로 지도를 구하고 있는 29세 ADHD

고등학교 시절에 ADHD 소녀는 ADHD에 적합한 일거리와 직업 환경이 무엇인지에 대해서 교육을 받을 필요가 있는데, 그렇게 해야 진로 선택과 직업 계획을 잘못 선택하는 경우가 없게 된다. ADHD 여고생을 평가할 때에는, MMPI 검사를 통해서 직업 계획에 맞는 중요 성격 특성과 가치를 ADHD 여고생이 알도록 도와주어야 할 뿐 아니라, 직업 흥미와 적성검사를 반드시 포함해야 한다. 이러한 검사들은 자신들의 강점과 재능을 알아내는 데 도움이 되는 기초를 제공할 수 있으며, 그녀의 일거리 선택 또는 대학에서의 전공 선택을 잘하는 데 도움을 준다. 이러한 지원과 지도가 없으면 많은 젊은 ADHD

여성은 부적절한 직업 선택을 계속하면서 실패와 좌절을 반복할 것이다.

ADHD 소녀에 관한 최근 연구 결과들이 ADHD 소녀와 관련된 만성적인 증상과 장애의 성격들을 밝혀내고 있지만, 상당수의 사람은 아동기에 ADHD가 있었음에도 불구하고 성인기에 잘 적응하며 지내고 있다. 비록 아동기에 ADHD로 진단되어서 지속적인 어려움을 겪을 가능성이 있지만, 이 좋지 않는 패턴은 절대로 피할 수 없는 것은 아니며, ADHD가 있음에도 불구하고 ADHD 소녀들이 강하고 독립적으로 발달하도록 도울 수 있는 많은 방안이 있다.

결론

고등학교 시절은 어떤 십 대에게도 가장 도전적인 시기이고, ADHD 소녀들에게는 더욱 어려울 수 있다. 고등학교 시절에 겪을 수 있는 어려움을 ADHD 소녀들이 이겨 내도록 돕기 위해서 동료, 부모 그리고 학교의 지원이 필요하며, 그녀들의 특별한 요구들과 이슈를 충족시킬 적절한 치료 프로그램의 결합이 필요하다. 이러한 지원과 치료를 통해 ADHD 소녀들이 성인기 초기로 들어갈 때, 청소년기의 혼란과 자기의심에서 강점, 효능감 그리고 유능감의 성장으로 옮겨 갈 능력이 생길 수 있다.

고등학생 딸에 대해 자신에게 물어볼 질문

이 목록은 십 대 딸이 ADHD 진단 가능성이 있는 건 아닌지에 대해 고민하는 부모를 돕기 위해 만든 것이다. 당신의 딸에 대해서 다음과 같은 질문을 한다고 가정할 때 어떻게 대답할 것인지 생각해 보기 바란다. ADHD 십 대의 일부 증상은 모든 십 대가 보이는 전형적인 행동일 수 있기 때문에 혼란을 일으킬 수 있지만, ADHD 십 대에서 더 두드러지게 나타날 것이다. 이전에 중학교, 초등학교 그리고 유아기 때의 부모에게 주어졌던 질문들을 보고 당신 딸의 어린 시절의 행동을 회상하면서 답을 해 보면 도움이 될 것이다. 하지만 어린 시절에는 ADHD 증상이 분명히 나타나지 않을 수도 있다는 사실을 유념하기 바란다. 당신의 딸이 지금 ADHD 증상을 보이고 있지만 어릴 때는 이 증상을 보이지 않았다고 해서 ADHD 가능성을 배제해서는 안 된다. 다음 질문에 대해 '예'라는 대답이 많이 나온다고 해서 반드시 당신의 딸이 ADHD를 가지고 있다고 말할 수 없지만, 걱정이 된다면 전문가의 정확한 진단을 받아 보기를 권한다.

- 장기적으로 해야 할 과제를 계획하고 조직하는 데 큰 어려움이 있는가?
- 꾸물거리거나 미루는 경향이 강한 편인가?
- 공부/과제/리포트를 마지막 날에 밤샘하면서 작성하는 경향이 있는가?
- 변덕이 심하거나 산만한 편인가?
- 밤에 잠들기와 아침에 일어나기에 어려움을 겪고 있는가?
- 지나다니는 모든 방, 모든 곳에 소지품의 흔적을 남기고 다니는가?
- 열쇠, 우산, 휴대전화 및 기타 개인 소지품을 아무데나 두고 다니는가?
- 학교생활을 많이 힘들어하는 것 같은가?
- 말이 지나치게 많은가?
- 대화 도중 자주 끼어드는가?
- 긍정적이든 부정적이든, 사건이 감정을 어느 정도 유발할 것이라고 대부분이 생각하는 범위를 넘어서는 것처럼 보일 때가 있는가?
- 불안, 우울 등을 겪고 있는가?
- 학업 성취도가 지적 잠재력보다 현저히 낮다고 생각하는가?
- 공부를 끝내기 위해 장시간 동안 경직되고 거의 강박적인 방식으로 공

부해야 하는가?

- 자신이 좋아하는 선생님 과목은 열심히 하고, 싫어하는 선생님 과목은 거의 하지 않는 경향이 있는가?
- 학기 초에는 의욕 있게 시작하지만 차츰 흥미를 잃는 패턴을 가지고 있는가?
- 자주 늦는 편인가?
- 잘 잊어버리고 건망증이 심한 편인가?
- 음주, 운전, 성행위에 대한 판단에 대해 우려하고 있는가?
- 약물 복용이나 남용에 대해 염려하는가?
- 좌절에 대한 인내력이 낮은 편인가?
- 집이나 학교에서 중요한 것들을 자주 잊어버리는가?
- 생리 전주에 힘들어하는 편인가?
- 담배를 피우는가?
- 카페인이 함유된 음료를 많이 마시는 편인가?
- 폭식을 하거나 체중 혹은 신체 이미지에 문제가 있는가?
- 흥미를 금방 잃어버리고, 취미, 관심사 및 기타 활동에 대해 금방 싫증 내는 경향이 있는가?
- 일상을 조절하고 개선해 나가는 데 어려움을 가지고 있는가?
- 일부 행동이 지나치게 경직되었거나 강박적으로 보이는가?
- 많은 시간 스트레스 속에서 지내고 있는 것 같은가?

제7장

흔하게 보이는 발달 문제

ADHD는 다른 발달장애와 흔하게 병합하여 발생하는 발달장애이다. 발달장애가 의심되면 오진이 일어나기 때문에 이들 분야의 전문가의 상담이나 평가가 필요할 수 있다. 때때로 ADHD 소녀의 성취도가 떨어지는 것은 청각 처리, 시각 처리, 감각 통합, 기억, 운동 조절, 또는 시각-운동 통합, 자폐증, 투렛 증후군 등 여러 영역의 발달장애로 인해 복잡해질 수 있다. 덧붙여서, 읽기, 쓰기, 수학 영역에서의 학습장애도 또한 흔하게 ADHD와 연관이 있다. 이 장에서는 관련 발달/학습 장애에 대해 간략히 설명하겠다.

이러한 장애들 중 일부는 ADHD의 증상들과 겹치는 많은 증상을 가지고 있다. 언어치료사, 직업치료사, 신경심리학자 등의 전문가들에 의한 매우 세심한 평가는 적절한 치료 혹은 학업상의 조정 및 지원이 마련될 수 있도록 개별적인 소녀에게 벌어지고 있는 상황을 정확히 분류하는 것일 수 있다.

발달조절장애

발달조절장애(developmental coordination disorder: DCD)는 일반인들이 신체적 불편이나 서투름이라고 부를 수도 있는 것을 지칭하는 데 사용되는 의학적 용어이다. ADHD 아동 중 약 1/3이 DCD를 가지고 있다.[1] DCD를 가진 소녀들은 운동 계획, 균형, 그리고 공간에서의 움직임을 감지하는 데 어려움을 겪는다. DCD 문제는 초등학교에서 운동 능력의 중요성이 증가함에 따라 더욱 어려워지지만, 유치원에서도 문제를 일으킬 수 있고, DCD를 가진 여학생들은 또래와 함께 놀이하는 데 참여하기가 어렵고, 운동 요소를 수반하는 새로운 기술을 시도하는 것을 주저하게 된다. 이런 식으로 DCD는 주저함과 낮은 자존감에 기여할 수 있다.

미세 및 대근육 운동장애로 인해 소녀는 또래들의 운동 발달이 더 진전될수록 더욱 문제가 될 수 있다. 대근육 운동장애를 가진 소녀들은 친구들과 자전거를 타거나 롤러스케이트를 타는 것을 피하게 된다. 주로 부주의 증상을 보이는 ADHD를 가진 아이들은 과잉행동/충동성 우세형 ADHD 아동들보다 더 많은 영향을 받는 경향이 있다. 소녀/소년 모두 운동장애에 의해서는 동일한 영향을 받는다.[2]

소근육 운동 조절에 문제가 있는 소녀들은 단추를 잠그고 지퍼를 채우는 데 어려움을 겪을 수 있다. 신발 끈을 묶는 것을 배우는 데 어려움을 겪을 수 있고, 일반적으로 학교에 입학하면서 필기에 어려움을 겪을 수 있으며, 또한 그림 그리기와 색칠을 하는 데 있어 또래 친구들보다 훨씬 덜 능숙하다. 일부 학부모와 교사는 소근육 운동 문제를 시도하지 않는 것으로 착각하고, 이러한 과제를 수행할 수 없는 아이에 대해 상처를 줄 수도 있다.

운동장애가 있는 여학생들이 초등학교에 입학하면서 또래와 같은 수준의 성적을 내지 못해 체육 시간에 곤혹을 겪을 수도 있다. 그들은 의상 장식구를 만들기 위해 작은 구슬을 선에 꿰거나 팔찌를 만들기 위해 끈을 땋는 것과 같은 일반적인 소녀들의 활동에서 요구되는 미세한 운동 능력에 어려움을 겪을 수 있다.

ADHD 소녀들의 부모들이 소근육 및 대근육 운동 조절 문제에 대해 민감하게 반응하는 것은 중요하다. 이러한 문제들은 일상생활의 많은 측면에 영향을 미치고, 또래 친구들이 일상적으로 수행하는 일을 수행할 수 없을 때 소녀들이 겪는 좌절, 당황 및 자존감 저하로 이어질 수 있기 때문이다.

중앙청각처리장애

중앙청각처리장애(central auditory processing disorder: CAPD)를 가진 어린이의 50%가 ADHD도 가지고 있음은 오래전부터 알려져 왔다.[3] 언어 정보를 처리하려면 청각적 정확함, 음의 구별, 청각적 기억력 및 표현된 단어의 의미의 종합 등을 포함하는 복잡한 기술의 집합이 필요하다. 부모는 만일 딸이 자기에게 하는 말을 알아듣기 어려워하거나, 그녀에게 말한 것에 대해 부적절하게 반응하거나, 그녀에게 말을 걸었을 때 매우 느리게 반응한다면 청각 처리에 문제가 있음을 의심하기 시작할 수 있다. 청각 처리 문제를 탐색하기 전에, 충분한 청력검사를 통해 생리적 요인 발생의 가능성을 배제하는 것이 필요하다. 느린 청각 처리는 진정한 청각처리장애만큼 ADHD의 산만함을 반영할 수 있다는 점을 기억해야 한다. CAPD와 ADHD의 증상은 상당히 중복되며, CAPD가 의심될 경우 언어병리학자에 의해 신중한 감별진단이 이루어져야 한다.[4]

말과 언어 문제

ADHD 소녀들은 ADHD가 없는 또래들보다 더 많은 말(speech)과 언어(language) 문제를 보여 줄 수 있다.[5] 종종 부모들로부터 물려받은 발달력에 의하면 말하기 시작이 현저하게 지연되었음을 드러낸다. 언어 기반 장애의 절반 이상은 언어를 장기 기억으로 고정시키는 능력이 저하된 데서 유래하는 것은 물론 초기 발달 동안 주의력 조절이 제대로 되지 않음으로 인해서 발생한다. 표현 언어 문제가 수용 언어 문제보다 훨씬 더 흔하기 때문에, ADHD 소녀가 자신의 행동을 유도하고 충동을 조절하는 방법으로 언어를 사용할 수 있는 능력이 제한적이라는 것은 놀라운 일이 아니다. 언어 기반 장애가 교정 조치에 반응하지만, ADHD에 의해 발생하는 장애물에 덧붙여 기술의 실제적 손상이 있는지를 판단하는 것이 첫 번째 단계이다.

투렛 증후군

투렛 증후군(Tourette syndrome)을 앓고 있는 아동의 약 50~60%는 ADHD를 앓고 있는 반면, 소수의 ADHD 아동들 또한 운동 혹은 음성 틱을 가질 수 있다. 투렛 증후군을 앓고 있는 아동 5명 중 1명만이 여자아이이다.[6,7] ADHD와 투렛 증후군을 앓는 아동은 불안, 간헐적 폭발장애 그리고 다른 감정 조절 문제를 포함한 다른 장애들을 발전시킬 가능성이 더 크다.[8]

자폐 스펙트럼 장애/아스퍼거 증후군

2013년에 DSM-5[9][역자 주: 미국정신의학회에서 제정한 정신 질환의 분류 체계로, 세계보건기구(WHO)에서 제정한 국제질병분류체계와 함께 전 세계적으로 널리 사용되고 있다. 지금까지 다섯 차례 개정되었으며 최종적으로 2013년 제5판이 발간되었다.]가 출판되기 전까지 아스퍼거 증후군과 자폐증은 구별이 되었지만, 지금은 자폐 스펙트럼 장애(autism spectrum disorder: ASD)로 부르고 있다. 이전에는 아스퍼거라고 이름 붙여졌을 아이들은 현재 고기능성 자폐증을 앓고 있는 것으로 불리고 있다. 비록 아스퍼거가 더 이상 공식적인 진단이 아니지만, 우리는 많은 소녀의 부모가 이 병명을 사용하여 그들의 딸들을 이해하고 묘사하게 되었기 때문에 여기서는 그것을 사용할 것이다. 자폐증(autism)이라는 용어에 대한 급격한 변화는, 지금까지 지적으로 또한 사회적으로 장애가 더 심한 사람들을 지칭하는 것으로, 일부 부모에게는 거슬릴 수도 있다.

남자아이 관찰을 통해서 증상이 드러난 ADHD의 역사와 유사하게, 자폐 스펙트럼 장애(ASD) 증상 역시 거의 전적으로 남자아이 관찰을 통해 도출되어, 여자아이에 비해 더 많은 남자아이가 ASD(혹은 ADHD)를 갖는다는 소견을 초래하게 되었다.[10] 최근 자폐 스펙트럼 증상 설문지(Autism Spectrum Symptom Questionnaire)는 여자 ASD 표현형을 더 잘 포착할 수 있는 항목들을 포함하도록 수정 및 확장되었다.[11] 이것은 새롭고 성장해 나가는 연구 관심 분야이다. 이 시점에서 몇몇 저자는 ASD를 가진 여성들이 더 강한 사회적 욕구를 가지고 있기 때문에, 그들의 증상은 남자아이들의 증상보다 더 미묘할 수 있다고 제안하였다. 수정된 설문지는 ADHD 소녀들의 전형적인 모습을 더 잘 나타내는 다음과 같은 몇 가지 항목을 포함하고 있다.

- 요구를 회피함

- 매우 완강함
- 외모와 옷차림에 전혀 개의치 않음
- 주로 어린아이들과 교류함

ASD 소녀들은 다른 사람들로부터 받는 직접적인 요구가 불안을 야기하는 반면에, 내적 결정에 따라 행동하는 것은 그들이 자신의 환경에 대한 더 많은 통제력을 느낄 수 있게 하기 때문에 그러한 요구를 피하는 경향이 있다고 추측되어 왔다. 이 소녀들은 그러한 요구에 대해 적극적으로 저항하기보다는 단순히 요구를 무시하는 경향을 보이는 것 같다. 이 소녀들은 소년들이 하는 것보다 어린아이들과 교류하는 것을 훨씬 더 선호하는 패턴을 가지고 있었다. 다시 말하지만, 연구자들은 이 소녀들이 어린아이들과 노는 동안 결정을 통제하면서 사회적 상호작용을 위한 그들의 욕구를 충족시킬 수 있다고 추측한다. 소녀들은 반복적인 행동의 고전적인 패턴에 관여할 가능성이 소년만큼 높지 않았다. 지적장애[역자 주: 예전에 흔히 지능지수(IQ) 70 미만에 해당하며, 정신지체로 부르던 지적 기능 및 적응 능력의 저하를 보이는 경우를 지칭한다]가 없고, 분명한 공존장애가 없는 ASD 소녀와 소년들을 대상으로 한 연구에서 우울장애, 분리불안장애, 광장공포증 및 특정공포증, 강박장애(OCD), 주의력결핍 과잉행동장애(ADHD)의 준임상적 패턴을 보여 주었다.[12] 자폐증 아동에게서 발견되는 이러한 수많은 준임상적 장애 중 하나 이상이 이 아이들이 나이가 들면서 실제로 장애 수준으로 올라갈 가능성이 있다.

자폐증과 ADHD의 징후를 보이는 소녀들이 간과되거나 잘못 식별되는 경향이 있다는 증거가 있다.[13] 자폐증을 가진 소녀들은 ADHD뿐만 아니라 불안, 우울증, 학습 문제, 사회적 행동 문제를 포함한 다른 장애들도 자주 가지고 있다. 이 소녀들은 따돌림을 당했고, 그러한 따돌림이 자주 일어나는 체육활동에 참여하지 않으려고 노력했다고 보고했다. 또래들은 이 아이들을 다르고, 어색하고, 연약하다고 여겼다. 소녀의 사회적 문제가 수줍음 혹은 타인에게 미치는 영향에 대한 인식 부족(ADHD 소녀들 사이에서 흔히 볼 수 있는 성향)을 넘어서는 경우, ADHD 및 자폐 스펙트럼 장애에 전문적인 전문가에 의해 세심하게 평가하는 것이 바람직할 수 있다.

학습장애

많은 ADHD 소녀가 학습장애(learning disorder)의 한 유형을 가지고 있다. ADHD 아동 중 약 70%가 학습장애를 가지고 있다는 연구 결과가 나왔는데, 읽기, 수학, 또는 철자에서의 학습장애보다 쓰기 표현의 학습장애가 2배 이상(65%) 더 흔하다.[14] 아주 똑똑한 ADHD 여학생들에게도 학업 성취도가 떨어지는 것은 고통스러운 여정이 될 수 있다. 그들의 정신적 에너지의 대부분은 그들의 차이를 숨기는 쪽으로 향하고, 필요한 것과 여가 활동에 쓰일 에너지가 적어진다. 그들은 광범위한 혼란과 당혹감을 느끼며 살아간다. 그들은 자기가 최고에 오를 만큼 똑똑하다는 것을 알고 있지만, 그들이 최선을 다하고 있을 때조차도 불가사의하게 성취하지 못한다. 이런 사기를 꺾는 패턴은 아주 자신만만한 학생조차도 자신에 대해 회의적이게 만들 수 있다.

학습장애는 ADHD를 가진 똑똑한/영재 여학생의 경우 중학교 학창 시절에 나타날 수 있는데, 그 이유는 그녀들의 타고난 지능으로 인해 보상을 해왔기 때문이다. 읽기, 쓰기, 생산성, 기억력에 대한 요구가 늘어남에 따라, 똑똑한 ADHD 중학교 및 고등학교 여학생들은 처음에는 아마도 한 가지 이상의 학습장애로 진단될지도 모르겠다.

읽기

최근 한 리뷰에 따르면 난독증(dyslexia)이라고도 불리는 읽기장애(reading

disorder: RD)는 ADHD와 33~45%로 공존한다.[15] 독해력은 단순한 단어 해독과는 다른 기술이다. 어떤 학생이 탁월한 단어 파악 능력과 단어 인식 능력을 가지고 있다고 해도, 독해력에 어려움을 겪을 수 있다. 또한 해독(decoding) 기술이 제대로 발달되지 않은 몇몇 머리가 좋은 학생이 의미를 이해하기 위해 문맥 단서들을 사용함으로써 상당한 정도의 독해 능력 기술을 발달시킬 수 있는 것도 사실이다. 독해력에는 독자 자신, 주제에 대한 독자의 관심, 독자가 주제에 대해 가지는 지식, 독자가 채택하는 독서 전략, 텍스트 자료의 복잡성, 독자의 집중도 등 여러 변수의 복잡한 상호작용이 수반된다는 것이 일반적으로 합의되어 있다. 부주의 우세형 ADHD 소녀들은 복합형이거나 과잉행동/충동성 증상을 가진 소녀들보다 읽기장애를 가질 가능성이 더 높다.[16] 부모가 읽기 문제를 의심하게 되면, 그들은 딸에게 시력 문제를 배제하기 위해서 완전한 시력검사를 하도록 계획해야 한다.

읽기장애가 없더라도, 많은 ADHD 아동에게는 읽기가 아주 어려울 수 있으며, 특히 내용이 흥미롭지 않다면 더욱 그렇다. ADHD 소녀가 읽기를 싫어하고, 읽는 것이 느리고, 책을 읽으면서 거의 즐거워하지 않는다면, 아이가 정말로 읽기장애를 가지고 있는지, 아니면 아이가 부주의와 산만함으로 애쓰고 있는 것과 관련이 있는지를 판단하는 데 심리교육적 평가는 도움이 될 수 있다.

읽기의 어려움은 모든 ADHD 소녀에게 똑같지 않다. 일부 아이는 계속 집중하려고 애쓰면서 같은 구절을 몇 번이고 반복해서 다시 읽는다. 어떤 여자아이들은 그만하기 전에 몇 페이지에 걸쳐 과몰입을 한 다음, 피곤해져서 잠이 들기도 한다. 다른 아이들은 거의 이해하지 못할 정도로 빠르고 피상적으로 읽고 나서 다 읽었다고 말할 수도 있다. 일부 아이는 시사 문제에 대한 뉴스위크 접근법, 즉 눈에 띄는 제목을 단 사진 및 주제를 요약한 단락을 선호하면서 짧은 내용으로만 읽을 수 있다. 교사나 부모에게 눈에 띄는 유일한 것은 이 소녀들이 아주 천천히 읽는 것처럼 보인다는 것이다. 그리고 나서 어른들은 그들이 보는 것을 해석하기 위해 그들 자신의 마음대로 하도록 내버려 둔다.

글쓰기

어떤 아동이 그녀의 나이, IQ 및 철자법과 작문법에 있어서 적절한 가르침으로 볼 때 기대치에 훨씬 못 미친다면, 쓰기언어장애(또한 '문자 표현의 장애')가 있는 것으로 간주된다. ADHD 아동의 쓰기언어장애 발생 확률은 65% 이상이며, 읽기장애가 있을 경우 95%까지 높아진다.[17] 부모와 교사들은 이 위험성이 매우 높다는 것을 인지할 필요가 있으며, ADHD 소녀가 읽기에 어려움을 보일 때, 자동적으로 쓰기언어장애의 존재를 고려해야 한다.

난서증(dysgraphia)이란 용어는 과거에 글쓰기 어려움을 가리키는 말로 사용되어 왔다. 이 용어는 손글씨 쓰기의 물리적인 역학으로부터 알아볼 수 있도록 글자를 쓰는 것, 단어와 단어 사이의 간격, 철자에 이르기까지 글쓰기의 모든 측면을 가리키기 때문에 혼란스러울 수 있다. ADHD 소녀들에게 종종 어려운 단어 검색 또한 그들이 쓰려고 할 때 좌절감을 주는 역할을 한다.

글쓰기는 많은 ADHD 소녀에게 정말로 지뢰밭이다. 열악한 미세 운동 능력과 운동 능력에서의 지속되는 어려움은 글쓰기를 하는 신체적 행위를 불편하게 만든다. 그들은 너무 세게 눌러 연필을 사용하여 손가락에 경련과 피로를 오게 할 수도 있다. 그들 생각의 속도와 글을 쓸 수 있는 속도의 차이가 크기 때문에, 그녀로 하여금 단어나 문장을 생략하도록 하거나 혹은 그녀가 글을 써 내려가려고 애쓰는 동안 생각의 일부를 잊게 만들기도 한다. 그녀의 아이디어를 정리하는 데서의 어려움과 단어 검색에서의 문제로 인해 쓰기 과제를 한다는 것은 마치 고문을 당하는 것과 같다. 마지막으로, 교정도 ADHD를 가진 대부분의 소녀에게 너무도 지루한 작업이다. 그들은 잠깐 동안만 과몰입할 수 있지만, 곧이어 끝내고자 하는 동기를 잃어버리게 된다.

글쓰기에 대한 수요는 학교를 다니는 동안 고등학교 때까지 학년마다 계속 증가한다. 글쓰기 표현 문제는 좋은 글을 작성하려면 더 많은 실행기능이 필요하기 때문에 ADHD를 가진 학생들 사이에서 더 흔하다. 학생이 작성하는 글에는 연구 논문의 패러다임 내에서 작동하기 위해서 조직화, 장기적 계획, 지속되는 동기부여 및 일관된 자기모니터링이 요구된다.

실행기능장애

실행기능(executive functioning: EF) 기술은 계획 세우기와 작업을 수행하는데 성공할 수 있도록 해 주는 높은 수준의 인지 능력이다. EF 기능에는 계획 세우기, 조직화하기, 자기모니터링, 충동 조절, 감정 반응 조절, 집중하기, 집중력을 유지하고 지속하기와 같은 능력들이 포함된다. 실행기능 기술은 복잡하고, 전체적인 기능 및 성공에 매우 중요하므로 이 주제에 대한 별도의 장(제8장)을 마련하였다.

부모들은 최근 아동기 때부터 성인기까지 ADHD 여성에 대한 최신 연구들로부터 ADHD 증상이 감소됨에 동반하여 EF 기술이 현저하게 향상되는 것을 알게 되면서 고무되고 있다.[18] 이러한 개선은 뇌의 높은 수준의 인지 능력이 일어나고, 뇌가 완전히 성숙하는 마지막 부분인 전전두엽(prefrontal cortex: PFC)이 계속 성숙하기 때문이다. ADHD 코칭은 주로 시간 관리, 작업 관리, 계획 세우기, 우선순위 지정과 같은 실행기능의 개발에 초점을 맞춘다.

결론

ADHD 소녀들의 부모는(소녀들 자신은 물론이고) 진단명이 여러 개 내려지는 것에 대해 과민하게 반응하지 않는 것이 중요하다. 이러한 여러 다른 병명은 한 개인 소녀에게 문제가 많다는 것을 반영하기보다는 오히려 현재 우리 진단 체계 상태에 잘 맞추기 위한 것이다. 중요한 것은 ADHD를 앓고 있는 소녀와 부모들이 강점 및 약점에 대해 명확한 이해를 하는 것이다. 거기서부터 시작해서, ADHD 소녀로 하여금 강점을 갖는 영역에서부터 우선 시작하여 약점이 있는 부분을 개선해 나가도록 생활을 만들어 나가고, 동시에 그녀가 상대적 약점이 있는 영역에서 기능해야 할 때 성공하기 위해 필요한 지원을 받도록 하는 것이 과제이다.

제8장

실행기능 기술, 성공의 열쇠

실행기능 기술은 무엇인가

실행기능 기술은 목표를 달성하기 위해 필요한 인지 능력으로 생각할 수 있다. 최근 바클리(Barkley)의 연구[1]에서 실행기능척도(Executive Functioning Scale: DEFS)상의 어려움을 분석한 결과, 실행기능 기술은 다음의 다섯 가지 요소에서 드러나는 경향이 있다.

- 시간 관리
- 조직화 및 문제 해결
- 자기훈련
- 동기부여
- 감정 조절

ADHD 증상이 있으면 일반적으로 이상의 모든 실행기능 기술에서 어려움을 보인다. 많은 사람은 실행기능 기술을 잘 가지고 있는 것이 성인이 되어 생활할 때 지능보다 훨씬 더 중요한 역할을 한다고 믿는다.[2] ADHD 소녀들이 실행기능 기술을 잘 사용하지 못함으로써 어떤 영향을 받는지에 대해 특별히 초점을 맞추기 전에 이들의 어린 시절부터 청소년기와 그 이후 시기까지 발달하면서 사용하는 실행기능 기술들을 살펴보면 다음과 같다.

일찍 나타나는 실행기능 기술

주의 집중 능력과 자기통제 능력의 발달은 어린 시절부터 시작된다. 첫 번째 주의 집중 시스템은 새로운 자극을 받게 되면 이와 가까운 환경을 찾아서 탐색하는 것이다. 우리는 영아들이 자신의 세계를 탐험하려고 끊임없는 에너지와 호기심을 보이는 모습에 익숙하다. 이 첫 번째 주의 집중 시스템을 사용할 경우에는 아이에게 새롭고 흥미로운 자극을 제공함으로써 바람직하지 않은 활동에서 주의를 돌리기 쉽다. 예를 들면, "저 새를 봐라!"라고 말하는 것이다.

3~4세가 되면 두 번째 주의 집중 시스템에 연결되는데, 여기서는 더 높은 수준의 통제를 하게 된다.[3] 이것이 실행기능 발달의 시작이다. 미취학 아동들은 자기통제 능력을 발달시키기 시작한다. 이 통제 능력은 언어를 습득함으로써 도움을 받을 수 있는데, 아이가 동기 유지, 끈기 발휘, 다단계 지시 따르기, 운동 반응 등을 사용할 수 있도록 자기대화(self-talk)를 할 때 발달한다. 이러한 기술들은 실행기능이 지원되는 뇌의 전전두엽 부위의 지속적인 성숙에 의해 나타난다. 전전두엽 영역은 ADHD의 영향을 받는 뇌의 중요한 부분이다. 좋은 소식은 뇌의 전전두엽 영역이 20대 중후반이 될 때까지 계속 발달한다는 것이다. 전전두엽(PFC)에 대한 자세한 내용은 제2장을 살펴보기 바란다.

시기에 따른 실행기능 기술 발달

아동기 동안 부모와 다른 어른들은 외부 전전두엽 역할을 하며, 아이의 실행기능 기술을 지속적으로 지원하여, 아이가 너무 늦게까지 깨어 있는 일, 아침으로 아이스크림을 먹는 일, 제시간에 학교에 가는 것을 잊는 일이 발생하지 않도록 한다. 그러나 일부 실행기능은 미취학 아동기에도 나타나기 시작한다. 이상적으로는 아동이 성숙해 가면서 실행기능 능력을 강화하는 단계에서 연령에 맞게 외부 지원을 감소시켜 나가는 것이 좋다.

취학 전 시기

하루 종일, 유치원과 집에서 우리는 유아들에게 실행기능 기술을 가르친다. 예를 들면, "순서를 지켜라!"(충동 조절), "손이 아니라 말을 사용해라!"(감정 조절), "네가 하고 싶은 말을 해 보아라."(자기모니터링), "잠잘 준비를 위해 우리가 무엇을 해야 할지 기억해 보자."(계획 기술) 등이 있다.

스탠퍼드 대학교의 월터 미셸(Walter Mischel)과 동료들이 실행한 유명한 마시멜로 연구[4]에서, 미취학 아동들은 마시멜로가 놓여 있는 테이블과 의자가 마련된 방에 있었다. 이 방은 일부러 자극적이지 않게 꾸몄다. 평가자는 아이들에게 마시멜로는 너희를 위한 것이며 언제든지 먹을 수 있다고 말했지만, 평가자가 방에 돌아올 때까지 기다리면 두 번째 마시멜로를 먹을 수 있다고 하였다. 그러고 난 후 평가자는 방을 나가 아이들의 행동을 관찰했다. 어떤 아이들은 즉시 마시멜로를 먹었고, 다른 아이들은 15분 내내 기다려 두 번째 마시멜로를 얻을 수 있었다. 40년이 지난 후 이러한 유치원 참가자들을 대상으로 추후 연구를 해 본 결과, 이 아이들 사이에서는 뚜렷한 이점이 있었다. 만족을 지연시키는 자기통제력을 가진 이들은 보다 충동적인 상대방보다 더 높은 교육 수준과 더 높은 소득을 가지는 것으로 나타났다.

비록 몇몇 아이는 실행기능 기술을 가지고 태어나서(두 번째 마시멜로를 기다린 아이들) 발달상의 이점을 가질 수 있지만, 최근 들어서는 실행기능 기술은 가르쳐지고 강화될 수 있다는 것에 관심이 모아지고 있다. 아이들이 구조화된 역할 놀이 게임[5]을 통해 실행기능 기술을 배울 수 있다는 비고츠키(Vygotsky)의 이론에 기반한 더 마인드 도구(The Tools of the Mind) 프로그램[6]은 전국의 많은 공・사립 유치원에서 만들어졌다. 이후 실행기능 기술은 표준 학교 교육과정으로 통합되었으며, 아동이 특정 기술을 내재화했다는 것을 보여 주면서 점차 제거되었다. 예를 들면, 집중해서 듣는 행동에 어려움이 있는 아이는 귀를 기울여 듣도록 외부자극으로 큰 귀 그림을 보여 주었고, 바닥에 앉아 있는 것이 어려운 소녀에게는 자신의 이름이 적힌 바닥 공간을 배정한 후 반 친구들과 양쪽으로 손을 잡게 하였다. 이러한 비계설정(scaffolding)은 소녀가 활동하는 동안 지정된 장소에 앉을 수 있게 되면 제거된다. 몬테소리 학교는 실행기능 기술에 대해 직접적으로 언급하지 않았지만, 각 아동이 실행기능 기술을 강화하는 여러 가지 활동에 참여하도록 하였다.[7]

만족 지연 능력(마시멜로 한 개에 안주하지 않고 두 개의 마시멜로를 먹기 위해 기다리는 것)은 삶의 중요한 기술이다. 그러나 만족을 지연시킬 수 있는 것은 장기적인 이익에 대해 장기적으로 생각하고 즉각적인 이득을 측정하는 능력, 그리고 장기적인 노력으로 성공할 수 있다는 확신 등의 다른 요인들과 관련이 있다. 부모들은 아이들이 식사 30분 전에 간식을 먹기보다는 저녁을 기다리도록 요구함으로써 만족 지연을 가르치기 시작한다. 게임에서 차례를 기다리는 것은 아이에게 만족을 지연시키는 실행 능력을 가르친다. 그리고 탐나는 장난감이나 게임을 위해서 저축하려고 돼지 저금통에 동전을 넣는 것은 어린이들이 어린 나이에 배우기 시작할 수 있는 만족 지연의 아주 좋은 사례가 될 수 있다.

초등학교 시기

초등학교 시기에는 집과 학교 모두에서 아침 일과, 숙제 일과, 여러 가지 해야 할 일, 취침 일과 등을 포함하여 보다 자기주도적인 일상으로 점차 변화한다. 아이들은 더 까다로운 실행기능 기술을 발달시키기 때문에 외부의 비계(지원)를 통해 많은 도움을 받을 수 있다. 예를 들면, 본인이 수행을 완료하는 대로 목록에 체크할 수 있도록 하거나 자신이 해야 할 행동을 확인할 수 있는 표나 그림을 보여 주면 보다 더 쉽게 일과를 따를 수 있다. 시간을 인식하는 것은 매우 중요한 실행기능 기술이다. 부모들은 들을 수 있는 시간 측정 타이머를 사용하여 시간을 인식할 수 있는 비계를 제공해 줄 수 있다.

끈기는 초등학교 때 연습해야 할 중요한 실행기능 기술이다. 종종 최고의 비계는 지속성을 요구하는 일이 진행되는 동안에 단순히 부모나 다른 어른이 있어 주는 것이다. 더 큰 신체적인 자기제어가 어린 시절에 발달하는데, 식사하는 동안 앉아 있고, 기다리는 동안 줄을 서고, 혼자 손을 잡고 있는 것이 신체적 자기제어의 예이다. 계획 능력은 아이들이 학교, 가정 그리고 단체 사회활동 중에 프로젝트에 참여하면서 발달하기 시작한다.

ADHD 소녀들은 초등학교에서 실행기능 기술에 대한 요구가 증가함에 따라 종종 불안의 징후를 보이기 시작한다. 이들은 학교에서 요구하는 정해진 용품을 가져오는 것을 잊거나 숙제 제출을 잊으면 교사와 문제가 생길까 봐 두려워한다. 부모는 딸이 재킷을 학교에 두고 왔거나 숙제에 필요한 책을 집에 가져오지 않은 것을 표현함으로써 딸에게 불안감을 고조시킬 수 있다.

자연적인 후속결과로 배우게 되는 것은 ADHD 소녀와 실행기능이 낮은 소녀들에게는 비효율적이다. 여학생이 체육복을 잊어버려 체육 수업에 참여하지 못하는 것은 다음번 수업 시간에 체육복을 기억하는 결과를 거의 낳지 않을 것이다. 동기가 없어서라기보다는 적절한 미래 지향적 기억(미래의 어느 시점에 무엇을 해야 한다는 기억력)이 부족하고, 조직하는 기술이 부족하며, 계획하는 기술이 부족한 것이 원인이다.

중학교 시기

중학교 시기에는 실행기능 기술이 많이 필요하지만 학교에서의 비계는 감소한다. 초등학교에서는 상당히 잘 대처했던 ADHD 아동들 중 많은 수가 중학교에서는 부담감과 긴장감을 보이기 시작한다. 중학교에서는 교사 수가 많고, 스케줄이 복잡하고, 숙제도 많다. ADHD 소녀는 계획과 끈기가 필요한 시간이 많이 필요한 과제를 해야 한다. 부모는 ADHD 자녀를 위해 민감한 비계 수준을 설정할 필요가 있다. 즉, 자녀가 좀 더 독립적으로 계획하고 실행하도록 하기, 시간 관리의 필요성을 인식시키기, 시간이 요하는 프로젝트를 계획하고 실행하도록 방법 알려 주기와 같은 격려와 지원, 구조를 만들어 주는 것이 중요하다.

고등학교 시기

고등학교 시기에서도 실행기능의 요구는 계속 증가한다. 성적은 학생이 지원할 대학과 관련이 있어 더욱 중요하다. 숙제는 스포츠, 동아리 활동, 아르바이트와 같은 다른 활동에 참여함으로써 계획하고 조직해야 하기 때문에 그 길이와 복잡성이 증가한다.

ADHD 소녀들은 소년들보다 실행기능에 어려움이 있는가

모든 ADHD 아동은 실행기능에 어려움을 겪지만, 소년과 소녀에게 실행기능 기술에 대한 사회적 기대는 상당히 다르다. 소녀들과 소년들에 대한 사회적 기대는 어떻게 다른지, 실행기능의 부족은 소녀의 능력에 어떻게 영향을 미치는지 살펴보면 다음과 같다.

실행기능과 소녀의 상호작용 패턴

소년들은 소란을 피우고 경쟁적이고 위험을 감수한다고 예상하는 반면, 소녀들은 어릴 때부터 소년들보다 자기통제를 더 잘하고 타인의 감정과 요구에 더 잘 맞춘다고 예상한다. 만약 우리가 소녀들의 상호작용을 본다면 우리는 소년들보다는 소녀들이 대개 더 협조적이고 말을 잘한다는 것을 알 수 있다. 소년들은 느낌과 반응과 상호작용보다는 공동 활동(joint activity)에 주력하는 것이 일반적이다. 경쟁할 것으로 예상되며, 언어적 공격이나 신체적 공격은 장려되는 것이 아니지만 소년들 사이에서는 소녀들보다 더 용인된다.

전형적인 소녀들의 사회적 상호작용은 좋은 실행기능 기술에 달려 있다. 소녀들의 긍정적 사회적 상호작용에는 사회적 상호작용 중에 반응을 계획하는 능력, 바람직하지 않은 반응을 억제하는 능력, 이전의 대화에서 했던 것을 회상하는 능력, 다른 사람들과의 사회적 상호작용을 조직하고 시작하는 능력, 미래를 유지하면서 대화 중에 방해되는 것을 억제하는 능력이 매우 중요하다.

이러한 실행기능 기술은 안정적인 친구 관계를 만드는 데 기본이 된다. 타인의 관점을 인식하는 것이나 단순히 자신의 즉각적인 욕구를 충족시키기보다는 자연스럽게 친사회적 행동을 하는 것이 중요하며, 이것은 청소년기와 그 이후의 또래 수용도를 높일 수 있다. 소녀들 사이의 사회적 상호작용은 전형적으로 경쟁적이기보다는 협력적이기 때문에 자기통제(self-control)가 필요하다. 협력(collaboration)은 주고받기, 다양한 사회적 단서에 주의 기울이기, 언어적/비언어적 그리고 좋은 감정 조절을 필요로 한다. 소녀들의 사회적 상호작용에서 기대되는 실행기능 기술은 많은 ADHD 소녀에게 매우 어려운 것으로 입증되었다.

UC 버클리 대학의 스티븐 힌쇼(Stephen Hinshaw) 박사는 ADHD 소녀들의 사회적 기술과 이러한 소녀들이 ADHD가 없는 소녀들에게 어떻게 인식되는지 연구하는 데 많은 시간을 보냈다. 힌쇼 교수는 일부 ADHD 소녀는 사회적으로 매우 성공적이지만, 대부분의 ADHD 소녀는 친구들과 어울리려고 애를 쓴다는 것을 발견했다. 어떤 소녀들은 너무 시끄럽거나 고집스럽게 보이는 반면, 어떤 소녀들은 수줍음이 많고 말을 덜 해서 언어적으로 더 능숙한 또래들에게 무시당하거나 열외자로 취급당하기도 한다.[8, 9] 그리고 지나치게 활동이 많고 충동적인 소녀들은 사회적으로 거부될 수 있는 반면, 수줍어하고 주의가 산만한 소녀들은 사회적으로 무시될 수 있다.

설탕, 향신료 그리고 모든 좋은 것

또 다른 중요한 성별 차이는 개인적인 몸치장(grooming)과 관련이 있다. 소녀들은 예뻐 보이면 칭찬을 듣는 반면, 소년들에게는 무릎에 상처가 있거나, 옷에 잔디 얼룩이 묻어 있는 것이 일반적인 특징이라고 생각한다. 최근 몇 년간 소녀들의 몸치장과 옷 입기에 대한 기대 수준은 확실히 완화되었지만, 소녀들은 최신 패션 트렌드에 맞추어 자신의 머리를 스타일링하고, 화장하고, 서로를 주의 깊게 살펴보는 데 많은 시간을 보낸다.

「엄마가 아셨으면 좋았을 텐데」(제1장)의 저자인 메리 H.(그리고 다른 많은 ADHD 소녀)는 또래의 세심한 몸단장 기준에 맞추는 데 힘들어한다. 머리카락이 헝클어지고, 매니큐어가 벗겨지고, 신발이 진흙으로 얼룩지거나, 해져 찢어지는 등의 모습을 보인다. 소녀들이 기대하는 기준을 충족시키기 위해서는 주의를 집중하는 능력과 자기통제 능력이 필요한데 ADHD 소녀들에게는 이 두 가지 특성이 부족하다.

부모가 ADHD 딸에게 실행기능 기술을 발달시킬 수 있도록 어떻게 도와줄 수 있을까

ADHD 아동들은 종종 또래가 보이는 실행기능 기술 발달에 비해 몇 년 뒤처진다. 부모가 자녀에게 적절한 실행기능을 지원하기 위한 현실적인 기대를 설정하고 적절한 방법을 알기 위해서는 자녀의 실행기능 기술이 얼마나 지연되었는지를 이해하는 것이 매우 중요하다. 많은 부모는 올바른 균형을 유지하는 데 힘들어한다. 예를 들면, 딸에게 너무 많은 실행기능 기술을 지원해 줌으로써(헬리콥터 양육) 오히려 이 기술을 배우지 못하게 하거나, 아니면 몇 년이 지난 후 중요한 과제를 수행하는 데 갑자기 제공해 주던 실행기능 기술 지원을 중단하여 십 대나 젊은 성인에게 중요한 삶의 결정을 내리거나 일상생활의 다양한 요구를 관리하는 것을 못하게 할 수 있다.

언제 그리고 얼마나 많은 도움을 주어야 하는지 알기

아동과 청소년에게 외부에서 실행기능을 지원해 주는 것은 항상 어려운 일이다. 종종 부모들은 상황 변화에 따라 주기적으로 지도를 해 줄 수 있는 전문가와 관계를 잘 맺어 둠으로써 도움을 받을 수 있다. 부모들은 자녀가 스트레스를 받으면 퇴보할 수 있음을 명심해야 한다. ADHD 청소년들은 SAT 시험, 대학 입시, 교사들의 높은 기대감 등에 대응하여 이전에 할 수 있었던 방식으로 기능하지 못하고 갑자기 무너질 수 있다.

뇌 친화적인 생활습관

또한 실행기능 기술은 일반적인 인지 기능과 관련된 여러 요인에 의해 좌우된다. 예를 들어, 실행기능 기술은 개인이 수면 부족, 스트레스, 좌절, 영양 결핍, 배고픔, 인지 피로 등을 겪을 때 감소하는 경향이 있다. 우리는 ADHD 소녀들에게 이러한 부정적인 요소들이 최대한 최소화되도록 하여 이들의 실행기능을 극대화할 수 있도록 도와야 한다(이러한 요소들을 줄일 수 있는 것에 대한 더 많은 정보를 원하는 부모들은 제10장의 '뇌 친화적인 일상 생활습관' 부분을 참조).

현실적인 기대치 설정

ADHD 소녀들은 종종 실행기능 기술을 발달함에 있어 또래에 비해 2년 또는 그 이상 뒤처지고, 일부 실행기능 기술은 성인기에서도 잘 발달되지 않을 수 있다. 일부 아동은 선천적으로 조직화를 잘하고 집중력을 잘 보이는 반면, 많은 아동은 성장해 가면서 집중하고, 시간에 맞춰 조직화하고, 자기조절을 하는 방법을 외부 지원과 격려와 구조화된 환경을 통해 배운다. 이러한 요구는 소녀들에게 더 높은 경향이 있다. 소년은 소년일 것이라고 보는 반면, 소녀들에게는 단정해야 하며, 사려 깊고, 자제력이 있어야 한다고 기대치를 설정한다. ADHD 소녀의 부모들은 이러한 기대치를 줄이고, 지지와 격려로 상호작용할 필요가 있다.

부모가 딸의 발달 연령에 대해 현실적이지 않을 때

많은 부모는 후속결과(consequence)가 최고의 선생님이라고 느낀다. 다음 장면에서 묘사된 어머니는 바람직하지 않은 행동에 대해 적절한 후속결과를 사용하려고 노력하고 있다. 그러나 후속결과는 ADHD 소녀에게 좌절감을 주는 상황에 어떻게 대처해야 하는지를 가르쳐 주지 않는다. 이러한 장면에서의 상호작용이 당신의 집에서 일어나는 것은 아닌지 생각해 보자.

장면: ADHD 소녀인 다나(Dana)와 오빠 그리고 부모님이 식당에 있다.

엄마: 의자에 발길질하는 거 좀 그만해.

다나: (삐죽이며) 배가 고픈데 아무것도 없어요.

엄마: 인내심을 가져야지.

다나: 나 배고파! (발로 의자를 치기 시작한다.)

엄마: 의자 차는 걸 멈추지 않으면 우린 식당에서 나갈 거야.

다나: 좋아요, 어차피 여기 오고 싶지 않았어요!

엄마: 더는 못 참겠다! 아빠와 오빠가 저녁을 먹을 동안 우린 차 안에 있을 거야.

엄마와 다나는 걸어 나오고, 다나는 화가 나서 울고 있다.

다나는 이 상호작용을 통해 무엇을 배웠을까? 아마도 다나는 그녀가 이 식당에 가는 것을 싫어하고 엄마가 야비하다고 생각했을 것이다. 엄마는 배고프거나 피곤하거나 지루할 때 좌절감을 참고, 감정을 조절하고, 과잉행동을 조절하는 다나의 능력에 대해 비현실적인 기대를 가지고 있다. 엄마는 다나에게 현재의 속상함이 사라질 때까지 기다렸다가 그녀와 협조적이고 이해심 있는 태도로 대화함으로써 몇 가지 문제 해결 기술을 가르칠 수 있다. 엄마가 "우리가 다음번에 식당에 가게 되면 어떤 행동을 해야 할지 생각해 보자."라고 말하면서 몇 가지 제안을 한 후 다나에게도 의견을 요청할 수 있다. 몇 가지 예시를 제시하면 다음과 같다.

문제: 배고픔은 인내심이나 감정을 통제하지 못하게 한다.

해결책: 간식을 가져오거나 딸이 자리에 앉자마자 종업원에게 빵과 버터를 요청할 수 있다.

문제: 안절부절못하고 조급한 행동을 보이는 것은 ADHD 소녀가 관심을 끌고 불안을 줄일 수 없을 때 더 많이 보인다.

해결책: 다나가 읽을 수 있는 이야기책이나 색칠하기 책을 가져오거나, 식사를 기다리는 동안 엄마의 스마트폰으로 아이에게 맞는 게임을 하도록 한다.

예상하는 문제 행동에 자녀와 함께 참여함으로써 엄마는 다나가 스스로 할 수 있게 점차적으로 배울 수 있는 좋은 문제 해결 행동을 모델링해 줄 수 있다.

딸에게 성공의 섬들을 찾을 수 있도록 도와주기

실행기능을 발휘하는 어려움은 ADHD 소녀들에게 매일매일 지속된다. 낮은 실행기능 수행(지각, 건망증, 조직화 능력 부족, 준비 부족)은 자존감에 뼈아픈 타격을 입힌다. 부모는 딸이 성공했다고 느끼고 인정받는 장소, 사람, 활동을 찾도록 도와줄 수 있다. 한 ADHD 소녀는 근처의 비영리 단체에서 다친 동물들을 구조하고 이 동물들이 다시 건강해질 수 있도록 간호하는 특별한 자리를 발견했다. 또 다른 소녀는 작은 가족 경영 회사에서 아르바이트로 성공하여 사장으로부터 능력을 인정받고 격려를 받았다. 또 다른 소녀는 축구장에서 성공을 거두어 낮은 학업 성취에 대한 균형적인 역할을 보여 주었다.

낮은 실행기능 때문에 딸과의 관계를 악화시키기 않기

ADHD 소녀를 위한 생활에서 가장 부정적인 측면은 그녀가 하는 어떤 것도 옳지 않다는 느낌이다. 부모는 딸과의 관계에서 주로 잘못된 것에 초점을 맞추어서는 안 된다. 딸은 인정받고 격려받는다면 더 나은 실행기능 기술을 발달시키기 위해 보다 더 노력할 것이다. 딸을 위하여 오아시스를 제공할 수 있는 집을 만들어야 하는데, 딸이 스스로 만족감을 느낄 수 있고 건설적이고 격려받는 방식으로 실행기능 기술을 발달시킬 수 있는 공간을 만들어야 한다.

실행기능 기술을 발휘할 수 있도록 ADHD에 친화적인 비계 제공하기

비계는 앞서 언급했듯이 ADHD 소녀가 새로운 실행기능 기술을 익힐 때까지 주변에 놓인 지원들을 말한다. 비계는 소녀가 숙제를 하는 동안 부엌 식탁에 함께 있어 주거나, 시간이 많이 걸리는 어려운 과제를 시작할 수 있도록 도와주거나, 큰 프로젝트를 작은 조각으로 나눌 수 있도록 도와주거나, 딸이 어려워하는 부분을 도와줄 코치나 튜터를 고용하는 것과 같이 다양한 형태로 제공될 수 있다. 비계는 이러한 실행기능 기술이 안정되면 점차 제거될 수 있다.

비난은 실행기능 기술이 아니라 오히려 낮은 자존감을 가르친다

종종 어른들은 설교나 훈계를 통해 실행기능 기술을 가르치려고 한다. 이러한 모습은 다음의 상호작용에 잘 나타나 있다.

엘리: 엄마, 내일 환경에 대해 발표해야 해서 두꺼운 종이가 필요해요!

엄마: 나는 지금 그것을 사러 가지 않을 거야. 네가 미리 계획을 세웠어야지.

엘리: (눈물을 흘리며) 좋아! 그럼 그냥 안 하고 F 학점을 받을 거야!

엄마: 다음번에는 미리 계획하는 걸 기억해야 할 거야!

이 어머니는 딸이 자신의 행동에 책임질 수 있도록 열심히 노력하고 있다. 문제는 ADHD 소녀에게 이러한 상호작용은 좌절감과 분노를 느끼게 하는 것 이상으로 의미가 없다는 것이다. 부정적인 후속결과가 딸에게 다음번 계획을 미리 세울 수 있는 수단을 제공해 주지는 않는다. 오히려 엘리(Ellie)의 부족한 계획 기술에 대해 기분 나쁘게 만들어 자존감을 악화시킬 뿐이다. 대신 엄마는 엘리와의 다른 상호작용을 통해 소중한 교훈을 줄 수 있었다.

엄마: 엘리, 네가 과제를 하려고 열심히 노력하는 거 알아. 그래서 내가 도와주고 싶어. 대신 너는 날 도와줘야 해. 내가 지금 두꺼운 종이를 사러 나갔다 오면 빨래를 갤 시간이 없을 것 같아. 내가 없는 동안 빨래를 개 주면 지금 그것을 사러 갔다 올게.

엘리: 고마워요, 엄마. 잊어버려서 미안해.

엄마: 미리 계획을 세우는 것은 쉽지 않아. 매일 달력에 있는 과제들을 살피는 것부터 하자. 그러면 우리 둘 다 네가 필요한 걸 미리 알 수 있을 거야.

이 상호작용에서 엄마는 엘리에게 비판적이지 않고, 엘리가 필요로 할 때 엄마가 모든 것을 포기하지 않고 도와주는 것을 보여 준다. 엘리는 합리적으로 상호작용하는 방법을 배우게 되고, 평생 동안 도움이 될 기술을 배우게 된다. 그리고 이 상호작용이 긍정적인 것이었기 때문에 엘리는 미리 계획하는 습관을 기르라는 어머니의 제안을 더 개방적으로 받아들일 것이다.

지원은 ADHD 딸에게 약이 되기도 하고 독이 되기도 한다

실행기능 기술의 발달은 좀처럼 순조롭게 이루어지지 않는다. 실행기능 기술은 스트레스 수준이 높을 때 흔들리는 경향이 있다. 많은 ADHD 소녀에게 사춘기는 감정의 롤러코스터가 될 수 있다. 감정적으로 왔다 갔다 하는 것은 새롭게 드러나는 실행기능 기술에 실질적인 타격을 줄 수 있다. 즉, 시간이 걸리는 프로젝트나 학업 요구가 증가하는 고등학교 시기에는 여학생들이 복잡한 일을 정리하고 관리하는 기술을 배울 때 더 많은 비계가 필요할 수 있다.

실행기능 지원을 언제 제공하고, 언제 제거해야 하는지 아는 것은 부모에게 자녀를 성인기 자립으로 안내할 때 직면하는 중요한 과제 중에 하나이다. 너무 많이 지원해 주는 경우 딸에게 자신의 삶을 스스로 책임지도록 하는 법을 배울 수 있는 자신감을 키워 주지 못하게 된다. 그리고 너무 지원을 해 주지 않을 경우 딸은 낙담해서 자신의 잠재력을 과소평가하거나 스트레스를 낮추기 위해 목표를 낮출 수도 있다.

일부 실행기능 기술은 딸에게 항상 어려운 것으로 판명될 수 있다

ADHD와 잘 살아가기 위해 필요한 중요한 기술 중 하나는, 항상 지원이 필요할 과제가 무엇인지를 이해하고 성인기에서조차 어떤 종류의 업무가 아웃소싱되어야 하는지를 이해하는 것이다. 실행기능 기술이 발달하는 것 외에도, ADHD 소녀들은 자신의 강점과 한계를 이해하는 여성으로 성장할 필요가 있다. 이들은 일생 동안 적절한 지원을 찾는 방법을 배울 필요가 있을 것이다. 배우자, 룸메이트, 친구, 친척, ADHD 지원 단체, ADHD 코치, 전문가 등으로부터 지원을 받을 수 있다. 그래서 상황이 심각해지기 전에 어느 누구도 모든 것을 잘하는 사람은 없으며 도움이 필요할 때 도움을 구하는 것이 현명하다는 사실을 당신의 딸이 이해할 수 있도록 도와주어야 한다.

딸이 더 강력한 실행기능 기술을 갖출 수 있는 방법

작업 기억 갖추기

작업 기억은 우리가 즉시 사용하기 위해 단기 기억으로 간직해야 할 것들을 기억하는 것이다. 예를 들면, 여러 단계의 지시를 회상할 수 있도록 작업 기억을 사용한다. 딸에게 동시에 한 가지 이상의 일을 처리하라고 하면, 그것을 기억하는 것을 어려워하는 모습을 보았을 것이다.

- 딸을 도와주기 위해서 딸이 스스로 도전하여 얼마나 많은 것을 정확하게 기억할 수 있을지를 추적하는 게임을 만들어 본다.
- 여러 단계의 지시 사항을 알려 주고, 그 지시 사항을 실행하기 전에 다시 앞의 지시 사항을 반복해서 말해 보라고 한다.
- '시장에 가면(grocery store)'과 같은 게임을 해 보는데, 두 명의 어린이가 계속해서 시장에 있는 물건을 추가하고, 그것을 기억하여 반복되지 않게 추가해야 하는 작업 기억을 요구하는 게임이다.
- 작업 기억으로 각 단계들을 회상하지 못할 경우, 각 단계를 기록하는 전략을 배울 수 있도록 도와준다.

인내심 높이기

딸과 함께 하는 게임을 만들어 본다. 자녀가 과제를 그만둘 때 꾸짖기보다는 특정 시점까지 인내하게 한다. 그러고 난 후 인내심이 많아지는 것에 대해 보상하고 칭찬해 준다.

〈예〉

- 딸에게 읽어야 할 페이지 분량을 늘릴 것을 부탁한다. 딸이 2~3페이지를 읽은 후에 지치고 힘들어 못하겠다고 하면 4페이지까지만 읽어 보자고 한다. 이러한 현 수준에서 꾸준히 성공을 하면 점차 분량을 늘려 나간다.
- 딸에게 어려운 일에 대해 인내심을 가지고 도전하는 것을 강조하는 이야기인 『씩씩한 꼬마 기관차(The Little Engine That Could)』를 들려준다. 그러고 난 후 딸에게 수많은 어려운 과제를 인내심을 가지고 해결해 나가면서 꼬마 기관차가 되는 게임을 해 본다.

시작하는 방법 배우기

많은 ADHD 소녀는 일을 시작하는 데 어려움을 겪는다. 딸이 혼자 스스로 시작하는 법을 배울 수 있도록 도와주기 위해 특정 종류의 과제를 시작할 때에 특정 기술이 필요함을 말해 줄 수 있다.

〈시작의 걸림돌〉

- 자료 부족: 필요한 자료 목록을 작성하는 것을 도와준다.
- 작업을 수행할 수 있는 적절한 공간 부족: 작업을 수행할 적절한 공간을 선택할 수 있도록 도와준다.
- 과제의 양이 많게 느껴지는 경우: 과제를 작은 크기로 나누도록 도와준

다. 그러고 난 후 첫 번째 작은 크기의 과제부터 시작하게 한다. 이 적은 과제 크기는 10분이 채 걸리지 않는 정도이다.

- 좀 더 매력적인 활동을 하는 경우: 딸에게 적은 크기의 과제들을 완료하면 매력적인 활동들을 할 수 있다고 지도한다.

시간에 대한 인식을 개선시키기

ADHD를 가진 사람들은 시간을 매우 탄력적으로 느끼고 시간을 엄수하는 것을 어렵게 느낀다. ADHD 소녀가 시간을 엄수하는 것을 배울 수 있도록 도와주는 몇 가지 도구를 소개하면 다음과 같다.

- 소리 타이머: 남은 시간을 소리로 알려 주도록 설정할 수 있으며(예: '9분'), 딸이 학교에 가기 위해 준비 중이거나 특정 출발 시간이 정해진 다른 활동을 할 때 시간을 엄수하는 방법을 습득하는 데 매우 도움이 될 수 있다. 이 도구는 잠들 때까지 시간을 지킬 수 있도록 도와주는 좋은 방법이다.
- 시간 타이머: 남은 시간을 굵게 시각적으로 나타내는 것이다. 설정할 수 있는 최대 시간은 1시간이다. 남은 시간은 밝은 빨간색으로 표시되므로, 시간대를 한 시간 동안 설정하면 전체 시계 면이 빨간색이 되고 시계 면이 시계 반대 방향으로 돌면서 점차 줄어든다. 딸이 시간 타이머를 흘끗 보게 되면 남은 시간을 시각적으로 빨리 인식할 수 있어 계속해서 사용한다면 도움을 받을 수 있다.
- 달력: 딸이 보다 긴 범위에 걸친 시간을 더 잘 인식할 수 있도록 도와준다.
- 계획서: 중학교 시기가 되면 매일 해야 할 중요한 일이나 과제들을 목록화하는 계획서를 만들도록 한다. 딸과 함께 저녁 시간 5~10분 정도를 할애하여 다음 날 해야 할 계획을 간단하게 만들어 보는 시간을 갖는다.

건망증 줄이기

건망증은 자녀가 평생 동안 맞서야 할 필요가 있는 행동 양식이다. 건망증을 줄이기 위한 몇 가지 방안을 소개하면 다음과 같다.

- 하루의 루틴(routin) 개발하기: 아침 루틴, 집에서 출발하는 루틴, 집에 도착하는 루틴, 숙제 루틴, 취침 루틴 등을 개발한다. 이러한 루틴은 같은 순서로 반복되는 일련의 작업이나 행동이기 때문에 건망증을 줄여 준다. 루틴이 한번 습관화되면 상기시킬 필요가 거의 없다. 각 루틴의 단계를 순서대로 나열해 둔 읽기 쉬운 일과표를 제공해 주면 루틴을 만드는 어린이(그리고 어른)에게 큰 도움이 된다.
- 알람 설정: 아이에게 미래의 행동이나 과제를 상기시키는 쉬운 방법은 청각적으로 알림 기능을 설정해 주는 것이다. 딸이 소리 알림 시스템 사용에 익숙해지면 알람을 설정하는 책임을 점차 부모에서 자녀로 옮겨야 한다.
- 창의적인 알림 방법 개발: 모든 사람에게 동일한 알림 방법(reminder)이 적용되지는 않지만, 딸과 함께 점차적으로 딸에게 맞는 알림 방법을 개발해 본다. 딸이 자주 잊어버리는 것들을 목록으로 만들고, 이후 그 문제를 해결할 수 있는 알림 방법들을 개발해 보도록 한다. 만약 첫 번째 알림 방법이 효과가 없어 보인다면 효과가 있는 것을 찾을 때까지 문제 해결로 되돌아간다.

계획 기술을 향상시키기

계획하는 기술은 자녀에게 즐거움을 주는 활동을 계획해 보라고 할 때 가장 잘 소개할 수 있다. 일단 자녀가 몇 개의 계획 기술을 사용하게 되면, 도전적인 학교 과제와 같이 더 어렵거나 덜 즐거운 활동에 적용하기가 훨씬 더 쉬워진다. 자녀에게 좋아하는 디저트를 함께 요리하면서 계획을 세워 보게 하는 것은 도움이 될 수 있는 좋은 방법이다. 프로젝트에서 많은 단계를 계획하여 수행하게 되면 마지막은 달콤한 성공을 맛볼 수 있다. 소녀들은 집에서 생일 파티, 주말 나들이, 또는 예술 프로젝트를 계획하는 것에 참여하면서 계획 세우는 것을 배울 수 있다. ADHD 소녀들에게 즐거운 활동을 통하여 계획하는 기술을 가르치게 되면, 자신이 원하는 것을 성취하는 데 있어 계획하는 것이 어떻게 연결되는지를 즉각적으로 배우게 된다.

사물들을 조직화하기

ADHD 소녀는 물건들을 정리하는 것이 매우 힘들다. 이에 부모는 딸에게 몇 가지 핵심 아이디어를 가르쳐 주어 정리를 더 잘할 수 있는 방법을 배우도록 도와줄 수 있다.

- 딸의 소지품을 줄인다. 자녀는 커져서 이제는 맞지 않는 옷, 더 이상 사용하지 않는 좋아하는 책과 장난감, 종이, 기념품 등에 대해 애착을 크게 느낄지도 모른다. 딸 스스로가 애착이 가는 물건을 없애기를 기대하기보다, 부모가 현시점에서 자주 사용하는 것을 줄일 수 있도록 도와준다. 자라서 이제는 맞지 않는 옷, 장난감, 책 등을 포장해서 다락방, 지하실, 차고, 창고 등에 보관하는 쉬운 방법도 있다
- 모든 것을 위한 장소. 보관 상자를 제공하고 쉽게 접근할 수 있도록 한다. 라벨은 사물이 어디에 보관되어 있는지 알려 주는 좋은 알림 정보가 된다. 접근이 쉬우면 쉬울수록 보관 상자는 더 많이 사용될 것이다.
- 끈으로 묶기! 끈으로 묶는 것은 물건을 포장할 때의 마지막 단계이다. 그래서 딸에게도 물건을 정리할 때마다 마지막에 끈으로 묶도록 가르친

다. 대부분의 생활 속 혼란스러움은 불완전한 행동들로 이루어져 있다. 예를 들면, 코트를 벗고 옷걸이에 걸어 두지 않거나, 학교 프로젝트에 사용했던 것을 제자리에 두지 않는 것과 같은 불완전한 행동들로 생활이 정리가 되지 않을 수 있다. 끈으로 묶어 두면 딸의 소지품들이 있는 위치를 찾기가 훨씬 쉬워진다.

이상의 것들은 부모들이 ADHD 딸들이 실행기능 기술을 잘 사용할 수 있도록 어떻게 도울 수 있는지에 대한 몇 가지 아이디어를 제시한 수준에 불과하다. 두뇌 발달은 당신의 편임을 명심해야 한다. 즉, 자녀가 나이 들어갈수록 전전두엽 성숙이 더 많이 이루어지고, 결국 실행기능 기술을 발휘하기가 쉬워지게 될 것이다.

제9장

ADHD 소녀가 학교에 잘 적응할 수 있도록 돕기

ADHD 딸들 중에 많은 수는 그들에게 필요한 교육적 지원을 받아들이기 위해 노력하는 과정에서 많은 어려움에 직면한다. ADHD 소녀들이 너무나 자주 간과되는 몇 가지 이유를 알아보자.

첫째, 대부분의 ADHD 소녀는 자기주장을 하도록 교육받지 않았고, 자부심에 손상을 입어 그들이 필요한 것을 요구할 준비조차 되지 않았다. 그리고 ADHD 소녀들은 학급 교사 입장에서 보면 문제를 덜 일으킨다. 대부분의 교사는 당연히 학급에서 문제를 일으키는 학생들(대개 ADHD 소년들)에게 주목한다.

게다가 특별한 서비스에 대한 수요는 공급보다 훨씬 많고, ADHD 소녀들은 이 특별한 서비스에 대한 수요들 중 우선순위를 차지하지 못한다.

이러한 많은 장벽에도 불구하고 희망적인 소식도 있다. ADHD 소녀들에 대한 이해가 깊어지고, 최근에 진단이 많이 이루어졌다. ADHD 소녀 연구들의 수가 많아졌고 ADHD 소녀와 다른 사람의 공존 조건의 중요성에 대해 자세히 언급되면서, ADHD 소녀들의 요구들과 ADHD 소녀들의 성공 가능성을 높일 특별한 프로그램의 개발이 고려되고 있다.

이 장에서는 학교에서 ADHD 소녀들을 도울 효과가 입증된 여러 방법을 소개할 것이다. ADHD 소녀의 부모들은 학교 내외의 사람들로 구성되는 팀을 만들도록 격려받아야 하는데, 이 팀은 ADHD 소녀들이 자신의 잠재력을 인정받고 실현하도록 ADHD 소녀들을 도와야 한다. 이 팀에는 심리학자, 튜터, ADHD 코치들, 만약 약물치료가 필요하다면 의사 같은 학교 외 서비스 제공자들뿐만 아니라 교사, 상담가, 그리고 학교심리학자도 들어갈 수 있다. 모든 ADHD 소녀가 앞의 팀의 모든 사람의 지원을 필요로 하는 것은 분명히 아니다. 가능한 범위 내에서, ADHD 소녀에게 필요한 교육적 지원의 비용 부담을 가볍게 하기 위해 ADHD 소녀의 부모들은 학교 내 환경에서 활용 가능한 지원과 서비스를 얻어 내도록 노력해야 한다.

진단, 수용, 또는 지원이 없었던 과거에 성장한 ADHD 여성들의 목소리

ADHD 소녀들을 더 잘 지원해 줄 수 있는 교육적 방법을 언급하기 전에, 학령기에 진단과 지원을 받지 못했던 ADHD 여성들의 목소리를 들어 보자. 그녀들의 말을 통해 지금 성장하고 있는 ADHD 소녀들에게 어떻게 대응할지에 대한 생각이 좀 더 분명해질 것이다.

40대가 된 샐리(Sally)는 나무 오르기를 하고 남자 형제들과 경쟁을 하며 자란 운동을 잘하고 똑똑한 말괄량이였다. 샐리는 외향적이었음에도 불구하고 자신과 전혀 맞지 않는 소녀들보다 마음이 편했던 소년들을 더 좋아했다고 회상했다.

학교에 다닐 때, 선생님들은 나에게 말을 그만 하라고 말씀하시곤 했다. 나는 매우 사교적이었고, 항상 무언가를 하느라 바빴고, 공부에는 신경을 쓰지 않았다. 나의 성적표에는 한 선생님만이 이런 것(ADHD)을 알아차리시고 내가 일관성이 없고 부주의한 실수를 저지른다고 하셨다. 다른 선생님들은 내 머리를 쓰다듬었고 나는 "저는 괜찮아요."라고 말했다.

아무도 내가 학자가 될 것이라고는 예상하지 못했다. 나는 학생 시절에 성적이 평균 수준이라는 말을 들었다. 나는 A를 받지 못했고 아무도 나에게서 A를 기대하지 않았다. 나는 별로 노력하지 않아도 B는 받았다. 내가 똑똑하다는 것은 대학을 가기 전까지는 알지 못했고, 나는 방향성이 없었고 내가 좋아하는 교수를 만날 때마다 전공을 바꾸었다.

더 많은 지도와 구조화가 있었다면 나는 발전할 수 있었겠지만 현실은 그러지 않았고, 나는 내가 가려는 곳으로 가려고 애를 쓰고 있지만 걸을 때마다 무릎까지 푹푹 빠지는 늪을 통과하기 위해 고투를 하고 있는 것 같았다. 나는 계속 나아갔지만 내가 어디에 있는지 전혀 알지 못했다.

샐리의 경험은 똑똑하고 활달한 ADHD 소녀에게 흔히 있는 일이다. 그녀는 타고난 능력을 활용하여 그럭저럭 살아오기는 했지만, 자신의 능력을 과소평가하고 분명한 방향감각 없이 수년의 시간을 허비했다. 되돌아보면, 더 많은 지도와 구조화가 있었다면 큰 발전이 있었을 것으로 샐리는 믿지만, 교사와 부모들은 샐리에 대해 많은 것을 기대하지 않았다. 샐리에게 높은 기대를 가진 것은 그 많은 시간이 지나고 나서였다.

메리(Mary)(제1장에 메리의 시 한 부분을 실었다)는 샐리와는 자아상(self-image)이 많이 달랐다. 샐리는 선천적으로 활달하고 경쟁하기를 좋아했고 말괄량이였으나, 메리는 조용한 성격에 예술적 감각이 있고 자기주장을 별로 하지 않았다. 메리는 학교를 다니던 시절에 성공을 거둔 적이 거의 없었고 자신이 바보 같다고 믿으며 성장했다. 메리는 40대에 ADHD로 진단받았고, 그때 비로소 자신의 예술적 능력을 인식할 수 있었다. 메리는 현재의 자신을 받아들이는 데 노력했고, 학교 다닐 때 겪은 아주 낮은 자아존중감을 극복하기 위해 노력했다.

나는 학교에 압도당해
어떻게 학교에 맞추어
행동해야 하는지를 몰랐다.

수업 시간은 길게 느껴지고,
나는 맑은 정신으로 있을 수 없었다.
나의 머리는 잡다한 생각에 매달렸고
수업을 듣는 척했다.

나는 시계가 무서웠고
흐르는 시간에 맞추는 것이 고통스러웠다.
시간의 흐름에 따라갈 수 없었고
나는 어쩔 줄 몰라 했다.

수년 동안 자존감 없이
다른 사람보다 덜 중요한 사람이라고 느꼈다.
내리막 생활을 하기 시작하면서
나는 어리석다고 생각했다.

메리의 시에서 나타나듯이, 그녀는 소년들에게서 긍정적 반응을 필사적으로 얻어 내려 하다 보니, 성적 문란에 빠졌다.

앤 마리(Anne-Marie)는 메리처럼 조용한 성격을 가졌고 ADHD 특성인 과잉행동은 없었지만, 다른 ADHD보다 더 복잡하고 전문가를 혼란스럽게 하는 양상을 보였는데, 몇몇 학습 영역에서 뛰어난 결과를 보였다. 그러나 동시에 앤 마리는 읽기에 집중하는 데 큰 어려움이 있었다. 그래서 앤 마리는 읽기가 별로 즐겁지 않았다. 앤 마리는 음악과 쓰기를 잘하였고 소질도 있어, 주변 사람들은 읽기를 잘 못하는 것을 게으르기 때문으로 생각했다.

> 나는 조용한 아이였다. 나의 이야기를 즐겁게 읽어 주거나 플루트 연주를 즐겁게 들어 준 사람들을 제외하고, 학교에서는 아무도 나를 알아주지 않았다. 나는 다른 아이들과 사귀는 것이 어려웠고 내가 믿을 만한 한 명의 친구와 친하게 지냈다. 나는 조용했고, 가끔씩 입을 열어 잘못된 것을 말했다.
>
> 학교생활은 지옥이었다. 나는 괴롭힘을 당했고 나 자신을 어떻게 지키는지 몰랐다. 나는 정확한 말을 찾을 수 없었다. 나의 영어 에세이는 칭찬받았지만, 독해와는 사투를 벌였다. 나는 이야기를 매우 좋아했지만 내가 집중하기 힘든 책은 피했다. 나의 아버지는 내가 읽지 않는다는 이유로 나를 게으르다고 종종 비난했다.
>
> 학교생활 내내 나는 못났고 어리석다고 생각했다. 그러나 나는 내가 성장해서 이런 것들을 이겨 내야겠다고 생각하게 되었다. 나는 항상 내가 되고 싶었던 음악가 앤 마리, 음반제작자 앤 마리를 꿈꾸어 왔다. 그러나 나는 성장하지 않는 것 같다. 지금 29세인 나는 아직 불안정하고 매우 감정적이고 하루 종일 공상에 잠기는 산만한 어린 소녀이다.

앤 마리는 큰 꿈들을 가졌지만, 대부분의 꿈은 백일몽이었고, 그 꿈들을 실천할 구체적 계획이 없었다. 그녀는 괴롭힘, 비난, 그리고 과목 간 심한 성적 차이를 겪을 때 몽상으로 자신을 위로하고 있었다. 청소년 때 그녀는 갇혀 있었고, 불안정했고, 자기질책에 가득 차 있었다.

세 사람의 각각 다른 이야기 사례를 살펴보았다. 샐리는 운동을 좋아하는 말괄량이였고, 메리는 수줍음을 잘 타고 조용한 성격이고 자신의 능력을 매우 과소평가받았으며, 앤 마리는 음악과 글쓰기에 소질이 있었으나 그녀의 전반적인 학업 성적이 그녀에 능력에 비해 뒤떨어질 때 그녀를 가르친 교사들은 그녀가 게을러서 그렇다고 했다.

'좋아. 그렇지만 그렇게 똑똑하지는 않아' '재능이 있지만 게을러' '고만고만한 수준의 평범한 소녀' 등 각각 다른 이 세 유형의 ADHD 소녀들에 대한 설명을 통해 ADHD 소녀들이 약해지고 점점 자신과 자신의 능력을 무시하는 것을 배우는 전형적인 방식을 알 수 있다.

ADHD 소녀들은 학급에서 왜 간과되어 왔는가

ADHD 소녀들의 사회화 패턴

유명한 ADHD 저술가이자 딸이 ADHD를 가진 톰 하트먼(Thom Hartman)은, ADHD 소녀가 학교에서 간과되는 주요 이유 중의 하나는 부모가 의도적이든 아니든, 아들과 딸을 다르게 교육시키는 방식과 관계있다고 했다.

> 우리가 사는 문화에서는 우리가 아무리 교육을 받아 왔다 하더라도 두 가지 이야기가 전해진다. 어린 소년들에게 충족되어야 하는 욕구가 있다면 그 욕구는 그 소년이 살고 있는 환경에서 충족되어야 한다고 한다. 소년들은 신체적인 능력과 대인관계를 맺을 능력을 가져야 한다고 소년들에게 가르치나, 소녀들에게는 내재화하도록 가르친다. "앉아, 조용히 있어, 숙녀답게." 소년들은 자극을 필요로 할 때 그 자극을 손을 뻗어 잡을 것을 배우나, 소녀들은

필요한 자극을 머릿속으로 생각만 하도록 배운다.[1]

부주의 우세형 ADHD 소녀들의 문제 행동을 톰 하트먼의 설명 방식으로 설명하든 타고난 생리학적 · 기질적 차이로 설명하든, 우리의 임무는 ADHD 소녀들이 자신들이 필요한 것을 요구하고 학교에서 배우고 성장하도록 가르쳐서 이들의 역량을 강화하는 것이지 교사의 비위를 맞추고 골칫거리를 피하는 것은 아니다.

ADHD 교사 질문지는 ADHD 소녀들이 사투하고 있는 내재화 문제를 판별하기 위해 만들어진 것은 아니다. 톰 하트먼[2]이 말했듯이, 많은 ADHD 소녀의 문제는 내재화로 인해 발생하는 것이다. 반면, ADHD 소년들은 그들의 요구를 요청, 논쟁, 싸움, 저항, 방해를 통해 외부로 드러내지만, 많은 ADHD 소녀는 자신들의 요구나 느낌들을 외부로 잘 드러내지 않는다. ADHD 소녀들의 요구를 찾아내는 가장 좋은 방법들 중의 하나는 ADHD 소녀들이 안전하고 안심하는 환경에서 요구를 물어보는 것이다. 만약 ADHD를 떠올리는 행동이 앞에서 제시한 행동 패턴에 있다고 교사가 말한다면, 10세와 그 이상 연령의 ADHD 소녀들에게 자기보고 질문지를 사용하면 큰 도움이 된다. 10세 미만의 ADHD 소녀들의 경우는 ADHD 소녀와 부모 또는 ADHD 부모와 구두로 인터뷰를 한다면 요구를 잘 알아낼 수 있을 것이다. 많은 ADHD 소녀는 교사에게 자기 자신을 드러내기를 원하지 않지만, 만약 ADHD 소녀들이 교사와 있는 것이 안전하다고 느끼면 무엇이 잘못되었는지 교사에게 말할 것이라는 사실을 교사들은 명심해야 한다. 내재화와 사투하고 있는 ADHD 소녀들이 자신을 드러내도록 돕는 자기보고 질문지는 부록 317쪽에서 볼 수 있다.

ADHD 소녀들은 자신을 위해 많은 노력을 한다

ADHD 소녀들이 도움을 받을 수 있기 전에, 늘 간단한 과정을 통해 진단을 받는 것은 아니지만, ADHD 소녀들은 ADHD로 진단받아야 한다. 카멜레온이 숨기 위해 환경과 조화를 이루어 위장하려고 애쓰는 것처럼, 많은 ADHD 소녀가 학급에서 보이지 않게 하려는 시도를 한다. 교사들이 종종 ADHD 소녀들을 간과하는 것은 놀라운 일이 아니다. 교사는 ADHD 소녀들을 찾아내기 어려운데, 그 이유는 교사가 ADHD라고 알고 있는 ADHD의 전형적인 특징에 ADHD 소녀들이 들어맞지 않기 때문이기도 하고 ADHD 소녀들이 교사의 주목을 피하려는 노력을 많이 하기 때문이기도 하다.

ADHD 소녀들은 불안에 쫓겨 교사와 부모의 비위를 맞추기 위해 철저하게 자신이 할 수 있는 기능보다 더 많은 기능을 발휘하려고 하기 때문에 눈에 잘 띄지 않는다. 젊은 여성들은 공통적으로 "나의 선생님들은 내가 받은 점수를 따기 위해 얼마나 노력하는지 절대로 모를 것"이라고 말한다. 그러나 부모는 ADHD 딸이 과제를 완수하고 시험에 준비하기 위해 밤늦게까지 공부하는 것과 그 공부 과정에서 정신적으로 혼란스러워하는 것을 너무나 잘 알고 있다. 일반 소녀들이 그러하지만,[3] ADHD 소녀들은 일반 소녀보다 자기통제를 잘하고 교사에 대해 반항적 행동을 적게 한다.[4]

학업 기능이 중요하지만, 학업 요구에 따라가기 위해 믿을 수 없을 정도로 열심히 공부하는 ADHD 소녀들은 여전히 자존심, 정체성 발달 그리고 사회적 기능에 심각한 손상을 입을 수 있다. 많은 ADHD 소녀는 "나는 뭐가 문제지?"라든가 "내가 왜 다른 학생들보다 더 열심히 해야 해?"라는 말을 한다. 그리고 더 상처를 주는 일은 때때로 힘들게 받은 성적이 ADHD 소녀들에게 학업적 지원이 필요 없다는 증거로 사용되기도 한다는 것이다.

ADHD 소년들의 학업 진전을 보면, ADHD 소녀들에게 요구되는 학업 목표를 달성하기 위해 ADHD 소녀들이 아주 많은 노력을 한다는 것을 잊기 쉽다. 과제와 프로젝트를 해낼 때, ADHD 소녀들이 만성적으로 불안을 느끼며 밤새 공부에 압도당하고 사투를 벌이며 많은 노력을 하는 것은 사실이지만, 그렇다고 해서 이를 도움이나 지원이 필요 없다는 증거로 사용해서는 안 된다.

교사들은 ADHD 소녀보다 ADHD 소년의 행동을 더 잘 안다

교사들과 부모들의 지식과 인식의 부족으로 인해, ADHD 소녀들은 종종 간과된다. 현재 사용되는 가이드라인에서는 ADHD 소녀보다 ADHD 소년들에 대해 더 자세히 소개하고 있어, 교사들은 무언가 잘못되고 있다는 느낌을 가질지라도 ADHD 소녀들의 어려움을 ADHD의 징후로 해석하지 않는다. 그 결과, 많은 ADHD 소녀는 그들에게 필요한 지원과 교육적 중재를 심할 정도로 받지 못하게 되었다.

높은 지능을 가진 ADHD 소녀들은 ADHD를 가졌음에도 불구하고 오랫동안 잘 적응할 수 있다

높은 지능을 가진 ADHD 소녀들은 종종 천재 또는 ADHD로 진단받지 않는다. 그들은 ADHD가 있음을 숨길 수 있을 정도의 학업 성적을 받을 수 있는 능력은 있지만, 그들의 실행기능은 그들이 가진 능력 전체를 발휘하지 못하게 한다. 성인기 때 ADHD로 진단받은 똑똑한 여성은 높은 잠재 능력이 있음을 몰랐고 학업 성적은 평범했다고 말했다. 그들은 실행기능을 활성화할 지원을 받지 못했고, 그들이 받은 학업 성적은 그들이 받을 수 있는 성적의 전부라고 생각하였다. 오늘날에도 일부 정신건강 전문가는 ADHD가 있는 상태로는 학업에서 성공할 수 없다고 잘못 생각하고 있다. 유아기 때부터 ADHD의 조짐이 나타남에도, 특히 여자아이들에게서 그러함에도 불구하고, 저학년 때는 학업 성적이 상위에 속한다. 영재 학생 연구에서 영재 학생들의 하위 집단 중에는 아주 뛰어난 인지 능력에도 불구하고 ADHD로 진단받을 만한 하위 집단이 있다는 사실이 밝혀졌다. 영재 ADHD 학생들은 ADHD가 아닌 영재 학생들과 여러 가지로 다르다. 영재 ADHD 학생들의 가족을 보면, 영재 ADHD 학생 이외에도 ADHD로 진단받은 가족이 있고, 무엇보다도 불안, 우울 그리고 외상후 스트레스 장애(post-traumatic stress disorder: PTSD)가 포함된 정신병리와 관련된 양상을 보인다.[5]

종종 고등학교 때에는 학업 요구 수준이 높아짐에 따라 ADHD 패턴이 더 분명하게 나타난다. 그러나 대학을 졸업하고 석 · 박사 학위를 딸 수도 있지만 여전히 ADHD를 가지고 있다. 슬프게도, ADHD를 가진 수많은 똑똑한 사람은 옆길로 빠져, 진단과 치료가 없어서 석 · 박사 과정을 끝내지 못한다. 지원에 관한 연구는 계속 이루어지고 있지만, 의사 자격 시험이나 변호사 시험에 합격하기 어려운 사람들뿐만 아니라 석 · 박사 과정을 끝내지 못한 박사 과정생 중에 ADHD가 많은 것 같다. 안타깝게도, 아직도 많은 부모는 높은 지능을 가진 딸의 학업 수준을 보면서 딸이 살아가는 과정에서 지원이나 도움이 필요 없다고 말한다.

담임교사가 ADHD 소녀들을 인지하고 판별하도록 돕기

나는 종종 바보처럼 보일까 두려워하며 너무 당황스러워 손을 들지 못하곤 했다. 그리고 때때로 내가 모르는 것을 질문받으면 내 생각을 어떻게 말로 표현해야 할지조차 몰랐다.

교사들은 일반 소녀용 자기보고 질문지를 이 책 끝 부분의 부록에서 볼 수 있고, (초등학교에서 고등학교까지) 학령기 관련 내용을 다루는 여러 장의 끝 부분에서 ADHD 소녀 부모보고 질문지를 찾을 수 있다. 교사들은 이러한 질문지들을 선별 도구로 사용해 주었으면 한다. 질문지가 공식적인 것은 아니지만, 표준화된 질문지이며 초반에 선별 도구로 효과적으로 사용할 수 있다. 만약 대부분의 문항에 '그렇다'고 응답했다면 정밀검사를 받아 보라고 부모들에게 말해 주는 것이 좋겠다.

ADHD로 진단받을 필요성이 있는 소녀들을 평가하기 시작할 때, 교사는 다음 항목에 소녀들이 해당하는지 살펴보아야 한다.

- 강박적으로 말이 많다.
- 주의 깊게 듣는 것처럼 보여도, 종종 질문을 하면 대답을 못한다.
- 지시를 따르는 것이 어렵다.
- 자주 다른 학생(동료)들에게 선생님의 지시가 무엇이었는지 반복해서 물어본다.
- 조용히 앉아 공부하는 것처럼 보이나 과제를 끝내지 못한다.
- 책상이나 개인 물품 보관함이 학급 동료보다 훨씬 정리가 안 되어 있다.
- 허가서를 제출하는 것을 잊는다.
- 완료한 숙제를 제출하는 것을 잊는다.
- 공부할 때 필요한 모든 학용품을 자주 가지고 있지 않다.
- 청각 처리 과정에 문제가 있어 보인다.
- 표현 언어에 문제가 있어 보인다.
- 매우 천천히 공부하는 경향이 있다.

다른 학습의 차이를 인식하고 알려 주어야 한다

앞에서 소개한 것이 ADHD의 전부가 아니다. 이 책의 다른 곳에서 언급했듯이, ADHD는 하나 또는 그 이상의 장애를 동반한다. 학교 환경에서는 학업 취약성의 특성과 영역을 ADHD 소녀에게 알려 주어 잠재력을 사용할 수 있도록 해야 한다. 읽기장애와 ADHD는 자주 같이 나타난다.[6] 특히 부주의 우세형 ADHD 소녀들은 복합형 ADHD 소녀들보다 읽기장애가 될 가능성이 더 높다.[7] ADHD 학생들은 쓰기장애를 5배 넘게 가지고 있고, 읽기장애를 가진 ADHD 소녀들은 ADHD 소년들보다 문어(written language)장애를 가질 가능성이 더 높다.[8]

어떤 연구[9]에서 읽기장애가 없는 ADHD 아동은 구어(verbal)를 배우는 것이 어렵다는 것을 밝히기도 했다. ADHD 소녀들은 ADHD 소년들보다 뛰어나고 학습 전략을 더 잘 사용한다고 하지만, ADHD 학생들은 ADHD가 없는 학생들보다 회상 능력이 떨어진다고 한다. 이 연구는 ADHD 소녀들은 이름, 날짜 그리고 개념을 나타내는 용어를 듣고 기억하는 데 어려움이 있으며 지식을 잘 익히기 위해 더 많은 시간을 쓰고 더 반복해야 한다는 것을 시사하고 있다.

부모의 옹호 역할

자신의 딸이 주의력에 문제가 있다고 의심하는 부모들은 주의력에 문제가 있는지 평가하는 담임교사만을 믿어서는 안 된다. 만약 교사나 학교가 딸의 주의력의 어려움을 인지하지 못하면, 부모들은 ADHD 소녀들을 연구했고 ADHD 소녀들이 보여 주는 여러 성장 이력들과 패턴들을 알고 있는 전문가에게 개인적으로 진단을 받도록 해야 한다. 개인적으로 진단받은 후에는 학교로 가서 진단 결과를 가지고 특별한 지원을 논의할 회의를 갖자고 교사들에게 요청할 수 있다.

부모는 할 수 있는 한 많이 ADHD에 대해 공부해야 할 필요가 있는데, ADHD 소녀들의 부모들은 특히 그러하다. 부모들은 학교 체제 내에서 강력한 옹호 역할과 교육 역할을 해서, 자신들 딸의 요구를 분명히 하고 ADHD 소녀들의 잠재력을 발휘할 수 있도록 도와주는 서비스와 지원을 얻어 내도록 해야 한다. ADHD 학생에게 필요한 도움과 지원을 확보하는 데 있어 학교가 적극적으로 부모의 파트너가 되어 가면서, ADHD 소녀에 대한 교사의 인식과 교육이 최근에 향상되어 가고 있다는 것은 희소식이다.

부모의 옹호를 통해 ADHD 소녀의 모든 요구를 다룰 수는 없다

ADHD 소녀들은 종종 ADHD 소년들과 다른 모습을 보여 주기 때문에 그리고 불안과 우울 같은 내재화된 증상을 보여 주기 때문에, 때때로 부모들이 열정적으로 옹호 활동을 해도 필요한 지지와 지원을 얻기에 충분하지 않을 수 있다.

> 현대의 학급은 민디(Mindy)에게는 독처럼 유해한 것으로 입증되어 왔다. 활기차고, 시끄럽고, 자극적인 시각물이 많고, 깊은 사회적 관계를 요구하는 학급에 그녀는 압도당할 뿐이다. 민디는 공부는 잘하지만, 아직도 성적이 들쑥날쑥한다. 3학년 때 성적은 아주 좋지 않았다. 수많은 전문가는 똑똑하고 학업 성적이 좋은데 어떻게 여전히 학습 능력과 집중 능력의 차이로 인해 실행기능에 심각한 손상이 생기는지 알지 못한다. 또한 수많은 전문가는 대처

기제(coping mechanism)를 성공적으로 쓰는 데 얼마나 많은 대가를 치르는지 모른다.

민디 어머니의 발언은 ADHD 소녀가 대처 기제를 사용하는 과정에서 속으로는 큰 대가를 치르고 있음을 시사한다. 타인의 비위에 맞추어야 한다는 내면의 압박감에 쫓겨, 타인들이 ADHD 소녀들에게 기대하는 것을 하려고 많은 노력을 하고 사투를 벌이며, 그 사투로 인해 때때로 ADHD 소녀들은 그들에게 필요한 지원을 받지 못하게 된다. ADHD 소녀들의 노력 정도와 불안 수준은 반드시 참작되어야 하며, ADHD 소녀들은 타인들이 기대하는 학업 수준을 충족시킬 능력이 있다는 것으로 끝나서는 안 된다.

1년 이상 리탈린을 복용해 왔고, 올해 민디가 ADHD로 진단을 받았을 때조차 비공식적인 지원을 제공받았는데, 그것은 (스트레스가 많은 학급에서 나가) 클리닉에 매일 내원할 수 있는 것이었다. 지역선별위원회는 민디가 학업 성적이 상위라는 이유로 504 플랜[역자 주: 1973년 「재활법」 제504조를 참조한 504 플랜은 장벽을 제거하고 장애 학생들이 공립 초등 및 중등 교육에 자유롭게 참여할 수 있도록 하려는 시도이다. 「미국 장애인법(American With Disabilities Act)」과 마찬가지로 경기장을 평준화하여 학생들이 다른 사람들과 똑같은 기회를 안전하게 누릴 수 있도록 노력한다. 504 플랜은 장애 학생이 장애가 없는 학생과 마찬가지로, 학교가 장애 학생에게 필요한 편의를 제공하는 것을 목표로 한다]에 적용되는 대상이 아니라고 결정했다.

이어서 민디 어머니는 그녀의 딸이 스트레스 수준이 올라가면 우울과 불안도 증가한다고 말했다. 기대가 올라감에 따라 민디는 공황 상태에 빠졌고 가끔 학교 가기를 거부했다. 결국 학교는 504 플랜을 따르지 않고 정서장애 학급에 민디를 넣었다. 민디는 학급에서 불행했고 우울이 증가했다. 아이러니

하게, 민디의 우울이 정서장애 학급이 민디에게 적절한 곳임을 증명하는 증거가 되었다. 민디의 부모와 정신건강의학과 의사들은 민디의 다른 면, 즉 창조적이고, 인정이 많고, 친절하고, 믿을 수 없을 정도로 머리가 좋고, 믿을 수 없을 정도로 외로운 면을 보았기 때문에 강하게 반대했다. 민디의 부모와 정신건강의학과 의사들은, 정서장애 학급 배치는 민디에게 해가 되고 여름 방학 후 정서장애 학급에 보내는 대신 다른 대안을 폭넓게 찾아보아야 한다고 생각했다. 민디의 부모와 정신건강의학과 의사는 ADHD의 이차적 증세로 민디에게 우울과 불안이 있으며, 민디에게 필요한 것은 똑똑한 ADHD 소녀에게 맞는 구조화와 지원이라고 강하게 믿었다.

민디의 어려움은, 그것이 비극적인 이야기일지라도, 순응하고 불안해하고 압도당하고 우울해지기 쉬운 ADHD 소녀들이 경험할 수 있는 어려움들의 극단적인 예가 될 수 있다. 민감하고 똑똑한 ADHD 소녀에 대한 지원이 충분하지 않아서, 이차적인 정서 반응이 주된 진단명으로 제시되는 상황이 지금 생겨나고 있다.

학교생활에서 발생하는 ADHD 소녀들의 요구를 학교는 어떻게 충족시킬 것인가

유아기 때는 IQ보다 실행기능이 학령기의 읽기 기능과 수학 기능의 예측변수가 된다.[10, 11] 교육자들은 우월한 실행기능과 학업 성취도 간에 관련이 있음을 점점 인식하게 됨에 따라, 주의력 향상을 통해 실행기능을 향상시키려고 하고 있다. 여기에서 우리는 간단히 학교에서 실시되는 여러 가지 증거기반 중재법에 대해 언급할 것이다.

소집단에서 공부하기

ADHD 학생들에게는 학습 환경이 중요하다는 것을 이해해야 한다. ADHD 학생들은 소집단에서 공부할 때 '집중해서 과제를 수행하는 행동'을 잘하게 된다고 한다. ADHD 학생들이 혼자서 공부하거나 학급 차원 수준으로 공부할 때는 '집중해서 과제를 수행하는 행동'은 덜 나타나게 된다.[12] 교사가 ADHD 소녀들을 위한 학습 전략을 선택할 때 이러한 사실들을 명심할 필요가 있다.

마음챙김 훈련을 학급에서 하기

마음챙김 훈련은 6세 또는 7세 아동이 있는 학급에서 실행기능을 사용하면 정적 강화물을 받는 방식으로 실시된다. 학급에서의 마음챙김 훈련에는 물이 가득 찬 숟가락을 들고 선을 따라 조심스럽게 걷는 것 같은 걷기 마음챙김 운동뿐만 아니라 주의 깊은 알아차림(attentional awareness)을 높이기 위한 정좌 명상을 하는 것이 포함된다. 교사와 부모들은 마음챙김 훈련을 통해 실행기능 수준이 높아졌다고 말한다.[13]

감정 통제와 문제 해결 기술 가르치기

PATHS(Promoting Alternative-Thinking Strategies, 대안 사고 전략 사용 촉진) 프로그램은 아동이 문제에 반응해야 할 때나 속상할 때 아동에게 어떻게 해야 하는지 교사가 아동에게 가르쳐 줄 때 사용하는 것으로, 아동에게 다음과 같은 것을 해 보도록 한다.

- 멈춤

- 깊은 숨 쉬기
- 자신의 감정을 말하기
- 감정 반응에 대해 의식적 자기통제를 실시하기
- 문제를 다룰 행동 계획 짜기

교사들은 학교생활 동안 다른 상황에서 이 방법을 사용하도록 권하고 있다. 이 프로그램을 경험한 학생들은 자기통제와 계획적 문제 해결이 상당히 향상되었다고 연구자들은 보고하였다.[14, 15]

주의와 작동 기억 향상을 위한 컴퓨터 훈련

몇몇 컴퓨터 훈련 프로그램이 실행기능 기술을 향상시키기 위해 개발되었다. 가장 잘 알려진 것 중의 하나가 Cogmed^{tm}로 작동 기억을 개선하기 위해 만들어졌다. 연구자들은 이 프로그램들이 꾸준히 사용되고 난이도를 올려간다면 도움이 될 것이라고 말한다. 향상된 작동 기억 기술이 학습 상황에서 다른 작동 기억 과제의 해결에 얼마나 적용될지는 분명하지 않다고 한다.[16]

주의 유도하기

ADHD 아동이 수학 문제를 풀 때, 수학 문제 해결에 필요한 요소에 주의집중을 하도록 수학 문제에 있는 키워드를 강조하면 ADHD 아동은 자신의 능력을 잘 발휘할 수 있다. 문장제 문제의 경우 강조한 곳이 있는 문장제 문제를 푸는 연습을 하고 나면 강조한 곳이 없는 문장제 문제를 잘 풀게 되는데, 이는 이러한 단서 주기가 ADHD 학생이 중요한 단어나 단서에 주목하기를 배우는 데 도움을 준다는 것을 시사한다.[17]

목표를 정하고 달성하도록 지도하기

많은 ADHD 학생은 부끄러움이나 불충분함의 느낌을 피하기 위해 목표를 정한다. 다른 말로, 그들의 목표는 학업을 피하는 것이고 학업을 피하면 자신의 불충분함이 드러나지 않게 된다.[18] ADHD 학생들을 목표 회피 패턴에서 목표 달성 패턴으로 옮기려면, 교사들은 주의 깊고 일관적인 구조화를 해야 한다. 목표는 구체적으로 정의되어야 하며, 단기 마감 시간(예: 30분 이내, 오늘, 오늘 밤)이 설정되어야 하고, 조금씩 난이도를 올려 ADHD 학생들의 목표 달성 가능성이 높아지도록 해야 한다. 목표 달성 가능성이 높아지려면 학생들의 입장에서 알기 쉽고 금방 할 수 있는 것을 활용해야 한다. 성공은 성공을 낳는다. 조금씩 상승하는 향상은 성공으로 정의되며, 자신감을 쌓아 가는데 도움이 되며, 이 자신감은 ADHD 학생들이 다음 목표를 달성하도록 하는 동기를 제공한다.

다양한 조직화 전략을 소개하고 매일 실행하기

쓰기 과제를 나누고 나눈 부분들을 제대로 했는지 체크하도록 하거나, 과제를 일정에 따라 나누어 실시해서 완성하는 일정 체계를 사용하는 것 같은 조직화 전략은 ADHD 학생에게 쉬운 것이 아니다. ADHD 성인조차도 조직화 전략이나 도구를 꾸준히 사용하는 것이 어렵다. 교사(그리고 부모들)는 ADHD 소녀들의 이러한 조직화 도구나 전략 사용이 습관이 될 때까지 매일 연습하도록 구조화하고 지원할 필요가 있다.

교사는 어떻게 ADHD 소녀에게 맞는 학급을 만들 수 있을까

ADHD 소녀에게 좋은 것은 모두에게 좋은 것이다. 504 플랜에 따른 활동이나 IEP(개별화 교육 프로그램) 작성을 하지 않으면서, 학생들의 차이를 수용하고 모든 학생의 요구에 맞게 지원하는 학급을 만들 수 있을까? 다음에 ADHD에 맞는 학급 환경을 만드는 방법들을 소개한다.

자주 격려하기

ADHD 소녀들에 대해 지속적으로 언급되는 이슈 중 하나는, ADHD 소녀들이 과잉행동/과잉사회성(역자 주: hypersocial. 예를 들어, 지나치게 타인을 간섭하는 것)을 보이든지 조용하고 백일몽에 잘 빠지든지 간에, 학급에서 당황해하고 수치감을 느낀다는 것이다. 이 감정(당황과 수치)을 느낀 것에 대해 연구자들은 분노('최선의 방어는 공격이다.')를 드러내는 것을 보니, 익살 부림과 농담('내가 바보같이 재미있게 행동하면, 내가 지금 몇 페이지를 보아야 한다는 것을 모르고 있다는 사실을 아무도 모를 거야.')을 보여 주다 보니, 교사에게 환심을 사려고('만약 선생님이 나를 좋아한다면 나에게 화내기를 원치 않을 거야.') 하다 보니, 또는 자기 자신을 숨기려고('내가 숨는다면 어려움에 처하지 않을 거야.') 하다 보니 그것을 느꼈을 것이라고 하면서 각각 자기 식의 해석을 한다. 낮은 자존감, 자기비난, 수치심 때문에, ADHD 소녀들은 교사에게 두려움과 당황을 표현하지 않는다. 교사는 적절한 설명 없이, 샐리가 왜 자주 결석하는지, 왜 과제를 끝내지 못하는지, 왜 자주 옆에 앉은 아이를 찌르는지에 대한 교사 자신만의 생각을 만들고 만족한다.

공부 친구를 배정하기

교사의 지시를 알아듣지 못한다고 ADHD 소녀를 꾸중하기보다는, ADHD를 잘 아는 교사라면 ADHD 소녀가 자신의 공부 친구(study buddy)에게 무엇을 해야 하는지 조용히 물어보도록 허락해 줄 것이다. 부끄럼을 잘 타고 위축되어 있고 자신이 없는 ADHD 소녀들을 꼼꼼하고 다정한 학생 옆에 앉혀서, ADHD 소녀들이 당황하지 않고 옆에 앉은 학생에게 도움을 요청하도록 하는 것이 가장 좋다. 외로움과 고독감은 실행기능에 부정적인 영향을 준다는 것이 이미 연구에서 밝혀졌다.[19] 공부 친구는 비용이 들지 않으면서 손쉽게 사용할 수 있는 중재법이다.

동료 튜터링을 제공하기

어려움에 빠져 사투를 벌이고 있는 학생들을 잘 돕는다고 소문난 학생들에게 어려움에 빠져 사투를 벌이고 있는 학생들을 돕도록 하라. 동료 튜터링(peer tutoring)은 똑똑하지만 자주 지겨워하고 많은 자극이 필요한 학생들뿐만 아니라 일대일로 살펴주어야 할 필요가 있는 학생들에게 제공된다.

따뜻함과 격려해 주려는 마음을 가지고 다가서기

교사는 ADHD 소녀들이 교사들에게 추가 지원을 요구하도록 권할 수 있고, 재지시(redirect)와 격려를 통해 더 많은 공부를 하도록 유도할 수 있다. ADHD 소녀들은 비난과 부정적인 결과보다 칭찬과 격려로 교사들에게 더 잘 반응하게 할 수 있다.

교실이 안전하다고 느끼게 하기

일반적으로 교사들은 교실을 안락한 곳(실수해도, 교사에게 같은 말을 반복해도, 또는 숙제를 가져오는 것을 잊은 이유를 설명해도 안전한 곳)으로 만들어 줌으로써 ADHD 소녀들에게 많은 지원을 해 줄 수 있다.

몸을 움직일 시간을 자주 주기

ADHD 소녀들은 동료 소녀들보다 몸을 움직일 시간을 더 자주 주어야 함을 알아야 한다.

문제 해결을 ADHD 소녀와 같이 하기

어떤 물건을 분실하거나 잊어버린다고 비난하기보다는 문제 해결을 공동으로 하며, 문제 해결을 공동으로 할 때는 ADHD 소녀가 최선을 다한다고 하더라도 이런 실수는 가끔씩 일어난다는 것을 인지하고 있어야 한다.

수줍어하며 주의력이 떨어진 소녀라고 불리는 것을 막기

답을 알고 있음을 나타내는 표시로 ADHD 소녀가 손을 들 때만 말할 수 있다는 것을 ADHD 소녀와 약속한다.

ADHD 소녀가 교사의 책상으로 가도록 격려하기

ADHD 소녀가 혼란스러워하거나 앞으로 어떻게 될지 잘 모를 때 교사가 개인적으로 만나 설명을 해 주면 동료들 앞에서 당황하지 않게 된다.

칭찬을 극대화하고 비난을 최소화하기

건망증, 주의력 결핍, 조직화 부족을 강조하지 않고, 교사가 ADHD 학생은 호기심이 강하고, 창의력이 좋고, 열의가 있음을 더 많이 인식할수록, 어린 ADHD 여학생은 자존감이 쌓여서 젊은 성인기 때에는 자신의 능력을 믿는 자신감 있는 사람이 된다.

ADHD의 영향을 최소화하기 위한 초등학교에서의 지원

- 말이 많고 말하기를 조절하지 못하는 학생은 가장 친한 친구와 떨어뜨려 놓는데, 이때 떨어뜨려 놓는 것이 처벌의 의미가 아니라 자신의 공부에 집중하게 위해서 선택한 지원 방법임을 알려 주어야 한다.
- 학교를 오가며 과제를 가져오게 하는 일은 최소화하라. 집에서 한 과제는 이메일로 보내도록 한다.
- 인터넷을 사용하라. 인터넷으로 숙제, 시험 준비용 질문이나 문제 목록, 부모에게 알리는 정보를 보낸다.
- 정보를 느리게 처리하는 학생들을 위해 질문이나 문제 수를 줄이라. 학급 전체 학생들에게 할당된 만큼 많은 질문이나 문제가 없어도, 많은 학생은 충분히 배울 수 있고 학습했음을 입증할 수 있다.
- 부모들에게 음성 문서 변환 소프트웨어(voice-to-text software)를 구입하도록 제안하라. 이 소프트웨어는 과제나 독서 감상문을 학생이 받아쓸 수 있게 해 준다.
- ADHD의 학업 성취도의 비일관성을 반영하여 시험을 다시 칠 수 있도록 허락하라. 교육의 목표는 배우고 학습했음을 입증하는 것이지, 어떤 날의 시험에 합격/불합격했다는 것이 아니다.

- ADHD 소녀들의 구두 표현 기능(verbal expressive skills)이 작문 기능보다 뛰어나므로 구두 시험을 칠 수 있도록 하라.
- 뒤죽박죽인 것에 표식을 하지 말라. 뒤죽박죽인 것이 ADHD가 없는 학생에게는 노력을 덜 하고 있다는 조짐으로 볼 수 있지만, ADHD 학생이 쓴 글에는 필체가 좋지 않거나, 지운 자국이나, 뒤죽박죽인 글씨가 흔히 나타난다. 가장 건설적인 해결책은 글씨를 엉망으로 쓰기 시작할 때 키보드 사용 기능을 배우는 것이다. 알파벳 철자를 따라 쓰는 것보다 키보드를 누르는 것이 훨씬 쉬우며, 컴퓨터 모니터에 있는 지우개를 사용하면 지운 흔적이 보이지 않고, ADHD 학생이 점점 깨끗하고 읽을 수 있는 글씨를 쓰게 된다.
- 학급에서 키보드 치는 시간대를 정해 매일 키보드 치는 연습을 하도록 하여 ADHD 학생들에게 키보드 치는 기술을 사용하도록 격려하라. 매일 15분 연습은 키보드 치는 기술의 향상을 도울 것이다.
- 백일몽은 때때로 ADHD 소녀가 극복할 수 없는 것임을 알라. 괴롭히거나 비난하지 말고 ADHD 소녀를 주목하지 말고 가만히 있으면 된다.
- 강의는 짧게 하고, ADHD이든 아니든 토론과 상호작용을 더 많이 해서 전체 학생들과 관계를 맺도록 하라.
- 전환은 ADHD 소녀들에게는 어려운 것임을 알라. ADHD 소녀들은 한 과목 활동에 너무 몰두해 그 과목 활동 시간이 끝나고 다른 과목으로 넘어가야 한다는 것을 듣지 못할 수 있다.
- 똑똑한 아동이 경솔해서 가방을 복도에 둔 것이 아님을 알라.
- 기억 회상 문제를 수용하라. ADHD 학생들은 그들이 전에 배웠던 정보들을 회상하는 것이 어렵다는 사실이 알려져 있다.[20] ADHD 학생들은 학습을 했더라도 일관적이지 않아, 정보 회상이 될 때도 있고 안 될 때도 있다. 그래서 ADHD 학생들이 학습 내용을 회상하기 어려운 시험 방식보다는 회상하기 쉬운 시험 방식, 즉 개방형 답을 요구하는 질문을 하거

나 구도로 진행하는 시험을 통해, ADHD 학생들의 실제 학습 수준을 알아보아야 한다. 개방형 답을 요구하는 질문을 하거나 구도로 진행하는 시험 방식은 ADHD 학생들의 불완전한 회상 능력을 부분적으로나마 고려한 것이라 할 수 있다.

상급 학년에서의 ADHD 소녀 지원

ADHD 소녀는 초등학교에서 중학교와 고등학교로 옮겨 감에 따라 도전 과제가 많아지고 생활은 복잡해져 간다. 지원과 서비스에 대한 요구는 이러한 시기에 더 많아진다. 한 교사에게서만 지도를 받다가 여러 교사에게 지도를 받게 되고, 숙제와 요구되는 독서도 많아진다. 조직화가 요구되는 공부거리와 장기 계획 과제가 많아지나 실행기능의 부족으로 이를 해내기 어렵다. 소년/소녀 관계, 사교 방식, 정체성이 사회 집단과 비교과 활동에 의해 결정되므로 사회적 압박감은 늘어나고 더욱더 복잡해진다.

청소년기에 ADHD 소녀들은 일반적으로 교사나 부모의 구조화와 지도에 관계없이 잘 적응할 수 있다는 예상을 한다. 반면, 호르몬의 변화와 변동으로 인해 기분의 불안정성이 증가하고 ADHD의 영향이 더 강하게 드러난다.

상급 학년에 적절한 담임교사의 지원

- 강의 내용을 노트 필기(또는 노트 필기에 접근)해 줄 사람이 있으면 ADHD 학생은 꼼꼼히 노트 필기를 할 필요가 없어지고 강의 내용을 잘 듣고 상호작용을 할 수 있다.
- 시험 시간을 늘려 주라.

- 시험은 분리되고 조용한 공간에서 보게 하라.
- 대안적 시험 방식을 고려해야 하는데, 예를 들면 논술 시험이나 구두 시험을 들 수 있다.
- 마감 시한에 적당한 융통성을 발휘하라.
- 우발적으로 가정이나 개인물품 보관함에 두고 올 때를 대비해 여분의 교과서를 학급에 비치해 두라.
- 숙제, 장기 과제 안내, 간단한 시험과 정식 시험 날짜, 과제와 프로젝트 제출일은 인터넷으로 알리라.
- 이메일로 과제를 제출하도록 하여, ADHD 학생이 과제 제출을 잊거나 과제를 엉뚱한 자리에 둘 가능성을 줄이도록 하라.

(여분의 교과서 준비를 제외하고, 이러한 지원들은 대학교에서 사용 가능한 것이며, 고등학교에서는 더욱더 필요하다는 것을 고등학교 교사들이 아는 것이 중요하다.)

ADHD 소녀에 맞는 학교 차원의 지원 방안 만들기

ADHD 소녀들이 초등학교 학급의 보호막에서 초등학교보다는 상대적으로 독립적인 중학교와 고등학교로 진학하면 ADHD 소녀에게 어떤 지원을 제공해야만 할까?

성인기로 옮겨 가는 중일 때 지원의 필요성

많은 교사는 청소년 학생들을 가르칠 때, 고등학교 졸업 후에 독립생활을 할 수 있도록 준비시켜야 하는 것이 임무라고 생각한다. 고등학교 교사들은 고등학생들에게 고등학교 졸업 후의 현실 세상에 대한 메시지를 반복해서 전달하는데, 세상에는 그들에게 상기시켜 주거나, 조직화하게 하거나, 또는 가르쳐 주는 사람은 없으며, 금방이라도 닥칠 독립생활을 연습하고 준비할 필요가 있다고 충고한다. 이 교사들은 ADHD 학생들이 평생 잊어버림, 산만함, 비조직화의 문제와 계속 사투해야 한다는 것을 모른다. 성인기에 타인의 도움 없이 독립생활을 한다는 목표는 필요 없는 것이고 ADHD 성인이 실현할 수 있는 것도 아니다. 사실상 이 목표를 달성하려는 압박감으로 인해 때때로 사기 저하와 절망감을 경험할 수 있다. ADHD 성인으로서의 성공을 거두는 데 중요한 것은, 잘 적응하는 데 필요한 지원을 해 줄 사람들을 어떻게 찾고 어떻게 그들과 어울려 살아갈지를 배우는 것이다. 고등학교에서 이러한 지원을 찾아내기 시작하고 이러한 지원을 제공해야 한다. ADHD 학생들은 사생활에서뿐만 아니라 고등학교에서와 대학교에서 조직화된 지원을 필요로 하고, 성인기에는 직장에서 조직화된 지원을 필요로 한다. 중학교와 고등학교 교사가 해야 할 일은, ADHD 학생들을 위한 구조화와 지원을 제공하고 ADHD 학생들이 할 수 있는 영역에서 독립적으로 하도록 격려하는 것이다.

ADHD 상담가/코치를 붙여 주기

ADHD 학생들이 한 명의 교사가 지도하는 초등학교에서 여러 교사가 지도하는 중학교와 고등학교로 진학하게 되면, 자주 그들을 살피는 여러 교사에게서 큰 도움을 받을 수 있다. ADHD 자문가/코치/상담가는 여러 교사가 그들에게 하는 다양한 요구(과제 등)를 처리하기 위해 시간 계획을 잡고, 우선순위를 정하고, 조직화하는 것을 그들이 배우도록 도울 수 있다. 대학교에서는 이 코칭과 학업 기술 훈련의 필요성이 알려져 얼마 전부터 제공되고 있으나, 대부분의 중학교와 고등학교에서는 지지 제공과 같은 서비스가 이루어지지 않고 있다.

학교 차원의 지원 그룹 제공하기

ADHD 소녀들은 ADHD 소년들보다 더 자주 사회적으로 외로움을 느끼며, ADHD가 없는 소녀들보다 이 외로움 상황에서 불행을 느낀다고 전해진다. 반면, 학업 지원과 청소년기의 반항적 행동이나 적대적 행동을 통제하는 방법에 좀 더 초점을 맞춘 지원 프로그램은 있으나, ADHD 소녀들의 큰 관심사인 사회적 불안에는 주의를 별로 기울이지 않고 있다. 중요한 것은, 외로움은 실행기능을 감소시킨다는 것이다.[21] 지원 그룹은 ADHD 소녀가 소속감과 수용됨을 느낄 수 있는 안전한 공간을 제공할 수 있다.

ADHD 소녀들이 이러한 위험들을 예방할 수 있도록 돕는 가장 좋은 방법은, 그들의 흥미와 재능을 발달시키도록 돕고, 유사한 이슈로 사투를 벌이고 있는 다른 소녀들과 공통성이 있음을 알도록 돕고, 그들에게 긍정적 역할 모델을 제공하는 것이다. 학교상담가나 학교심리학자가 이끄는 ADHD 소녀의 지원 그룹은 지원을 제공하는 이상적인 방법이다.

우선순위, 개인 맞춤 등록

아침 일찍 일어나 길고, 피곤하고, 산만해진 낮 동안 7과목 수업에 집중하는 것은 모든 사춘기 학생에게는 어렵지만, ADHD 십 대에게는 때때로 거의 불가능한 것이다. 학교가 ADHD 십 대가 학교에 잘 적응하도록 할 수 있는 가장 중요한 방법 중의 하나는 ADHD 소녀에 맞추어 등록하는 것으로, 이렇게 하면 가장 힘들어하는 수업은 학교에 있는 시간 중 가장 적절한 시간에 들을 수 있고 덜 힘든 수업은 가장 힘든 수업들 사이에 끼워 넣을 수 있다. 만약 중학교와 고등학교에서 ADHD 소녀에게 ADHD 상담가 또는 코치를 제공한다면, 그 소녀의 강점 및 약점을 잘 아는 사람이 학기 초에 소녀에게 맞추어 등록하도록 도울 수 있는 사람이 이상적인 사람이다. 대학교에서는 흔히

ADHD 재학생을 위해 이러한 지원을 하고 있으나, 이와 유사한 지원을 하는 중학교와 고등학교는 극히 적다.

자기옹호 훈련

ADHD 학생들의 부모가 ADHD 학생들의 유아기 때는 자녀들의 교육적 요구를 옹호했지만, 이제는 ADHD 학생들이 부모의 의존에서 벗어나 자신들이 직접 자신의 교육적 요구를 옹호하여 성공적인 전환을 할 필요가 있다. ADHD 소녀들은 자기를 내세우지 않고 감추고 너무나 당황하거나 위협받는다고 생각해 자신의 요구를 드러내지 못하는 경향이 있기 때문에, 자기옹호를 배울 특별한 필요가 있다. ADHD 소녀들은 초등학교 때 자신의 어머니가 교사나 상담가에게 말한 내용을 교사나 상담가가 그대로 믿어, ADHD 성향에 대해 교사나 상담가가 전혀 인식하지 않았고 그 결과 ADHD 성향은 수년간 드러나지 않았으나, 긴 여행 끝에 자신들을 위해 성공적으로 자기옹호를 할 수 있는 시점에 왔다. 특히 그들이 고등학교나 그 이상의 학교에서 부정적이거나 지원을 해 주지 않는 교사들을 만날 때 자기옹호를 해야 한다.

불행하게도, 많은 고등학교 상담가는 자기옹호의 필요성은 강조하지만 자기옹호 훈련을 시키지 않고 있다. 그리고 어릴 때부터 시키는 대로 하도록, 알아서 적응하도록, 내재화하도록 가르쳐진 ADHD 소녀들이 자기 자신을 거리낌 없이 말하는 것을 배우는 것은 ADHD 소년들보다 훨씬 어렵다. 또한 ADHD 소녀 지원 그룹은 이 옹호 기술들을 발전시킬 좋은 환경을 제공할 수 있다.

학교 차원의 에어로빅 프로그램 도입하기

몇몇 연구는 에어로빅 운동 후에 실행기능이 향상되었음을 밝히고 있다. 특히 에어로빅 운동은 대개 체육보다 실행기능을 더 향상시킨다고 한다.[22]

몇몇 학교는 학교 교육과정에 에어로빅 운동을 의무적으로 넣어 실험적으로 에어로빅 운동의 효과를 알아보았는데, 매우 긍정적인 효과가 있는 것으로 드러났다.[23]

공립학교의 대안

사립학교

공립학교에 대한 하나의 대안은, 돈이 많이 들지라도 ADHD 소녀의 요구에 맞는 사립학교 환경을 찾아보는 것이다. 다양한 유형의 ADHD 소녀들이 있기 때문에, 한 사람의 ADHD 소녀를 위한 이상적인 학업 환경은 다른 ADHD 소녀에게는 실제적으로 맞지 않다. 예산 지원만 된다면, 부모들은 학교를 고를 때 학교 배치 전문가의 도움을 구하면 도움이 될 것이다. 어떤 ADHD 소녀들, 특히 수줍음을 잘 타고 부주의 우세형인 ADHD 소녀들은 소규모 학급과 개인에게 맞추어져 있고 지원적인 교육 방식을 제공하는 학교에서 잘 해낼 수 있다. 다른 ADHD 소녀들은 수업 시간에 감독을 제공해 주고 구조화된 도움을 제공하여 계획과 조직화를 배우도록 하는 매우 구조화된 학교 환경에서 잘 해낼 수 있다. 아직도 어떤 ADHD 소녀들은 너무나 통제하고 제한하는 환경을 원할 수 있지만, ADHD 소녀들은 창의성과 독립성을 강조하는 학교에서 잘 해낼 수 있다. 적은 수이기는 하나 똑똑한 ADHD 소녀들은 그들의 평범한 성적 때문에 공립학교의 영재 프로그램은 맞지 않을 수 있다. 그러나 ADHD 소녀들의 재능을 인정하고 학업에 도전하게 하는 사립학교에서 똑똑한 ADHD 소녀들은 보다 활발해지고 동기화됨을 느낄 수 있다. 어떤 사립학교들은 교육 방법과 요구되는 학업을 학생의 요구에 맞추어 개별화하여 ADHD 학생에게 보다 좋은 환경을 제공한다.

리사(Lisa)는 초등학교 때 ADHD로 진단받았다. 그녀는 의지가 강하고, 감정적으로 반응하고, 수다쟁이였다. ADHD가 언급되었을 때, 교사들과 교장은 그녀가 평균 이상의 성적은 거두었지만 때때로 규율 지키기에 문제가 있다고 했다. 그녀의 부모는 집에서 더 많은 구조화와 규율을 만들어야 한다는 충고를 들었다. 리사의 검사 결과에서는 그녀가 99번째 백분위수에 들어가는 IQ를 가졌음이 드러났으나, 학업 성적을 보면 리사의 능력은 학업에 반영되지 않는 것이 확실하였다. 그녀는 경도 학습장애로 인해 개인 교수를 받으며 3년 동안 사립학교를 다녔다. 리사는 6학년 때 등록했던 영재 및 재능 프로그램에서 훌륭한 결과를 보였다.

사춘기 동안 대인관계에서 큰 역할을 하려는 사회적 요구가 리사에게 나타나기 시작하였고, 리사는 자신의 친구와 같이 있으면서 공립학교의 자유로운 분위기를 즐기기 위해 공립학교를 다니게 해 달라고 요구했다. 그 후 몇 년 동안, 학업은 쇠퇴했다. 리사는 큰 규모의 학급에서 길을 잃은 느낌이 들었다. 리사의 히스테리컬하고 말이 많은 성격으로 인해 교사들은 리사에게 짜증스럽게 반응했다. 부모들이 리사의 특별한 요구 건으로 학교 회의를 요청해서 학교 회의가 열리자, 교사들은 리사의 책임감 없음과 훈육의 결핍을 책망했다.

학업 문제가 증가함에도 불구하고 리사는 사립학교로 돌아가는 것에 강하게 저항했다. 13, 14, 15세 때 사회적 관계가 리사의 중심이었다. 마침내 리사는 고등학교 2학년 때 그녀의 요구를 채워 줄 수 없는 학교에 남아 있는 것이 그녀의 미래를 허비하는 것임을 깨닫기 시작했다. 그녀는 고통스러운 사회적 대변동을 감수하고, 공립학교에서 그리고 사회생활의 유혹으로부터 벗어났다. 한 학급 인원이 8명 또는 10명인 사립 기숙제 학교에 들어갔고, 그 사립 기숙제 학교에서는 매일 저녁 구조화된 자습 시간에 계획과 조직화를 할 수 있도록 개인 교수를 해 주었고, 쓰기 과제에 대해 도움을 제공했다.

지금 이 학생은 경쟁해서 입학할 수 있는 대학에 재학 중이며, ADHD와 학습장애를 위한 훌륭한 학업 지원 프로그램을 제공받고 있다. 되돌아보면, 기숙제 학교에서 받았던 지원이 없었다면 대학에서 성공적으로 잘 해내지 못했을 것이다. 평범한 성적을 거두었던 머리 좋은 소녀로서 공립 고등학교에서 지내기보다 잠재 능력을 활성화시키는 지원을 받았다.

홈스쿨링

홈스쿨링은 ADHD 딸들이 공립학교 환경에서 겪는 낮아진 사기와 학업 성적을 얻기 위한 사투로 인해 가족들이 좌절감을 느끼는 상황에서 관심이 높아지고 있는 흔한 대안이다.

홈스쿨링이 모든 가족에게 적절한 것은 아니지만, 그 필요성은 신중히 고려되어야 한다. 홈스쿨링이 성공하려면, ADHD 딸이 성공하는 데 필요한 구조화와 지원을 거주하는 집에서 제공하거나, 높은 수준의 동기부여가 있어야 한다. 홈스쿨링을 통해 학업 수준을 달성했다고 하더라도, 부모는 학업과 활동 간의 균형을 맞추어서 사회적 고립이 발생하지 않고 공립학교 학생들이 참가 가능한 비교과 활동에 참가할 수 있는 기회를 부여해야 한다.

많은 부모는 공립학교와 협의하여 자녀가 체육, 음악, 미술, 방과 후 클럽과 스포츠에 참가하도록 하여, 홈스쿨링의 장점과 공립학교에서 활용 가능한 기회들 간의 균형을 잡고 있다. 대개는 공립학교에서 배우는 여러 교과목을 자녀가 공부하는 홈스쿨링 프로그램을 실시한 후에 부모를 돕기 위해 개발된 구조화된 프로그램이 많이 있다.

이 홈스쿨링 일화는 3명의 ADHD 자녀를 둔 가족에게서 나온 것이다. 두 번째 아동은 딸이었는데 조용한 성격에 자기주장이 적었다. 그녀는 소규모의 학급이 있었던 초등학교에서는 잘 적응했으나, 중학교와 고등학교에 입학해서는 무너지기 시작했다.

언니(두 번째 딸)에 이어 막내도 ADHD 진단을 받았다. 케이(Kay)는 언니보다는 주장을 더 잘하고 오빠처럼 외향적이었다. 부모는 언니를 너무나 간과했다고 생각하여, 같은 실수를 두 번 반복하지 않도록 신중하게 행동했다. 케이가 새로 생긴 큰 공립학교에 입학하고 몇 주 지나고 나서, 집에 와서는 매일 무의미한 규칙과 지겨운 수업과 무관심한 교사에 대해 불평을 하며 화를 냈다. 한주 두주 지나면서 그녀의 고통은 심해졌고, 그녀의 부모는 이를 기록했다. 수업 사이에 복도에서의 행동에 대해 학생들과 교직원 간의 심각한 내치가 있은 후, 케이는 집에 와서 홈스쿨링을 해 보고 싶다고 말했다. 비록 그녀의 부모가 몇 가지 의문점을 말하기는 했지만, 그들은 그녀의 언니가 겪었던 좌절과 실패를 그녀가 반복하기를 원하지 않는다.

가족들은 막내의 익숙하지 않는 영역으로 나아갔다. 항상 생각하고 실행으로 옮기도록 양육받은 케이는 인터넷 기반 홈스쿨링 프로그램을 알아보았고 부모의 동의하에 등록하였다. 4년 후 케이는 다음과 같이 기록했다.

> 내가 홈스쿨링을 한다고 했을 때 내 친구는 나를 놀렸다. 나는 매주 선생님과의 미팅(문제를 토의하기 위해), 하루에 일곱 가지 수업을 듣기 위해 앉아 있는 것, 친구들과 어울릴 수 없는 것에 지쳐 있었다. 홈스쿨링에서는 나의 페이스대로 해 나가면 된다. 나의 선생님은 인내심이 있으셔서 공부를 끝낼 시간을 주셨다. 그들은 나에게 나의 공부를 끝내야 한다는 책임을 주었고, 내가 공부를 끝낼 수 있을 것이라는 믿음을 가지고 있었다. 또한 많은 활동을 직접 해 보았다. 한 사회과 프로젝트에서는 나의 어머니와 내가 안내견에게 시각장애인을 인도하는 것을 가르치는 비영리 기관을 방문하도록 하였다.
>
> 홈스쿨링으로 공립학교보다 깊이 있는 공부를 하면서, 나에게 배움은 내 안에 있는 자질과 재능을 끌어내는 것이라는 것을 깨닫기 시작했다. 나는 시와 단편을 썼다. 나의 피를 끓게 하는 무언가를 찾으려고 했고 그것을 찾으면 실행했다.
>
> 지금은 2년제 대학 학위를 따기 위해 대학에 개설된 여러 과목을 공부하

고 있다. 내가 홈스쿨링을 한 것은 올바른 결정이었고 이것은 내가 지금까지 결정한 것 중에 가장 잘한 것이었다.

케이는 똑똑하고 의지가 강한 ADHD 소녀들처럼 홈스쿨링을 통해 그녀의 흥미와 강점에 맞춘 미래를 향해 선택을 하고 공부를 하는 데 그녀의 에너지를 쓸 수 있었다. 공립학교 환경에서는 그녀는 지루함과 좌절을 느꼈고, 같은 에너지를 체제 및 조금의 학습과 싸우는 데 낭비했을 것이다.

ADHD 학생에 대한 홈스쿨링 효과에 관한 연구는 매우 적다. 그러나 한 예비 연구[24]에서 소수의 ADHD 학생은 그들이 한때 다녔던 공립학교 환경에 있는 학생들보다 읽기와 수학 성적이 더 좋았다는 것이 밝혀졌다. 이러한 결과는 집에서 일대일로 교육받을 기회가 있었기에 생겼을 것이다.

홈스쿨링은 모든 가정 또는 모든 ADHD 학생에게 적합한 것은 아니지만, 구조화와 융통성을 제공할 가능성이 있으며, 이 구조화와 융통성은 ADHD 학생들을 자주 성공으로 이끄는 열쇠가 된다.

ADHD 소녀들을 지원할 다른 전문가들을 데려오기

이상적으로는, 공립학교에서 ADHD 소녀에게 필요한 모든 학업 지원을 제공하여야 한다. 그러나 현실에서는 이런 일은 일어나지 않는다. ADHD 소녀들의 부모는 공립학교 체제에서 ADHD 딸을 알아주고 도와줄 연결고리를 만들도록 열심히 노력해야 하나, ADHD 딸의 모든 요구가 충족될 것이라고는 생각하지 말아야 한다.

교육 진단

앞에서 언급했듯이, 부모가 자신의 딸이 ADHD를 가지고 있다고 짐작하여도, 교사는 이 문제를 인식하지 못하므로 아마도 ADHD 분야의 전문가에게 가서 개인적으로 진단받는 것이 가장 좋은 선택이다. 이 전문가는 임상심리학자, 신경심리학자, 또는 교육 진단 전문가일 수 있다. 진단할 때 표준화되어 있고 잘 알려진 진단 도구를 사용해야 서류에 진단 결과를 기록할 수 있고, 진단 보고서에서 가장 중요하고 활용할 수 있는 부분은 치료, 교육적 요구 그리고 지원에 관한 권장 사항 목록이다. 부모는 장애가 표기된 서류를 학교에 제출하고, 학교 체제 내에서 그들의 딸의 교육적 요구들을 충족시키기 위해 IEP 작성이나 504 플랜(미국「재활법(Rehabilitation Act)」제504조라고도 불림) 적용을 시작하도록 해야 한다. 때때로 진단을 실시했던 전문가가 부모와 함께 학교 회의에 참석해서 보고서 내용 중 권장 사항을 설명하고 토론할 수 있다.

개인 교수

ADHD 증상과 수년간 지속된 자기회의와 낮은 자존감이 섞여서, ADHD 소녀들은 힘든 과목을 피하거나 피하는 것으로 추정되며, 만약 그 과목들이 필수 과목이라면 그 과목들은 공부를 잘 못할 것이다. 특정 과목에 학습장애가 있다는 증거가 없더라도, ADHD 소녀는 일대일 개인 교수로 공부하면 잘 해낼 수 있다. 개인 교수자는 수학, 문어(written language), 또는 기억처럼 ADHD의 특정 약점에 대해 지원할 수 있다. 중학교와 고등학교를 다닐 때는 요구되는 학업량이 많아지면 조직화 기술이나 일반적 학업 기술을 사용하도록 도와줄 수 있다.

코치

ADHD 소녀가 공부를 어느 정도 할 만큼 똑똑하다고 하더라도, 그녀의 ADHD 성향은 학교생활에서 높은 스트레스를 느끼게 할 수 있다.

> 아주 똑똑한 나의 딸은 중학교 1학년(13세)일 때 모든 표준화된 시험에서 상위의 성적을 나타내고, 대학 입학 자격 시험에서는 1,200점을 받았으나, 숙제, 필기, 실험 과제(lab works)는 잘 해내지 못했다. 그녀는 너무나 조직화를 못해서, 매주 한 번 개인 사물함을 비워 주러 가야 하고, 그렇게 해야 다음 주 월요일에 코트나 운동복 상의를 입을 수 있다.

이런 ADHD 소녀들에게 조직화를 더 잘하고 덜 잊게 하도록 도와주는 특별한 코칭을 하면 큰 도움이 된다. 코칭은 개인 교수와는 달리 습관 개발과 같은 구체적 목표 설정에 초점을 맞추고, 계획과 조직화의 습관이 확실히 확립될 때까지 매일 완수하도록 돕는 데 초점을 맞춘다.

ADHD 아동과 십 대에 대한 코칭은 1990년대 중반에 등장한 전문 직종으로 비조직화와 잊어버림의 패턴을 보이는 ADHD 학생이 자신의 부족함을 보완하도록 돕는 뛰어난 수단이었다.

결론

ADHD 딸이 필요로 하고 자신의 완전한 잠재력에 도달할 수 있는 교육적 지원을 받도록 보장하는 것은 ADHD 딸을 둔 부모의 책임이다. 부모가 먼저 딸을 위해 강력히 옹호자가 되어야만 하고, 그러고 나서 딸들에게 자신을 위해 강력한 옹호자가 되어야 한다는 것을 가르쳐야 한다. 이 장에서 실제 사례에 대한 몇 가지 짧은 글에서 알 수 있듯이, 때때로 공립학교에서 강력한 옹호를 하는 것만으로는 충분하지 않다. 어떤 가족들은 사립학교 또는 홈스쿨링 같은 대안을 선택하여, ADHD 자녀들이 어쩌면 피해를 받을 상황에서 피해를 받지 않도록 한다.

ADHD 소녀들에게 가장 중요한 이슈는 그들이 적절한 도움, 지원 그리고 치료를 받을 수 있도록 진단을 해야 한다는 것이다. 너무나 많은 ADHD 소녀의 잠재력은 외면되거나 간과되기 때문에 낭비된다. 교사들이 ADHD 소녀들의 눈에 덜 띄는 행동들을 발견하는 것은 당연히 어렵다. 평균 수준의 학력을 보이지만 동료들보다 높은 잠재력이 있는 ADHD 소녀들은 공립학교 체제에서 간과되는데, 공립학교는 많은 학생의 다양한 요구를 충족시키기 위해 노력해서 여러 학생이 능력 이상으로 성과를 냈다고 생각하고 있다. ADHD 소녀들의 진단과 적절한 지원과 도움이 공립학교 학급에서 일상화되려면 더 많은 전문적인 교사와 부모 교육이 필요하다.

제**10**장

ADHD 관리를 위한 효과적인 접근법

ADHD는 소녀의 삶의 거의 모든 측면에 퍼져 있는 복잡한 질환이다. ADHD는 치료를 받아서 치유될 수 있는 것이 아니기 때문에, 우리는 이 장에서 치료보다는 관리라는 용어를 사용하고자 한다. ADHD는 태어나서 사는 동안 전 생애에 전체에 걸쳐 그 정도가 더 심해지거나 덜해지거나 한다. ADHD 소녀가 성장하는 가정, 학교 환경 그리고 이의 선택들 모두는 ADHD 소녀가 ADHD로 인해 어떻게 영향을 받을지를 결정하는 데 중대한 영향을 준다.

ADHD가 ADHD 소녀들의 부모가 다루어야 하는 장애라는 것을 강조하기 위해, 이 장은 **부모들이 먼저**라는 접근법을 사용하여 구성되었다. 모든 종류의 치료법이 ADHD의 특정 측면을 다루는 데 도움이 될 수 있지만, 치료의 첫 번째 단계는 부모들이 자신들의 딸을 돕는 데 주도적인 역할을 하는 것이다. 전문가의 지도와 함께, 부모는 딸이 ADHD에 의해 어떻게 영향을 받는지

깊이 이해할 필요가 있고, 그러고 나서는 딸이 자신에 대한 현실적이고, 긍정적이고, 건설적인 시각을 갖도록 도울 필요가 있다. 부모는 딸이 가정에서, 학교에서, 사회적 관계에서 성공할 수 있는 기술과 자기이해, 자신감을 쌓을 수 있는 가정환경을 조성할 필요가 있다. 약물치료 및/또는 ADHD에 초점을 둔 심리치료나 다른 지원이 도움이 될 수 있지만, 긍정적인 결과를 만들어 내려면 가족의 이해와 지원이 필수적이다.

마르셀 킨스본(Marcel Kinsbourne, M.D.)은 ADHD 관리가 단순히 ADHD 증상의 감소가 아니라 삶의 질을 목표로 해야 한다고 잘 요약했다.[1] 너무 자주 학교 내 행동과 학업 성취도에 지나치게 초점이 맞춰지면서, 소녀들의 전반적인 삶의 질은 무시된다. ADHD 소녀들이 직면하는 삶의 가장 중요한 문제 중 하나는 ADHD 소녀가 또래, 부모, 교사들과 반복적으로 경험하는 부정적인 대인관계 교류이다. 시간이 지남에 따라 이러한 대인관계에서의 부정적인 메시지들은 점차적으로 그녀의 자아상을 형성하며 내재화된다. 부정적인 메시지는 영구적으로 자존심을 손상시킬 수 있다. 놀랄 것도 없이, ADHD의 성별 차이점 중 하나는 ADHD 여성이 ADHD 남성보다 더 부정적인 자기이미지를 가지고 있다는 것이다.[2] 부모는 딸의 자신감과 자존감을 키우고 지원하는 데 강력한 역할을 할 수 있다.

약물치료를 넘어서

부모들과 교사들은 ADHD의 주요 치료법으로 흥분제를 가장 먼저 생각한다. 1994년 UC 버클리의 유망한 ADHD 연구원인 스티븐 힌쇼(Stephen Hinshaw)는 약물치료가 학업적 생산성에 일시적인 이득을 줄 뿐, 그의 견해로는 아이들의 장기적인 학업 기능과 사회적 기능을 향상시키지는 못한다고 하였다. 그의 의심은 1999년 대규모의 다중 사이트 MTA 연구의 발견으로 대

중의 관심에서 사라졌는데,[4] 이 연구는 행동적 치료법은 오직 비 ADHD 증상들에만 약간의 이득을 제공하는 반면, 흥분제가 이 연구에서 사용된 다른 치료적 접근들보다 우수하다고 결론을 내렸다.

2014년 초, 앨런 슈워츠(Alan Schwartz)는 흥분제의 효과에 대한 힌쇼의 의구심을 뒤늦게서야 반영한 많은 MTA 연구자의 인터뷰 결과를 『뉴욕타임스(The New York Times)』에 실었다. 연구자들은 약물치료는 단기적인 증상 감소만을 다룰 뿐 학업적 성공, 가정에서의 기능, 사회적 기능 및 일반적 웰빙과 같은 문제는 무시한다는 이후의 발견을 인정하고, 약물치료의 이점에 대한 이전의 주장에 대해 유감을 표명했다.[5]

우리는 전반적인 치료 계획의 일부로 약물치료의 효과를 충분히 인식하고, ADHD 치료에 사용되는 약물에 대한 논의를 제11장에 할애했다. 우리는 부모와 다른 전문가들이 약물 대 대체 약물에 대한 양극화 논쟁에서 벗어날 수 있도록 돕고 싶다. 대신, 앞으로의 논의는 약물을 포함하든 안 하든 인지 기능과 삶의 질을 개선하는 데 초점을 맞춘 치료 계획을 개발하는 데 초점을 맞춰야 한다.

이 장에서는 ADHD 소녀들이 ADHD 증상뿐만 아니라 ADHD와 자주 동반되는 증상들까지 관리할 수 있도록 돕는 다양한 접근 방식을 소개한다. 모든 치료 접근법의 목표는 ADHD 소녀들이 자신들의 삶의 모든 면에서 정서적으로 안정되고 잘 기능할 수 있도록 돕는 것이다.

조기 발견

조기 개입은 성공적인 ADHD 치료의 열쇠이다. 조기 개입은 부적응적 대처 패턴이 고착되지 않게 하고, ADHD에 부차적인 다른 증상들이 발생할 가능성을 줄여 준다. 무엇보다 증상 확인과 개입이 일찍 시작될수록 소녀의 자아 발달에 피해가 덜 가게 된다. 그러나 ADHD를 진단하고 치료하는 것은 어느 때라도 결코 늦지 않다.

ADHD 딸을 돕는 부모들을 돕기

ADHD 소녀가 가족 내에서 이해와 지지를 느낀다면, 그녀는 집에서 개발한 기술과 전략을 더 큰 세계로 옮겨서 사용할 수 있다. 하지만 우선 우리는 부모들이 자신의 딸들이 자신감과 자존감 속에서 자라도록 도울 수 있도록 도와야 한다.

ADHD 진단을 진행하기

많은 부모의 경우, 그들의 딸이 남들과 다르고 특별한 배려가 필요하다는 것을 이해하고 완전히 받아들이는 데 시간이 필요할 수 있다. 이 기간 동안 많은 감정이 발생할 수 있는데, 안도감, 압도됨, 이전의 잘못된 진단에 대한 좌절감, 미래에 대한 두려움, 그리고 심지어 정상적인 아이의 상실에 대한 애도가 나타날 수 있다. 자녀에 대한 기대를 바꾸고, 그 새로운 기대들을 다른 사람에게 전달하는 것은 스트레스가 되고, 쉽지 않은 과정이다. 부모들은 그들만의 속도로 이 여정을 헤쳐 나갈 것이다. 부모들마다 ADHD의 다른 측면들을 볼 것이고, 따라서 사각지대가 생길 것이다. 대가족은 부모에게 추가적인 압력을 가할 수 있다. 그리고 이 과정을 더 어렵게 하는 것은, 부모들이 그들의 자녀들에게 단합된 모습을 보여 줄 필요가 있다는 점이다. 부모들은 ADHD 전문가에게 도움을 받을 수 있는데, 전문가들은 부모들을 감정의 미로를 지나 수용, 이해 그리고 건설적인 지원의 위치로 인도할 수 있다.

부모-자녀 간 의사소통 문제

진단 전에 거의 한계점까지 경색된 경우가 많았던 부모-자녀 간 의사소통은 가정 불화의 빈도와 강도가 최소화될 정도로 확실히 개선될 수 있다. 일단 부모들이 ADHD를 이해하기 시작하면, 그들은 자신들이 딸을 항상 이해해야만 하고 딸에게 분노를 느끼지 않아야 한다고 잘못 생각할 수도 있다. 이런 부모들은 아이에게 때때로 화를 내는 것이 절대적으로 정상이며, 그것이 부모가 자신의 아이를 충분히 사랑하지 않는다는 것을 의미하지는 않는다는 것을 이해할 필요가 있다. 부모들은 자신의 분노에 대해 죄책감을 느껴서는 안 된다. 이러한 감정을 극복하기 위해서, 부모들은 딸에게 영향을 미치는 딸의 뇌와 딸 자체를 분리할 필요가 있다. 무엇보다도, 다양한 가족 패턴과 특성에 대한 유머감각을 유지하는 것은 가족 내에 쌓일 수 있는 긴장을 없앨 수 있다.

ADHD를 재개념화하기 위해 가족이 알아야 할 것

부모들은 딸의 경험을 타당화하고, ADHD라는 낙인과 딸을 분리하는 법을 배움으로써 자신들의 딸을 도울 수 있다. 그녀는 ADHD 자체가 아니라 ADHD라는 병을 가진 것이고, 또한 그녀만의 많은 특징, 강점 그리고 기술들을 가지고 있다. 그녀의 정체성을 재개념화하는 것은 ADHD의 문제적 측면을 부정하는 것이 아니라 그녀의 독특한 강점과 적성에 초점을 맞추고 종종 비선형적인 사고에서 나오는 창의성과 자발성을 기리는 것이다.

부모 지지 집단

딸들을 지지하기 위해서, ADHD 소녀들의 부모들 또한 그들 자신에 대한 지지를 구할 필요가 있다. 부모 지지 집단 참여의 가장 중요한 결과 중 하나는, 일반적으로 자신의 어려움으로 인해 고립감을 느끼는 부모가 자신의 경험을 타당화하고 정상화한다는 것이다. 이러한 지지 집단들은 행동 관리와 효과적인 육아 기술에 대한 상세하고 쓸모 있는 정보를 얻을 수 있는 기회를 제공할 수 있다. 지지 집단에서 부모들은 또한 자신이 경험하는 특정한 어려움에 대해 이야기하고 가능한 해결책을 브레인스토밍할 수 있을 것이다. 주의력결핍장애 아동과 성인단(Children and Adults with Attention Deficit Disorder: CHADD, www.chadd.org)과 같은 집단들은 강의, 도서 및 비디오 대여 라이브러리, 자원 목록을 제공한다. 무엇보다 혼돈과 굴욕 속에서 홀로 고군분투하던 부모들은 자신들의 도전 경험을 쉽게 공감할 수 있는 부모의 지원 네트워크에 몰입하게 될 것이다.

집에서 시도해 보라

전반적인 양육 방식은 ADHD 개입 프로그램의 성공에도 큰 영향을 미친다. 문제를 예측하고, 어떻게 대처할지를 현명하게 선택하고, 침착하고, 일관되고, 수용 의사를 전달할 수 있는 부모들은 딸이 ADHD의 어려움을 헤쳐 나가는 것을 돕기 위해 딸과의 협력을 훨씬 더 잘 즐길 가능성이 있다. 부모들은 자녀 양육 방식의 변화를 구현하고 유지하는 법을 배우는 데 있어서 ADHD 전문가의 지원과 지도가 필요할 수 있지만, 이러한 접근법의 효과에 대한 궁극적인 책임은 가족에게 있다. 시작을 위한 몇 가지 방법이 있다.

이해하는 것으로 시작하기

ADHD를 성공적으로 관리하는 데 가장 중요한 한 가지 요소는 가족이 ADHD에 대한 실무 지식을 개발하는 것이다. 진단과 그 영향에 대한 심층적인 이해는 때때로 논리를 거스르는 것처럼 보이는 부적응적 행동을 이해할 수 있는 맥락을 제공한다. ADHD 소녀 자신뿐만 아니라 부모, 형제자매, 대가족 그리고 교사들은 ADHD 소녀가 자기조절을 하기 위한 장기적인 분투에서 비롯되는 여파를 이해할 필요가 있다. 부모가 딸의 행동에 대한 통찰력을 얻게 되면, 그들의 비난과 분노는 차츰 지지와 연민으로 변화될 것이다. 부정적인 피드백이 줄어들면 슬픔과 수치심도 줄어들 것이고, ADHD 소녀의 손상된 자아감각도 치유되기 시작할 수 있다. 그러나 바람직하지 않은 행동을 가져오는 원인을 이해한다고 해서 그것이 용서되는 것은 아니다. 가족 모두가 ADHD가 핑곗거리가 아니라 설명이라는 것을 이해해야 한다. ADHD 소녀와 그녀의 부모는 문제가 되는 행동을 줄이고 관리하기 위한 더 나은 방법을 찾기 위해 모두 함께 작업해야 할 필요가 있다.

ADHD 친화적인 가족 만들기

가족이 할 수 있는 가장 강력한 개입 중 하나는 ADHD를 이해하고 지원하는 환경을 집에서 만드는 것이다. ADHD를 지니고도 잘 사는 것은 가족의 과제이다. 부모 중 한 명이 ADHD를 가지고 있다면, 아버지 혹은 어머니는 자신의 삶에 긍정적인 변화를 주기 위해 노력함으로써 딸에게 역할 모델이 될 수 있다. 부모와 딸은 집에서 ADHD 증상을 줄일 수 있는 방법을 찾는 데 협력하고, 함께 협력해서 지지적인 가정환경을 구축할 수 있다.

ADHD 친화적인 가족[6]은 다음과 같다.

- 모든 가족 구성원을 약점까지 수용하고 지지한다.
- 개인적 차이를 이해하고자 한다.
- 루틴을 단순화하고 지나치게 관여하는 것을 줄이는 방법을 찾는다.
- 비난하는 대신, 문제를 함께 해결한다.
- 세부 사항에 신경 쓰지 않고 가장 중요한 부분에 계속 집중한다.
- 인내와 격려로 응답한다.
- ADHD 딜레마에 대해 함께 웃는다.
- 양질의 시간을 함께 보낸다.

가정에서의 뇌 친화적인 일상 생활습관 소개하기

ADHD는 신경생물학적 조건으로 인해 생기기 때문에 ADHD를 치료하려면 전반적인 뇌 기능을 향상시키는 모든 접근 방식을 수용해야 한다. 뇌의 기능을 최적화하거나 손상시키는 조건들에 대해 우리가 알고 있는 것부터 시작해 보자.

수면

ADHD를 가진 사람에게서 다양한 수면장애 패턴이 보고되었으며, 이는 ADHD 치료 경험이 있는 모든 임상의에게 잘 알려져 있다. 연구자들은 최근에서야 ADHD를 가진 사람들의 수면 문제에 관심을 돌렸다.[7] ADHD를 가진 많은 사람들은 잠드는 것뿐만 아니라 수면을 유지하는 것도 어렵다. 일부 연구자는 수면 부족이나 수면 차질로 인한 수면 감소가 ADHD의 핵심 증상, 특히 주의력 결핍과 과잉행동을 일으키는 중요한 요인이 될 수 있다고 제안한다.[8]

수면장애가 ADHD 증상을 유발하거나 증가시킨다는 증거가 늘어나고 있는 점을 감안할 때, 부모가 ADHD 딸을 돕기 위해 할 수 있는 가장 중요한 개입 중 하나는 건강한 수면 패턴의 개발을 촉진하는 것이다. 오늘날 많은 가정의 바쁘고 과중한 생활방식을 감안할 때, 이것은 말하기는 쉽지만 실천하기는 어렵다. 오후와 저녁에 과외 활동이 있는 소녀들은 종종 밤중이나 그 이후에야 숙제를 시작할 수 있기 때문에, 늦게 잠자리에 들게 되고, 수면이 불충분하고, 다음 날 아침에 바쁜 스케줄에 맞추어 일어나기가 힘들게 된다. 보다 건강한 수면 양생법에는 취침 1시간 전 스크린 시간(TV, iPad, 스마트폰 또는 컴퓨터)에 대한 엄격한 제한, 따뜻한 목욕 또는 샤워(샤워 또는 목욕 후 냉방이 수면을 유도함), 매일 밤 같은 시간에 잠자리에 드는 것이 포함된다.

[좋은 수면습관 개발에 대한 자세한 내용은 캐슬린 네이도(Kathleen Nadeau)의 '잠을 푹 자세요(Getting a good night's sleep)'(http://chesapeakeadd.com/adhd-articles/getting-a-good-nights-sleep-with-adhd/) 참조.]

운동

규칙적인 운동의 중요성은 널리 받아들여지고 있지만, 더 최근의 연구들은 매일하는 유산소 운동이 특정한 인지적 이득이 있음을 확인하였다. 존 레이티(John Ratey)는 베스트셀러 『스파크(Spark)』[9]에서 유산소 운동이 학습을 지원하고 신경 연결(학습이 일어날 때 생기는)의 성장을 촉진하는 신경화학물질인 뇌유래 신경생성인자(brain-derived neurotrophic factor: BDNF)를 증가시키고, 또한 신경생성증(새로운 뇌세포의 생성)을 촉진한다는 연구 결과를 제시했다. 한 연구에서는 일주일에 두 번이라도 운동을 하는 십 대들이 ADHD 증상을 가질 가능성이 훨씬 낮다는 것을 발견했다.[10] 운동은 또한 수면에도 도움이 된다. 당신의 딸이 매일 운동을 자신의 삶의 일부로 만들도록 격려함으로써, 당신은 동시에 가장 강력한 두뇌 친화적인 두 가지 생활습관인 운동과 수면을 촉진시키는 것이다.

영양학적 영역

포도당은 뇌에 연료를 공급한다. 포도당 수치가 떨어지면 사고력이 흐려지고 의사결정이 어려워지며, ADHD 증상이 증가한다. 연구에 따르면 아이들의 인지와 행동은 포도당 수준의 변화에 영향을 받는다.[11] 아침 식사로 달걀이나 오트밀과 같이 느리게 분해되는 음식을 먹는 것은 아침 시간 동안 학교에서 인지 기능을 사용하는 데 도움이 되는 것으로 나타났다.[12, 13] 딸이 하루 종일 안정된 포도당 수준을 유지하도록 정제된 설탕과 전분을 피하는 식사를 계획하고 식사와 간식으로 단백질을 섭취하도록 하라. ADHD에 좋은 영양소에 대한 더 많은 정보를 위해 부모들은『어린이 친화적인 ADHD와 자폐증 요리책(Kid-Friendly ADHD and Autism Cookbook)』[14]을 참조할 수 있다. 이에 더해서, 최근의 연구는 전형적인 서구식 식이요법과 ADHD 사이의 상관관계를 발견했지만, 이러한 발견을 더 잘 이해하기 위해서는 훨씬 더 많은 연구가 필요하다.[15]

스트레스 관리

ADHD 증상은 스트레스 수준이 증가함에 따라 증가하는 경향이 있다. 스트레스는 수면 부족, 피로, 배고픔, 좌절, 불안 그리고 다른 많은 환경적 요인으로부터 야기될 수 있다. ADHD 소녀에게 스트레스를 주는 중요한 원인 중 하나는 자신의 현재 능력 밖의 실행기능에 대한 요구이다. 부모들은 딸이 충분한 수면을 취하도록 함으로써, 매일 아침 등교 준비를 할 충분한 시간을 가지도록 함으로써, 배고픔을 예방할 수 있는 단백질이 풍부한 아침을 먹게 함으로써, 포도당 수치가 빨리 떨어질 수 있는 방과 후에 건강한 간식을 먹을 수 있게 함으로써 딸의 스트레스 수준을 줄이도록 도울 수 있다. 그에 더해서, 운동은 효과가 검증된 스트레스 해소제이다.[16]

종종 간과되는 스트레스 해소법 중 하나는 불필요한 복잡성과 약속을 줄임으로써 하루 일정을 단순화하는 것이다. 오늘날 아이들은 이전 세대에 비해 더 바쁘고, 과중한 책임을 지고, 더 경쟁적인 환경에서 살고 있다. 양쪽 부모가 모두 풀타임으로 일하는 상황에서 다양한 활동을 하는 아이들을 데려다주고 데리고 오고 하면서 부모와 아이들 모두가 스트레스를 받는다. 압도되는 느낌을 경험하는 ADHD 소녀들은 다양한 활동 일정을 줄이는 데 도움이 필요할지도 모른다. 스포츠, 레슨, 클럽, 놀이 활동, 친구들과의 수많은 과외 활동을 따라잡기 위해 노력하는 것은 종종 ADHD 소녀에게 과부하가 될 것이고 그로 인해 압도될 가능성이 있다. 그래서 부모와 소녀들에게 보내는 메시지는 활동을 좀 줄이라는 것이며, 휴식과 원기회복을 위한 시간을 남겨 두라는 것이다.

자연에의 노출

자연의 영향에 대한 흥미로운 연구는 아이가 자연에서 얼마나 많은 시간을 보내는지에 따라 과잉행동이 감소하고 집중력과 주의 지속 능력이 증가함을 강하게 시사한다. 환경이 자연과 가까울수록 좋다. 창문을 통해 나무와 잔디를 볼 수 있는 것은 도움이 될 수 있다. 운동장에 나가는 것이 훨씬 더 좋고 숲에서 하이킹을 하는 것이 가장 도움이 되는 것 같다. 이러한 결과는 연령, 소득 수준 또는 성별에 관계없이 사실이다.[17]

딸을 옹호하라

부모들은 ADHD가 그들의 딸에게 나타나는 독특한 방식을 알게 되면서 교사들에게 이러한 정보를 전달하기에 가장 좋은 위치에 있다. 부모들은 이 일이 자신들의 몫이라는 것을 이해할 필요가 있다. 부모는 딸의 옹호자로서, 교사, 지도 상담가, 행정가들에게 딸의 특별한 요구를 알릴 수 있는 유일한 사람들이다.

많은 부모가 주요 과목 담당 교사들과 주로 이야기하지만, 특별한 과목(미술, 음악, 체육, 컴퓨터 등) 담당 교사들과 이야기하는 것 또한 필요하다. 어떤 사람들은 이러한 교사들이 학문적인 과목을 가르치지 않기 때문에 그런 것이 불필요하다고 생각한다. 하지만 이런 과목들이 더 낯설고 덜 체계화된 활동들이기 때문에 예측하기 어려워서 ADHD 소녀들에게는 더 힘들 수 있다. 처음에 부모들이 교사들에게 알리는 것 외에, 개방적 의사소통과 정기적인 상담은 부모들이 자녀의 행동 패턴의 발전에 대해 잘 알 수 있게 해서, 문제가 심해지기 전에 ADHD 틀 안에서 문제를 파악하고 논의할 수 있게 된다.

전문가의 도움

가족치료

ADHD를 가정 내 모든 사람에게 영향을 미치는 것으로 봄으로써, 가족은 가정 내에서 더 평화롭고 ADHD 친화적인 환경을 조성할 수 있다. 실질적인 문제 해결을 통해 부모들은 아마도 처음으로 그들의 권위를 되찾는 데 도움을 받고, 처음으로 가족에 대한 통제력을 느끼는 데 도움을 받는다. 가족치료는 모든 가족 구성원이 듣고 이해하도록 의사소통 능력을 향상시키는 데 도움을 줄 수 있다. 그러면 문제 해결이 시작될 수 있다.

가족치료는 또한 부부들이 서로의 차이점에도 불구하고 대화하도록 도울 수 있고, 그래서 그들은 상호 지지적인 팀으로 작업하기 시작할 수 있다. 종종 한쪽 부모는 딸의 잘못된 행동이나 무례함에 직면했을 때 더 엄격하게 처벌해야 한다고 생각하는 반면, 다른 쪽 부모는 ADHD를 구실로 딸을 지나치게 과잉보호할 수도 있다. 그런 부모는 딸이 뒤처지면 숙제를 해 주면서까지 모든 부담을 떠맡음으로써 오히려 딸이 제대로 기능하지 못하게 만들 수도 있다.

가족치료는 또한 형제자매들이 감정을 표현할 수 있는 좋은 기회이다. 아마도 형제자매는 ADHD로 힘들어하는 자매에게 모든 관심이 쏠린다고 생각할 것이다. 아니면 형제자매는 ADHD 자매가 ADHD로 모든 책임을 피해 간다고 생각할지도 모른다. 나이 든 형제자매들은 어린 ADHD 여동생을 단순히 그들이 피하고 싶은 성가신 대상이라고 생각할지도 모른다. ADHD로 영향을 받는 가정에서 잘못된 의사소통, 의견 차이, 양극화된 입장이 존재할 때, 가족치료는 가족이 정체되지 않고 보다 상호 지지적인 집단이 될 수 있게 돕는 매우 효과적인 선택이 될 수 있다.

수용 및 실질적인 문제 해결 알려 주기

특정한 신경심리학적 문제에 대해 보다 긍정적이고 건설적인 태도를 이해하고 발전시키는 과정인 심리교육은 ADHD를 치료하는 데 매우 유익하다. 심리교육은 개인이 자신을 책망하지 않고, 자신들이 경험하는 어려움을 부끄러워하지 않고, 오히려 개인의 잘못 때문이 아니라 특정한 방식으로 연결된 두뇌를 가진 것 때문에 이런 도전 과제에 직면하게 된다는 사실을 이해하도록 돕는다.

인지-행동 접근법

인지-행동 접근법이 ADHD 치료에 도움이 된다. 예를 들어, 자기패배적인 생각의 패턴('나는 게을러' '나는 멍청해' '완벽하게 못할 바에는 안 하는 게 나아' '희망이 없어')을 확인하고, 그것들을 더 긍정적이고 건설적인 생각들('나는 할 수 있는 데까지 최선을 다할 거야' '필요하면 도움을 요청해야지' '어떤 사람도 모든 것에 완벽할 수는 없어')로 대체하는 것을 배운다.

많은 소녀가 ADHD를 이해하는 과정에서 자신들의 감정과 걱정을 공유하는 것이 자신들에게 유용하고 위로가 된다는 것을 알게 된다. 개인치료는 그 소녀가 더 긍정적인 시각에서 자신의 증상을 재조직화하는 데에 도움을 주는 수단으로서 매우 유용하다. 중요한 것은 ADHD의 뉘앙스를 진정으로 이해하고 강점에 기초한 평가를 하는 치료사를 선택하는 것이다. 종종 여성 치료사가 소녀에게 가장 좋은 선택이다. 이 치료사들 대부분은 가족, 또래, 학교, 조직 등과 관련된 실질적인 문제 해결과 내재된 감정적인 문제들에 대해 동시에 작업할 것이다.

집단치료

ADHD 소녀들에게 집단치료는 매우 강력한 치료적 개입이 될 수 있다. 많은 자극을 동시에 처리해야 한다는 요구가 있을 때 ADHD 증상이 더 많이 나타난다. 통제되고 자극이 낮은 환경의 개인치료에서는 산만함이나 흥분을 유발하는 상황이 거의 발생하지 않기 때문에, 이러한 문제에 대한 새로운 대처 기술을 연습하기 어렵다. 스트레스를 받는 교실, 구조화되지 않은 미술 수업, 또는 집으로 가는 버스를 타는 것 등은 ADHD 소녀들에게 잠재적인 재난이다. 집단치료 상황은 ADHD 소녀가 직면할 수 있는 사회적 상황의 안전한 축소판 역할을 한다. 큰 장점으로는 ADHD 소녀가 자신이 다른 사람에게 미치는 영향을 알지 못하더라도, 집단 구성원 간의 상호작용을 관찰함으로써 ADHD 행동이 다른 사람에게 어떤 영향을 미치는지를 실제로 관찰할 수 있다는 것을 들 수 있다. 만약 그녀가 그 상호작용에 직접적으로 관여하지 않는다면, 그녀는 이 문제들을 훨씬 더 명확하게 생각할 수 있다.

ADHD를 가진 몇몇 소녀에게 집단치료는 이들이 속하고 진정으로 받아들여진 첫 번째 사회 집단 중 하나일 수 있다. 집단의 구성원이 되면 그녀는 또래들이 같은 문제로 어려움을 겪는 것을 볼 수 있는데, 이것이 자신의 ADHD 경험을 정상화하는 데 도움이 될 수 있다. 이 집단은 또한 행동 계획, 모델링, 자기모니터링과 긍정적인 자기대화를 개선하기 위한 인지행동 기법과 같은 행동 변화에 맞춘 전략과 함께, 사회적 상호작용, 분노 관리, 대화 시작하기 등과 관련된 기술을 연습할 수 있는 안전한 환경을 제공한다.[19]

우리는 이제 막 소녀들이 소년들과 다른 치료적 요구를 가지고 있는지 알아보기 시작했다. ADHD 청소년을 위한 한 여름 프로그램은 어떻게 하면 사회성을 가장 잘 키울 수 있을까에 대해 연구했다. 단일 성별과 혼성 그룹에서 구성원들은 다양한 게임을 했고, 관찰자들은 친사회적 상호작용, 주장성, 자기관리, 순종성, 신체적 공격성, 관계적 공격성을 주의 깊게 기록했다. 그 결과, 소녀들은 남녀 혼성 집단에 비해 소녀들만 있는 환경에서 주장성, 자기관리 그리고 순응성을 더 많이 보이는 것 같았다. 흥미롭게도, 소년들은 소년들만 있는 집단과 비교했을 때 남녀 혼성인 환경에서 더 사회적으로 적절한 행동을 보였다. 우리는 이 연구가 ADHD 소녀들이 그들 삶의 모든 면에서 기능을 향상시키도록 도울 수 있는 최선의 방법을 탐구하는 많은 연구 중 하나일 뿐이기를 바란다.[20]

행동 관리

행동치료의 주요 원리는 소녀들의 행동이 자신의 행동에 직접적으로 뒤따르는 일관된 결과에 의해 바뀔 수 있다는 것이다. 고무적인 결과를 보여 주는 다양한 부모 행동 훈련 프로그램이 개발되었다.[21] 칭찬과 주의 집중 같은 긍정적인 피드백은 부모들이 장려하고 싶어 하는 행동을 강화시킬 것이다. 타임아웃이나 특권의 상실과 같은 부정적인 결과는 원치 않는 행동의 가능성을 줄일 것이다. 치료사의 조언으로 부모들은 가정생활을 위한 명확하고 효과적인 일련의 규칙들을 세울 것이다. 그들은 바람직한 행동과 그것을 하지 못했을 때의 결과에 대한 명확한 목록을 만들 것이며, 이 모든 것을 딸에게 설명할 것이다. 소녀의 교사들도 필요할 때 부모와 일관된 메시지를 가지고 참여할 수 있도록 이 계획을 알고 있어야 한다. 행동/보상 차트는 또한 소녀가 자신의 행동 변화를 관찰하는 데 도움을 줄 수 있다. 이 모든 기술의 장기적인 목표는 소녀가 가능한 한 독립적인 통제력을 개발하도록 도와서, 성인이 되는 자연스러운 분리 과정을 준비하도록 하는 것이다.

이러한 기법은 처음 설명할 때는 논리적이고 간단하며 단순해 보인다. 그러나 부모의 입장에서 이러한 기술들을 실제로 실행에 옮기는 데에는 시간, 계획, 자기진단, 인내심 그리고 엄청난 노력이 필요하다. 예를 들어, 시도 때도 없이 우는 아이에게 화내지 않고 이러한 기법들을 완전히 일관성 있게 적용하는 것은 매우 어렵다. 부모 중 한 명 혹은 부모 두 명 모두가 ADHD를 가지고 있다면, 그러한 행동 관리 시스템을 조직화하고 유지하는 것은 특별히 더 어려울 것이다. ADHD 아동들은 다른 아이들처럼 행동적 강화와 결과로부터 쉽게 배우지 못한다는 것을 기억하는 것도 중요하다.

예를 들어, 한 소녀가 사용한 모든 크레파스와 마커를 성공적으로 치웠을 때, 부모나 교사는 "준비물들을 다 치우고 정말 책임감 있는 일을 했네!"라고 말할 수 있다. 이런 상황 특정적인 칭찬("착한 아이로구나!"와는 다른)은 미소를 지으며 어깨를 조심스럽게 만지는 행동이 더해지면 사실 매우 강력한 강화 전략이 된다. 반면, 합의된 시간에 소녀가 TV를 끄지 않고 성질을 부리면 부모가 타임아웃을 사용해서 훈육할 수 있다. 타임아웃은 가족 간의 상호작용과 자극을 박탈하고 정해진 시간 동안 감정을 식힐 수 있는 조용하고 안전하며 자극적이지 않은 장소를 집 안에 만드는 것을 포함한다. 그러나 타임아웃의 핵심은 처벌이 아니라, 활동에 재참여하거나 요구에 응하기 위해 자제력을 되찾는 시간을 제공하는 것이다. 반복되고 일관된 연습을 통해 소녀들이 자제력을 잃지 않기 위해 스스로 타임아웃을 할 수 있으면 좋을 것이다.

ADHD와 심각한 기분장애를 가진 아동들을 돕기 위해 개발된 한 가지 희망적인 접근 방식은 아이들과 그들의 부모를 별도의 집단으로 묶는 방식이다. 아동 집단에서 아동은 인지행동적 접근법을 사용하여 감정 조절 기술을, 부모 집단에서 부모들은 반복적인 반항적 행동을 관리하기 위한 행동 관리 기술을 배운다.[22]

부모와 자녀의 문제 해결적 의사소통 훈련도 매우 희망적인 결과를 보여주었다.[23] 그것은 특히 단순히 바람직하지 않은 행동에 대해 처벌을 제시하는 것보다 협력적인 접근에 훨씬 더 긍정적으로 반응할 수 있는 중 · 고등학생들에게 적합하다.

약물치료

ADHD 증상은 뇌의 신경전달물질인 화학 물질, 특히 도파민 계통의 네트워크 불균형 또는 불충분에서 기인한다. 약물은 이 신경화학적 불균형을 해결할 수 있어서 ADHD 소녀가 더 잘 기능할 수 있게 한다. 약물로 ADHD를 완치할 수는 없지만, 처방받은 약물이 적절한 용량이면 증상을 호전시킨다. 약물치료는 아이를 통제하지 않고 오히려 자신이 어떻게 기능하고 어떤 사람이 될 수 있는지 더 잘 통제하게 해 준다. ADHD 소녀들을 위한 약리학적 치료에 대한 자세한 설명은 제11장을 참조하라.

코칭

코치는 목표를 달성하도록 돕기 위해 정기적으로 소녀와 일대일로 작업할 수 있다. 코칭은 소녀가 해야 할 필요가 있는 일을 하는 것을 배우도록 도울 수 있는 누군가와의 파트너십이다. 코치는 그녀가 어떻게 기능하고, 배우고, 시간을 관리하고, 선택을 하는지를 인식하도록 도울 수 있다. 그런 다음, 그녀의 강점과 약점에 대한 개별적 프로필을 활용하여, 코치는 기술들을 연습할 기회를 제공함으로써 그녀의 자동적 행동 목록을 확장하도록 도울 수 있다. 코치는 직접적이든 전화로든 핵심적 수준에서 관여하고 ADHD에 매우 중요한 실행기능에 어려움을 겪는 소녀를 돕는다. 여기에는 시간 계획, 우선순위 설정, 과제 조직화, 업무 세분화, 효과적인 공부 기술 개발 등이 포함된다. 또한 코치는 상세한 피드백을 제공할 뿐만 아니라 응원자 및 보호관 역할도 한다.

코치는 청소년들이 장기적인 목표를 개발하는 것뿐만 아니라 그러한 목표를 달성하기 위한 구체적인 계획을 세우는 것도 도울 수 있다. 성공을 향한 소녀의 개인적인 장애물을 파악한 후, 코치는 그녀가 자기옹호 기술을 개발하는 데 협력할 수 있다. 학업이나 다른 책임을 둘러싼 부모와 딸의 싸움이 그들 관계의 핵심적이고 끔찍한 측면이 될 때면, 다른 성인(코치/멘토/튜터)이 강렬한 감정 없이 부모가 수행해야 할 기술 훈련과 감독 기능을 수행하고, 그동안 부모는 한 발짝 물러설 수 있는 방법을 고민해야 한다. 그런 방식으로 코치는 부모-자녀 관계가 덜 통제적이 되도록 돕고 지원망을 넓히고 안전망을 확대한다.

컴퓨터를 활용한 두뇌 훈련

지난 10~15년간 많은 기업이 두뇌 훈련 소프트웨어를 개발하였다. 그것은 겉으로 보기에는 매우 매력적인 아이디어이다. 집에서나 학교에서 할 수 있고, 상대적으로 저렴하다. 그리고 아마도 아이들이 컴퓨터 게임에 더 매력을 느낄 것이라고 가정할 수 있다. 코그메드(Cogmed™)는 스웨덴에서 개발된 두뇌 훈련 프로그램으로, 공립학교에서 널리 사용되었다. 최근 몇 년 동안, 코그메드는 미국에 도입되었다. 코그메드가 작업 기억과 주의 집중에 긍정적인 영향을 준다는 수많은 연구 결과가 있었는데,[24, 25] 반면 다른 연구들은 코그메드에서 나타난 이점이 일상생활의 기능, 특히 학업 성취도의 향상으로 전이되지 않는다는 것을 발견했다.[26]

마음챙김 훈련

마음챙김 명상(Mindfulness Mediation)은 개인이 자신의 마음이 방황하는 것을 알아차리는 순간 하나의 사물(호흡, 촛불)에 초점을 맞추고 반복적으로 원래의 초점으로 주의를 되돌리는 매우 단순한 기술적 형태의 두뇌 훈련이다. 불교 승려들의 명상에 대한 수많은 연구가 이것이 믿을 수 없을 정도로 강력한 도구가 될 수 있다는 것을 보여 주었다. 최근에는 UCLA의 정신과 의사 리디아 질로브스카(Lydia Zylowska)가 성인 ADHD의 1차적 치료법으로 마음챙김 명상을 개발하였는데,[27] 집중력을 높이고 ADHD 증상을 줄이는 효과를 보여 주는 많은 연구 결과가 있다.

마음챙김 훈련은 또한 많은 학교 환경에서 실험적으로 사용되어 왔는데, 교사들과 학생들 모두로부터 몇몇 명상의 순간은 학생들이 평화롭고, 차분하고, 집중하도록 도울 수 있다는 매우 긍정적인 보고가 있었다.[28] 심지어 아주 어린 아이들도 그들의 초점 역할을 하는 동물 인형을 사용하여 마음챙김 훈련으로부터 도움을 받을 수 있었다. 누워서 천천히 숨을 들이쉬고 내쉬는 동안 그들의 복부에 놓아둔 동물 인형이 오르내리는 것에 집중함으로써 잠시 동안이라도 마음챙김을 경험하게 된다.[29]

실행기능 훈련

실행기능의 중요성이 점점 더 많은 주목을 받으면서, 아이들이 실행기능 기술을 쌓을 수 있도록 도와주는 시스템이나 프로그램이 개발되었다. 실행기능은 작업이나 프로젝트를 계획, 실행 및 완료하는 데 필요한 기술이다. 실행기능 기술은 출판물마다 다르게 정의되지만 일반적으로 시간 관리, 조직, 계획, 자기모니터링, 작업 기억 및 작업 시작, 유지 및 완료에 관련된 기술을 포함한다. 실행기능에 대한 보다 철저한 논의는 제8장에서 찾을 수 있다.

ADHD 분야의 일부 연구자는 ADHD 아동들은 자신들이 무엇을 해야 하는지에 대한 지식이 부족하지는 않으며, 단지 과제들을 수행할 동기나 추진력이 부족할 뿐이라고 언급했다. 이 이론을 검증하기 위해 3~5학년 학생들을 대상으로 매우 흥미로운 프로젝트가 고안되었다.[30] 실행기능상 결손이 있는 것으로 판명된 아이들이 실행기능 기술을 향상시키기 위한 프로그램에 의뢰되었다. 아동들은 세 그룹 중 하나에 무작위로 배정되었는데, 그것은 대기자 집단 그룹, 조직/계획/시간 관리에 초점을 맞춘 8주간의 실행기술 기반 프로그램 그룹, 그리고 바람직한 목표 달성은 학부모와 교사들에 의해 보상받지만 어떤 기술도 가르치지 않는 프로그램 그룹이었다. 이 프로젝트의 결과는 실행기능 기술을 적극적으로 가르치고 아이들이 실천하도록 지도한 그룹에서 조직화, 시간 관리, 계획 기술이 훨씬 더 좋아졌다는 것을 보여 주었다. 이러한 발전은 학부모와 교사들 모두에 의해 보고되었다. 그리고 상당한 정도의 발전이 여러 달 후에도 여전히 유지되었다.

이것은 매우 고무적인 소식인데, 왜냐하면 8주간의 짧은 그룹 훈련 경험은 비용도 저렴하고 심지어 방과 후 활동으로도 제공될 수 있기 때문이다. 또한 이러한 조직화, 시간 관리 및 계획(organization, time management, planning: OTMP) 기술에 대한 교육은 일반 교실 환경에도 적용될 수 있을 것이다.

관련 질환의 치료

ADHD 치료는 모든 공존장애가 종합 치료 계획의 일부로 해결되어야만 진정으로 효과적일 수 있다. 일반적으로, 늦게 진단을 받을수록 ADHD 증상 외에도 어떤 종류의 정서적 또는 정신적 어려움을 함께 겪을 가능성이 더 커진다. ADHD와 공존하는 정신 질환이나 발달 문제는 ADHD 아동의 거의 50%에 존재할 만큼 흔하다.[31] 이러한 공존장애는 ADHD의 증상, 패턴, 과정, 치료, 예후를 바꿀 수 있다. 어떤 공존장애는 ADHD보다 더 분명하게 보여서, 그것만이 보이고 ADHD 증상 발현을 잘 모를 수 있기 때문에, 아주 긴 기간의 심리치료 과정을 거쳐야 어떤 공존장애가 있었는지, ADHD가 있었는지를 알 수 있다.

증상을 내현화하는 경향은 ADHD 소녀들을 공존하는 기분장애에 더 취약하게 만드는데, 여기에는 기분부전장애(만성적인 낮은 수준의 우울), 주요우울장애, 양극성장애, 불안장애, 섭식장애, 물질남용장애, 신체화장애 등이 있을 수 있다. 많은 소녀는 만성적인 사회적 · 학업적 실패로 인해 종종 낮은 자존감, 짜증, 사기 저하, 학습된 무력감이 고조되는 패턴을 보이게 된다.

기분장애

어린 시절 ADHD 소녀들은 나중에 ADHD 소년들(3~8%)보다 훨씬 높은 비율(20~25%)로 우울증과 불안장애를 겪는다.[32] 그러한 장애가 발생할 가능성은 청소년기에 급격하게 증가하며, 특히 부주의 우세형 유형의 사례의 경우에는 잘 탐지가 되지 않기 때문에 더 그렇다.[33] 만약 ADHD가 십 대까지 치료되지 않은 채로 남는다면, 자신의 어려움에 대해 도움을 청하는 소녀들은 ADHD 증상보다 더 쉽게 발견할 수 있는 불안이나 우울증의 증상을 보일 것이다. ADHD 소녀들이 이러한 공존 증상 때문에 오랜 시간 동안 치료받는 것은 흔한 일이지만, 그다지 성공적이지는 않다. 점점 더 많은 수의 임상의가 그들이 우울증이나 불안으로 치료하고 있는 여성들에게 ADHD가 있다는 것을 인식하고 있다고 한다. 종종 ADHD 치료는 우울증 및/또는 불안감이 해결된 후에 가능한 것으로 여겨지지만, 이들의 압도되고 분열되는 패턴은 지속된다. 불행히도, 일반적인 심리치료사가 자신들의 치료적인 접근법에 효과적인 ADHD 치료를 통합할 수 있는 지식과 경험을 가지고 있는 경우는 드물다.

우울증과 ADHD를 치료하는 데 있어서 약물치료가 일반적이다. 어떤 의사들은 두 가지 문제를 동시에 해결할 수 있는 비전형 항우울제를 처방하지만, 많은 의사가 항우울제 조합이 정신 자극제와 함께 처방된다면 치료가 더 효과적이라고 생각한다. 이러한 공존 상태를 치료하기 위한 약물 처방에 대한 자세한 내용은 제11장을 참조하라.

우울증은 ADHD에 이차적일 수도 있는데, 달리 말해 그에 대한 반응일 수 있다. 때때로 그러한 우울증은 치료되지 않은 ADHD와 관련된 빈번한 좌절과 실망에 대한 반응으로 사기 저하라고 불리기도 한다.[34] 이러한 경우, 여학생들은 종종 운동, 적절한 수면, 교육적 지원, 긍정적인 사회적 상호작용을 증가시키는 사회적 개입, 흥분제 약물 등을 도입함으로써 매우 효과적으로 도움을 받을 수 있다.

불안장애

불안장애는 ADHD 소녀들, 특히 부주의 우세형 유형에서 흔히 나타나는 또 다른 공존장애 진단명이다.[35] 불안은 분리불안장애, 공황장애, 심한 불안장애, 회피장애, 사회공포증, 다른 특정공포증 또는 강박장애로 나타날 수 있다. 더욱이 발달 과정 전반에 걸쳐 불안의 표현 방식이 바뀔 수 있고, 불안과 기분장애가 ADHD 진단과 함께 공존할 수 있다. 어떤 경우에는 ADHD 증세를 치료하기 위해 자주 사용되는 흥분제가 불안 증상을 악화시킬 수 있고, 다른 경우에는 불안장애와 혼동될 수 있는 안절부절못함 또는 동요 증상을 일으킬 수 있다. 신체화장애는 ADHD 소녀들에게 꽤 흔하며, 자주 소화장애나 두통으로 표현된다.[36] 불안과 ADHD를 위한 복합 약물치료가 일반적이며 ADHD 중심의 심리치료와 결합되고 가정과 학교에서 적절한 지원이 이루어지면 효과가 큰 경우가 많다.

파괴적 행동장애

파괴적 행동장애(disruptive behavior disorders)는 ADHD를 가진 사람들의 또 다른 주요 합병증이다. 적대적 반항장애(oppositional defiant disorder: ODD)는 소년들보다는 적지만 ADHD 소녀들에게서 발견되며, 행동적·학업적·대인관계적 어려움이 증가할 위험과 관련이 있다.[37] ADHD와 ODD의 결합은 가정, 학교 그리고 치료 장면에서 가장 다루기가 어려운 경우 중 하나이다. ADHD/ODD 조합은 사회적으로 매우 부적절한 행동으로 특징지어지며, 이는 부모와 교사들에게 더 큰 고통을 줄 수 있다. 예를 들어, 만약 당신이 딸에게 방청소를 하라고 요청한다면, ADHD 소녀는 당신의 말을 듣지 못하거나, 잊어버리거나, 혹은 "나중에 할 거예요."라고 말할 수도 있다. 만약 당신이 ADHD와 ODD를 가진 소녀에게 그녀의 방을 청소하라고 요청한다면, 딸은 "마음에 안 들면 직접 하세요." 또는 "그냥 여기서 나가세요. 여기는 내 방이에요. 상관하지 말아요."라고 말할지도 모른다. 그녀는 종종 자신들의 행동에 대한 책임을 지지 않고 대신, 다른 사람들을 비난한다. "나는 그 유리를 깨지 않았어. 티미(Timmy)가 그랬어, 걔는 항상 모든 걸 망가뜨리고 거짓말쟁이야." 이러한 소녀들은 분노를 분출하고, 모든 감정과 마찬가지로 이 감정의 강도는 ADHD에 의해 증폭된다.

이러한 유형의 상호작용은 고통스럽고 힘들지만, 좌절감을 느낀 부모들이 가정의 긴장 수준을 줄이기 위해 취할 수 있는 몇 가지 방법이 있다. 우선, 대부분의 치료사는 가족이 행동에 대한 확고하고 명확한 한계를 설정하고, 그러한 한계를 넘어서는 행동에 대한 구체적인 결과를 제공하는 고도로 구조화된 행동 시스템을 만들도록 도울 수 있다. 이러한 시스템은 부모들이 침착하고 일관성 있게 미리 정해진 결과대로 반응하는 한 매우 잘 작동한다. 많은 부모가 처음에 이 계획의 단순성을 들은 후 이것이 아주 간단하다고 생각한다. 하지만 **차분하고 일관성 있게**라는 부분은 말처럼 쉽지 않다. 이 시스템이 성공하기 위해서 부모들은 그들이 위협받지 않고 통제력을 가지고 있다는 것을 보여 주면서, 흔들리지 않는 통일된 태도를 보여 주어야 한다. 구체적인 결과가 미리 결정되어 있다는 생각이 부모로 하여금 상황을 어떻게 다룰지 알 수 있다는 힘을 느끼게 하고, 결과적으로 분노 없이 대응할 수 있게 만든다. 이러한 반응은 부모들이 분노에 차서 자녀의 부정적인 행동을 처벌하는 너무 뻔한 시나리오를 피할 수 있게 해 주는데, 앞으로 "한 달 동안 TV를 보지 마!" 같은 반응은 부모-자녀 관계의 전반적인 긴장을 고조시킨다.

또 다른 유용한 조치는 ADHD 코치를 가족의 지원 네트워크에 포함시키는 것이다. 종종 ADHD를 가진 반항적 소녀들은 그들의 부모에게 가장 강하게 반응하며, 성격적인 면에서 잘 맞는다면 다른 권위 있는 인물들에게는 훨씬 더 합리적으로 반응할 수 있다. 만약 코치가 그 소녀와 함께 숙제와 조직화 문제에 대해 작업할 책임을 지게 된다면, 부모와 자녀 사이의 갈등은 줄어들게 된다. 이렇게 되면 부모와 딸은 더 재미있는 상호작용을 할 수 있고, 부모는 자신들이 경찰 역할을 한다고 느끼지 않으며, 딸은 방어적으로 행동할 필요가 없다고 느낄 것이다.

품행장애

품행장애는 ADHD 소녀들에게서 훨씬 더 드물게 나타나며, 공격성, 거짓말, 절도, 무단결석과 같은 심각한 반사회적 행동을 수반한다. ODD 진단이 항상 품행장애에 앞서지만, 대부분의 경우, ODD는 품행장애로 이어지지 않는다.[38] 이런 가족들은 이미 ADHD 소녀들의 문제에 더해서 ODD를 다루어 왔기 때문에, 그들은 아마도 도움이 될 만한 대부분의 기술을 알고 있을 것이다. 이들의 딸은 이미 제도상 어떤 식으로든 신원이 확인되었고, 부모는 지원 네트워크를 갖고 있을 가능성이 높다. ADHD와 품행장애 조합은 아마도 치료에 가장 저항적인 조합 중 하나일 것이며, 비행, 약물 남용 그리고 일반적으로 더 나쁜 결과와 밀접한 관련이 있다.[39, 40] 과잉행동을 나타내지 않는 ADHD 소녀들은 충동적인 행동화를 수반하는 이러한 파괴적 행동장애를 가지는 경우는 거의 없는 것으로 나타났다. ADHD 소녀들의 대다수는 과잉행동이 없어서이든, 성역할 압박에 대한 반응 때문이든, 외적인 파괴적 행동장애보다 우울감이나 불안감 등 내현화 장애를 훨씬 더 많이 보인다.

공존 발달장애

ADHD 소녀들에게서 볼 수 있는 잠재적 공존장애의 또 다른 범주는 발달장애인데, 이는 학습장애와 언어장애를 포함한다(ADHD와 관련된 발달장애에 대한 보다 자세한 설명은 제7장 참조). 발달장애에 대한 의심은 오진의 가능성이 있으므로, 해당 분야의 전문가에 의한 자문이나 평가를 필요로 한다. 학교에서 학습장애로 판명된 많은 여학생은 ADHD인 것으로 밝혀졌는데, ADHD 소녀들은 특정학습장애를 갖고 있는 것처럼 보일 정도로 성적이 저조하다. 반면에 때때로 ADHD 소녀의 낮은 성취는 청각 처리, 시각 처리, 감각 통합, 기억, 운동 조정 또는 시각-운동 통합 중 하나 이상의 영역에서의 발달장애로 인해 복잡해지기도 한다. 관련 발달장애의 치료는 이 장에서 적절하게 다루기에는 너무 큰 주제이다. ADHD 치료가 성공하려면 올바른 진단과 해결이 필요한 전반적 발달장애와 ADHD의 빈번한 연관성을 부모들에게 알리는 것이 필요하기 때문에 이 장에서 그 내용들을 언급했다.

중독

물질사용장애(substance use disorders)는 ADHD와 자주 공존한다. 가족사를 탐색할 때 약물 남용 전력이 있는 친척을 찾는 것이 일반적이다. 간혹 청소년이 치료되지 않은 ADHD로 인한 스트레스, 불안, 낮은 자존감에서 벗어나기 위해 노력하면서 약물 남용 패턴이 생기기도 한다. 예를 들어, 일부 청소년과 젊은 성인들은 마리화나를 피우는 것이 그들의 스트레스 수준을 현저히 감소시키는 유일한 것이라는 것을 알기 때문에 결국 마리화나를 피운다고 보고한다. 그러나 중독은 알코올, 코카인, 크랙 코카인 그리고 마리화나에도 일어날 수 있다.

ADHD와 중독의 치료는 복잡할 수 있다. 흥분제가 충동성을 감소시키는데 도움이 될 수 있으므로 ADHD 환자가 온전한 정신을 유지할 수 있는 가능성이 다소 높아지지만, 임상가는 흥분제 자체가 높은 용량일 때 남용될 수 있는 잠재적 물질이라는 것에 경각심을 가져야 한다. 연구에 따르면 물질을 남용하는 십 대 소녀들 중 50%가 ADHD를 가진 것으로 나타났다.[41] ADHD 소녀들의 약물 남용은 더 어린 나이에 시작되고 더 심각한 정도의 약물 남용을 하는 것으로 밝혀졌다. 이 소녀들은 약물을 사용하지 않을 때 더 부정적인 자아상을 보고하였고, 약물을 사용하는 동안 더 나은 자아상을 보고했다. 이 발견은 이 소녀들에게 어떻게 다가가고 도움을 주는 것이 가장 좋은 방법인지에 대해 알려 준다. 이들이 성공 영역을 찾을 수 있도록 돕고, 자기이해를 통해 자존감을 높일 수 있도록 함께 노력함으로써 약물 남용 문제를 보다 효과적으로 해결할 수 있다.

섭식장애

섭식장애는 1990년대 초부터 임상가들에 의해 일화적으로 보고되고 있지만, 최근 들어서야 ADHD가 섭식장애를 일으키는 강력한 위험요인이라는 연구 결과가 나왔다.[42] ADHD 아동은 ADHD가 없는 아동보다 비만 위험이 두 배나 높다.[43] 불행히도, 섭식장애 커뮤니티는 일반적으로 이러한 발견을 그들의 치료 접근법에 통합하지 못했다. ADHD와 섭식장애가 있는 소녀와 젊은 여성들에 대한 치료는 충동성을 줄이는 방법을 직접적으로 다루고, ADHD 소녀들이 일반적으로 겪는 조직화와 계획에 대한 어려움을 감안해서 식사 계획을 단순화할 필요가 있다는 것이 우리의 임상 경험이다.

수면장애

수면장애 패턴은 아동기와 성인기 모두에서 ADHD와 오랫동안 연관되어 왔다. 그러나 최근에서야 수면장애가 ADHD 증상의 가능한 원인뿐만 아니라 ADHD 증상이기도 하다는 것이 심각하게 고려되었다.[44] ADHD를 가진 사람들이 경험할 수 있는 다양한 수면장애가 있다. 그러나 가장 흔하고 가장 문제가 되는 것은 **지연된 수면 단계 신드롬**(delayed sleep phase syndrome: DSPS, 지연된 입면)인데, 이것은 만성 수면 부족으로 ADHD 증상을 크게 악화시킬 수 있다. ADHD 소녀들은 종종 다음 날 학교 가는 시간에 일어날 정도로 적절한 수면을 취할 수 없는 늦은 시간에 잠자리에 든다.

CBT-I(Cognitive Behavioral Therapy for Insomina)라는 불면증에 대한 새롭고 매우 유망한 치료 접근법이 최근 개발되었는데, 이는 개인의 수면 능력에 대한 믿음을 인식하고 변화시킬 수 있도록 돕는다.[45] 이 접근법에는 만성 불면증을 겪고 있는 개인의 특정 환경에 따라 사용되는 다음과 같은 여러 가지 기법이 포함된다.

- 자극 통제 치료: 특정 취침 시간과 기상 시간을 설정하고, 낮잠을 피하고, 침실은 수면을 위해서만 사용한다.
- 수면 제한: 침대에서 보내는 시간을 제한하고, 초기에는 수면 부족을 유발해서, 미리 정해진 취침 시간에 잠들 수 있도록 한다.
- 수면 위생: 카페인 줄이기, 규칙적인 운동 그리고 취침 전 저 자극 시간대 구축과 같은 습관을 들인다.
- 수면 환경 개선: 침실을 조용하고 어둡게 유지하고, 침실에 TV를 설치하지 않으며, 알람시계를 시야에서 숨긴다.
- 이완 훈련: 명상, 심상 및 근육 이완 기술을 포함한 심신을 이완시키는 다양한 기술이 있다.
- 수동적으로 깨어 있는 상태: 잠들기 위한 모든 노력을 포기하는 역설적인 접근 방식이다.
- 바이오피드백: 심박 수, 근육 긴장 등의 생물학적 징후를 피드백하는 바이오피드백 장치를 착용하여 조정 방법을 배운다.

가장 효과적인 치료 방식은 이러한 방법 중 몇 가지를 결합하는 것이며, 수면 전문가와의 협력을 통해 수면을 방해하는 일상적인 패턴과 태도를 파악하여 좋은 수면 패턴을 달성하고 유지할 수 있도록 한다.

포괄적 치료 계획 수립

만일 당신이 ADHD 딸의 부모로서 딸의 특별한 요구를 치료하는 데 박식하고 경험이 있는 전문가와 함께 일하고 있다면 참으로 다행스러운 일이다. 만약 당신이 그렇게 운이 좋지 않았다면, 당신은 힘든 도전에 직면할 것이다. 당신의 딸을 적극적으로 옹호하는 사람이 된다는 것은, 딸의 매우 구체적인 요구에 관해 지역사회에 있는 사람들을 교육할 수 있을 정도로 당신이 잘 알고 있어야 한다는 것을 의미한다. 대도시나 큰 대학 근처에 살지 않는다면, 당신은 아마도 외로운 개척자가 될 것이다. 이것이 쉬운 역할은 아닐지라도, 우리는 이 책이 당신이 딸의 요구를 이해하고, 당신의 권리를 알고, 딸이 필요로 하고 받을 만한 지원과 시설 그리고 전문적인 서비스를 얻는 데 도움이 될 수 있기를 바란다.

대부분의 전문가는 ADHD 치료에 진정으로 성공적인 유일한 접근법은 포괄적인 다중 팀 접근법이라는 데 동의한다. 협업 팀에는 어린이, 부모, 교육자, 정신건강 전문가 및 의료 전문가가 포함된다. 전문가들이 서로 갈등하면, 이미 어려움을 겪고 있는 가족은 더 스트레스 받고, 가족을 혼란스럽게 만들고 소외시키는 결과를 낳기 때문에, 팀이 협력적으로 되는 것은 매우 중요하다. 포괄적 치료 계획은 가족 전체를 위한 지원과 중재, 학교에서의 성공, 지역사회 활동에서의 성공, 그리고 효과적인 의학적 치료의 네 가지 분야를 다루어야 한다.

진단은 보통 질병과 병리학에 초점을 맞춘 의료 모델의 형태를 따르지만, ADHD 소녀의 치료 계획은 강점을 기반으로 한 평가에서 비롯될 때 더욱 효과적이다. 이러한 보다 전인적인 시각은 문제 영역을 인정하지만, 소녀와 그녀의 가족 지원 시스템의 강점을 바탕으로 치료 계획을 수립한다. 가족 체계의 필수적이고 건강한 측면을 사용함으로써, 가족은 스스로 치유할 수 있는 힘을 갖게 된다. 전문가들은 이 과정에서 반드시 협력자가 되어야 하지만, 가족들은 딸의 요구에 맞춘 ADHD 친화적인 환경을 만들 수 있는 힘이 가족들 자신들에게 있다는 것을 알아야 한다.

부모의 역할

어떤 치료 계획에서든 부모의 역할이 가장 중요하다. 부모들은 팀에 정보와 피드백을 제공하고, ADHD 소녀를 가장 다양한 환경에서 관찰하며, 약을 먹이고, 행동 관리 전략을 시행한다. 그들은 딸이 스스로 자신의 일을 할 수 없을 때 딸을 돕는다. 무엇보다 부모의 동의와 참여 없이는 치료 계획의 어떤 부분도 시행될 수 없다. 그들의 축복 없이는 어떤 치료 계획도 성공할 수 없다.

교사의 역할

교사는 만들어진 학교에서의 개입 계획을 촉진할 책임이 있다. 그는 정규 교육과정과 학습, 학업 성취도, 성공적인 행동 관리를 극대화하기 위해 수정된 교육과정 둘 다를 이행하는 역할을 담당한다. 또한 교사는 귀중한 피드백의 원천이다. 그는 일주일에 5일씩 하루 중 상당 기간 당신의 딸을 관찰한다. 당신이 없을 때, 그는 부모처럼 당신의 딸이 어떻게 기능하는지를 관찰한다. 그는 약물의 영향력을 관찰하고, 약물이 언제 효과가 나타나는지, 언제 효과가 없어지는지에 대한 정확한 정보를 줄 수 있다. 교사는 딸의 차이점에 대해 교육받고 민감해짐으로써, 딸의 행동을 이해하고 힘든 상황에 더 조기에 개입할 수 있는 기반을 갖게 된다.

심리학자의 역할

아동 심리학자는 체크리스트, 면담, 검사 도구, 다른 전문가의 보고서 및 임상 관찰을 결합하여 장애를 진단하고 평가할 수 있다. 일반적인 인지 기능에 대한 평가가 필요하다면 심리학자는 필요한 검사를 시행하고 결과를 강점 및 약점의 측면에서 해석하며, ADHD 소녀의 인지 스타일을 명확히 할 수 있다. 또한 교육 및 행동적 개입에 대해 교사들과 상담하고 개인 및 집단 치료와 기술 훈련을 수행하며, 효과적인 가정 관리와 정서적 문제에 대해 학부모와 상담한다. 또한 일상적인 투약 모니터링 및 이슈별 문제 해결을 지원한다. 그는 딸과 그 부모에게 지원과 격려를 제공한다.

의사의 역할

소아과 의사/일반 의사는 소녀들에게서 관찰된 증상에 대해 다른 의학적 설명을 배제하고, 약물치료가 시작되기 전에 그녀의 신체 상태와 발달 이력에 대한 기본적인 설명을 한다. 약물치료가 필요하다고 결정되면 소아과 의사, 일반 의사, 혹은 아동정신건강의학과 의사가 약을 처방할 수 있다. 약리학적 개입이 필요할 수 있는 진단이 공존하는 경우, 정신건강의학과 의사나 기타 다른 전문의가 팀에 합류하는 것이 적절하다.

포괄적 치료 계획의 예

많은 부모가 딸의 사례에 대한 설명을 우리와 공유해 왔다. 우리는 ADHD가 각 발달 단계에서 나타낼 수 있는 많은 양상 중 일부를 설명하기 위해 이 사례들 중 네 가지를 기술하고자 한다. 이 네 소녀는 이제 막 진단을 받았고, 그들의 과민한 부모는 우리에게 “다음 단계는?”이라고 물었다.

아만다, 4세(아버지의 묘사)

아만다(Amanda)는 엄마의 배 속에 있을 때도 활동적이었어요. 걸음마 시기에는 움직임을 멈추지 않았고 낮잠을 자지도 않았는데, 활동을 하던 도중에 잠이 들곤 했어요. 세 살 때, 아만다는 여러 가지 사고로 이마를 꿰맸어요. 네 살 때, 두 개의 다른 유치원에서 "우리 유치원이 아만다에게 적합한 곳이 아닙니다."라는 말을 들었어요. 여전히 밤에 잠을 자기 위해 공갈 젖꼭지를 사용하고 적절한 시간에 잠드는 것이 힘들어요. 아침에 옷을 입히는 것은 거의 불가능에 가까워요. 우리는 아이가 스스로 옷을 입도록 하려고 노력하지만, 결국 우리가 직접 입히게 돼요. 때때로 다른 아이들을 너무 세게 껴안아서 그들을 쓰러뜨리기도 해요. 아만다는 운동 협응 문제[대근육 운동(깡충 뛰거나 건너뛸 수 없음), 미세한 운동(크레용을 너무 세게 눌러 두 동강이 남)] 등을 보이기로 했어요. 우리가 고려하던 유치원은 아만다가 가을에 pre-Kinder 프로그램을 시작하고 유치원 입학을 1년 더 연기할 것을 권고했어요.

아만다의 치료 계획에는 다음과 같은 것들이 포함될 수 있다.

- 발달소아과 의사 또는 소아신경과 전문의가 ADHD 진단을 하고, 행동의 다른 가능한 원인을 배제하기 위해 검사를 실시한다.
- 아만다의 인지, 행동 및 정서 기능을 평가할 수 있는 아동심리학자의 자문을 받는다. 그 정보를 가지고 심리학자는 필요에 따라 부모 상담을 제공할 수 있고, 부모들이 아만다의 요구를 수용할 수 있는 유치원 환경을 찾도록 도울 수 있고, 필요에 따라 교사와 대화할 수 있다.
- 아만다가 매우 낮은 아동-교사 비율을 제공하고, 개인적 필요를 잘 채워 줄 수 있는 치료적 보육시설 배치와 같은 지원 서비스를 받기 위한 기준을 충족하는지 여부를 결정하기 위해 유아특수교육위원회(Committee on Preschool Special Education: CPSE)가 평가한다.
- 아만다의 부모는 행동 수정 계획을 확고히 수행하는 것을 포함하여, 구조화되고 예측 가능한 가정환경을 만들기 위해 모든 노력을 기울여야

한다.

- 아만다가 안전하고 사회적으로 허용되는 방법으로 넘치는 에너지를 소비할 수 있도록 많은 신체 운동을 포함하는 일상적 루틴을 개발한다. 다른 근육 운동을 대상으로 하는 짐보리형 프로그램에 등록하는 것을 고려해 본다.
- 아만다의 부모는 지역 주의력결핍장애 아동과 성인단체(CHADD Chapter)에 가입하는 것을 고려해야 한다. 거기에서는 월별로 부모 지원과 강연을 하고, ADHD 도서관에서 자료 대출을 하고, 지역 자원 목록을 제공한다.

앨리슨, 8세(어머니의 묘사)

앨리슨(Allison)을 껴안는 것은 결코 쉽지 않아요. 아이는 화가 났을 때 몸을 웅크리고 구석에 쭈그리고 앉아요. 말도 안 하고, 울지도 않고, 그냥 몸을 흔들죠. 마치 제가 거기 없는 것처럼 무시해요. 그 애는 대부분의 시간 동안에 불행해 보이지만, 어떤 특정한 것에 대해서는 불평하지 않아요. 여덟 살 소녀가 우울할 수 있는지 궁금해요. 앨리슨은 누군가 다가와 게임에 참여하자고 하면 그렇게 하겠지만, 대부분은 일에 끼어들지 않으려고 해요. 선생님은 아이가 자신의 일을 잘한다고 말하지만, 아이는 종종 선생님의 지시 사항에서 세세한 부분을 빠뜨려요. 수업 시간에 목소리를 높이지 않고, 눈도 마주치지 않죠.

아이가 아직도 너덜너덜해진 아기 담요를 끌고 다니는데, 이 담요의 모서리를 입에 물어요. 그런 부드러운 것을 좋아하거든요. 아이가 기꺼이 입고 싶은 잠옷은 한 벌밖에 없어요. 길 건너편에 두 살 어린 친구가 한 명 있는데, 둘이서 컴퓨터 게임만 해요. 앨리슨은 정말 집순이에요. 하지만 한 가지 좋아하는 것이 있는데, 그림 그리는 것을 좋아하고, 생일 선물로 받은 새로운 마커 세트를 가지고 방에서 몇 시간을 보내요. 아이 방에 와서 그 그림이 정말 마음에 든다고 말하자, 아이는 놀란 표정을 지으며 "가끔은 제가 제대로 하는 게 하나도 없는 것처럼 느껴져요."라고 말하더군요. 그 말이 저를 정말 괴롭게 했어요. 왜냐하면 저도 어렸을 때 같은 느낌을 받곤 했거든요.

앨리슨의 치료 계획에는 다음이 포함될 수 있다.

- 부주의한 증상과 수줍음을 해결하기 위해 심리학자가 개발한 개입 방안을 교사가 시행한다.
- 자존감을 높이기 위한 인지적 재구성을 포함하는 심리치료에 대해 심리학자와 상의한다. 그녀의 유전적 경향과 내재화 성향 때문에, 앨리슨은 우울증에 걸릴 위험이 있어서 주기적으로 평가해야 한다.
- 인지 기능의 문제가 의심되는 경우, 표준화된 검사 배터리를 실시한다.
- 엘리슨이 관심이 있는 구조화된 과외 활동을 찾아서 또래와의 상호작용의 기회를 제공한다.
- 미리 예정된 종료 시간 및 부모의 안내가 있는 일대일 놀이 데이트에 집중한다.
- 그녀의 촉감 방어를 처리하기 위해 털이 부드러운 작은 반려동물(애완용 쥐, 햄스터)을 키우는 것을 고려해 보자.
- 미술 교습을 제공하고, 미술 재료들을 계속 공급하고, 작품 일부를 액자에 넣어 집에 걸어 두는 등 능력 있는 분야로서 미술에 집중할 수 있도록 도와준다.

캐런, 12세(ADHD를 가진 어머니의 묘사)

캐런(Karen)은 정말 인기가 많아요! 딸아이는 빛나는 검은 머리와 웃을 때

반짝이는 검은 눈을 가지고 있어요. 항상 전화를 하고, 친구들, 소년, 소녀들과 낄낄거리며 웃죠. "같이 수업 듣는 남학생들에게 전화를 걸어서 전화를 받으면 전화를 끊을 거야!" 같은 엉뚱한 아이디어를 생각해 내는 사람이에요. 하지만 아이가 말하는 방식은 카리스마가 넘쳐서, 모든 사람을 움직이게 만들어요. 아이는 그저 관심의 대상이 되는 것을 좋아해서, 항상 아이에게 배우가 되어야 한다고 말해요. 아이는 수업 시간에 떠들어서 혼나요. 지난 주, 선생님에 대해 험한 말을 했고, 선생님은 캐런이 항상 시끄럽고 정말 빨리 말하기 때문에 그 소리를 들었어요. 하지만 처벌로 갇혀도 재미있어 해요. 숙제들을 항상 기억하지는 않고, 숙제를 할 때는 재빨리 끝내고 친구들에게 돌아가죠. 매일 방과 후에 시내로 가서 피자집 근처에서 많은 아이와 시간을 보내기도 해요. 냉정해지려고 여러 가지 노력을 했지만, 캐런이 항상 집에 늦게 오는 것은 저를 미치게 해요. 캐런은 이제 막 8학년인 마이크(Mike)와 사귀기 시작했어요. 아이는 자신들이 멋진 커플이고 학교는 그렇게 중요하지 않다고 생각해요. 어떡하죠? 아이는 이미 걔한테 푹 빠진 거 같은데!

캐런의 치료 계획에는 다음이 포함될 수 있다.

- 한계 설정 기술을 학습하는 부모 훈련 세션이 필요하다.
- 안전한 성관계와 임신 위험에 대한 솔직한 부모-자녀 토론도 필요하다. 또한 부모들은 흡연, 마약 그리고 알코올에 대한 그들의 가치관과 기대에 대해 명확하게 말해야 한다.
- 캐런이 자기모니터링 기술을 배우고 연습할 수 있는 ADHD 집단에 참여한다.
- 학부모와 교사 간 빈번한 연락을 유도하여 교사와 정기적인 자문을 얻는다.
- 전문가를 참석시켜, 사춘기와 사춘기가 ADHD 증상에 미치는 영향에

대해 전문가와 함께 논의하는 시간을 가진다.

- 코치를 이용하여 학교 공부를 정상으로 유지하고, 어머니를 이러한 어려움에서 배제한다.
- 약물치료에 대한 평가를 위해 정신건강의학과 의사에게 자문한다.
- 캐런을 위해 호출기/휴대폰을 구입한다.
- 전화 사용 및 소셜 타임과 같은 권한을 학교 성적과 연계시킨다.
- 감독이 더 강한 사립학교로의 전학을 고려한다.
- 방과 후 및 주말 시간대에 사회 활동이 성인의 감독하에 이루어지도록 구조화한다.

린제이, 16세(어머니의 묘사)

린제이(Lindsay)는 정말 멋진 아이예요. 공부를 열심히 하느라 늦게까지 자지 않아요. 그리고 보통 좋은 성적을 받아요. 그게 제가 로스쿨을 무사히 졸업한 방법이죠. 하지만 아이는 학교에 대해 걱정을 많이 하고, 정말 천천히 공부해요. 또 다른 문제는 린제이가 책 읽기를 게을리한다는 것이에요. 책을 읽기 시작하고는 읽다가 잠이 들어요. 최근에는 살이 빠졌는데 처음에는 괜찮았어요. 음식에게 지배당하는 것보다 조절하는 게 낫잖아요? 안 그래요? 하지만 지금 아이는 먹지 않는 것에 집착하는 것 같아요. 그리고 아이가 지금 사는 모든 옷들은 검은색이나 흰색이에요. 그러고는 지금 모든 옷이 잘 매치되기 때문에 아침에 옷 입는 것을 고민할 필요가 없다고 말해요. 적어도 여섯 벌의 검은 바지를 가지고 있는데, 전보다 더 작은 사이즈죠. 아이와 논쟁하고 싶지 않아요. 심하게 살이 빠지지 않도록 조심만 하면 되니까요! 린제이에게 친구가 많지는 않지만 조디(Jody)와 가장 친하게 지내요. 둘은 스크래블(Scrabble) 게임을 좋아해요. 믿지 어렵겠지만, 린제이가 단어를 내려놓고 알파벳을 일렬로 정리하는 데 아주 오랜 시간이 걸려요. 그럴 때마다 조디가 싫아하죠. 전 ADHD에게 이런 면이 있는 줄 몰랐어요.

린제이에 대한 치료 계획 샘플에는 다음이 포함될 수 있다.

- 체중 감소에 대한 다른 설명의 가능성을 배제하고, 약물치료를 평가하기 위해, ADHD에 대한 호르몬 변동의 영향을 설명할 수 있는 섭식장애와 강박장애 같은 기타 공존질환에 대해 정신과 의사에게 평가를 받는다.
- 개인적 치료에 대해서는 심리학자에게 자문한다.
- 린제이가 사회화 기술을 연습할 수 있도록 치료적인 또래 지지 집단을 찾는다.
- 린제이에게 자기옹호 기술을 가르친다.
- 게으르기 때문이 아니라 ADHD 소녀들에게 읽기장애가 흔하다는 것을 이해하고, 책을 테이프에 녹음한다.

결론

다행스럽게도, 딸들이 생존할 수 있는 ADHD 친화적인 환경을 조성하기 위해 치열하게 노력한 당신을 앞선 다른 부모들이 있다. 이들 각 가정은 그들의 딸들을 위한 강력한 지지자 역할을 했다. 이들이 각자의 독특한 방식으로, 딸들이 자신의 차이점을 인식하고 존중하도록 이끌어 줄 길을 찾을 수 있게끔 도와주면, 딸들이 할 수 있는 최대한까지 발전할 수 있다. 부모, 전문직 종사자, 교사가 이러한 선구적인 노력을 한 결과, 우리는 그들의 경험으로부터 많은 혜택을 얻을 수 있다. 우리는 각자 가족, 학교 그리고 지역사회가 이 소녀들의 차이점을 더 많이 수용하고 이 소녀들의 재능과 능력을 더 이해하게 만들기 위해, 선구자들의 노력을 확장시키는 역할을 할 수 있다.

분명히, 모든 ADHD 소녀는 각자 독특하다. 사실, 동일한 근원적인 신경학적 양상을 가지고 있으면서 이처럼 이질적인 증상을 보일 수 있는 장애는 거의 없다. 연령, 기질, 가정환경, 유전, 관심사, 능력 모두 ADHD 소녀들의 독특한 경험에 기여한다. 그리고 각 소녀들의 성공을 극대화하기 위해서는 전문적이고 개인화된 개입이 필요하다. 이 책에서 기술된 소녀들과 그 가족들의 경험은 여러 가능한 양상의 예시일 뿐이며, 모든 ADHD 소녀에게 적합한 계획은 아닐 수도 있다. 우리의 바람은 학부모, 전문가, 교사들이 고려하고 적용할 수 있는 다양하고 유연한 모델을 제시하는 것이다. 궁극적으로, 이 소녀들이 그들의 온전한 자존감과 그들 자신에 대한 자부심을 가진 채로, 잠재력을 최대한 발휘할 수 있도록 돕는 것이 헌신적인 팀의 목표이다.

제11장

ADHD를 위한 약물: 결정을 내리는 것은 쉽지 않다

50년 이상 동안 각성제가 ADHD 치료에 사용되었다. 각성제의 안전성과 효능을 입증하기 위한 수천 개의 연구가 수행되었다. 그럼에도 불구하고, 딸이 ADHD 약을 복용할지 여부를 결정할 때, 과학은 필연적으로 개인적인 수많은 질문이 일어나게 한다. 여러 가지 약물과 부작용에 대한 정보를 모으는 것에 덧붙여, 약물에 대해 당신이 기대하는 것이 무엇인지도 치료 결정에서 고려해야만 한다.

사실들

각성제 약물들이 ADHD의 핵심 행동 증상(부주의, 충동성 및/또는 과잉행동)

을 응답자로 표시되는 아동과 청소년의 65%에서 75%까지 효과적으로 감소시킨다는 것[1]이 수많은 연구[2, 3]에서 나타났다. 이러한 핵심 증상들이 정상화될 때, ADHD 아동들은 사회적 기술, 숙제 완성, 그리고 전반적인 장애 수준을 포함한 몇 가지 영역에서 향상을 보일 수 있다. 게다가 각성제의 사용은 자존감을 상당히 높여 주는 것과 관련이 있는 것으로 밝혀졌다. 한 연구에서 각성제를 복용하는 ADHD 아동들은 약물이 투여되지 않은 아동들보다 더 똑똑하고 동료들에게 더 많이 받아들여진다고 보고하였다. ADHD와 적대적 반항장애(ODD)를 가진 아이들은 약을 먹었을 때 더 잘 처신한다고 보고했고, 또한 아이들이 높은 자존감을 보고하는 것과 많은 양의 흥분제를 복용하는 경우 선량 효과(dose effect; 역자 주: 투여하는 약의 용량에 따라 효과가 비례하여 나타나는 현상을 말한다)가 있는 것으로 보였다.[4]

그러나 상당수의 아이들에서 증상이 감소할 때조차도 이러한 중요한 부분의 개선에서 의미 있는 것을 보여 주지 못한다. 약이 심지어 증상의 정상화에도 불구하고, 조직화하기, 사회적 또는 다른 실행기능 기술, 그리고 숙제 문제와 같은 것들이 개선됨에도 불구하고 전반적인 학업 성취도가 호전되지 못할 수도 있다.[5] 안타깝게도, 많은 ADHD 아동의 부모는 단지 약만 복용하는 것으로 아이의 모든 문제가 해결될 수 있다고 생각한다.

ADHD를 가진 대부분의 사람에게 핵심 증상을 치료하기 위한 약물을 단독으로 사용해서는 안 되며, 기술을 향상시키고 심리적 · 정서적 문제를 해결하기 위한 다른 지원들과 함께 사용해야 한다. 약물에 관한 최종 결정을 내리기 전에 인지행동치료, 행동 관리 기술, 코칭, 사회적 기술 훈련, 심리치료와 같은 대체 치료법의 가용성 및 효과성이 모두 고려되어야 한다. 결국 딸에게 ADHD를 위한 약을 줄 것인가에 대한 질문의 모든 측면을 세심하게 고려한 후에 한 가지 사실이 남을 것이다. 즉, ADHD를 가진 대부분의 소녀는 ADHD 및 공존 상태의 모든 측면을 효과적으로 다루기 위해 포괄적 치료 계획(comprehensive treatment plan: CTP)을 필요로 한다(다음의 CTP에 대한 논의

참조).

숙제를 하고 모든 질문에 답을 얻은 후, 당신은 지금 딸을 위해 선택할 것이 약물 치료가 아니라고 결정할 수 있다. 괜찮다. 하지만 마음을 열어 두고 당신의 결정이 허구와 두려움이 아닌 사실에 기반한다는 것을 확실히 하는 것이 중요하다. 시간이 지남에 따라 상황이 변화하고 전체적인 치료 프로그램의 일부로 약물을 추가할 가능성이 다시 검토될 수도 있다. 대부분의 부모는 자신의 딸에게 가장 좋은 것만을 원한다. 우리가 이 과정에서 사실을 제공하고 소녀들에게 ADHD를 치료하기 위해 약을 사용하는 것에 대한 가장 시급한 질문에 대답함으로써 도움을 줄 수 있기를 바랄 뿐이다.

포괄적 치료 계획

미국소아과학회(American Academy of Pediatrics: AAP) 및 미국소아청소년정신의학회(American Academy of Child and Adolescent Psychiatry: AACAP) 모두 의사에 대한 치료 지침에서 각성제 단독 또는 행동 및 기타 치료와 병행하여 처방하는 것을 ADHD 아동과 십 대들에게 ADHD 증상을 개선하기 위한 포괄적 치료 계획(CTP)의 일환으로 권고한다.[6, 7] 이러한 개별화된 CTP는 또한 ADHD의 만성적 특성을 고려해야 하고, 다른 효과적인 치료법과 관련한 가장 최신의 근거들을 고려해야만 한다. 치료 계획은 진행 상황을 모니터링하기 빈번한 후속 조치와 함께 목표를 설정하고 집중해야 한다.

약물의 선택

4~6시간 동안 지속되는 속방형(짧게 작용하는) 각성제들은 ADHD 증상을

치료하기 위해 50년 이상 사용되어 왔다. 그런데 최근 발매된 서방형(긴 시간 작용하는) 약제들은 10~13시간 동안 효과가 나타나는데, 여러 가지 이유로 아동 및 청소년의 ADHD 치료를 위해 더 많이 선호되고 있다. 첫째, 하루에 한 번 복용할 수 있는 약은 먹거나 혹은 피부에 패치로 붙이거나 하는데 아이 및 그녀의 가족 모두에게 더 편리하다. 둘째, 수업이 시작하기 전에 집에서 복용하는 서방형 각성제는 ADHD를 가진 그녀의 사생활을 보호해 준다. 셋째, 서방형 각성제는 낮에 하루 종일은 물론이고 심지어 저녁까지 효과가 유지되기 때문에 늦은 오후/저녁 운전 혹은 파트타임 일은 물론 숙제, 체육 또는 사회적 활동들 같은 학교생활 이후에 ADHD 증상의 조절이 필요한 고학년 초등학생 및 청소년들에서 유용하다.[8, 9]

어떤 소녀들은 다른 것보다 한 가지 각성제에 더 잘 반응할 수도 있지만, 마땅한 각성제 및 용량을 찾으면 그중 약 95%는 호전이 이루어진다.[10] 각각의 경우 최적의 반응은 보통 시행착오에 의해 결정되며, 만약 어떤 한 각성제가 효과가 없거나 다른 증상이 나빠지거나 하면 조심스럽게 다른 각성제를 시도해야 한다. 부작용이 가장 적으면서 가장 효과적인 용량을 찾기 위해 딸을 담당하는 의사와 긴밀히 의논해 나가는 것이 치료의 목표가 된다. 이 목표를 달성하기 위해서는 인내심을 갖는 것, 목표 증상을 명확하게 기록하는 것, 매일 혹은 매주 단위로 진행 상황을 모니터링하는 것, 일 년에 몇 차례 정기 점검을 하는 주의 깊은 추적 프로그램을 설정하는 것이 중요하다.

각성제

ADHD를 치료하기 위해 사용되는 각성제는 두 가지가 있다. 하나는 메틸페니데이트를 1차 성분으로 함유하고 있는 것으로, 리탈린(Ritalin®), 메타데이트(Metadate®), 포칼린(Focalin®), 콘서타(Concerta®), 데이트라나(Daytrana®),

퀼리반트(Quillivant®)와 같은 상품명으로 알려져 있다. 다른 약물로는 암페타민을 함유한 약물들로, 덱세드린(Dexedrine®), 아데랄(Adderall®) 및 비방세(Vyvanse®)로 판매된다. 약을 삼키는 데 어려움을 겪는 소녀들을 위해 다른 약들이 여러 가지 해결책을 제시하고 있다. 일부 캡슐(Metadate®, Adderall®)로 되어 있는 것들은 캡슐을 열어서 음식에 뿌릴 수도 있다.[11] 다른 약으로 피부에 붙이는 패치(Daytrana®) 또는 액상형(Quillivant®) 형태도 나와 있는데, 피부 패치 기술을 통해 혈류로 메틸페니데이트가 전달되도록 하는 다른 이점(더 적은 용량을 사용하는 능력 및 작용의 유연성)을 가지고 있고, 위약 패치와 비교했을 때 증상 개선에 유효성이 입증되었고,[12] 또한 다른 서방형 메틸페니데이트 제제와 비교했을 때 70%의 개선 효과를 보였다.[13, 14] [역자 주: 현재 국내에서 발매되는 약제들은 이 가운데 일부이다. 또한 상품명도 일부 다르다. 암페타민 제제와 먹는 약이 아닌 형태(피부 패치, 액상형)는 발매되고 있지 않다.]

모든 각성제 약물에서 나타나는 가장 빈번한 부작용으로 두통, 식욕 감퇴, 복통, 수면장애(불면증), 이자극성 등이 있다.[15, 16] ADHD 아동의 수면에 대해 각성제가 미치는 영향은 전체 수면 시간이 줄어드는 것을 포함한다. 또한 아이들이 약을 먹기 전과 비교했을 때 같은 시간에 잠자리에 들지만, 잠드는 데 걸리는 시간이 대략 1시간 정도가 더 길어졌다.[17] 부작용은 각성제를 복용하는 모든 사람에게 발생하지는 않는다. 그리고 설령 발생하더라도 잠시이거나 혹은 치료 첫 몇 달이 지나면 줄어드는 경향이 있다. 부작용은 서방제로 치료하는 개인의 4~10%까지 발생하는 것으로 확인되었다.

심각한 부작용은 매우 드물다고 보고되었고 여러 다른 각성제 사이에서 나타나는 이들 부작용에서 어떠한 차이도 없었다.[18~20] 약을 복용한 첫 3년 동안 성장장애가 보고된 이후,[21] 현재 치료 내내 정기적으로 아이들의 키와 몸무게를 모니터할 것이 권고되고 있다.[22]

각성제는 어떻게 작용하는가

각성제가 어떻게 작용하는지에 대해 논의하기 위해서, 당신은 아마도 제2장에서 논의한 ADHD 관련 뇌와 신경화학적 전달물질의 영역으로 돌아갈 필요가 있을 것이다. 뇌영상 연구(MRI 및 PET)에 의해 정상인들에 비해 ADHD를 가진 사람들의 뇌의 크기가 더 작고, 특정 영역의 기능이 떨어져 있는 것이 입증되었다.

ADHD 치료를 위해 각성제가 오랫동안 사용되어 왔음에도 불구하고, 그들의 인지 및 치료 작용의 신경 메커니즘은 최근에야 연구되기 시작했다. 연구에서는 각성제 투여로 인해 신경전달물질인 도파민과 노르에피네프린 수치가 증가한다는 것을 확증해 주었다.[23] 반면에 각성제의 인지력 향상 용량은 신경전달물질 수치는 물론 신호 처리 능력도 증가시킨다.

각성제에 반응하여 뇌 내부에서 무슨 일이 일어나고 있는지 우리에게 단서를 제공한 하나의 초기 연구가 2002년 볼코우(Volkow)와 동료들에 의해 수행되었다.[24] 이 연구에서 그들은 뇌에서 메틸페니데이트의 작용 메커니즘을 조사하기 위해서 PET 스캔을 사용했다. 그들은 치료 용량에서 메틸페니데이트는 도파민 운반체(dopamine transporters: DAT)의 50% 이상을 차단하고, 뇌의 도파민(dopamine: DA) 수치가 증가되는 결과를 보여 주었다. 또한 도파민 증가에 있어 메틸페니데이트의 변동성이 DAT 차단의 차이뿐만 아니라 DA 분비의 개별적 차이의 결과라는 것도 발견하였다. 그들은 ADHD 치료에 필요한 용량의 범위가 넓은 것이 이 차이에 따른 것이라고 가정했다. ADHD를 가지고 있는 성인들에 대한 또 다른 연구[25]에서, 연구자들은 몇 주간의 치료 전과 후의 뇌 상태를 알아보기 위해 PET 스캔을 이용하였는데, 메틸페니데이트가 ADHD 증상의 감소를 달성하기 위해 운동 기능과 연관된 뇌 부위를 조절하는 것을 발견하였다.

동물들에게 행해진 몇몇 다른 연구[26~28]는 낮은 용량의 메틸페니데이트가 전두엽의 작업 기억력 및 주의력 기능을 향상시키는 것을 보여 주었다. 반면에 높은 용량은 작업 기억력을 손상시키고, 일부 환자에게서 볼 수 있는 것과 유사한 오류의 보속적 패턴을 만들어 냈다. 이 관찰들은 전전두엽(PFC)이 저농도 정신 각성제의 인지 향상 및 아마도 치료 작용의 작용 지점이라는 최초의 결정적인 증거를 제공하였다.

비각성제 약물

비각성제는 ADHD를 치료하기 위해서 단독으로 또는 각성제 중 하나와 조합하여 사용되곤 한다. 이 약들로는 클로니딘(Catapres®, Kapvey®)과 구안파신(Tenex®, Intuniv®)이 있다. 이것들의 효과는 역시 ADHD 치료에서 각성제에 비하여 다소 떨어지지만 있는 것으로 증명되었다.[29] 이 약들은 특히 과도하게 흥분하거나, 과각성 상태이거나, 지나치게 불안해하는 아이들에게서 효과적일 수 있다. 인투니브(Intuniv®)는 각성제의 대안 또는 각성제 단독으로 ADHD 증상이 적절하게 좋아지지 않는 것으로 보일 때 부가적 치료제로 사용될 수 있다. 기존 각성제에 인투니브를 추가하는 것에 대한 더 많은 정보는 http://www.intuniv.com/hcp/adjunctive/efficacy.aspx를 참조하라. 비각성제에서도 부작용은 역시 관찰되는데, 대개 졸림, 식욕 감소, 이자극성 등을 포함한다.

약물로 소녀들의 ADHD 치료하기

현재까지 수행된 약물치료 연구를 보면, 소녀들의 ADHD 치료에서 현재 우리가 할 수 있는 몇 가지 내용이 있다.[30, 31] 첫째, ADHD 약물로 치료받은 모든 연령의 소녀들이 적극적인 치료를 받지 못한 소녀들보다 ADHD 증상들에서 훨씬 많은 호전이 있었다. 둘째, 소년들과 소녀들 사이에 ADHD 증상에 있어서 종종 현저한 차이가 있음에도 불구하고, 소년들에 대한 치료로 인한 개선과 비슷하게 ADHD 소녀들에 대한 약물치료에서 ADHD 증상과 유사한 개선을 보였다. ADHD 소녀들은 거의 모든 측정치에서 소년들과 비교해서 통계적으로 차이가 나지 않았다. 소녀들은 단기 임상 시험에서 한두 가지 약물에 거의 모두 좋은 반응을 보여 두 종류의 각성제(암페타민제 및 메틸페니데이트) 모두에서 의미 있는 호전을 보였다. 셋째, 부주의 증상은 소년들보다는 아동기 및 청소년기 ADHD 소녀들 사이에서 더 흔하였다. 이 증상을 보이는 소녀들의 경우 ADHD 치료 약물로 치료받을 때 현저한 증상 개선 효과를 나타냈다.[32, 33]

비록 몇몇의 연구에서만 여성 인구에 특정하여 약물의 효과성을 살펴보았지만, 연구들은 이 각성제들이 소년들처럼 소녀들의 ADHD 증상 감소에도 효과적이라는 것을 보여 주었다.[34, 35] 그 가운데 청소년기 ADHD 소녀들의 치료를 살펴본 한 연구는 증상 조절에 있어 서방형 메틸페니데이트(Ritalin LA)와 위약을 비교하였다.[36] 결과는 이 소녀들에서 위약과 비교할 때 메틸페니데이트는 증상들을 감소시키는 데 현저하게 더 효과적이었다.

또 다른 연구[37]에서는 서방형 아데랄 XR(Adderall XR®: 암페타민 기반 각성제)과 아토목세틴(atomoxetine: 비각성제)의 효과를 알아보기 위해 복합형 ADHD 소녀들이 평가되었다. 18일간의 치료 기간 후, 아데랄 XR은 아토목세틴보다 교실 내 행동, 주의력 및 학업 성적 평가에서 유의미하게 더 효과적인 것으로 판명되었다. 그러나 두 그룹 모두 수학 문제 풀기 및 정답 수에서 기준점에 비해 상당한 향상을 보였다. 아데랄 XR을 복용한 소녀들에서 치료와 관련하여 가장 흔히 발생한 부작용은 식욕 감퇴, 상복부 통증, 불면증, 두통이었다. 아토목세틴을 복용한 소녀들에게서 가장 자주 발생하는 치료와 관련된 부작용들은 졸림, 상복부 통증, 구토, 메스꺼움 및 식욕 저하였다.

ADHD 소녀들을 치료하는 것은 호르몬 변동과 기타 공존 상태와 같은 성별에 특정한 문제들 때문에 ADHD 소년들을 치료하는 것보다 종종 더 복잡하다. 각성제를 사용하는 치료의 목표는 항상 가장 적은 부작용을 가지며 최대한의 치료 효과를 허용하는 가장 낮은 유효 용량을 찾는 것이다.[38] 증상의 심각성, 공존질환 진단의 존재 그리고 ADHD 치료의 효과는 사례별로 다양한 약물 조합의 필요성을 결정하게 된다. 부모들은 딸의 증세를 효과적으로 치료하기 위해 정확한 복용량 또는 조합을 찾기 위해 시간이 좀 걸리더라도 놀라지 말아야 한다.

미취학 아동의 각성제 사용

ADHD를 가진 미취학 아동(4~5세 연령)의 치료를 위한 미국소아과학회(AAP) 가이드라인은 부모 및 교사는 일차적 치료로 행동치료를 시행하고, 행동이 개선되지 않고, 장애가 중등도에서 심각한 정도일 때만 메틸페니데이트 처방을 하도록 권고하였다.[39] 3~6세 미취학 ADHD 아동에서 각성제 치료와 부작용에 대한 연구들이 고학년 아동이나 청소년만큼은 많지 않지만 최근 수행되어 왔다. 코너(Conner)에 의해 보고된 2002년의 연구 검토 비교 결과는 총 206명의 미취학 아동을 포함하는 통제된 각성제 실험에서 89%의 치료 효과를 보고하였다. ADHD 학령기 아동들과 비교해 볼 때 ADHD 미취학 아동의 각성제에 대한 반응에서 많은 변이가 있었다. 미취학 아동들 또한 대부분의 부작용은 약했지만 나이 든 아이들과 비교했을 때 각성제의 부작용이 더 많고 다른 유형들을 경험하는 것으로 보고하였다. 그러나 이 리뷰는 3세 이상의 신중하게 진단받은 미취학 ADHD 아동에 대해서 각성제가 유용하고 안전하다는 근거 기반 기준이 충족됨을 발견하였다.[40]

대규모의 다중 사이트 미취학 ADHD 치료 연구(PATS)는 ADHD 진단을 받은 아주 어린 아이들을 치료하는 것에 대해 우리에게 현재까지 가장 좋은 정보를 제공한다. 그 결과를 세밀하게 모니터링해 보니 미취학 아동들이 낮은 약물 복용량으로 효과를 얻을 수 있다는 것을 보여 주고 있지만, 반면 좀 더 나이 든 아동에 대한 이전 보고에 비해 양성 효과는 덜 뚜렷하고 부작용은 조금 더 큰 것으로 보인다.[41]

이 연구에 참여한 미취학 아동들은 세 살부터 다섯 살까지 다양했다. 아이와 그 부모는 처음에 10주간의 행동치료와 훈련 과정에 참가했다. 행동치료 과정을 거친 후에도 호전되지 않고 부모가 약물치료에 동의한 아주 심한 ADHD 아동들만이 약물 연구에 참가하였다. 약물 연구의 처음에는 아이들은 일일 3.75mg에서 최대 22.5mg 용량의 매우 적은 양의 메틸페니데이트를 매일 3등분 투여해 복용하였다. 비교해서 학령기 아이들의 용량은 보통 일일 총 15~50mg의 범위를 가진다. 그러고 나서 다양한 용량의 위약과 메틸페니데이트의 효과를 비교했다. 위약을 복용한 아이들과 비교해서 메틸페니데이트를 복용한 아이들에게 ADHD 증상의 현저한 감소가 나타나는 것과 여러 아이가 다른 용량에 아주 잘 반응하는 것을 발견하였다. 미취학 ADHD 아동들이 처음에는 적은 양의 메틸페니데이트를 필요로 하지만, 나중에 약물이 지속적으로 효과를 가지기 위해서 더 높은 복용량을 필요로 할 수 있다.[42] 이 아이들 집단의 부작용으로 감정적 폭발, 잠들기 어려움, 반복적인 행동/생각, 식욕 감소, 이자극성 등이 나타났다.[43]

공존질환 진단 및 그에 따른 치료 지침

소녀가 ADHD를 가졌다는 것을 알게 된 다음 단계는, 그녀에게서 보이는 어떤 증상들이 ADHD와 연관된 실패, 사기 저하, 낮은 자존감에 따른 부차적인 것인지 또는 ADHD에 부가하여 있는 실제의 공존질환인지 여부를 결정하는 것이다.[44] 일단 이 질문에 대한 답이 나왔고, 진단에 대한 명확한 설명이 제시되고 나면, 치료는 보통 미국소아청소년정신의학회(AACAP)의 치료를 위한 지침에 간략하게 제시된 두 가지 방법 중 하나를 따른다.[45] 치료되지 않은 ADHD의 경우, 그리고 후유증이 증상의 주요 원인일 경우, 종합 프로그램의 일환으로 각성제를 사용하여 ADHD 증상을 줄이고, 일상적 기능을 개선시키고, 전반적인 웰빙을 증진시킬 수 있다.

앞에서 설명한 바와 같이, ADHD를 가진 소녀들에게서 보이는 공존질환들에는 불안, 우울증, 기분장애, 조울증, 강박적/강박적 성향이 흔히 포함된다.[46, 47] 각성제는 주의력을 증가시키고 산만성을 감소시키는 반면에 이런 다른 질환들을 악화시킬 수 있다. 그렇다면 다른 질환이 있을 때 ADHD를 어떻게 치료할 것인가? ADHD 소녀가 겪을 수 있는 모든 증상을 살펴봄으로써 복용하는 양과 일정을 포함하여 여러 약물의 조합을 고려할 필요가 있을 수 있다.

만일 ADHD가 다른 공존질환들과 함께 존재한다면, 각성제 사용이 금기가 되지는 않지만, 각성제가 불안과 강박장애를 악화시킬 수도 있고, 어떤 소녀에게서는 우울증을 악화시킬 수도 있기 때문에 주의할 필요가 있을 수 있다. 그런 다음 이러한 공존질환을 ADHD에 덧붙여 적절하게 치료해야 하는 것은 중요하다. 이 시점에서 지침은 경도 내지 중등도의 불안 혹은 우울증에서는 ADHD를 먼저 치료하고, 다른 질환은 필요하면 나중에 치료할 것을 권고하고 있다.[48] 공존질환이 심할 경우에는, 치료를 우선시하는 것을 지침에서 권고하고 있다. 우울증이 공존할 경우, 만일 우울증의 자율 증상들(수면 혹은 섭식의 장애) 및/혹은 자살 사고가 심하면, 우울증을 먼저 치료하는 것이 권고 사항이다. 양극성장애와 ADHD가 함께 있을 경우 기분안정제를 먼저 투여하고, 일단 기분이 안정되면 ADHD를 치료하기 위해 각성제가 나중에 추가될 필요가 있을 것이다.[49]

ADHD에서 항우울제 사용

선택적 세로토닌 재흡수 억제제(Selective serotonin reuptake inhibitors: SSRIs)로 알려진 항우울제(예: Zoloft®, Prozac®, Paxil® 등)는 우울증, 강박장애와 공황 상태를 포함한 다양한 질병을 치료하는 데 효과적이지만, 일반적으로 ADHD 증상의 치료에 일차 약물로는 처방되지 않는다. 하지만 우울증, 강박장애, 공황, 불안 및 ADHD를 가진 소녀들에서 SSRIs는 각성제와 조합해서 아주 효과적일 수 있다. ADHD와 공존질환을 가진 아동들에 대한 병합치료를 살펴본 연구들을 보면, 메틸페니데이트 단독 처방에 대해 충분하게 반응하지 않을 때 메틸페니데이트와 플루옥세틴(fluoxetine, Prozac®)을 함께 투여하여 치료했을 때 우울증 증상을 2/3 감소시키고, 이 아동들의 약 1/3에서 전반적인 기능 향상을 나타냈다.[50, 51]

ADHD와 양극성장애의 치료

ADHD 아동, 특히 청소년기 및 젊은 여성들은 그들의 ADHD에 덧붙여 양극성장애 진단을 받을 수 있다.[52] 이런 경우, ADHD로부터 양극성장애의 진단을 확실히 구별하는 것이 중요하다. 또한 우울증이 공존하는 것도 여성에서 더욱 흔히 볼 수 있다. ADHD와 양극성장애가 공존해서 발생할 때, 흔히 먼저 진단되는 것은 ADHD이다. ADHD 증상과 조증을 구별하는 데 있어 숙련된 전문가에 의해 일단 양극성장애의 진단이 내려지면, 호전이 되기 위해 양극성장애와 ADHD 모두를 치료하는 것은 필수적이다. 이런 경우, 조울증 증상을 해결하기 위해 보통 며칠에서 몇 주까지 기분안정제를 먼저 처방한다. 일단 양극성장애가 안정되면, 각성제 단독으로 치료한다면 일어날 수 있을 가능성이 있는 조울증 증상이 악화될 위험성 없이 ADHD 증상을 치료하기 위해 각성제를 추가할 수 있다. 이 두 질환 모두를 동시에 치료하는 것이 필수적이며, 만일 어느 한 질환이 치료되지 않은 상태로 남아 있다면 호전에 대한 예후가 좋지 않다.[53]

ADHD, 섭식장애 및 비만

ADHD, 섭식장애 및 비만은 몇 가지 공통 증상을 가지고 있는데, 여기에는 충동성, 낮은 자존감 그리고 종종 우울 증상이 포함된다. 사춘기 ADHD 소녀들의 연구에서 충동성이 섭식장애를 일으키는 데 있어서 중요한 요인으로 나타났다.[54] 건강한 식사습관은 ADHD 소녀에게 흔히 부족한 조직화 및 계획 수립 능력을 요구한다. 게다가 소녀들은 배가 고플 때 스스로 조절하고 주의를 기울이는 것과 배가 부를 때 먹기를 멈추는 것이 필요하다. ADHD 소녀들은 다른 이유들 때문에 과식을 할 수 있다. 조절할 수 없다는 느낌과 ADHD 증상으로부터 스트레스를 받는 것, 지루할 때 자극을 위해, 통제력의 부족(한 번 시작하면 멈출 수 없는 것), 그녀들이 얼마나 많이 혹은 왜 먹는지에 대해 인식하지 못하는 것 등이다. 이 같은 생각 없는 혹은 강박적인 과식은 종종 비만을 초래할 수 있다. 체중 관리 클리닉에서 심한 비만 증세를 보이는 사례의 절반 이상에서 진단되지 않은 ADHD가 기저 질환일 수 있고,[55, 56] 여성 및 ADHD 증상에 대해 각성제를 복용하지 않는 것으로 비만의 위험성이 증가함을 연구들은 보여 주고 있다.[57]

폭식, 비만 그리고 다른 섭식장애로 이어지는 많은 문제를 ADHD의 증상을 치료함으로써 해결할 수 있다. 『여성 건강 저널(Journal of Women's Health)』 2005년 5월호에 실린 논문에서 섭식장애 전문가인 캐롤린 듀캄(Carolyn Dukarm)은 덱스트로암페타민(dextroamphetamine)으로 치료한 폭식증과

ADHD를 함께 가진 6명의 환자를 설명하였다. 6명 환자 모두가 치료 후 더 이상의 폭식 증상은 없었다고 보고하였다. 6명 모두가 부주의 증상을 가지고 있었기 때문에, 6명의 환자 중 5명은 과거에 ADHD로 진단되지 않았다.[58] 이러한 사례들은, 다른 최근 임상 연구 결과 및 일화적인 보고들에 따라 소녀와 여성에서 신경성 대식증/폭식 및 ADHD 사이의 연관성을 입증하는 것 같으며, 중요한 임상적 및 치료적 시사점을 가지고 있다. 오늘날 새로운 서방형 각성제로 ADHD 및 섭식장애(ED) 치료를 위한 대단위 연구들이 진행 중이다.

대식증 및 폭식의 관리에서 ADHD 및 그 치료에 대해서는 ADHD와 섭식장애 사이의 관계를 논하는 듀캄의 책에 보다 상세히 묘사되어 있다. 여기서 그녀는 ADHD의 증상을 치료하는 것에 더해서, 각성제가 또한 폭식에 대한 갈망을 감소시킨다고 하였다. 『퍼즐 조각: ADHD와 섭식장애의 연관성(Pieces of the Puzzle: The Link between ADHD and Eating Disorders)』에서, 듀캄은 이중 진단을 받은 환자 및 그들을 치료하는 임상가들을 위해 아주 상세한 진단 및 치료 프로그램을 제공한다.[59]

ADHD와 PMS

PMS(premenstrual syndrome; 역자 주: 생리전증후군으로, 생리가 일어나기 수일 전에 불안정 감정, 이자극성, 통증 등 다양한 증상이 나타나는 현상을 말한다) 및 그와 관련된 이자극성과 기분 변화에 대해서는 청소년기 ADHD 소녀에게서 종종 언급될 필요가 있다. 만약 PMS가 가볍다면, 운동, 식이요법 수정, 이완과 인지행동치료와 같은 생활양식 변화로 개선할 수 있을 것이다. 덧붙여서, 신체적인 증상이 있는 몇몇 소녀에게는 이부프로펜(ibuprofen)과 같은 비스테로이드계 약물이 필요할지도 모른다. 하지만 더 많은 증상을 가진 더 많은 중증의 PMS는 증상이 있는 날에만 SSRIs 계열의 항우울제로 치료가 필요할 수 있다. 이 SSRIs 계열에는 졸로프트(Zoloft®), 프로작(Prozac®), 팍실(Paxil®) 등이 포함된다.[60] PMS나 생리전기분장애(premenstrual dysphoric disorder: PMDD)를 경험하는 ADHD 소녀들은 ADHD 증상에 대해 각성제를 투여받는 것에 더해, 이들 약물 중 하나로 치료받을 필요가 있을 수 있다.

만일 소녀가 우울증, PMS 그리고 ADHD를 가지고 있다면, 그림은 훨씬 더 복잡해질 수도 있다. 그녀에 대한 각성제 치료에 두 개의 항우울제를 처방하기보다는 하나의 SSRI와 각성제를 투여하는 것이 더 나은 것으로 보인다. 그렇지만 처방하는 의사는 PMS 이자극성을 나타내는 생리 전에 SSRI의 용량을 더 늘려야 할지도 모른다는 것을 알고 있어야 한다. 우울증을 효과적으로 치료하기 위해 사용되는 SSRI의 유지 용량으로는 PMS 증상을 치료하기에 충분하지 않을 수 있고, 이 증상들을 관리해 주는 것이 어떤 소녀들에게는 결정적인 것으로 보인다. 저용량의 에스트로겐 피임약이 과거에 심한 PMS 또는 PMDD 증상을 완화시키기 위해 사용되어 왔지만, 뇌에서의 세로토닌 수준이 관여하는 것 같다는 생각에서, 지금은 기분 조절 및 분노와 우울증을 줄이는 데 있어 SSRI가 더 나은 것으로 보이고 있다.[61, 62]

브리아나의 이야기: 복잡한 치료 사례 연구

브리아나(Brianna)의 사례는 ADHD 소녀에게 전형적으로 보이는데, ADHD와 더불어 불안 관련 질환을 나타낸다. 그리고 전반적 기능을 효과적으로 호전시키기 위해 각 증상 복합체를 치료해야 할 필요성을 설명한다. 브리아나는 강박장애, 공황 및 불안의 시기가 있었는데, 이 모두는 사춘기 이후 악화되었다. 하지만 적절한 치료를 받으면서 대학에서 안정되었고, 그녀는 약간의 추가적 도움만으로 증상들을 관리해 나갈 수 있었다.

브리아나는 아름답고 키가 큰, 검은 머리의 15세 소녀로 주의력결핍장애의 가능성에 대해 고등학교 1학년 때 평가를 받으러 의뢰되었다. 그 당시에, 브리아나는 가만히 앉아 있는 것과 집중하는 것에 많은 어려움을 가지고 있다고 보고하였다. 그녀는 시각 자극 및 청각 자극 모두에 의해 쉽게 주의가 산만해졌다. 어떤 충동적인 행동들이 눈이 띄었고, 브리아나는 끊임없이 이야기하는 것으로 알려졌다. 시각적 이미지와 낙서가 수업 중에 브리아나를 집중시키는 데 도움이 되었고, 공부에 꾸준히 집중하기 위해 자주 요점 정리를 해야 했다. 그녀는 노트 필기도 서툴렀고 수업 시간에 필기하기보다 낙서를 했다. 브리아나는 책을 읽는 것이 느리고, 읽는 것을 좋아하지 않았다고 하였다.

이러한 문제들 외에도, 브리아나는 병균에 대해 과도하게 인식하였다. 그녀는 끊임없이 손을 씻어야 한다고 생각했고, 다른 사람들에게도 자신이나 혹은 자기 물건을 만지기 전에 손을 씻으라고 요구했다. 만약 무언가와 그녀의 몸이 접촉하면 균형을 잃었다고 느꼈으며, 모든 것이 대칭을 이루어야 할 필요가 있다고 하였다. 만일 그녀는 한쪽이 닿으면 기분이 나아지기 위해 다른 쪽이 닿아야만 했다.

브리아나는 태어날 때부터 생후 9개월까지 계속된 발작이 있었다. 어린아이였을 때, 그녀는 닿는 것과 촉감에 대해 과민반응을 보였다. 유치원에 다닐 때, 브리아나는 지나치게 활동적이고, 지저분하고, 이행에 대해 어려움을 겪는 것으로 알려지고 있다. 그녀는 밤에 잠들기가 어렵고, 낮잠을 잘 자지 않았다. 그녀의 가족력에 의하면 틱, 강박장애, 청각 처리 문제로 진단받은 가족 구성원이 있었으며, 어머니 역시 아마도 ADHD를 가졌을 것으로 생각되었다.

그녀의 부모님과 선생님들로부터의 보고를 포함하여 신경발달학적 및 교육적 평가를 완료했을 때, 브리아나는 주의력결핍 과잉행동장애(ADHD)와 강박장애(OCD) 진단을 받았다. 일차적인 권고 사항은 각성제 약물 시도 및 상담이었다. 또한 조직화하기, 노트 필기 및 독해력을 개선하기 위해 개인 교습도 받도록 하였다. 브리아나는 각성제 약물이 집중하는 데 있어서의 어려움과 과잉행동을 완화시키지만, 아마도 강박장애 증상이나 틱을 악화시킬 수도 있다는 설명을 들었다.

브리아나는 그녀의 ADHD 증상이 가장 심하고 귀찮은 일이고, 따라서 기꺼이 치료받겠다고 결정했다. 대체하거나 추가적인 약물치료도 또한 그 당시에 논의되었다.

브리아나는 메틸페니데이트를 처방받았고, 면밀한 모니터링이 시행되었다. 브리아나와 그녀의 교사들은 학교에서의 긍정적인 변화를 보고했다. 그녀의 세균공포증이 약간 나빠지는 것이 감지되었거나 혹은 어쩌면 아마도 그녀는 더 잘 알고 있었을 것이다. 집에서 그녀의 부모는 이자극성이 증가된 것과 약간의 식욕 감소를 느꼈다. 그녀는 약 일 년간 이 처방을 계속했다. 그 당시 브리아나는 자신의 강박장애가 점점 더 심해지고 있었고, 짜증과 초조함이 더 많아졌다고 보고하였다. 그녀는 이러한 문제를 해결하기 위한 약물치료를 시도하기로 결심했다. 그리하여 그녀는 클로니딘(clonidine)을 시도하였고, 공포증, 이자극성, 강박장애 증상의 상당한 감소를 경험하였다.

그러나 그다음 해에 브리아나는 심한 공황 발작을 일으켰다. 그녀는 프로작을 복용하기 시작했고, 이완 및 바이오피드백 기법을 사용하였다. 그녀가 클로니딘을 끊었을 때, 강박장애 증상이 다시 나타났다. ADHD 증상들은 메틸페니데이트로 억제된 채로 남아 있었지만, 그녀의 성적은 들쭉날쭉했다. 왜냐하면 때때로 꾸준히 노력하고, 조직적인 상태를 유지할 수 없었기 때문이었다. 브리아나는 코치와 함께 이러한 문제를 해결하기 시작했다. 그 후 두 달 동안 공황 발작은 줄어들었다. 각성제 및 SSRI 병합은 1년 더 유지되었다. 그 무렵, SSRI는 이틀에 한 번꼴로 줄었고, 결국 생리가 시작되기 전 일주일 동안만 복용하였다.

브리아나는 ADHD와 강박장애 증상이 어느 정도 가라앉자 대학생활을 시작했고, 각성제를 복용하면서 잘 지내게 되었다. 그녀는 기숙사 독방, 약물 효과가 가장 최대로 나타날 때 수업을 듣도록 배려해 줄 수 있는 특별 등록, 독해 속도가 느리고 다시 읽고 해야 하기 때문에 시험 시간 연장, 강의 시간에 노트 필기를 위한 시간 연장을 요구하였다. 대학 장애인 관련 사무실에서도 또한 코칭과 대학으로의 전환에 도움을 주었다.

결론

ADHD를 진단하는 것은 아무리 좋은 상황에서도 간단한 문제가 아니다. 공존질환 및 성별 문제를 포함해서 이 복잡한 과정에 당신이 한 가지를 추가할 수 있다. 덧붙여서, 진단뿐만 아니라 치료제 선택과 ADHD 소녀들의 예후에 생리적 요인들이 중요한 영향을 끼칠 수 있다. 진단 과정에 관여하는 부모 및 전문가는 ADHD 소녀가 짊어지고 있을 수 있는 추가적인 부담을 인식할 필요가 있다. 치료 프로그램을 권고할 때 사회적 스트레스 요인과 호르몬에 의한 스트레스 요인이 평가되고 고려되어야 한다.

ADHD 소녀들의 약물 사용에서 각성제를 선택하는 것은 그렇게 간단하지 않을 수 있으며, 여러 가지 조합으로 치료와 약물을 사용하는 더 많은 복잡한 접근법을 필요로 할지도 모른다. 그리고 어떤 경우에는 조심스럽게 고려한 후에 부모들이 ADHD 딸에게 약이 적절한 선택이 아닌 것으로 결정할 수 있다. 이런 경우, 모든 ADHD의 사례에서와 같이 교육자, 정신건강 전문가들, 의사들, 부모 그리고 소녀 스스로가 소녀들에게 있어서 ADHD의 독특한 양상 및 무엇이 그들을 도울 수 있는지에 대해 더 많은 지식을 가질 필요가 있다는 것은 아주 중요하다.

제12장

우리의 이해를 실행하기

인간 행동 연구에서 새로운 주제를 다룰 때 흔히 연구보다 현장에서의 실천이 먼저 이루어진다. 1999년에 나온 이 책의 초판은 ADHD 소녀들을 이해하게 한 다년간의 임상 경험과 ADHD 소녀들을 돕는 방법에 근거해서 저술되었다. 그때는 오직 ADHD 소녀들에게만 초점을 맞춘 처음이자 유일한 책이었다. 시간이 흐르고 나서, ADHD 소녀와 성인에 관한 연구들이 많이 이루어져 왔다. 우리의 이해와 관찰이 들어갔던 『ADHD 소녀들 이해하기』 초판이 출판되었을 때, 이 책이 많은 연구가 필요한 ADHD 소녀 연구의 촉매제가 되기를 희망했다.

초판이 출판되었을 때, ADHD 소녀에 관한 적은 수의 연구는 DSM-IV[1]와 그전의 DSM에 있는 남성 기반 진단 기준을 충족시키는 일부 ADHD 소녀에게 초점을 맞춘 것이었다. 이 책을 쓰고 있는 지금은 DSM-5[2]가 최근에 출판되었는데, DSM-5에서는 7세 이전에 분명한 ADHD 조짐을 보이지 않을 수 있다는 문구가 들어가 있어 가이드라인이 조금 확장되었다. 과잉행동과 행동장애가 있는 ADHD 아동은 (아마도 소년이 더) 조기에 진단받는 것처럼, 진단 기준의 변화로 인해 더 많은 소녀가 정확하게 진단받을 수 있게 되었다. ADHD의 성별 차이에 초점을 둔 연구가 시간이 지나면서 더 많이 확대되기를 희망한다.

진단의 본질적인 문제는 여전히 남아 있다. 이 문제는 때때로 ADHD 소녀에게 발견되는 미묘하고 내면적인 증상을 더 많이 고려할 수 있는 성별 진단 기준을 어떻게 개발하고 표준화할 것인가 하는 것이다. 또한 ADHD 소녀에게만 나타나는 이슈를 더 잘 밝혀내고 ADHD 소녀들에게 최적화된 치료 방법에 초점을 맞춘 연구가 많아지기를 희망한다. 오늘날 ADHD 아동의 문제행동에 초점을 맞춘 대부분의 치료 프로그램은 일반적으로 ADHD 소년을 위한 것이고, 학교와 집에서 자신을 조절하는 법을 다루고 있다. 우리가 ADHD 소녀 진단법과 치료에 대해 더 많이 알게 되면서, 우리는 ADHD 소녀들이 너무나 어려워하고 상처를 받는 자존감과 관계 이슈에 대해 도움을 줄 수 있는 프로그램을 개발하기를 원하게 된다.

더 일찍 ADHD 소녀들을 적절히 진단하는 방법을 알았다면, ADHD 소녀들이 겪을 피해도 어쩌면 더 줄어들었을 것이다. 오늘날조차 ADHD로 진단받는 수를 보면 성인 여성이 소년들보다 많은 것 같다. 가능한 설명을 하자면, ADHD 성인들만 보면 성 비율이 거의 균등하다는 것은 성인 여성들은 자신이 진단을 의뢰했을 가능성이 있는 반면, ADHD 소녀들의 진단 의뢰는 부모와 교사들에게 달려 있다는 것이다. 이러한 성인 여성들은 이해와 자기수용과 성공으로 이끌 수 있는 진단을 반평생 기다려 왔다.

ADHD 소녀들이 사춘기 후에 사춘기 전보다 더 큰 도전 과제에 직면하게 되므로, 중학교와 고등학교 때 진단이 급증할 수 있다. 그리고 교사, 부모, 소아과 의사가 유아를 진단하기 위해 사용하던 표준화된 질문지가 여성의

ADHD 패턴을 포함한 사람들을 진단하도록 변형되고 있어, ADHD 여성들의 진단 연령이 낮아져 초등학생 ADHD 소녀와 취학 전 ADHD 여자 유아들에 대한 진단이 이루어질 수도 있다. 『ADHD 소녀들 이해하기』 개정판을 읽고 있는 사람들은, ADHD 소녀들을 가장 잘 돕고 진단하는 방법을 다른 사람들보다 더 잘 이해하는 부모와 전문가의 반열에 들어가게 될 것이다. ADHD 소녀에 대한 연구들은 지난 수십 년간 증가되어 왔지만, 아직도 ADHD 연구의 대부분은 압도적으로 ADHD 남아/남자 성인에 관한 것이고 ADHD 소녀들에게 발견되는 이슈와 패턴에 관한 연구는 상대적으로 적다.

초기 진단은 부모들, 교사들 그리고 다른 전문가들이 어릴 때부터 ADHD 소녀들을 지원하고 살아가게 할 환경을 만들도록 돕고, ADHD 소녀들이 자신을 강하고 유능하게 느끼고 자신의 능력을 알도록 돕는다. 우리가 더 많이 알게 될수록, 우리는 ADHD 소녀들이 자신들의 강점을 살리는 학습 및 공부 환경을 구체화하도록 돕는 것이 관건임을 깨닫게 된다.

ADHD 소녀들은 각각 독특하다. 생애 초기에 ADHD로 진단될 만큼 운이 좋았던 ADHD 소녀들은 학교 교육, 놀이 친구, 놀이 활동을 적절하게 선택하는 부모들과 교육자들의 이해와 지원에 따른 혜택을 받을 기회를 가지게 된다. 어떤 것이 있는지 살펴보자.

- 활달한 ADHD 소녀라면, 활동성이 요구되는 환경에서 움직임, 기어오르기, 사교적인 활동을 해야 하는 기회를 더 많이 제공하는 유치원을 다니는 행운을 얻을 수 있다.
- 조용한 성격의 ADHD 소녀라면, 뒤죽박죽인 백일몽을 이용하여 소집단에서의 상호작용을 풍부하게 할 수 있고, 교사가 ADHD 소녀에게 개인적으로 신경을 더 쓸 수 있다.
- 창의적인 ADHD 소녀라면, 예술적 능력들을 입증하고 사용하도록 격려받으며, 부주의함으로 인해 낙담하는 것을 줄일 수 있다.

• 거침없이 모험을 좋아하는 ADHD 소녀라면, 예의 바르고 숙녀 같지 않다고 책망하기보다 스포츠나 기업가적인 활동을 하도록 격려해 줄 수 있다.

많은 ADHD 소년은 충동을 조절하고, 공격 행동을 줄이고, 공손해지는 데 도움이 필요한 반면, ADHD 소녀들은 정반대이다. 백일몽을 꾸는 ADHD 소녀들은 앉아서 조용히 있을 것을 배우는 데 도움을 받을 필요는 없고, 일어나 자신을 옹호하는 방법을 배우는 것이 필요하다. 그들은 도움을 요청하는 두려움, 손을 드는 두려움, 그리고 교사의 질문에 잘못 대답하는 두려움을 이겨내야 할 필요가 있다. 말이 많고 외향적인 ADHD 소녀들은 그들의 사회적 에너지를 발산할 긍정적 출구가 필요한데, 이 긍정적 출구로는 아무렇게 말하기보다 학급에서 리더십을 발휘할 지위를 부여하여 사회적 에너지를 계획과 조직화에 사용하도록 허락하고 격려하는 것을 들 수 있다. 교사를 위한 학급 지침에서는 ADHD 소년들이 돌아다니게 하라고 강조하지만, 과잉행동이 종종 말하는 쪽으로 향하는 ADHD 소녀들에게는 적절하고 구조적인 언어적 출구를 찾는 방법을 알게끔 해야 한다.

많은 ADHD 소녀는 그들의 사투가 드러나지 않는데, 주목을 피하려는, 교사의 비위를 맞추려는, 과제를 끝내려는 이면의 노력은 숨겨진다. 그들이 똑똑할수록 주의 집중의 어려움을 보다 쉽게 숨길 수 있어, 자신의 강점을 발휘하지 못하는 대가를 치르게 된다. 부모와 전문가들은 어린 소녀들이 오랫동안 공공연하게 드러났던 어려움을 성공적으로 피해 왔다는 것을 알아야만 한다. 2013년 발행된 DSM-5에서 ADHD를 진단할 때 ADHD 증상이 7세 이전에 분명히 나타나야 한다는 항목이 없어진 것은 환영할 만한 일이다. 이 항목의 삭제로 인해 ADHD 증상 발생 연령 규정 때문에 간과되어 왔던 많은 소녀가 진단을 받고 도움을 받을 것 같다. 어떤 ADHD 소녀들은 조용하고 순종적인 것은 사실이나, 평균 이상의 성적을 보이는 ADHD 소녀들은 ADHD 성향을 급격히 드러내어 청소년기에 ADHD가 고개를 들면 수많은 심각한 도전 과제(challenges)에 직면하게 된다.

우리는 아직 ADHD 소녀들의 이해에 있어 배우는 과정에 있다. 우리는 이 책을 읽는 부모들이 전문가와 교사들과 책 내용을 공유하기를 희망한다. 교사들은 상담가와 학교심리학자와 책 내용을 공유해야 한다. 단체와 교육 기관들은 ADHD 소녀들에 관한 더 많은 논의와 의견이 생기도록 지원해 주어야 한다. 우리 모두는 부모들과 전문가들의 인식 수준을 올려서, 다음 세대의 ADHD 소녀들은 성인이 되어서야 진단을 받는 일이 없도록 해야 하는데, 이렇게 할 때 ADHD 소녀들은 타인과 자신들의 차이를 이해할 수 있고, 그들의 강점을 받아들일 수 있고, 나아가 그들이 살아야만 하는 인생을 살 수 있게 된다. 『ADHD 소녀들 이해하기』 신판은 이런 목적을 달성하기 위한 길을 걸어가기 위해 썼다.

부록

자기평가척도, ADHD 소녀들의 진단을 돕다

이 책 전체에서 우리가 쓴 것처럼, ADHD 소녀들은 간과되고 오해받아 왔다. 이 질문지는 ADHD 소녀들이 자신들의 목소리를 내게 하여 ADHD 소녀들을 지원하는 데 사용될 수 있다. ADHD 소녀들의 생활에 대한 내적 경험을 우리에게 말할 기회를 주어서 우리는 다음의 체크리스트를 개발하였다.

대부분의 ADHD 평가척도는 주로 타인(부모나 교사)이 보고한 관찰 가능한 행동에 초점을 맞추고 있다. ADHD 소녀들은 자신들의 많은 경험을 내재화하기 때문에, 우리는 그들에게 사투해 왔던 이슈들을 직접 물어봄으로써 그들의 이슈를 완전히 알 수 있다. 여러 ADHD 질문지에 비해 이 질문지는 독특한데, 그 이유는 부모 그리고/또는 교사가 인식하는 ADHD의 도전 과제를 근거로 만들지 않고 ADHD 소녀가 직접 자기보고를 할 기회를 주었기 때문이다.

이 질문지는 1999년 처음 개발되었으나, 최근에야 ADHD 소녀용 자기보고 질문지의 중요성이 알려지게 되었다. 성별 차이에 관한 2013년 연구[1]에서 가장 두드러진 차이는 ADHD 소년에 비해 ADHD 소녀는 불안이 높다는 점이었다. ADHD 소녀들은 자기보고에서 불안을 호소했으나 그들의 부모들은 불안을 보고하지 않았다. 대신에 부모들은 신체적 불평(somatic complaints)과 불안의 외적 표현을 보고했고, 이러한 증상들을 불안의 탓으로는 돌리지 않았다. 이 연구의 연구자들은 ADHD 소녀/여성 성인에게 특별히 두드러지는 내재화 문제를 평가하기 위해 자기보고 척도의 중요성을 강조하였다. ADHD 분야의 다른 사람들이 자기보고의 중요성을 인식하기 시작했고 특히 ADHD의 성별 차이를 조사한 연구에서 자기보고의 중요성을 인식했다는 점이 매우 기쁘다.

이 질문지는 선별 도구이지 진단 도구가 아니다. 이 질문지에 대한 ADHD 소녀들의 응답들은 앞으로의 연구를 위한 촉진제가 되어야 한다. 이 질문지를 완성한 후에 부모, 교사나 다른 전문가가 ADHD 소녀들을 다시 살펴보아야 한다. 이 질문지에 대한 응답을 검토해 보면 대개 그전에 언급되지 않았던 중요한 이슈들에 대해 논의하게 될 것이다. 이 질문지는 ADHD 소녀들이 자신들의 감정 표현하기와 자신들의 사투(도움 찾기를 향한 첫 단계와 ADHD를 위한 지원)에 대해 말하기 시작할 수 있는 구조화된 방법을 제시한다.

1) Skigli EW, Teicher MH, Andersen PN, Hovik KT & Oje M. (2013). ADHD in girls and boys-gender differences in coexisting symptoms and executive function measures. *BMC Psychiatry*, *13*, 298.

소녀용 ADHD 자기평가척도

Patricia Quinn, M.D., Kathleen Nadeau, PH.D., & Ellen Littman, PH.D.

다음 질문들에 대해 0~3까지 중에서 당신을 가장 잘 나타냈다고 생각되는 것을 골라 그 숫자를 쓰세요. 될 수 있는 한 솔직하게 응답해 주세요. 옳은 응답이나 잘못된 응답은 없습니다. 다음 질문들에 대한 당신의 응답은 성인기에 당신을 더 잘 이해하고 당신을 돕게 할 것입니다.

0 = 전혀 나에게 해당 안 됨
1 = 나에게 약간 해당됨
2 = 나에게 많이 해당됨
3 = 나에게 아주 많이 해당됨

____ 1. 나는 백일몽을 많이 꾸고 내 생각에 잠긴다.
____ 2. 나는 아무리 노력해도 종종 다른 사람을 방해한다.
____ 3. 화가 나면 내가 의도하지 않았던 말을 한다.
____ 4. 오래 앉아 있거나 기다리게 되면 나는 가만히 있지 못한다.
____ 5. 오래 앉아 있으면 졸음이 오지만, 깨고 나면 금방 활력이 넘쳐 여기저기 돌아다닌다.
____ 6. 물건을 분실해서 낙담한다.
____ 7. 스포츠, 뛰기, 춤추기 같은 것을 하면 내가 활발해지는 것을 느낀다.
____ 8. 선생님의 말씀에 집중하려고 하면 나의 머리는 다른 데로 가서 헤맨다.
____ 9. 내가 화가 나면 통제가 되지 않아 소리 지르거나 비명을 지른다.
____ 10. 때때로 나는 너무나 흥분해서 뛰어다니거나 시끄럽게 말을 한다.
____ 11. 나는 걱정을 많이 한다.
____ 12. 나는 새로운 것을 할 수 없다고 생각해서 새로운 것을 해 보기가 겁이 난다.
____ 13. 다른 학생들이 수업 중에 무언가를 하고 있으면 그것 때문에 산만해진다.

____ 14. 방금 읽거나 공부한 것의 정보를 떠올릴 수 없어 나는 괴롭다.

____ 15. 나는 다른 소녀만큼 똑똑하다고는 생각하지 않는다.

____ 16. 나의 주변에 친구가 있을 때 나는 항상 잘못된 말이나 행동을 하는 것 같다.

____ 17. 나는 뭐든지 잘한다는 생각이 들지 않는다.

____ 18. 나는 운동을 하고 나면 침착해진다.

____ 19. 나는 매우 민감하고 많은 것에 감정이 상한다.

____ 20. 나는 이유 없이 슬프다.

____ 21. 때때로 나는 가고 싶지 않는 학교 때문에 너무나 걱정이 된다.

____ 22. 나는 종종 울고 싶어진다.

____ 23. 나는 나 자신에 대해 만족을 느끼지 않는다.

____ 24. 사람들이 내가 무엇을 하는 것을 지켜보면 나는 당황한다.

____ 25. 나는 다른 소녀들과 경쟁하는 것을 좋아하지 않는다.

____ 26. 내가 집단에 참가하려고 할 때 무슨 말을 해야 할지 모르기 때문에 불안해진다.

____ 27. 나는 학급 동료들이 주변에 있으면 겁을 먹는다.

____ 28. 다른 소녀들이 무언가를 보고 웃으면 나는 항상 왜 웃는지 이해가 안 된다.

____ 29. 때때로 어떤 소녀가 나로부터 떠나가는데 그 이유를 모르겠다.

____ 30. 나는 친구를 더 사귀기를 원한다.

____ 31. 나는 제때에 해내려고 노력하는 데도 늦게 끝낸다.

____ 32. 나는 숙제를 시작하는 것이 어렵다.

____ 33. 가족 사이에서 나는 '문제 아이' 같다.

____ 34. 머릿속에서 여러 생각이 막 떠올라 잠들기 힘들다.

____ 35. 마지막 순간까지 계속 연기해서 나 자신이 싫고 실패한 것처럼 느껴진다.

____ 36. 해야 할 일을 잊는다.

____ 37. 사람들이 나를 많이 비난하는 것처럼 느껴진다.

____ 38. 아침에 일어나는 것이 어렵다.

____ 39. 과제 지시를 기억하는 것이 어렵다.

____ 40. 나는 새로운 것을 하기 좋아하고 전에 했던 것을 해 보면 지루하다.

____ 41. 제자리에 두지 않아 물건을 찾는 데 시간이 많이 걸린다.

____ 42. 나는 시간을 많이 쓰는 일이 힘들다.

____ 43. 나는 위통이나 두통을 많이 겪는다.

____ 44. 나는 겁이 나도 흥분되는 일을 해 보기 시작한다.

____ 45. 나는 종종 시간 가는 줄 모른다.

____ 46. 사람이 많은 곳에 가는 것을 좋아하지 않는다.

____ 47. 수업 시간에 수업을 따라가지 못하고 나 빼고 무엇을 해야 하는지 다 아는 것 같다.

____ 48. 시끄러운 소음 그리고/또는 밝은 불빛은 나를 괴롭힌다.

____ 49. 내가 선생님의 지시를 듣지 못하거나 선생님이 나를 부를 때 답을 못하기 때문에 나의 선생님이 내가 제정신이 아니라고 생각할까 걱정이 된다.

____ 50. 나는 결정을 내리는 것이 어렵다.

십 대 소녀용 추가 질문지

Patricia Quinn, M.D., Kathleen Nadeau, PH.D., & Ellen Littman, PH.D.

앞에서 소개한 50문항에 더해, 다음 문항들은 12~18세 소녀들이 응답해야 합니다. 다음 질문들에 대해 0에서 3까지 중에서 당신을 가장 잘 나타냈다고 생각되는 것을 골라 그 숫자를 쓰세요. 앞의 질문지처럼 될 수 있는 한 솔직하게 응답해 주세요.

0 = 전혀 나에게 해당 안 됨
1 = 나에게 약간 해당됨
2 = 나에게 많이 해당됨
3 = 나에게 아주 많이 해당됨

____ 1. 숙제를 알고 제출일에 내는 것이 어렵다.
____ 2. 아무리 제때에 끝내려고 해도 항상 늦는다.
____ 3. 압력을 받으면서도 나는 최선을 다했다고 확신한다.
____ 4. 나는 대개 마지막 순간에 과제를 마치거나 과제를 늦게 제출한다.
____ 5. 고등학교는 때때로 나를 압도한다고 느껴진다.
____ 6. 사람들은 나에게 더 노력해야 한다고 하지만, 나는 최선을 다한 것 같다.
____ 7. 주위에 사람이 없으면 몰래 음식을 가져가서 먹는다.
____ 8. 성적을 받을 시기마다 잘해야겠다고 결심하고 공부를 시작하지만 오래가지 못한다.
____ 9. 때때로 먹기 시작하면 멈출 수 없다.
____ 10. 나는 운전하기가 두렵다.
____ 11. 나의 생활에서 대개 늦거나 무언가를 잊기 때문에 제정신이 아닌 것 같다.
____ 12. 인내하는 것은 어렵다.
____ 13. 때때로 내가 무책임한 것 같다.
____ 14. 대화할 때 한 주제에서 다른 주제로 건너뛴다.
____ 15. 나는 항상 안전한 성생활을 하지 않는다.

____ 16. 나는 진정하기 위해 무언가를 먹는다.

____ 17. 내가 주의를 기울이지 못해 나는 자동차 사고를 경험했거나, 갑자기 자동차를 멈추거나, 속도를 많이 냈다.

____ 18. 종종 나는 매우 불안해진다.

____ 19. 나는 기분이 좋아지기 위해 또는 나의 문제를 잊기 위해 술을 마신다.

____ 20. 나의 기분과 감정은 생리 전주에 더욱 강렬해진다.

____ 21. 나는 매우 빨리 좌절감을 느낀다.

____ 22. 나는 체중 유지를 위해 토하거나 설사약을 먹는다.

____ 23. 때때로 아무 이유도 없이 침울하고 우울해지는 것 같다.

____ 24. 고등학교가 나에게는 얼마나 힘든 곳이고 내가 진심으로 노력하는 것을 사람들이 알아주기를 바란다.

____ 25. 때때로 내가 직면해야 할 모든 문제 때문에 화가 나고 좌절감을 느낀다.

____ 26. 나는 나의 팔이나 다리에 상처를 내거나 머리카락을 뽑아 왔다.

____ 27. 나는 담배를 피운다.

____ 28. 나는 마리화나를 핀다.

____ 29. 나는 다른 약물 복용 경험이 있다.

____ 30. 나는 친구를 사귀고 친구 관계를 유지하기 어렵다.

____ 31. 나는 (사이버 괴롭힘을 포함해서) 괴롭힘의 피해자이다.

____ 32. 나는 때때로 과잉반응을 한다.

____ 33. 나는 자살을 생각해 왔고 자살 시도를 했다.

____ 34. 나의 성적은 A부터 F까지 다양한데 그 이유를 모르겠다.

____ 35. 나는 대학교에서 잘 적응할지 걱정이고 대학교에 진학하는 것조차 걱정이다.

____ 36. 내가 나이를 들수록 성적은 점점 나빠지는 것 같아 괴롭다.

____ 37. 내가 깨어 있기 위해서는 에너지 음료, 콜라, 카페인이 필요하다.

____ 38. 내가 원하는 것을 말하려고 하면 내 마음이 혼란스럽고 말하기 어렵다.

____ 39. 나 자신을 위해 일어나 도움을 요구하는 것이 어렵다.

____ 40. 나는 어디에도 소속되어 있지 않고 고독하다고 느껴진다.

참고문헌

추천사

1. National Institutes of Health. (1994). NIH guidelines on the inclusion of women and minorities as subjects in clinical research. *NIH Guide, 23,* 1-34.
2. Hinshaw, S.P., Heller, T., & McHale, J.P. (1992). Covert antisocial behavior in boys with attention deficit hyperactivity disorder: External validation and effects of methylphenidate. *Journal of Consulting and Clinical Psychology, 60,* 274-281.
3. Hinshaw, S.P., Zupan, B.A., Simmel, C., Nigg, J.T., & Melnick, S.M. (1997). Peer status in boys with and without attention-deficit hyperactivity disorder: Predictions from overt and covert antisocial behavior, social isolation, and authoritative parenting beliefs. *Child Development, 64,* 880-896.
4. Arnold, L.E. (1996). Sex differences in ADHD: Conference summary. *Journal of Abnormal Child Psychology, 24,* 555-568.
5. Hinshaw, S.P. (2002). Preadolescent girls with attention-deficit/hyperactivity disorder: I. Background characteristics, comorbidity, cognitive and social functioning, and parenting practices. *Journal of Consulting and Clinical Psychology, 70,* 1086-1098.
6. Hinshaw, S.P., Carte, E.T., Sami, N., Treuting, J.J., & Zupan, B.A. (2002). Preadolescent girls with attention-deficit/hyperactivity disorder: II. Neuropsychological performance in relation to subtypes and individual classification. *Journal of Consulting and Clinical Psychology, 70,* 1099-1111.
7. Blachman, D.R., & Hinshaw, S.P. (2002). Patterns of friendship in girls with and without attention-deficit/hyperactivity disorder. *Journal of Abnormal Child Psychology, 30,* 625-640.
8. Briscoe-Smith, A.M., & Hinshaw, S.P. (2006). Linkages between child abuse and attention-deficit/hyperactivity disorder in girls: Behavioral and social correlates. *Child abuse and*

neglect, 30, 1239-1255.

9. Mikami, A.Y., & Hinshaw, S.P. (2003). Buffers of peer rejection among girls with an without ADHD: The role of popularity with adults and goal-directed solitary play. *Journ of Abnormal Child Psychology, 31,* 381-397.
10. Peris, T., & Hinshaw, S.P. (2003). Family dynamics and preadolescent girls with ADHI The relationship between expressed emotion, ADHD symptomatology, and comorbi disruptive behavior. *Journal of Child Psychology and Psychiatry, 44,* 1177-1190.
11. Sami, N., Carte, E.T., Hinshaw, S.P., & Zupan, B.A. (2003). Performance of girls wi attention deficit/hyperactivity disorder on the Rey-Osterrieth Complex Figure: Eviden for executive function deficits. *Child Neuropsychology, 9,* 237-254.
12. Zalecki, C., & Hinshaw, S.P. (2004). Overt and relational aggression in girls with attentio deficit hyperactivity disorder. *Journal of Clinical Child and Adolescent Psychology, 3* 131-143.
13. Gaub, M., & Carlson, C.L. (1997). Gender differences in ADHD: A meta-analysis a critical review. *Journal of the American Academy of Child and Adolescent Psychiatry,* 1036-1046.
14. Gershon, J. (2002). A meta-analytic review of gender differences in ADHD. *Journal Attention Disorders, 5,* 143-154.
15. Biederman, J., Faraone, S.V., Mick, E., Williamson, S., Wilens, T., Spencer, T.J., et (1999). Clinical correlates of ADHD in females: Findings from a large group of gi ascertained from pediatric and psychiatric referral sources. *Journal of the Americ Academy of Child and Adolescent Psychiatry, 38,* 966-975.
16. Hinshaw, S.P., Owens, E.B., Sami, N., & Fargeon, S. (2006). Prospective follow-up of g with attention-deficit/hyperactivity disorder into adolescence: Evidence for continu cross-domain impairment. *Journal of Consulting and Clinical Psychology, 74,* 489-499.
17. Hinshaw, S.P., Carte, E.T., Fan, C., Jassy, J.S., & Owens, E.B. (2007). Neuropsycholog functioning of girls with attention-deficit/hyperactivity disorder followed prospectiv into adolescence: Evidence for continuing deficits? *Neuropsychology, 21,* 263-273.
18. Hinshaw, S., Owens, E., Zalecki, C., Huggins, S., Montenegro-Nevado, A., Schrodek, & Swanson, E. (2012). Prospective follow-up of girls with attention-deficit/hyperacti

disorder into early adulthood: Continuing impairment includes elevated risk for suicide attempts and self-injury. *Journal of Consulting and Clinical Psychology, 80,* 1041-1051.

19. Biederman, J., Petty, C.R., Monuteaux, M.C., Fried, R., Byrne, D., Mirto, T., et al. (2010). Adult psychiatric outcomes of girls with attention deficit hyperactivity disorder: 11-year follow-up in a longitudinal case-control study. *American Journal of Psychiatry, 167,* 409-417.
20. Hinshaw, S.P., Owens, E.B., Sami, N., & Fargeon, S. (2006). Prospective follow-up of girls with attention-deficit/hyperactivity disorder into adolescence: Evidence for continuing cross-domain impairment. *Journal of Consulting and Clinical Psychology, 74,* 489-499.
21. Hinshaw, S.P., Carte, E.T., Fan, C., Jassy, J.S., & Owens, E.B. (2007). Neuropsychological functioning of girls with attention-deficit/hyperactivity disorder followed prospectively into adolescence: Evidence for continuing deficits? *Neuropsychology, 21,* 263-273.
22. Owens, E.B., Hinshaw, S.P., Lee, S.S., & Lahey, B.B. (2009). Few girls with childhood attention-deficit/hyperactivity disorder show positive adjustment during adolescence. *Journal of Clinical Child and Adolescent Psychology, 38,* 1-12.
23. Miller, M., Ho, J., & Hinshaw, S.P. (2012). Executive functions in girls with ADHD followed prospectively into young adulthood. *Neuropsychology, 26,* 278-287.
24. Miller, M., Montenegro-Nevado, A.J., & Hinshaw, S.P. (2012). Childhood executive function continues to predict outcomes in young adult females with and without childhood diagnosed ADHD. *Journal of Abnormal Child Psychology, 40,* 657-668.
25. Hinshaw, S., Owens, E., Zalecki, C., Huggins, S., Montenegro-Nevado, A., Schrodek, E., & Swanson, E. (2012). Prospective follow-up of girls with attention-deficit/hyperactivity disorder into early adulthood: Continuing impairment includes elevated risk for suicide attempts and self-injury. *Journal of Consulting and Clinical Psychology, 80,* 1041-1051.
26. Swanson, E.N., Owens, E.B., & Hinshaw, S.P. (2014). Pathways to self-harmful behaviors in young women with and without ADHD: A longitudinal investigation of mediating factors. *Journal of Child Psychology and Psychiatry, 44,* 505-515.
27. Chronis-Tuscano, A., Molina, B.S.G., Pelham, W.E, Applegate, B., Dahlke, A., Overmeyer, M., & Lahey, B.B. (2010). Very early predictors of adolescent depression and suicide attempts in children with attention-deficit/hyperactivity disorder. *Archives of General Psychiatry, 67,* 1044-1051.

28. Hinshaw, S.P., with Kranz, R. (2009). *The triple bind: Saving our teenage girls from today's pressures*. New York: Random House/Ballantine.
29. Swanson, E.N., Owens, E.B., & Hinshaw, S.P. (2014). Pathways to self-harmful behaviors in young women with and without ADHD: A longitudinal investigation of mediating factors. *Journal of Child Psychology and Psychiatry, 44,* 505-515.
30. Guendelman, M., Owens, E.B., Galan, C., Gard, A., & Hinshaw, S.P. (2014). Earlyadult correlates of maltreatment in girls with ADHD: Increased risk for internalizing symptoms and suicidality. Manuscript submitted for publication.
31. Hinshaw, S.P., & Scheffler, R.M. (2014). *The ADHD explosion: Myths, medication, money, and today's push for performance*. New York: Oxford University Press.
32. Hinshaw, S.P. (2007). *The mark of shame: Stigma of mental illness and an agenda for change*. New York: Oxford University Press.
33. Hinshaw, S.P. (2013). Developmental psychopathology as a scientific discipline: Rationale, principles, and recent advances. In T.P. Beauchaine & S.P. Hinshaw (Eds.), *Child and adolescent psychopathology* (2nd ed., pp. 1-18). Hoboken, NJ: Wiley.

제1장

1. Abikoff, H., Courtney, M.E., Pelham, W.E., Jr., & Koplewicz, H.S. (1993). Teachers' ratings of disruptive behaviors: The influence of halo effects. *Journal of Abnormal Child Psychology, 21,* 519-533.
2. Ohan, J., & Visser, T. (2009). Why is there a gender gap in children presenting for attention deficit/hyperactivity disorder services? *Journal of Clinical Child and Adolescent Psychology, 38,* 650-660.
3. Derks, E.M., Hudziak, J.J., & Boomsma, D.I. (2007). Why more boys than girls with ADHD receive treatment: A study of Dutch twins. *Twin Research and Human Genetics, 10*(5), 765-770. doi:10.1375/twin.10.5.765.
4. American Psychiatric Association. (2013). *Diagnostic and statistical manual of mental disorders, Fifth edition*. Arlington, VA: American Psychiatric Publishers.
5. Almagor, D. (2011). Gender differences and age of diagnosis in ADHD. *Abnormal Child Psychology, 21,* 519-533.

6. Simon, V., Czobor, P., Balint, S., Meszaros, A., & Bitter, I. (2009). Prevalence and correlates of adult attention deficit hyperactivity disorder: Meta-analysis. *The British Journal of Psychiatry*, (2009) 194, 204-211. doi: 10.1192/bjp.bp.107.048827

7. American Psychiatric Association. (2013). *Diagnostic and statistical manual of mental disorders, Fifth edition.* Arlington, VA: American Psychiatric Publishers.

8. Brown, T. (1996, 2001). *Brown Attention-Deficit Scales (Brown ADD Scales).* San Antonio, TX: Pearson.

9. Biederman, J., Faraone, S.V., Spencer, T., Wilens, T., Norman, D., Lapey, K.A., Mick, E., Lehman, B.K., & Doyle, A. (1993). Patterns of psychiatric comorbidity, cognition, and psychosocial functioning in adults with attention deficit/hyperactivity disorder. *American Journal of Psychiatry, 150*(12), 1792-1798.

10. Ohan, J.L., & Johnston, C. (2005). Gender appropriateness of symptom criteria for attention-deficit/hyperactivity disorder, oppositional defiant disorder, and conduct Disorder. *Child Psychiatry and Human Development, 35*, 359-381.

11. Biederman, J., Faraone, S., Mick, E., et al. (1999). Clinical correlates of ADHD in females: Findings from a large group of girls ascertained from pediatric and psychiatric referral services. *Journal of the American Academy of Child and Adolescent Psychiatry, 38*(8), 966-975.

12. Arnold, L.E. (1996). Sex differences in ADHD: Conference summary. *Journal of Abnormal Child Psychology, 24*(5), 555-568.

13. O'Brien, J., Dowell, L., Mostofsky, S., Denckla, M., & Mahone, E.M. (2010). Neuropsychological profiles of executive function in girls with attention-deficit/ hyperactivity disorder. *Archives of Clinical Neuropsychology, 25*(7), 656-670.

14. Arnold, L.E. (1996). Sex differences in ADHD: Conference summary. *Journal of Abnormal Child Psychology, 24*(5), 555-568.

15. Ohan, J.L., & Johnston, C. (2007). What is the social impact of ADHD in girls? A multi-method assessment. *Journal of Abnormal Child Psychology, 35*(2), 239-250.

16. Gaub, M., & Carlson, C. (1997). Gender differences in ADHD: A meta-analysis and critical review. *Journal of the American Academy of Child and Adolescent Psychiatry, 36*(8), 1036-1045.

17. Gaub, M., & Carlson, C. (1997). Gender differences in ADHD: A meta-analysis and critical review. *Journal of the American Academy of Child and Adolescent Psychiatry, 36*(8), 1036-1045.

18. Brown, R., Madau-Swain, A., & Baldwin, K. (1991). Gender differences in a clinic-referred sample of attention deficit disordered children. *Child Psychiatry and Human Development, 22,* 111-128.

19. Silverthorn, P. (1996). Developing a model for explaining antisocial behavior in girls. The University of Alabama, ProQuest, UMI Dissertations Publishing, 1996. 9808257

20. Blachman, D.R., & Hinshaw, S.P. (2002). Patterns of friendship among girls with and without attention-deficit/hyperactivity disorder. *Journal of Abnormal Child Psychology, 30*(6), 625-640.

21. Johnson, J., McCown, W., & Booker, M. (1986). *MMPI profiles of multiply-abused and sheltered women.* Paper presented at the meeting of the Midwestern Psychological Association, Chicago, IL.

22. Arcia, E., & Conners, C.K. (1998). Gender differences in ADHD? *Journal of Developmental and Behavioral Pediatrics, 19*(2), 77-83.

23. Rucklidge, J., & Tannock, R. (2001). Psychiatric, psychosocial and cognitive functioning of female adolescents with ADHD. *Journal of the American Academy of Child and Adolescent Psychiatry, 40*(5), 530-540.

24. Huessy, H.R. (1990). *The pharmacotherapy of personality disorders in women.* Paper presented at the annual meeting of the American Psychiatric Association (symposia), New York.

25. Biederman, J., Monuteaux, M.C., Mick, E., et al. (2006). Psychopathology in females with attention-deficit/hyperactivity ddisorder: A controlled, five-year prospective study. *Biological Psychiatry, 60,* 1098-1105.

26. Owens, E.B., Hinshaw, S.P., Lee, L.L., & Lahey, B.B. (2009). Few girls with children ADHD show positive adjustment during adolescence. *Journal of Clinical Child and Adolescent Psychology, 38,* 132-143.

27. Rucklidge, J.J., & Tannock, R. (2001). Psychiatric, psychosocial, and cognitive functioning of female adolescents with AD/HD. *Journal of the American Academy of Child and Adolescent Psychiatry, 40,* 530-540.

28. Dalsgaard, S., Mortensen, P.B., Frydenberg, M., & Thomsen, P.H. (2002). Conduct problems, gender and adult psychiatric outcome of children with attention-deficit hyperactivity disorder. *British Journal of Psychiatry, 181,* 416-421.

29. Hinshaw, S.P., Owens, E.B., Zalecki, C., Huggins, S.P. et al. (2012). Prospective follow-up of girls with attention-deficit/hyperactivity disorder into early adulthood: Continuing impairment includes elevated risk for suicide attempts and self-injury. *Journal Consulting and Clinical Psychology, 80,* 1041-1051.

30. Mikami, A., & Hinshaw, S. (2006). Resilient adolescent adjustment among girls: buffers of childhood peer rejection and attention-deficit/hyperactivity disorder. *Journal of Abnormal Child Psychology, 34,* 825-839.

31. Biederman, J., Milberger, S., Faraone, S., Kiely, K., Guite, J., Mick, E., Ablon, S., Warburton, R., Reed, E., & Davis, S. (1995). Impact of adversity on functioning and comorbidity in children with attention-deficit hyperactivity disorder. *Journal of the American Academy of Child and Adolescent Psychiatry, 34*(11), 1495-1503.

제2장

1. Barkley, R.A. (1997). Attention-deficit/hyperactivity disorder, self-regulation, and time: Toward a more comprehensive theory. *Journal of Developmental and Behavioral Pediatrics, 18,* 271-279.

2. Willcutt, E.G., Doyle, A.E., Nigg, J.T., Faraone, S.V., & Pennington, B.F. (2005). Validity of the executive function theory of attention-deficit/hyperactivity disorder: A meta-analytic review. *Biological Psychiatry, 57,* 1-346.

3. American Psychiatric Association. (2013). *Diagnostic and statistical manual of mental disorders, Fifth edition.* Washington, DC.

4. Arnsten, A.F. (2009). The emerging neurobiology of attention deficit hyperactivity disorder: The key role of the prefrontal association cortex. *Journal of Pediatrics, 154,* S1-S43.

5. Barkley, R. (2000). *Taking charge of ADHD. The complete, authoritative guide for parents.* New York, NY: Guilford Press.

6. Goldstein, S. (1999). Attention-deficit/hyperactivity disorder. In S. Goldstein & C. R. Reynolds (Eds.), *Handbook of neurodevelopmental and genetic disorders in children* (pp. 154-175). New York, NY: Guilford Press.

7. Nigg, J. (2006). *What causes ADHD?: Understanding what goes wrong and why.* New York, NY: Guilford Press.

8. Harris, M.N., Voigt, R.G., Barbaresi, W.J., Voge, G.A., Killian, J.M., Weaver, A.L., Colby, C.E., Carey, W.A., & Katusic, S.K. (2013). ADHD and learning disabilities in former late preterm infants: A population-based birth cohort. *Pediatrics, 132,* e630-636.

9. Faraone, S.V., Perlis, R.H., Doyle, A.E., et al. (2005). Molecular genetics of attention deficit hyperactivity disorder. *Biological Psychiatry, 57,* 1-1.

10. Biederman, J., Faraone, S.V., Mick, E., Spencer, T., Wilens, T., Kieley, K., et al. (1995). High risk for attention deficit hyperactivity disorder among children of parents with childhood onset of the disorder: A pilot study. *American Journal of Psychiatry, 152,* 431-435.

11. Arnsten, A.F.T., & Rubia, K. (2012). Neurobiological circuits regulating attention, cognitive control, motivation, and emotion: Disruptions in neurodevelopmental psychiatric disorders. *Journal of the American Academy of Child and Adolescent Psychiatry, 51,* 356-367.

12. Castellanos, F.X., Lee, P.P., Sharp, W., et al. (2002). Developmental trajectories of brain volume abnormalities in children and adolescents with attention-deficit/hyperactivity disorder. *Journal of the American Medical Association, 288,* 1740-1748.

13. Shaw, P., Lerch, J., Greenstein, D., Sharp, W., et al., (2006). Longitudinal mapping of cortical thickness and clinical outcome in children and adolescents with attention deficit/ hyperactivity disorder. *Archives of General Psychiatry, 63,* 540-549.

14. Shaw, P., Eckstrand, K., Sharp, W., Blumenthal, J., Lerch, J.P., et. al., (2007). Attention-deficit/hyperactivity disorder is characterized by a delay in cortical maturation. *Proceedings of the National Academy of Science, 104,* 19649-19654.

15. Shaw, P., & Rabin, C. (2009). New insights into attention-deficit/hyperactivity disorder using structural neuroimaging. *Current Psychiatry Reports, 11,* 393-398.

16. Makris, N., Biederman, J., Valera, E.M., et al. (2007). Cortical thinning of the attention and executive function networks in adults with attention-deficit/hyperactivity disorder. *Cerebral Cortex, 17,* 1364-1375.

17. Arnsten, A.F. (2009). Toward a new understanding of attention-deficit hyperactivity disorder pathophysiology: An important role for prefrontal cortex dysfunction. *CNS Drugs, 23,* 33-41.

18. Bush, G. (2010). Attention-deficit/hyperactivity disorder and attention networks. *Neuropsychopharmacologic Review, 35,* 278-300.

19. Hynd, G., Segmund-Clieman, M., Lorys, A.R., Novey, D., & Eliopulos, D. (1990). Brain morphology in developmental dyslexia and attention deficit hyperactivity disorder. *Archives of Neurology, 47,* 919-926.

20. Hynd, G., Segmund-Clieman, M., Lorys, A.R., Novey, D., Eliopulos, D., & Lyytinen, H. (1991). Corpus callosum morphology in attention deficit hyperactivity disorder: Morphometric analysis of MRI. *Journal of Learning Disabilities, 24,* 141-146.

21. Mattfeld, A.T., Gabrieli, J.D., Biederman, J., Spencer, T., Brown, A., Kotte, A., Kagan, E., & Whitfield-Gabrieli, S. (2014). Brain differences between persistent and remitted attention deficit hyperactivity disorder. *Brain, 37,* 2423-2428.

22. Filipek, P.A., Segmund-Clieman, M., Steingard, R.J., et al. (1997). Volumetric MRI analysis comparing subjects having attention deficit hyperactivity disorder with normal controls. *Neurology, 48,* 587-601.

23. Castellanos, F.X., Giedd, J.N., Marsh, W.L., et al. (1996). Quantitative brain magnetic resonance imaging in attention-deficit hyperactivity disorder. *Archives of General Psychiatry, 53,* 607-616.

24. Arnsten, A.F. (2009). Toward a new understanding of attention-deficit hyperactivity disorder pathophysiology: An important role for prefrontal cortex dysfunction. *CNS Drugs, 23,* (suppl 1), 33-41.

25. Mahone, E.M., Crocetti, D., Ranta, M.E., Gaddis, A., Cataldo, M., Slifer, K.J., Denckla, M.B., & Mostofsky, S.H. (2011). A preliminary neuroimaging study of preschool children with ADHD. *The Clinical Neuropsychologist, 25,* 1009-1028.

26. Arnsten, A.F.T., & Rubia, K. (2012). Neurobiological circuits regulating attention, cognitive control, motivation, and emotion: Disruptions in neurodevelopmental psychiatric disorders. *Journal of the American Academy of Child and Adolescent Psychiatry, 51,* 356-367.

27. Miyake, A., Friedman, N.P., Emerson, M.J., Witzki, A.H., et al. (2000). Unity and diversity of executive functions and their contribution to complex 'frontal lobe' tasks: A latent variable analysis. *Cognitive Psychology, 41,* 49-100.

28. Caviness, V.S., Kennedy, D.N., Richelme, C., et al. (1996). The human brain age 7-11years: A volumetric analysis based on magnetic resonance images. *Cerebral Cortex, 6,* 726-736.

29. Anderson, S.L., Rutstein, M., Benzo, J.M., et al. (1997). Sex differences in dopamine

receptor overproduction and elimination. *NeuroReport, 8,* 1495-1498.

30. McEwen, B.S., Alves, S.E., Bullock, K., & Weiland, N.G. (1997). Ovarian steroids and the brain: Implications for cognition and aging. *Neurology, 48,* Supplement, 8-15.
31. Fink, G., Sumner, B.E., Rosie, R., Grace, O., & Quinn, J.P. (1996). Estrogen control of central neurotransmission: Effect on mood, mental state, and memory. *Cell Molecular Biology, 16,* -344.
32. Huessy, H.R. (1990). The pharmacotherapy of personality disorders in women. Paper presented at the annual meeting of the American Psychiatric Association (symposia), New York.
33. Dorn, L.D., Hitt, S.F., & Rotenstein, D. (1999). Biopsychological and cognitive differences in children with premature vs. on-time adrenarche. *Archives of Pediatric and Adolescent Medicine, 153,* 137-146.
34. Sheridan, M.A., Hinshaw, S., & Esposito, M. (2007). Efficiency of the prefrontal cortex during working memory in attention-deficit/hyperactivity disorder. *Journal of the American Academy of Child and Adolescent Psychiatry, 46,* 1357-1366.
35. Seidman, L.J., Biederman. J., Faraone, S.V., Weber, W., Mennin, D., & Jones, J. (1997). A pilot study of neuropsychological function in girls with ADHD. *Journal of the American Academy of Child and Adolescent Psychiatry, 36,* 366-373.
36. Ernst, M., Liebenauer, L.L., King, A., et al. (1994). Reduced brain metabolism in hyperactive girls. *Journal of the American Academy of Child and Adolescent Psychiatry, 33,* 858-868.

제3장

1. Hardy, K.K., Kollins, S.H., Murray, D.W., Riddle, M.A., Greenhill, L., et al. (2007). Factor structure of parent- and teacher-rated symptoms in the preschoolers with attention-deficit/hyperactivity disorder treatment study (PATS). *Journal of Child and Adolescent Psychopharmacology, 17,* 621-634.
2. Law, E.C., Sideridis, G.D., Prock, L.A., & Sheridan, M.A. (2014). Attention-deficit/hyperactivity disorder in young children: Predictors of diagnostic stability. *Pediatrics, 133,* 659-667.
3. Lee, S.S., Lahey, B.B., Owens, B.B., & Hinshaw, S.P. (2008). Few preschool boys and girls with ADHD are well-adjusted during adolescence. *Journal of Abnormal Child Psychology,*

36, 373-383.

4. AAP, SUBCOMMITTEE ON ATTENTION-DEFICIT/HYPERACTIVITY DISORDER, STEERING COMMITTEE ON QUALITY IMPROVEMENT AND MANAGEMENT (2011). ADHD: Clinical practice guideline for the diagnosis, evaluation, and treatment of attention-deficit/hyperactivity disorder in children and adolescents. *Pediatrics, 128,* 2011-2654.
5. Curchack-Lichtin, J.T., Chacko, A., & Halperin, J.M. (2013). Changes in ADHD symptom endorsement: Preschool to school age. *Journal of Abnormal Child Psychology, 42,* 993-1004.
6. Byrne, J.M., Bawden, H.N., Beattie, T.L., & DeWolfe, N.A. (2000). Preschoolers classified as having attention-deficit hyperactivity disorder (ADHD): DSM-IV symptom endorsement pattern. *Journal of Child Neurology, 15,* 533-538.
7. Wilens, T.E., Biederman, J., Brown, S., Monuteaux, M., Prince, J., & Spencer, T.J. (2002). Patterns of psychopathology and dysfunction in clinically referred preschoolers. *Journal of Developmental and Behavioral Pediatrics, 23,* S31-36.
8. Wilens, T.E., Biederman, J., Brown, S., Tanguay, S., Monuteaux, M.C., Blake, C., & Spencer, T.J. (2002). Psychiatric comorbidity and functioning in clinically referred preschool children and school-aged youth with ADHD. *Journal of the American Academy of Child and Adolescent Psychiatry, 41,* 262-268.
9. Nichamin, S. (1972). Recognizing minimal cerebral dysfunction in the infant and toddler. *Clinical Pediatrics, 11,* 255-257.
10. Matheny, A.P., Brown, A.M., & Wilson, R.S. (1971). Behavioral antecedents of accidental injuries in early childhood: A study of twins. *Journal of Pediatrics, 79,* 122-124.
11. Matheny, A.P., Brown, A.M., & Wilson, R.S. (1972). Assessment of children's behavioral characteristics: A toll in accident prevention. *Clinical Pediatrics, 11,* 437-439.
12. Miller, C.J., Miller, S.R., Healey, D.M., Marshall, K., & Halperin, J.M. (2013). Are cognitive control and stimulus-driven processes differentially linked to inattention and hyperactivity in preschoolers? *Journal of Clinical Child and Adolescent Psychology, 42,* 187-196.
13. Dadgarnia, M.H., Baradaranfar, M.H., Fallah, R., Atighechi, S., et al. (2012). Effect of adenotonsillectomy on ADHD symptoms of children with adenotonsillar hypertrophy. *Acta Medica Iran, 50,* 547-551.
14. American Psychiatric Association. (2013). *Diagnostic and statistical manual of mental*

disorders, Fifth edition. Arlington, VA: American Psychiatric Association.

15. Waldrop, M., Bell, R., McLaughlin, B., et al. (1978). Newborn minor physical anomalies predict short attention span, peer aggression, and impulsivity at age 3. *Science, 199,* 563-565.
16. Montes, G., Lotyczewski, B.S., Halterman, J.S., & Hightower, A.D. (2012). School readiness among children with behavior problems at entrance into kindergarten: Results from a US national study. *European Journal of Pediatrics, 171,* 541-548.
17. Miller, C.J., Miller, S.R., Healey, D.M., Marshall, K., & Halperin, J.M. (2013). Are cognitive control and stimulus-driven processes differentially linked to inattention and hyperactivity in preschoolers? *Journal of Clinical Child and Adolescent Psychology, 42,* 187-196.
18. Richman, N., Stevenson, J.E., & Graham, P.J. (1975). Prevalence of behavior problems in 3-year-old children: An epidemiological study in a London borough. *Journal of Child Psychology and Psychiatry, 16,* 277-287.
19. Coleman, J., Wolkind, S., & Ashley, L. (1977). Symptoms of behavior disturbance and adjustment to school. *Journal of Child Psychology and Psychiatry, 18*, 201-209.
20. Petersen, I.T., Bates, J.E., D'Onofrio, B.M., Coyne, C.A., Lansford, J.E., Dodge, K.A., Pettit, G.S., & Van Hulle, C.A. (2013). Language ability predicts the development of behavior problems in children. *Journal of Abnormal Psychology, 122,* 542-557.
21. Rohrer-Baumgartner, N., Zeiner, P., Eadie, P., Egeland, J., Gustavson, K., Reichborn-Kjennerud, T., & Aase, H. (2013). Language delay in 3-year-old children with ADHD Symptoms. *Journal of Attention Disorders,* Aug 13. [Epub ahead of print]
22. Spira, E.G., & Fischel, J.E. (2005). The impact of preschool inattention, hyperactivity, and impulsivity on social and academic development: A review. *Journal of Child Psychology and Psychiatry, 46,* 755-773.
23. Sims, D.M., & Lonigan, C.J. (2013). Inattention, hyperactivity, and emergent literacy: Different facets of inattention relate uniquely to preschoolers' reading-related skills. *Journal of Clinical Child and Adolescent Psychology, 42,* 208-219.
24. Sáez, L., Folsom, J.S., Al Otaiba, S., & Schatschneider, C. (2012). Relations among student attention behaviors, teacher practices, and beginning word reading skill. *Journal of Learning Disabilities, 45,* 418-432.
25. Schoemaker, K., Bunte, T., Espy, K.A., Deković M., & Matthys, W. (2014). Executive

functions in preschool children with ADHD and DBD: An 18-month longitudinal study. *Developmental Neuropsychology, 39,* 302-.

26. Korsch, F., & Petermann, F. (2014). Agreement between parents and teachers on preschool children's behavior in a clinical sample with externalizing behavioral problems. *Child Psychiatry and Human Development, 45,* 617-627.
27. Tripp, G., Schaughency, E.A., & Clarke, B. (2006). Parent and teacher rating scales in the evaluation of attention-deficit hyperactivity disorder: Contribution to diagnosis and differential diagnosis in clinically referred children. *Journal of Developmental and Behavioral Pediatrics, 27,* 209-218.
28. Biederman, J., Faraone, S.V., Mick, E., Spencer, T., Wilens, T., Kieley, K., et al. (1995). High risk for attention deficit hyperactivity disorder among children of parents with childhood onset of the disorder: A pilot study. *American Journal of Psychiatry, 152,* 431-435.
29. Charach, A., Carson, P., Fox, S., Ali, M.U., Beckett, J., & Lim, C.G. (2013). Interventions for preschool children at high risk for ADHD: A comparative effectiveness review. *Pediatrics, 131,* e1584-1604.
30. Charach, A., Carson, P., Fox, S., Ali, M.U., Beckett, J., & Lim, C.G. (2013). Interventions for preschool children at high risk for ADHD: A comparative effectiveness review. *Pediatrics, 131,* e1584-1604.
31. Herbert, S.D., Harvey, E.A., Roberts, J.L., Wichowski, K., & Lugo-Candelas, C.I. (2012). A randomized controlled trial of a parent training and emotion socialization program for families of hyperactive preschool-aged children. *Behavior Therapy, 44,* 302-.
32. Greenhill, L., Kollins, S., Abikoff, H., McCracken, J., Riddle, M., et al. (2006). Efficacy and safety of immediate-release methylphenidate treatment for preschoolers with ADHD. *Journal of the American Academy of Child and Adolescent Psychiatry, 45,* 1284-1293.
33. Halperin, J.M., Marks, D.J., Bedard, A.C., Chacko, A., Curchach, J.T., Yoon, C.A., & Healey, D.M. (2013). Training executive, attention, and motor skills: A proof-of-concept study in preschool children with ADHD. *Journal of Attention Disorders, 17,* 711-721.

제4장

1. Best, J., & Miller, P. (2010). A developmental perspective on executive function. *Child*

Development, 81, 1641-660.

2. Piaget, J. (1929). *The child's conception of the world.* London: Routledge and Kegan Paul.
3. Maccoby, E. (1998). *The two sexes: Growing up apart, coming together.* Cambridge, MA: Belknap-Harvard University Press.
4. Gaub, M., & Carlson, C. (1997). Gender differences in ADHD: A meta-analysis and critical review. *Journal of the American Academy of Child and Adolescent Psychiatry, 36,* 1036-1045.
5. Henker, B., & Whalen, C. (1999). The child with attention-deficit/hyperactivity disorder in school and peer settings. In C. Quay & A. Hogan (eds), *Handbook of Disruptive Behavior Disorders* (pp. 157-178). New York, NY: Kluwer Academic/Plenum.
6. American Psychiatric Association. (2013). *Diagnostic and statistical manual of mental disorders, Fifth edition.* American Psychiatric Association: Washington DC.
7. Nigg, J., Tannock, R., & Rohde, L. (2010). What is to be the fate of ADHD subtypes? An introduction to the special section on research on the ADHD subtypes and implications for the DSM-5. *Journal of Clinical Child and Adolescent Psychology, 39,* 723-725.
8. Elkins, I., Malone, S., Keyes, M., Iacono, W., & McGue, M. (2011). The impact of attention-deficit/hyperactivity disorder on preadolescent adjustment may be greater for girls than for boys. *Journal of Clinical Child and Adolescent Psychology, 40,* 532-545.
9. Fontaine, N., Carbonneau, R., Barker, E., Vitaro, F., Hebert, M., Cote, S., Nagin, D., Zoccolillo, M., & Tremblay, R. (2008). Girls' hyperactivity and physical aggression during childhood and adjustment problems in early adulthood: A 15-year longitudinal study. *Archives of General Psychiatry, 65.*
10. Faraone, S., Biederman J., & Mick, E. (2006a). The age-dependent decline of attention deficit hyperactivity disorder: A meta-analysis of follow-up studies. *Psychological Medicine, 36,* 159-165.
11. Hinshaw, S., Owens, L., Sami, N., & Fargeon, S. (2006). Prospective follow-up of girls with attention-deficit/hyperactivity disorder are independent of oppositional defiant or reading disorder. *Journal of the American Academy of Child and Adolescent Psychiatry, 20,* 209-216.
12. Counts, C., Nigg, J., Stawicki, J., Rappley, M., & Von Eye, A. (2005). Family adversity in DSM-IV ADHD combined and inattentive subtypes and associated disruptive behavior

problems. *Journal of the American Academy of Child and Adolescent Psychiatry, 44*, 690-98.

13. Biederman, J., Mick, E., Faraone, S., Braaten, E., Doyle, A., Spencer, T., et al. (2002). Influence of gender on attention deficit hyperactivity disorder in children referred to a psychiatric clinic. *American Journal of Psychiatry, 159*, 36-42.
14. Elkins, I., Malone, S., Keyes, M., Iacono, W., & McGue, M. (2011). The impact of attention-deficit/hyperactivity disorder on preadolescent adjustment may be greater for girls than for boys. *Journal of Clinical Child and Adolescent Psychology, 40*, 532-545.
15. Elkins, I., Malone, S., Keyes, M., Iacono, W., & McGue, M. (2011). The impact of attention-deficit/hyperactivity disorder on preadolescent adjustment may be greater for girls than for boys. *Journal of Clinical Child and Adolescent Psychology, 40*, 532-545.
16. Hinshaw, S. (2002). Preadolescent girls with attention-deficit/hyperactivity disorder: I. Background characteristics, comorbidity, cognitive and social functioning, and parenting practices. *Journal of Consulting and Clinical Psychology, 70*, 1086-1098.
17. Staller, J., & Faraone, S. (2006). Attention deficit hyperactivity disorders in girls: Epidemiology and management. *CNS Drugs, 20*, 170-173.
18. Bauermeister, J. (2007). ADHD and gender: Are risks and sequela of ADHD the same for boys and girls? *Journal of Child Psychology and Psychiatry, 48*, 831-839.
19. Kaufmann, F., & Castellanos, X. (2000). Attention-deficit/hyperactivity disorder in gifted students. In K. Heller, F. Monks, R. Sternberg., & R. Subotnik (eds), *International handbook of giftedness and talent* (2nd ed., pp. 621-632). Amsterdam: Elsevier.
20. Chae, P.K., Kim, J.H., & Noh, K.S. (2003). Diagnosis of ADHD among gifted children in relation to KEDI-WISC and T.O.V.A. performance. *Gifted Child Quarterly, 47*, 192-201.
21. Barkley, R. (1998). *Attention deficit hyperactivity disorder: A handbook for diagnosis and treatment*. New York, NY: Guilford Press.
22. Leroux, J., & Levitt-Perlman, M. (2000). The gifted child with attention deficit disorder: An identification and intervention challenge. *Roeper Review, 22*, 171-176.
23. Antshel, K., Faraone, S., Maglione, K., Doyle, A., Fried, R., Seidman, L., & Biederman, J. (2008). Temporal stability of ADHD in the high-IQ population: Results from the MGH longitudinal family studies of ADHD. *Journal of the American Academy of Child and Adolescent Psychiatry, 47*, 817-825.

24. Grossman, H., & Grossman, S. (1994). *Gender issues in education.* Boston: Allyn & Bacon.
25. O'Brien, J., Dowell, L., Mostofsky, S., Denckla, M., & Mahone, M. (2010). Neuropsychological profile of executive function in girls with attention-deficit/hyperactivity disorder. *Archives of Clinical Neuropsychology, 25,* 656-670.
26. Barkley, R. (2010). Deficient emotional self-regulation: A core component of attention-deficit/hyperactivity disorder. *Journal of ADHD and Related Disorders, 1,* 5-37.
27. Gilligan, C. (1982). *In a different voice: Psychological theory and women's development.* Cambridge, MA: Harvard University Press.
28. Crick, N. (1996). The role of overt aggression, relational aggression, and prosocial behaviour in the prediction of children's future social adjustment. *Child Development, 67,* 2-2.
29. Gaub, M., & Carlson, C. (1997). Gender differences in ADHD: A meta-analysis and critical review. *Journal of the American Academy of Child and Adolescent Psychiatry, 36,* 1036-1045.
30. Ohan, J., & Johnston, C. (2007). What is the social impact of ADHD in girls? A multimethod assessment. *Journal of Abnormal Child Psychology, 35,* 239-250.
31. Zalecki, C., & Hinshaw, S. (2004). Overt and relational aggression in girls with ADHD. *Journal of Clinical Child and Adolescent Psychology, 33,* 125-137.
32. Blachman, D., & Hinshaw, S. (2002). Patterns of friendship among girls with and without attention-deficit/hyperactivity disorder. *Journal of Abnormal Child Psychology, 30,* 625-640.
33. Zalecki, C., & Hinshaw, S. (2004). Overt and relational aggression in girls with ADHD. *Journal of Clinical Child and Adolescent Psychology, 33,* 125-137.
34. Zalecki, C., & Hinshaw, S. (2004). Overt and relational aggression in girls with ADHD. *Journal of Clinical Child and Adolescent Psychology, 33,* 125-137.
35. Ohan, J., & Johnston, C. (2007). What is the social impact of ADHD in girls? A multimethod assessment. *Journal of Abnormal Child Psychology, 35,* 239-250.
36. Ohan, J., & Johnston, C. (2011). Positive illusions of social competence in girls with and without ADHD. *Journal of Abnormal Child Psychology, 39,* 527-539.
37. Eisenberg, D., & Schneider, H. (2007). Perceptions of academic skills of children diagnosed with ADHD. *Journal of Attention Disorders, 10,* 390-397.
38. Blachman, D., & Hinshaw, S. (2002). Patterns of friendship among girls with and without attention-deficit/hyperactivity disorder. *Journal of Abnormal Child Psychology, 30,* 625-640.

39. Biederman, J., Petty, C., Monuteaux, M., Fried, R., Byrne, D., Mirto, T., Faraone, S., et al. (2010). Adult psychiatric outcomes of girls with attention deficit hyperactivity disorder: 11-year follow-up in a longitudinal case-control study. *American Journal of Psychiatry, 167,* 409-417.

40. Hinshaw, S., Owens, E., Zalecki, C., Huggins, S., Montenegro-Nevado, A., Schrodek, E., & Swanson, E. (2012). Prospective follow-up of girls with attention-deficit/hyperactivity disorder into early adulthood: Continuing impairment includes elevated risk for suicide attempts and self-injury. *Journal of Consulting and Clinical Psychology, 80,* 1041-1051.

41. Tannock, R. (1998). Attention deficit hyperactivity disorder: Advances in cognitive, neurobiological, and genetic research. *Journal of Child Psychology and Psychiatry, 39,* 65-99.

42. Woodward, L., Taylor, E., & Dowdney, L. (1998). The parenting and family functioning of children with hyperactivity. *Journal of Child Psychology and Psychiatry, 39,* 161-169.

43. Hinshaw, S. (2002). Preadolescent girls with attention-deficit/hyperactivity disorder: I. Background characteristics, comorbidity, cognitive and social functioning, and parenting practices. *Journal of Consulting and Clinical Psychology, 70,* 1086-1098.

44. Theule, J., Wiener, J., Tannock, R., & Jenkins, J. (2013). Parenting stress in families of children with ADHD: A meta-analysis. *Journal of Emotional and Behavioral Disorders, 21,* 3-17.

45. Peris, T., & Hinshaw, S. (2003). Family dynamics and preadolescent girls with ADHD: The relationship between expressed emotion, ADHD symptomatology, and comorbid disruptive behavior. *Journal of Child Psychology and Psychiatry, 44,* 1177-1190.

46. Hartung, C., Willcutt, E., Lahey, B., Pelham, W., Loney, J., Stein, M., & Keenan, K. (2002). Sex differences in young children who meet criteria for attention deficit hyperactivity disorder. *Journal of Clinical Adolescents Psychology, 4,* 453-464.

47. Staller, J., & Faraone, S. (2006). Attention deficit hyperactivity disorders in girls: Epidemiology and management. *CNS Drugs, 20,* 170-173.

48. Monuteaux, M., Fitzmaurice, G., Blacker, D., & Biederman, J. (2004). Specificity in the familial aggregation of overt and covert conduct disorder symptoms in a referred attentiondeficit hyperactivity disorder sample. *Psychological Medicine, 34,* 1113-1127.

49. Faraone, S., Biederman, J., Spencer, T., Wilens, T., Seidman, L., Mick, E., & Doyle, A. (2000). Attention-deficit/hyperactivity disorder in adults: An overview. *Biological*

Psychiatry, 48, 9-20.

50. Briscoe-Smith, A., & Hinshaw, S. (2006). Linkages between child abuse and attention-deficit/hyperactivity disorder in girls: Behavioral and social correlates. *Child Abuse and Neglect, 30*, 1239-1255.

제5장

1. Hinshaw, S. P., Owens, E. B., Sami, N., & Fargeon, S. (2006). Prospective follow-up of girls with attention-deficit/hyperactivity disorder into adolescence: Evidence for continuing cross-domain impairment. *Journal of Consulting and Clinical Psychology, 74*, 489-499.
2. Barkley, R. (1998). *Attention deficit hyperactivity disorder: A handbook for diagnosis and treatment*. New York, NY: Guilford Press.
3. Hinshaw, S. P., Owens, E. B., Sami, N., & Fargeon, S. (2006). Prospective follow-up of girls with attention-deficit/hyperactivity disorder into adolescence: Evidence for continuing cross-domain impairment. *Journal of Consulting and Clinical Psychology, 74*. 489-499.
4. Abikoff, H., Jensen, P., Arnold, E., et al. (2002). Observed classroom behavior of children with ADHD: Relationship to gender and comorbidity. *Journal of Abnormal Child Psychology, 30*, 349-359.
5. Solden, S. (1995). *Women with attention deficit disorder*. Grass Valley, CA: Underwood Books.
6. Huessy, H. (1990). *The pharmacotherapy of personality disorders in women*. Paper presented at the Annual Meeting of the American Psychiatric Association (symposia), New York.
7. Elkins, I., Malone, S., Keyes, M., Iacono, W., & McGue, M. (2011). The impact of attention-deficit/hyperactivity disorder on preadolescent adjustment may be greater for girls than for boys. *Journal of Clinical and Child Adolescent Psychology, 40*, 532-545.
8. Miller, M., Ho, J., & Hinshaw, S. (2012). Executive functions in girls with ADHD followed prospectively into young adulthood. *Neuropsychology, 26*, 278-287.
9. Hinshaw, S., Owens, E., Zalecki, C., Huggins, S.P., Montenegro-Nevado, A., Schrodek, E., & Swanson, E. (2012). Prospective follow-up of girls with attention-deficit/hyperactivity disorder into early adulthood: Continuing impairment includes elevated risk for suicide attempts and self-injury. *Journal of Consulting and Clinical Psychology, 80*, 1041-1051.
10. Erikson, E. (1963). *Childhood and society* (Rev. ed.). New York: Norton.

11. American Association of University Women. (1991). *Shortchanging girls, shortchanging America: A call to action.* AAUW, Washington, DC.

12. Maccoby, E. (1998). *The two sexes: Growing up apart, coming together.* Harvard University Press.

13. Brown, L.M., & Gilligan, C. (1992). *Meeting at the crossroads: Women's psychology and girls' development.* Ballantine Books: New York.

14. Winnicott, D.W. (1964). *The child, the family, and the outside world.* London: Pelican Books.

15. Hoza, B. (2007). Peer functioning in children with ADHD. *Ambulatory Pediatrics, 7,* 101-106.

16. Wiener, J., & Mak, M. (2009). Peer victimization in children with attention-deficit/hyperactivity disorder. *Psychology in the Schools, 46,* 116-131.

17. Diamantopoulou, S., Rydell, A., Thorell, L. B., & Bohlin, G. (2007). Impact of executive functioning and symptoms of attention deficit hyperactivity disorder on children's peer relations and school performance. *Developmental Neuropsychology, 32,* 521-42.

18. Owens, E., Hinshaw, S., Lee, S., & Lahey, B. (2009). Few girls with childhood attention-deficit/hyperactivity disorder show positive adjustment during adolescence. *Journal of Clinical Child and Adolescent Psychology, 38,* 1-2.

19. Skogli, E., Teicher, M., Andersen, P., Hovik, K., & Oie, M. (2013). ADHD in girls and boys-gender differences in coexisting symptoms and executive function measures. *BMC Psychiatry, 13,* 298.

20. Biederman, J., Faraone, S.V., Spencer, T., Wilens, T., Mick, E., & Lapey, K.A. (1994). Gender differences in a sample of adults with attention deficit hyperactivity disorder. *Psychiatry Research, 53,* 13-29.

21. Hinshaw, S. (2002). Preadolescent girls with attention-deficit/hyperactivity disorder: I. Background characteristics, comorbidity, cognitive and social functioning, and parenting practices. *Journal of Consulting and Clinical Psychology, 70,* 1086-1098.

22. Staller, J., & Faraone, S. (2006). Attention deficit hyperactivity disorders in girls: Epidemiology and management. *CNS Drugs, 20,* 170-173.

23. Biederman, J., Monuteaux, M.C., Mick, E., Spencer, T., Wilens, T.E., Silva, J.M., Snyder, L., & Faraone, S.V. (2006). Young adult outcome of attention deficit hyperactivity disorder:

A controlled 10-year follow-up study. *Psychological Medicine, 36,* 167-180.

24. Bauermeister, J.J., Shrout, P.E., Ramírez, R., Bravo, M., Alegría, M., Martínez-Taboas, A., Chavez, L., Rubio-Stipec, M., Garcia, P., Ribera, J., & Canino, G. (2007). ADHD correlates, comorbidity, and impairment in community and treated samples of children and adolescents. *Journal of Abnormal Child Psychology, 35,* 883-898.
25. Skogli, E., Teicher, M., Andersen, P., Hovik, K., & Oie, M. (2013). ADHD in girls and boys-gender differences in coexisting symptoms and executive function measures. *BMC Psychiatry, 13,* 298.
26. Bauermeister, J. J., Shrout, P. E., Ramírez, R., Bravo, M., Alegría, M., Martínez-Taboas, A., Chavez, L., Rubio-Stipec, M., Garcia, P., Ribera, J., & Canino, G. (2007). ADHD correlates, comorbidity, and impairment in community and treated samples of children and adolescents. *Journal of Abnormal Child Psychology, 35,* 883-898.
27. Biederman, J., Mick, E., & Faraone, S. (1998). Depression in attention deficit hyperactivity disorder (ADHD) in children: "True" depression or demoralization? *Journal of Affective Disorders, 47,* 113-122.
28. Hinshaw, S., Owens, E., Zalecki, C., Huggins, S.P., Montenegro-Nevado, A., Schrodek, E., & Swanson, E. (2012). Prospective follow-up of girls with attention-deficit/hyperactivity disorder into early adulthood: Continuing impairment includes elevated risk for suicide attempts and self-injury. *Journal of Consulting and Clinical Psychology, 80,* 1041-1051.
29. Becker, S., & Langberg, J. (2013). Sluggish cognitive tempo among young adolescents with ADHD relations to mental health, academic, and social functioning. *Journal of Attention Disorders, 17,* 681-689.
30. Skogli, E., Teicher, M., Andersen, P., Hovik, K., & Oie, M. (2013). ADHD in girls and boys-gender differences in coexisting symptoms and executive function measures. *BMC Psychiatry, 13,* 298.
31. Skogli, E., Teicher, M., Andersen, P., Hovik, K., & Oie, M. (2013). ADHD in girls and boys-gender differences in coexisting symptoms and executive function measures. *BMC Psychiatry, 13,* 298.
32. Monuteaux, M.C., Fitzmaurice, G., Blacker, D., Buka, S.L., & Biederman, J. (2004). Specificity in the familial aggregation of overt and covert conduct disorder symptoms in a referred

attention-deficit hyperactivity disorder sample. *Psychological Medicine, 34,* 1113-1127.

33. Hartung, C., Willcutt, E., Lahey, B., Pelham, W., Loney, J., Stein, M., & Keenan, K. (2002). Sex differences in young children who meet criteria for attention deficit hyperactivity disorder. *Journal of Clinical Adolescent Psychology, 4,* 453-464.
34. Staller, J., & Faraone, S. (2006). Attention deficit hyperactivity disorders in girls: Epidemiology and management. *CNS Drugs, 20,* 170-173.
35. Huessy, H. (1990). The pharmacotherapy of personality disorders in women. Paper presented at the Annual Meeting of the American Psychiatric Association (symposia), New York.
36. Jacobson, L., Williford, A., & Planta, R. (2011). The role of executive function in children's competent adjustment to middle school. *Child Neuropsychology, 17,* 255-280.
37. Hinshaw, S. (2002). Preadolescent girls with attention-deficit/hyperactivity disorder: I. Background characteristics, comorbidity, cognitive and social functioning, and parenting practices. *Journal of Consulting and Clinical Psychology, 70,* 1086-1098.
38. Hinshaw, S., Carte, E., Fan, C., Jassy, J., & Owens, E. (2007). Neuropsychological functioning of girls with attention-deficit/hyperactivity disorder followed prospectively into adolescence: Evidence for continuing deficits? *Neuropsychology, 21*, 263-273.
39. Pingault, J., Tremblay, R., Vitaro, F., Carbonneau, R., Genolini, C., Falissard, B., & Côté, S. (2011). Childhood trajectories of inattention and hyperactivity and prediction of educational attainment in early adulthood: A 16-year longitudinal population-based study. *American Journal of Psychiatry, 168,* 1164-1170.
40. Biederman, J., Monuteaux, M., Doyle, A., Seidman, L.J., Wilens, T.E., Ferrero, F., Morgan, C., & Faraone, S.V. (2004). Impact of executive function deficits and attention-deficit/hyperactivity disorder (ADHD) on academic outcomes in children. *Journal of Consulting and Clinical Psychology, 72,* 757-766.
41. Biederman, J., Petty, C.R., Monuteaux, M.C., Mick, E., Parcell, T., Westerberg, D., & Faraone, S.V. (2008). The longitudinal course of comorbid oppositional defiant disorder in girls with ADHD: Findings from a controlled 5-year prospective longitudinal follow-up study. *Journal of Developmental and Behavioral Pediatrics, 29,* 501-507 .
42. Elkins, I., Malone, S., Keyes, M., Iacono, W., & McGue, M. (2011). The impact of attention-deficit/hyperactivity disorder on preadolescent adjustment may be greater for

girls than for boys. *Journal of Clinical and Child Adolescent Psychology, 40,* 532-545.

43. Seidman, L., Biederman, J., Monuteaux, M., et al. (2005). Impact of gender and age on executive functioning: Do girls and boys with and without attention deficit hyperactivity disorder differ neuropsychologically in preteen and teenage years? *Developmental Neuropsychology, 27,* 79-105.
44. Gershon, J. (2002). Gender differences in ADHD. *The ADHD Report, 10,* 8-16.
45. Yoshimatsu, K., Barbaresi, W., Colligan, R., Killian, J., Voigt, R., Weaver, A., & Katusic, S. (2011). Written-language disorder among children with and without ADHD in a population-based birth cohort. *Pediatrics, 128,* e605-e612.
46. O'Brien, J., Dowell, L., Mostofsky, S., Denckla, M., & Mahone, E. (2010). Neuropsychological profile of executive function in girls with attention-deficit/hyperactivity disorder. *Archives of Clinical Neuropsychology, 25,* 656-670.
47. Wodka, E., Mostofsky, S., Prahme, C., Gidley Larson, J.C., Loftis, C., Denckla, M.B., & Mark Mahone, E. (2008). Process examination of executive function in ADHD: Sex and subtype effects. *The Clinical Neuropsychologist, 22,* 826-841.
48. Hinshaw, S. (2002). Preadolescent girls with attention-deficit/hyperactivity disorder: I. Background characteristics, comorbidity, cognitive and social functioning, and parenting practices. *Journal of Consulting and Clinical Psychology, 70,* 1086-1098.
49. Coles, E., Slavec, J., Bernstein, M., & Baroni, E. (2012). Exploring the gender gap in referrals for children with ADHD and other disruptive behavior disorders. *Journal of Attention Disorders, 16,* 101-108.
50. Quinn, P., & Wigal, S. (2004). Perceptions of girls and ADHD: Results from a national survey. *Medscape General Medicine, 6,* 2.
51. Skogli, E., Teicher, M., Andersen, P., Hovik, K., & Oie, M. (2013). ADHD in girls and boys-gender differences in coexisting symptoms and executive function measures. *BMC Psychiatry, 13,* 298.
52. Biederman, J., Faraone, S., Mick, E., Williamson, S., Wilens, T., Spencer, T., Weber, W., Jetton, J., Kraus, I., Pert, J., & Zallen, B. (1999). Clinical correlates of ADHD in females: Findings from a large group of girls ascertained from pediatric and psychiatric referral sources. *Journal of the American Academy of Child and Adolescent Psychiatry, 38,* 966-975.

53. Brown, T., Reichel, P., & Quinlan, D. (2011). Executive function impairments in high IQ children and adolescents with ADHD. *Open Journal of Psychiatry, 1*, 56-65.

54. Antshel, K., Faraone, S., et al. (2007). Is attention deficit hyperactivity disorder a valid diagnosis in the presence of high IQ? Results from the MGH longitudinal family studies of ADHD. *Journal of Child Psychology and Psychiatry, 48*, 687-694.

55. Brown, T., Reichel, P., & Quinlan, D. (2011). Executive function impairments in high IQ children and adolescents with ADHD. *Open Journal of Psychiatry, 1*, 56-65.

56. Rinsky, J., & Hinshaw, S. (2011). Linkages between childhood executive functioning and adolescent social functioning and psychopathology in girls with ADHD. *Child Neuropsychology, 17*, 368-390.

57. Wiener, J., & Mak, M. (2009). Peer victimization in children with Attention-Deficit/Hyperactivity Disorder. *Psychology in the Schools, 46*, 116-131.

58. Sciberras, E., Ohan, J., & Anderson, V. (2012). Bullying and peer victimization in adolescent girls with attention-deficit/hyperactivity disorder. *Child Psychiatry and Human Development, 43*, 254-270.

59. Hinshaw, S. (2002). Preadolescent girls with attention-deficit/hyperactivity disorder: I. Background characteristics, comorbidity, cognitive and social functioning, and parenting practices. *Journal of Consulting and Clinical Psychology, 70*, 1086-1098.

60. Abikoff, H., Jensen, P., Arnold, E., et al. (2002). Observed classroom behavior of children with ADHD: Relationship to gender and comorbidity. *Journal of Abnormal Child Psychology, 30*, 349-359.

61. Rucklidge, J.J. (2010). Gender differences in attention-deficit/hyperactivity disorder. *Psychiatric Clinic of North America, 33*, 357-373.

62. Abikoff, H., Jensen, P., Arnold, E., et al. (2002). Observed classroom behavior of children with ADHD: Relationship to gender and comorbidity. *Journal of Abnormal Child Psychology, 30*, 349-359.

63. Zalecki, C., & Hinshaw, S. (2004). Overt and relational aggression in girls with attention deficit hyperactivity disorder. *Journal of Clinical Child and Adolescent Psychiatry, 33*, 125-137.

64. Crick, N.R., Ostrov, J.M., & Werner, N.E. (2006). A longitudinal study of relational

aggression, physical aggression, and children's social-sychological adjustment. *Journal of Abnormal Child Psychology, 34,* 127-138.

65. Elkins, I., Malone, S., Keyes, M., Iacono, W., & McGue, M. (2011). The impact of attention-deficit/hyperactivity disorder on preadolescent adjustment may be greater for girls than for boys. *Journal of Clinical and Child Adolescent Psychology, 40,* 532-545.
66. McQuade, J.D., & Hoza, B. (2008). Peer problems in attention deficit hyperactivity disorder: Current status and future directions. Developmental *Disabilities Research Reviews, 14,* -.
67. Rose, A., & Rudolph, K. (2006). A review of sex differences in peer relationship processes: Potential trade-offs for the emotional and development of girls and boys. *Psychological Bulletin, 132,* 98-131.
68. Ohan, J., & Johnston, C. (2007). What is the social impact of ADHD in girls? A multimethod assessment. *Journal of Abnormal Child Psychology, 35,* 239-250.
69. Grotpeter, J., & Crick, N. (1996). Relational aggression, overt aggression, and friendship. *Child Development, 67,* 2-2.
70. Cardoos, S., & Hinshaw, S. (2011). Friendship as protection from peer victimization for girls with and without ADHD. *Journal of Abnormal Child Psychology, 39,* 1035-1045.
71. Becker, S., Fite, P., Luebbe, A., Stoppelbein, L., & Greening, L. (2013). Friendship intimacy exchange buffers the relation between ADHD symptoms and later social problems among children attending an after-school care program. *Journal of Psychopathological Behavioral Assessment, 35,* 142-152.
72. Mrug, S., Molina, B., Hoza, B., Gerdes, A., Hinshaw, S., Hechtman, L., & Arnold, L. (2012). Peer rejection and friendships in children with attention-deficit/hyperactivity disorder: Contributions to long-term outcomes. *Journal of Abnormal Child Psychology, 40,* 1013-1026.
73. Crick, N. R. (1997). Engagement in gender normative versus nonnormative forms of aggression: Links to social-psychological adjustment. *Developmental Psychology, 33,* 610-617.
74. Mikami, A. Y., & Hinshaw, S. P. (2006). Resilient adolescent adjustment among girls: Buffers of childhood peer rejection and attention-deficit/hyperactivity disorder. *Journal of Abnormal Child Psychology, 34,* 823-837.
75. Pipher, M. (1994). *Reviving Ophelia.* Ballantine Publishing Group.

76. Levine, M., Smolak, L., & Hayden, H. (1994). The relation of sociocultural factors to eating attitudes and behaviors among middle school girls. *The Journal of Early Adolescence, 14,* 471-490.

77. Salmivalli, C., Sainio, M., & Hodges, E. (2013). Electronic victimization: Correlates, antecedents, and consequences among elementary and middle school students. *Journal of Clinical Child and Adolescent Psychology, 42,* 442-453.

78. Weiss, M., Baer, S., Allan, B., Saran, K., & Schibuk, H. (2011). The screens culture: Impact on ADHD. *Attention Deficit and Hyperactivity Disorders, 3.*

79. Huessy, H. (1990). The pharmacotherapy of personality disorders in women. Paper presented at the Annual Meeting of the American Psychiatric Association (symposia), New York.

제6장

1. Fischer, M., Barkley, R.A., Fletcher, K.E., & Smallish, L. (1993). The adolescent outcome of hyperactive children: Predictors of psychiatric, academic, social, and emotional adjustment. *Journal of the American Academy of Child and Adolescent Psychiatry, 32.*

2. Biederman, J., Monuteaux, M.C., Mick, E., Spencer, T., Wilens, T.E., Silva, J.M., Snyder, L.E., & Faraone, S.V. (2006). Young adult outcome of attention deficit hyperactivity disorder: A controlled 10-year follow-up study. *Psychological Medicine, 36,* 167-179.

3. Biederman, J., Petty, C.R., Evans, M., Small, J., & Faraone, S.V. (2010). How persistent is ADHD? A controlled 10-year follow-up study of boys with ADHD. *Psychiatry Research, 177,* 299-304.

4. Biederman, J., Petty, C.R., Monuteaux, M.C., Fried, R., Byrne, D., Mirto, T., Spencer, T., Wilens, T.E., & Faraone, S.V. (2010). Adult psychiatric outcomes of girls with attention deficit hyperactivity disorder: 11-year follow-up in a longitudinal case-control study. *American Journal of Psychiatry, 167,* 409-417.

5. Hinshaw, S.P., Owens, E.B., Sami, N., & Fargeon, S. (2006). Prospective follow-up of girls with attention-deficit/hyperactivity disorder into adolescence: Evidence for continuing crossdomain impairment. *Journal of Consulting and Clinical Psychology, 74*(3), 489-499.

6. Wolraich, M.L., Wibbelsman, C.J., Brown, T.E., Evans, S.W., Gotlieb, E.M., Knight, J.R., Ross, E.C., Shubiner, H.H., Wender, E.H., & Wilens, T. (2005). Attention-deficit/

hyperactivity disorder among adolescents: A review of the diagnosis, treatment, and clinical implications. *Pediatrics, 115,* 1734-1746.

7. Lee, S.S., Lahey, B.B., Owens, E.B., & Hinshaw, S.P. (2008). Few preschool boys and girls with ADHD are well-adjusted during adolescence. *Journal of Abnormal Child Psychology, 36*, 373-383.
8. Owens, E.B., Hinshaw, S.P., Lee, L.L., & Lahey, B.B. (2009). Few girls with children ADHD show positive adjustment during adolescence. *Journal of Clinical Child and Adolescent Psychology, 38,* 132-143.
9. Owens, E.B., Hinshaw, S.P., Lee, L.L., & Lahey, B.B. (2009). Few girls with children ADHD show positive adjustment during adolescence. *Journal of Clinical Child and Adolescent Psychology, 38,* 132-143.
10. Sibley, M.H., Altszuler, A.R., Morrow, A.S., & Merrill, B.M. (2014). Mapping the academic problem behaviors of adolescents with ADHD *School Psychology Quarterly, Jun 16.*
11. Hinshaw, S.P., Carte, E.T., Fan, C., Jassy, J.S., & Owens, E.B. (2007). Neuropsychological functioning of girls with attention-deficit/hyperactivity disorder followed prospectively into adolescence: Evidence for continuing deficits? *Neuropsychology, 21,* 263-273.
12. Miller, M., Ho, J., & Hinshaw, S.P. (2012). Executive functions in girls with ADHD followed prospectively into young adulthood. *Neuropsychology, 26*, 278-287.
13. Babinski, D.E., Sibley, M.H., Ross, J.M., & Pelham, W.E. (2013). The effects of single versus mixed gender treatment for adolescent girls with ADHD. *Journal of Clinical Child and Adolescent Psychology, 42,* 243-250.
14. Hinshaw, S., & Krantz, R. (2009). *The triple bind: Saving our teenage girls from today's pressures and conflicting expectations.* New York: Ballantine Books.
15. Abikoff, H.B., Jensen, P.S., Arnold, L.L., Hoza, B., et al. (2002). Observed classroom behavior of children with ADHD: Relationship to gender and comorbidity. *Journal of Abnormal Child Psychology, 30,* 349-359.
16. Huessy, H.R. (1990). The pharmacotherapy of personality disorders in women. Paper presented at the annual meeting of the American Psychiatric Association (symposia), New York.
17. American Psychiatric Association. (2013). *Diagnostic and statistical manual of mental disorders, Fifth edition.* Washington, DC.

18. Ohan, J., & Visser, T. (2009). Why is there a gender gap in children presenting for attention deficit/hyperactivity disorder services? *Journal of Clinical Child and Adolescent Psychology, 38,* 650-660.

19. Biederman, J., Ball, S.W., Monuteaux, M.C., Mick, E., Spencer, T.J., et al. (2008). New insights into the comorbidity between ADHD and major depression in adolescent and young adult females. *Journal of the American Academy of Child and Adolescent Psychiatry, 47,* 426-434.

20. Biederman, J., Petty, C.R., Monuteaux, M.C., Fried, R., Byrne, D., Mirto, T., Spencer, T., Wilens, T.E., & Faraone, S.V. (2010). Adult psychiatric outcomes of girls with attention deficit hyperactivity disorder: 11-year follow-up in a longitudinal case-control study. *American Journal of Psychiatry, 167,* 409-417.

21. Hinshaw, S.P., Owens, E.B., Sami, N., & Fargeon, S. (2006). Prospective follow-up of girls with attention-deficit/hyperactivity disorder into adolescence: Evidence for continuing cross-domain impairment. *Journal of Consulting and Clinical Psychology, 74*(3), 489-499.

22. Hinshaw, S.P., Owens, E.B., Zalecki, C., Huggins, S.P., et al. (2012). Prospective follow up of girls with attention-deficit/hyperactivity disorder into early adulthood: Continuing impairment includes elevated risk for suicide attempts and self-injury. *Journal Consulting and Clinical Psychology, 80,* 1041-1051.

23. Quinn, P., & Wigal, S. (2004). Perceptions of girls and ADHD: Results from a national survey. *Medscape General Medicine, 6,* 2.

24. Hinshaw, S., & Krantz, R. (2009). *The triple bind: Saving our teenage girls from today's pressures and conflicting expectations.* New York: Ballantine Books.

25. Pliszka, S.R. (1998). Comorbidity of attention-deficit/hyperactivity disorder with psychiatric disorder: An overview. *Journal of Clinical Psychiatry, 59, Suppl 7,* 50-58.

26. Monuteaux, M.C., Faraone, S.V., Michelle Gross, L., & Biederman, J. (2007). Predictors, clinical characteristics, and outcome of conduct disorder in girls with attention-deficit/hyperactivity disorder: A longitudinal study. *Psychological Medicine, 37,* 1731-1741.

27. Arnold, L.E. (1996). Sex differences in ADHD: Conference summary. *Journal of Abnormal Child Psychology, 24,* 555-569.

28. Barkley, R.A., Fischer, M., Smallish, L., & Fletcher, K. (2006). Young adult outcome of

hyperactive children: Adaptive functioning in major life activities. *Journal of the American Academy of Child and Adolescent Psychiatry, 45,* 192-202.

29. Quinn, P., & Wigal, S. (2004). Perceptions of girls and ADHD: Results from a national survey. *Medscape General Medicine, 6,* 2.
30. Huggins, S.P., Rooney, M.E., & Chronis-Tuscano, A. (2012). Risky sexual behavior among college students with ADHD: Is the mother-child relationship protective? *Journal of Attention Disorders,* 1087054712459560, first published on October 9, 2012.
31. Hosain, G.M., Berenson, A.B., Tennen, H., Bauer, L.O., & Wu, Z.H. (2012). Attention deficit hyperactivity symptoms and risky sexual behavior in young adult women. *Journal of Womens' Health, 21*(4), 463-468.
32. Lehti, V., Niemela, S., Heinze, M., Sillanmaki, L., Helenius, H., Piha, J., Kumpulainen, K., Tamminen, T., Almqvist, F., & Sourander, A. (2012). Childhood predictors of becoming a teenage mother among Finnish girls. *Acta Obstet Gynecol Scand, 91,* 1-1.
33. Beck, N., Warnke, A., Kruger, H.P., & Barglik, W. (1996). Hyperkinetic syndrome and behavioral disorders in street traffic: A case controlled pilot study. Klinik und Poliklinik fur Kinder-und Jugendpsychiatrie, Julius Maximilians Z. *Kinder Jugerpsychiatrie, 24*(2), 82-91.
34. Nada-Raja, S., Langley, J.D., McGee, R., Williams, S.M., et al. (1997). Inattentive and hyperactive behaviors and driving offenses in adolescence: Health Research Council of New Zealand. *Journal of the American Academy of Child and Adolescent Psychiatry, 36,* 512-522.
35. Biederman, J., Ball, S.W., Monuteaux, M.C., Mick, E., Spencer, T.J., et al. (2008). New insights into the comorbidity between ADHD and major depression in adolescent and young adult females. *Journal of the American Academy of Child and Adolescent Psychiatry, 47,* 426-434.
36. Biederman, J., Ball, S.W., Monuteaux, M.C., Mick, E., Spencer, T.J., et al. (2008). New insights into the comorbidity between ADHD and major depression in adolescent and young adult females. *Journal of the American Academy of Child and Adolescent Psychiatry, 47,* 426-434.
37. Chronis-Tuscano, A., Molina, B.S.G., Pelham, W.E., Applegate, B., Dahlke, A., Overmeyer, M., & Lahey, B. (2010). Very early predictors of adolescent depression and

suicide attempts in children with attention-deficit/hyperactivity disorder. *Archives of General Psychiatry, 67,* 1044-1051.

38. Seymour, K.E., Chronis-Tuscano, A., Halldorsdottir, T., Stupica, B., Owens, K., & Sacks, T. (2012). Emotion regulation mediates the relationship between ADHD and depressive symptoms in youth. *Journal of Abnormal Child Psychology, 40,* 595-606.
39. Hinshaw, S.P., Owens, E.B., Zalecki, C., Huggins, S.P., et al. (2012). Prospective follow up of girls with attention-deficit/hyperactivity disorder into early adulthood: Continuing impairment includes elevated risk for suicide attempts and self-injury. *Journal Consulting and Clinical Psychology, 80,* 1041-1051.
40. Swanson, E.N., Owens, E.B., & Hinshaw, S.P. (2014). Pathways to self-harmful behaviors in young women with and without ADHD: A longitudinal examination of mediating factors. *Journal of Child Psychology and Psychiatry, 55,* 505-515.
41. Biederman, J., Ball, S.W., & Monuteaux, M.C. (2007). Are girls with ADHD at risk for eating disorders? Results from a controlled, five-year prospective study. *Journal of Developmental and Behavioral Pediatrics, 28,* 302-307.
42. Mikami, A.Y., Hinshaw, S.P., Patterson, K.A., & Lee, J.C. (2008). Eating pathology among adolescent girls with attention-deficit/hyperactivity disorder. *Journal of Abnormal Psychology, 117,* 225-235.
43. Dukarm, C. (2005). Bulimia nervosa and ADD: A possible role for stimulant medication. *Journal of Women's Health, 14,* 345-350.
44. Sibley, M.H., Pelham, W.E., Molina, B.S., Coxe, S., Kipp, H., Gnagy, E.M., Meinzer, M., Ross, J.M., & Lahey, B.B. (2014). The role of early childhood ADHD and subsequent CD in the initiation and escalation of adolescent cigarette, alcohol, and marijuana use. *Journal of Abnormal Psychology, 123,* 362-374.
45. Ostojic, D., Charach, A., Henderson, J., McAuley, T., & Crosbie, J. (2014). Childhood ADHD and addictive behaviours in adolescence: A canadian sample. *Journal of the Canadian Academy of Child and Adolescent Psychiatry, 23,* 128-135.
46. Biederman, J., Faraone, S.V., Mick, E., Williamson, S., Wilens, T.E., Spencer, T.J., Weber, W., Jetton, J., Kraus, I., Pert, J., & Zallen, B. (1999). Clinical correlates of ADHD in females: Findings from a large group of girls ascertained from pediatric and psychiatric

referral sources. *Journal of the American Academy of Child and Adolescent Psychiatry, 38,* 966-975.

47. Solden, S. (1995). *Women with attention deficit disorder.* Grass Valley, CA: Underwood Books.

제7장

1. Kopp, S., Beckung, E., & Gillberg, C. (2010). Developmental coordination disorder and other motor control problems in girls with autism spectrum disorder and/or attention-deficit/hyperactivity disorder. *Research in Developmental Disabilities, 31,* 350-361.
2. Fliers, E., Rommelse, N., Vermeulen, S.H., et al. (2008). Motor coordination problems in children and adolescents with ADHD rated by parents and teachers: Effects of age and gender. *Journal of Neural Transmission, 115,* 211-220.
3. Riccio, C.A., Hynd, G.W., Cohen, M.J., Hall, J., & Molt, L. (1994). Comorbidity of central auditory processing disorder and attention-deficit hyperactivity disorder. *Journal of the American Academy of Child and Adolescent Psychiatry, 33,* 849-857.
4. Riccio, C.A., Hynd, G.W., Cohen, M.J., Hall, J., & Molt, L. (1994). Comorbidity of central auditory processing disorder and attention-deficit hyperactivity disorder. *Journal of the American Academy of Child and Adolescent Psychiatry, 33,* 849-857.
5. Helland, W., Biringer, E., Helland, T., & Heimann, M. (2012). Exploring language profiles for children with ADHD and children with asperger syndrome. *Journal of Attention Disorders, 16,* 34-43.
6. Spencer, T., Biederman, J., Harding, M., et al. (1998). Disentangling the overlap between Tourette's disorder and ADHD. *Journal of Child Psychology and Psychiatry, 39,* 1037-1044.
7. Freeman, R.D. (2007). Tic disorders and ADHD: Answers from a world-wide clinical dataset on Tourette syndrome. *European Child and Adolescent Psychiatry, 16,* 15-23.
8. Gillberg, C., Gillberg, I.C., Rasmussen, P., Kadesjo, B., Soderstrom, H., Rastam, M., Johnson, M., Rothenberger, A., & Niklasson, L. (2004). Coexisting disorders in ADHD-implications for diagnosis and intervention. *European Child and Adolescent Psychiatry, 13,* 180-192.
9. American Psychiatric Association. (2013). *Diagnostic and statistical manual of mental disorders, Fifth edition.* Arlington, VA: American Psychiatric Publishers.

10. Gould, J., & Ashton-Smith, J. (2011). Missed diagnosis or misdiagnosis: Girls and women on the autism spectrum. *Good Autism Practice, 12,* 34-41.

11. Kopp, S., & Gilberg, C. (2011). The autism spectrum screening questionnaire (ASSQ)-revised extended version (ASSQ-REV): An instrument for better capturing the autism phenotype in girls? A preliminary study involving 191 clinical cases and community controls. *Research in Developmental Disabilities, 32,* 2875-2888.

12. Kotte, A., Joshi, G., Fried, R., et al. (2013). Autistic traits in children with and without ADHD. *Pediatrics, 132,* e612-622.

13. Caamano, M., Boada, L., Moreno, C., et al. (2013). Psychopathology in children and adolescents with ASD without mental retardation. *Journal of Autism and Developmental Disorders, 43,* 2442-2449.

14. Gillberg, C., Gillberg, I.C., Rasmussen, P., Kadesjo, B., Soderstrom, H., Rastam, M., Johnson, M., Rothenberger, A., & Niklasson, L. (2004). Coexisting disorders in ADHD-implications for diagnosis and intervention. *European Child and Adolescent Psychiatry, 13,* 180-192.

15. Sexton, C.C., Gelhorn, H.L., Bell, J.A., & Classi, P.M. (2012). The co-occurrence of reading disorder and ADHD: Epidemiology, treatment, psychosocial impact, and economic burden. *Journal of Learning Disabilities, 45,* 538-564.

16. Sexton, C.C., Gelhorn, H.L., Bell, J.A., & Classi, P.M. (2012). The co-occurrence of reading disorder and ADHD: Epidemiology, treatment, psychosocial impact, and economic burden. *Journal of Learning Disabilities, 45,* 538-564.

17. Yoshimasu, K., Barbaresi, W.J., Colligan, R.C., et al. (2011). Written-language disorder among children with and without ADHD in a population-based birth cohort. *Pediatrics, 128,* 3605-3612.

18. Miller, M., Loya, F., & Hinshaw, S. P. (2013). Executive functions in girls with and without childhood ADHD: Developmental trajectories and associations with symptom change. *Journal of Child Psychology & Psychiatry, 54,* 1005-1015.

제8장

1. Barkley, R. (2012). *Executive functions: What they are, how they work, and why they*

evolved. New York: Guilford Press.

2. Blair, C., & Razza, R.P. (2007). Relating effortful control, executive function, and false belief understanding to emerging math and literacy ability in kindergarten. *Child Development, 78,* 647-663.
3. Ruff, H., & Rothbard, M.K. (1996). *Attention in early development: Themes and variations.* New York, NY: Oxford University Press.
4. Mischel, W., Ayduk, O., Berman, M.G., et al. (2011). 'Willpower' over the lifespan: Decomposing self-regulation. *Social Cognitive and Affective Neuroscience, 6,* 252-256.
5. Vygotsky, L.S. (1978). *Mind in society: The development of higher psychological processes.* Cambridge: Harvard University Press.
6. Bodrova, E., & Leong, D.J. (2007). *Tools of the mind: The Vygotskian approach to early childhood education, edition 2.* New York: Merrill/Prentice Hall.
7. Diamond, A., & Lee, K. (2011). Interventions shown to aid executive function development in children 4-12 years old. *Science,* 959-964.
8. Hinshaw, S.P. (2002). Preadolescent girls with attention-deficit/hyperactivity disorder: 1. Background characteristics, comorbidity, cognitive and social functioning, and parenting practices. *Journal of Consulting and Clinical Psychology, 70,* 1086-1098.
9. Rinsky, J.R., & Hinshaw, S. (2011). Linkages between childhood executive functioning and adolescent social functioning and psychopathology in girls with ADHD. *Child Neuropsychology, 17,* 368-390.

제9장

1. Hartmann, T. (2003). *The Edison Gene: ADHD and the gift of the hunter child.* Rochester, VT: Inner Traditions/Bear & Company.
2. Hartmann, T. (2003). *The Edison Gene: ADHD and the gift of the hunter child.* Rochester, VT: Inner Traditions/Bear & Company.
3. Matthews, J., Ponitz, C., & Morrison, F. (2009). Early gender differences in self-regulation and academic achievement. *Journal of Educational Psychology, 101,* 689-704.
4. Abikoff, H., Jensen, P., Arnold, L.E., Hoza, B., Hechtman, L., Pollack, S., Martin, D., Alvir, J., March, J., Hinshaw, S., et al. (2002). Observed classroom behavior of children with

ADHD: Relationship to gender and comorbidity. *Journal of Abnormal Child Psychology, 30,* 349-359.

5. Antshel, K.M., Faraone, S.V., Stallone, K., Nave, A., Kaufmann, F., Doyle, A., Fried, R., Seidman, L., & Biederman, J. (2007). Is attention deficit hyperactivity disorder a valid diagnosis in the presence of high IQ? Results from the MGH Longitudinal Family Studies of ADHD. *Journal of Child Psychology and Psychiatry, 48,* 687-694.
6. Stevenson, J., Langley, K., Pay, H., Payton, A., Worthington, J., Ollier, W., & Thapar, A. (2005). Attention deficit hyperactivity disorder with reading disabilities: Preliminary genetic findings on the involvement of the ADRA2A gene. *Journal of Child Psychology and Psychiatry, 46,* 1081-1088.
7. Willcutt, E.G., & Pennington, B.F. (2000). Comorbidity of reading disability and attention-deficit/hyperactivity disorder differences by gender and subtype. *Journal of Learning Disabilities, 33,* 179-191.
8. Yoshimasu, K., Barbaresi, W., Colligan, R., et al. (2011). Written-language disorder among children with and without ADHD in a population-based birth cohort. *Pediatrics, 128,* e605-612.
9. Cutting, L.E., Koth, C.W., Mahone, M., & Denckla, M.B. (2003). Evidence for unexpected weaknesses in learning in children with attention-deficit/hyperactivity disorder without reading disabilities. *Journal of Learning Disabilities, 36,* 259-269.
10. Imeraj, L., Antrop, I., Sonuga-Barke, E., Deboutte, D., Deschepper, E., Bal, S., & Roeyers, H. (2013). The impact of instructional context on classroom on-task behavior: A matched comparison of children with ADHD and non-ADHD classmates. *Journal of School Psychology, 51,* 487-498.
11. Miller, M., & Hinshaw, S. P. (2010). Does childhood executive function predict adolescent functional outcomes in girls with ADHD? *Journal of Abnormal Child Psychology, 38.*
12. Miller, M., Nevado-Montenegro, A. J., & Hinshaw, S. P. (2012). Childhood executive function continues to predict outcomes in young adult females with and without childhooddiagnosed ADHD. *Journal of Abnormal Child Psychology, 40,* 657-668.
13. Albrecht, N. (2012). Mindfully teaching in the classroom: A literature review. *Australian Journal of Teacher Education, 37,* 1-14.
14. Diamond, A., & Lee, K. (2011). Interventions shown to aid executive function

development in children 4-12 years old. *Science,* 959-964.

15. Bierman K.L., Coie, J.D., Dodge, K.A., Greenberg, M.T., Lockman, J.E., McMahon, R.J., & Pinderhughes, E. (2010). The effects of a multiyear universal social-emotional learning program: The role of student and school characteristics. *Journal of Consulting and Clinical Psychology, 78,* 156-168.
16. Chacko, A., Bedard, A.C., Marks, D.J., Feirsen, N., Uderman, J.Z., Chimiklis, A., Rajwan, E., Cornwell, M., Anderson, L., Zwilling, A., & Ramon, M. (2013). A randomized clinical trial of Cogmed Working Memory Training in school-age children with ADHD: A replication in a diverse sample using a control condition. *The Journal of Child Psychology and Psychiatry, 55,* 247-253.
17. Kercood, S., Zentall, S.S., Vinh, M., & Tom-Wright, K. (2012). Attentional cuing in math word problems for girls at-risk for ADHD and their peers in general education settings. *Contemporary Educational Psychology, 37,* 106-112.
18. Barron, K.E., Evans, S.W., Baranik, L.E., Serpell, Z.N., & Buvinger, E. (2006). Achievement goals of students with ADHD. *Learning Disability Quarterly, 29,* 137-158.
19. Cacioppo, J., & Hawkley, L.D. (2009). Perceived social isolation and cognition. *Trends in Cognitive Science, 13,* 447-454.
20. Kramer, J.H., Knee, K., & Delis, D.C. (2000). Verbal memory impairments in dyslexia. *Archives of Clinical Neuropsychology, 15,* 83-93.
21. Cacioppo, J.T., Hawkley, L. C., Leary, M.R., & Hoyle, R. H. (Ed). (2009). *Handbook of individual differences in social behavior* (pp 227-240). New York, NY: Guilford Press, xv, 624.
22. Diamond, A., & Lee, K. (2008). Interventions shown to aid executive function development in children 4-12 years old. *Science,* 959-964.
23. Ratey, J., & Hagerman, E. (2008). *Spark: The revolutionary new science of exercise and the brain.* Boston: Little, Brown & Company.
24. Duvall, S.F., Delquadri, J.C., & Ward, D.L. (2004). Preliminary investigation of the effectiveness of homeschool instructional environment for students with attention-deficit/hyperactivity disorder. *School Psychology Review, 33,* 140-158.

제10장

1. Kinsbourne, M. (1992). Quality of life in children with ADHD. *Challenge, 6,* 1-2.

2. Arcia, E., & Conners, C.K. (1998). Gender differences in ADHD? *Journal of Developmental and Behavioral Pediatrics, 19,* 77-83.

3. Hinshaw, S. P. (1994). *Attention deficits and hyperactivity in children.* Thousand Oaks, CA: Sage.

4. The MTA Cooperative Group. (1999). A 14-month randomized clinical trial of treatment strategies for attention-deficit/hyperactivity disorder. *Archives of General Psychiatry, 56,* 1073-1086.

5. A.D.H.D. Experts Re-evaluate Study's Zeal for Drugs Alan Schwartz, *Dec. 29,* 2013, Health Section, New York Times.

6. Nadeau, K. (1998). Help4ADD@HighSchool. Silver Spring, MD: Advantage Books.

7. Miano, S. (2013). Introduction to the special section on sleep and ADHD. *Journal of Attention Disorders, 17,* 547-549.

8. Owens, J., Gruber, R., Brown, T., et al. (2012). Future research directions in sleep and ADHD: Report of a consensus working group. *Journal of Attention Disorders, 17,* 550-564.

9. Ratey, J. (2013). *Spark: The revolutionary new science of exercise and the brain.* Little, Brown and Company.

10. Salmon, P. (2001). Effects of physical exercise on anxiety, depression, and sensitivity to stress: A unifying theory. *Clinical Psychiatric Review, 21,* 33-61.

11. Howard, A.L., Robinson, M., Smith, G. J., et al. (2012). ADHD is associated with a Western dietary pattern in adolescents. *Journal of Attention Disorders, 15,* 403-411.

12. Conners, C.K., & Blouin, A.G. (1983). Nutritional effects on behavior of children. *Journal of Psychiatric Research, 17,* 193-201.

13. Mahoney, C.R., Taylor, H.A., Kanarek, R.B., & Samuel, P. (2005). Effect of breakfast composition on cognitive processes in elementary school children. *Physiology & Behavior, 85,* 635-645.

14. Compart, P., & Laake, D. (2006). *Kid-friendly ADHD and autism cookbook.* Beverly, MA: Rockport Publishers.

15. Howard, A.L., Robinson, M., Smith, G. J., et al. (2012). ADHD is associated with a Western

dietary pattern in adolescents. *Journal of Attention Disorders, 15,* 403-411.

16. Brown, J.F., & Lawton, M. (1986). Stress and well-being in adolescence: The moderating role of physical exercise. *Journal of Human Stress, 12,* 125-131.
17. Kuo, F.E., & Taylor, A.F. (2004). A potential natural treatment for attention-deficit/hyperactivity disorder: Evidence from a national study. *American Journal of Public Health, 94,* 1580-1588.
18. Robbins, C.A., & Glasser, J.M. (2011). Using neurocognitive psychotherapy for LD and ADHD (pp 405-433). In S. Goldstein, J.A. Naglieri, & M. DeVries (eds), *Learning and attention disorders in adolescence and adulthood: Assessment and treatment (*Second edition*).* Hoboken, NJ: Wiley.
19. Holloway, L. (1999). Holding moonbeams: Developing a group for teen girls with ADHD. *ADDvance, 2,* 12-14.
20. Babinski, D., Sibley, M., Megan, R.J., & Pelham, W. (2013). The effects of single versus mixed gender treatment for adolescent girls with ADHD. *Journal of Clinical Child and Adolescent Psychology, 41*, 243-250.
21. Chronis, A., Chacko, A., Fabiano, G., Wynbs, B., & Pelham, W. (2004). Enhancements to the behavioral parent training paradigm for families of children with ADHD: Review and future directions. *Clinical Child and Family Psychology Review, 7,* 1-27.
22. Waxmonsky, J.G., Wymbs, F.A., Pariseau, M.E., et al. (2013). A novel group therapy for children with ADHD and severe mood dysregulation. *Journal of Attention Disorders, 17,* 527-541.
23. Barkley, R.A., Edwards, G., Laneri, M., Fletcher, K., & Metevia, L. (2001). The efficacy of problem-solving communication training alone, behavior management training alone, and their combination for parent adolescent conflict in teenagers with ADHD and ODD. *Journal of Consulting and Clinical Psychology, 69,* 926-941.
24. Klingberg, T., Fernell, E., Olesen, P.J., Johnson, M., Gustafsson, P., Dahlstrom, K., Gillberg, C.G., Forssberg, H., & Westerberg, H. (2005). Computerized training of working memory in children with ADHD-randomized, controlled trial. *Journal of American Academy of Child and Adolescent Psychiatry, 44,* 177-186.
25. Holmes, J., Gathercole, S.E., Place, M., Dunning, D. L., Hilton, K.A., & Elliott, J. G.

(2010). Working memory deficits can be overcome: Impacts of training and medication on working memory in children with ADHD. *Applied Cognitive Psychology, 24,* 827-836.

26. Melby-Lervag, M., & Hulme, C. (2013). Is working memory training effective? A meta-analytic review. *Developmental Psychology, 49,* 270-291.

27. Zylowska, L. (2012). *The mindfulness prescription for adult ADHD.* Boston: Trumpeter Press.

28. Napoli, M., Krech, P.R., & Holley, L.C. (2005). Mindfulness training for elementary school students: The attention academy. *Journal of Applied School Psychology, 21,* 99-125.

29. British Psychological Society (BPS). (2014). Mindfulness training improves attention in children. *Science Daily, 5.* September 2014.

30. Abikoff, H., Gallagher, R., Wells, K., Murray, D., Huang, L., Lu, F., & Petkova, E. (2013). Remediating organizational functioning in children with ADHD: Immediate and long-term effects from a randomized controlled trial. *Consulting and Clinical Psychology, 81,* 113-128.

31. Biederman, J., Faraone, S.V., Mick, E., Williamson, S., Wilens, T.E., Spencer, T.J., et al. (1999). Clinical correlates of ADHD in females: Findings from a large group of girls ascertained from pediatric and psychiatric referral sources. *Journal of the American Academy of Child and Adolescent Psychiatry, 38,* 966-975.

32. Biederman, J., Petty, C.R., Monuteaux, M.C., Fried, R., Byrne, D., Mirto, T., et al. (2010). Adult psychiatric outcomes of girls with attention deficit hyperactivity disorder: 11-year follow-up in a longitudinal case-control study. *American Journal of Psychiatry, 167,* 409-417.

33. Biederman, J., Faraone, S.V., Mick, E., Williamson, S., Wilens, T.E., Spencer, T.J., et al. (1999). Clinical correlates of ADHD in females: Findings from a large group of girls ascertained from pediatric and psychiatric referral sources. *Journal of the American Academy of Child and Adolescent Psychiatry, 38,* 966-975.

34. Biederman, J., Mick, E., & Faraone, S. (1998). Depression in attention deficit hyperactivity disorder (ADHD) children: "True" depression or demoralization? *Journal of Affective Disorders, 47,* 113-122.

35. Marks, A., Nichols, M., Blasey, C., Kato, P., & Huffman, L. (2002). Girls with ADHD and associated behavioral problems: Patterns of comorbidity. *North American Journal of Psychology, 4.*

36. Levy F., Hay, D.A., Bennett, K.S., & McStephen, M. (2005). Gender differences in ADHD subtype comorbidity. *Journal of the American Academy of Child and Adolescent Psychiatry, 44,* 368-376.

37. Biederman, J., Petty, C.R., & Monuteaux, M.C., et al. (2008). The longitudinal course comorbid oppositional defiant disorder in girls with attention-deficit/hyperactivity disorder: Findings from a controlled 5-year prospective longitudinal follow-up study. *Journal of Developmental and Behavioral Pediatrics, 29,* 501-507.

38. Biederman J., Faraone S., Milberger S., et al. (1996). Predictors of persistence and remission of ADHD into adolescence: Results from a four-year prospective follow-up study. *Journal of the American Academy of Child and Adolescent Psychiatry, 35,* 343-351.

39. Burke, J., Hipwell, A., & Loeber, R. (2010). Dimensions of oppositional defiant disorder as predictors of depression and conduct disorder in preadolescent girls. *Journal of the American Academy of Child and Adolescent Psychiatry, 49,* 484-492.

40. Stepp, S., Burke, J., Hipwell, A., & Loeber, R. (2012). Trajectories of attention deficit hyperactivity disorder and oppositional defiant disorder symptoms as precursors of borderline personality disorder symptoms in adolescent girls. *Journal of Abnormal Child Psychology, 40,* 7-20.

41. Horner, B.R., & Scheibe, K.E. (1997). Prevalence and implications of attention-deficit hyperactivity disorder among adolescents in treatment for substance abuse. *Journal of the American Academy of Child and Adolescent Psychiatry, 36,* 30-36.

42. Stulz, N., Hepp, U., Gachter, C., Martin-Soelch, C., Spindler, A., & Milos, G. (2013). The severity of ADHD and eating disorder symptoms: A correlational study. *BMC Psychiatry, 13,* 44.

43. Erhart, M., Herpertz-Dahlmann, B., et al. (2012). Examining the relationships between attention-deficit/hyperactivity disorder and overweight in children and adolescents. *European Child and Adolescent Psychiatry, 21,* 39-49.

44. Owens, J. (2008). A clinical overview of sleep and attention-deficit/hyperactivity disorder in children and adolescents. *Journal of the Canadian Academy of Child and Adolescent Psychiatry, 18,* 92-102.

45. Mitchell, M.D., Gehrman, P., Perlis, M., & Umscheld, C. (2012). Comparative effectiveness

of cognitive behavioral therapy for insomnia: A systematic review. *Disorders of Sleep, 12,* 80-89.

제11장

1. Biederman, J., Spencer, T., & Wilens, T. (2004). Evidence-based pharmacotherapy for attention-deficit hyperactivity disorder. *International Journal of Neuropcychopharmacology, 7,* 77-97.
2. Jensen, P.S., Hinshaw, S.P., Swanson, J.M., Greenhill, L.L., Conners, C.K., et al. (2001). Findings from the NIMH multimodal treatment study of ADHD (MTA): Implications and applications for primary care providers. *Journal of Developmental and Behavioral Pediatrics, 22,* 60-73.
3. Greenhill, L.L. (2002). Stimulant medication treatment of children with attention-deficit/hyperactivity disorder. In P.S. Jensen, & J.R. Cooper (eds), *Attention deficit hyperactivity disorder: State of science. Best practices.* Kingston, NJ: Civic Research Institute.
4. Frankel, F.F., Cantwell, D., Myatt, R., & Feinberg, D.T. (1999). Do stimulants improve self-esteem in children with ADHD and peer problems? *Journal of Child and Adolescent Psychopharmacology, 9,* 185-194.
5. Karpenko, V., Owens, J.S., Evangelista, N.M., & Dodds, C. (2009). Clinically significant symptom change in children with ADHD: Does it correspond with reliable improvement in functioning? *Journal of Clinical Psychology, 65,* 76-93.
6. American Academy of Pediatrics. (2011). ADHD: Clinical practice guideline for the diagnosis, evaluation, and treatment of attention-deficit/hyperactivity disorder in children and adolescents. *Pediatrics, 128,* 1016-1018.
7. American Academy of Child and Adolescent Psychiatry. (2007). Practice parameter for the assessment and treatment of children and adolescents with attention-deficit/hyperactivity disorder. *Journal of the American Academy of Child and Adolescent Psychiatry, 46,* 904-906.
8. American Academy of Pediatrics. (2011). ADHD: Clinical practice guideline for the diagnosis, evaluation, and treatment of attention-deficit/hyperactivity disorder in children and adolescents. *Pediatrics, 128,* 1016-1018.
9. Steven, Pliszka, AACAP Work Group on Quality Issues. (2007). Practice parameter for the

assessment and treatment of children and adolescents with attention-deficit/hyperactivity disorder. *Journal of the American Academy of Child and Adolescent Psychiatry, 47,* 894-904.

10. Sharp, W.S., Walter, J.M., Marsh, W.L., Ritchie, G.F., Hamburger, S.D., & Castellanos, F.X. (1999). ADHD in girls: Clinical comparability of a research sample. *Journal of the American Academy of Child and Adolescent Psychiatry, 38,* 40-47.
11. Lee, L., Kepple, J., Wang, Y., Freestonem S., Bakhtiar, R., Wang, Y., & Hossain, M. (2003). Bioavailability of modified-release methylphenidate: Influence of high-fat breakfast when administered intact and when capsule content sprinkled on applesauce. *Biopharmaceutics and Drug Disposition, 24,* 233-243.
12. McGough, J.J., Wigal, S.B., Abikoff, H., Turnbow, J.M., Posner, K., & Moon, E. (2006). A randomized, double-blind, placebo controlled, laboratory classroom assessment of methylphenidate transdermal system in children with ADHD. *Journal of Attention Disorders, 9,* 476-485.
13. Findling, R., & Lopez, F.A. (2005). The effects of transdermal methylphenidate with reference to Concerta in ADHD. *Scientific Proceedings of the American Academy of Child and Adolescent Psychiatry, 32,* 123.
14. Findling, R.L., Bukstein, O.G., Melmed, R.D., et al. (2008). A randomized, doubleblind, placebo controlled, parallel-group study of methylphenidate transdermal system in pediatric patients with attention-deficit/hyperactivity disorder. *Journal of Clinical Psychiatry, 69,* 149-159.
15. Findling, R.L., Bukstein, O.G., Melmed, R.D., López, F.A., Sallee, F.R., Arnold, L.E., & Pratt, R.D. (2008). A randomized, double-blind, placebo-controlled, parallel-group study of methylphenidate transdermal system in pediatric patients with attention-deficit/hyperactivity disorder. *Journal of Clinical Psychiatry, 69,* 149-159.
16. Adesman, A.R. (2001). The diagnosis and management of attention-deficit/hyperactivity disorder in pediatric patients. *Primary Care Companion Journal of Clinical Psychiatry, 3,* 66-77.
17. Cyr, M., & Brown, C.S. (1998). Current drug therapy recommendations for the treatment of attention deficit hyperactivity disorder. *Drugs, 56,* 215-223.
18. Corkum, P., Panton, R., Ironside, S., MacPherson, M., & Williams, T. (2007). Acute impact

of immediate release methyphenidate administered three times a day on sleep in children with attention-deficit/hyperactivity disorder. *Journal of Pediatric Psychology, 33,* 368-379.

19. McGough, J.J., Biederman, J., Wigal, S.B., Lopez, F.A., McCracken, J.T., et al. (2005). Long term tolerability and effectiveness of once-daily mixed amphetamine salts (Adderall XR) in children with ADHD. *Journal of the Academy of Child and Adolescent Psychiatry, 44,* 530-538.
20. Wolraich, M.L., Greenhill, L.L., Pelham, W., Swanson, J., Wilens, T., Palumbom D., Atkins, M., McBurnett, K., Bukstein, O., & August, G. (2001). Randomized, controlled trial of oros-methylphenidate once a day in children with attention-deficit/hyperactivity disorder. *Pediatrics, 108,* 883-892.
21. Biederman, J., Krishnan, S., Zhang, Y., McGough, J.J., & Findling, R.L. (2007). Efficacy and tolerability of lisdexamfetamine dimesylate (NRP-104) in children with attention-deficit/hyperactivity disorder: A phase III, multicenter, randomized, double-blind, forced-dose, parallel-group study. *Clinical Therapeutics, 29,* 450-463.
22. Swanson, J., Elliott, G.R., Greenhill, L.L., et al. (2007). Effects of stimulant medication on growth rates across three years of the MTA follow-up. *Journal of the Academy of Child and Adolescent Psychiatry, 46,* 1015-1027.
23. American Academy of Child and Adolescent Psychiatry. (2007). Practice parameter for the assessment and treatment of children and adolescents with attention-deficit/hyperactivity disorder. *Journal of the American Academy of Child and Adolescent Psychiatry, 46,* 904-906.
24. Berridge, C.W., & Devilbiss, D.M. (2011). Psychostimulants as cognitive enhancers: The prefrontal cortex, catecholamines, and attention-deficit/hyperactivity disorder. *Biological Psychiatry, 69,* e101-111.
25. Volkow, N.D., Fowler, J.S., Wang, G., Ding, Y., & Gatley, S.J. (2002). Mechanism of action of methylphenidate: Insights from PET imaging studies. *Journal of Attention Disorders, 6, Suppl 1,* S31-44.
26. Schweitzer, J.B., Lee, D.O., Hanford, R.B., Tagamets, M.A., Hoffman, J.M., Grafton, S.T., & Kilts, C.D. (2003). A positron emission tomography study of methylphenidate in adults with ADHD: Alterations in resting blood flow and predicting treatment response. *Neuropsychopharmacology, 28,* 967-973.

27. Spencer, R.C., Klein, R.M., & Berridge, C.W. (2012). Psychostimulants act within the prefrontal cortex to improve cognitive function. *Biological Psychiatry, 72,* 221-227.

28. Gamo, N.J., Wang, M., & Arnsten, A.F. (2010). Methylphenidate and atomoxetine enhance prefrontal function through 2-adrenergic and dopamine D1 receptors. *Journal of the American Academy of Child and Adolescent Psychiatry, 49,* 1011-1023.

29. Schmeichel, B.E., & Berridge, C.W. (2013). Neurocircuitry underlying the preferential sensitivity of prefrontal catecholamines to low-dose psychostimulants. *Neuropsychopharmacology, 38,* 1078-1084.

30. Connor, D.F., Fletcher, K.E., & Swanson, J.M. (1999). A meta-analysis of clonidine for symptoms of attention-deficit hyperactivity disorder. *Journal of the American Academy of Child and Adolescent Psychiatry, 38,* 1551-1559.

31. Sharp, W.S., Walter, J.M., Marsh, W.L., Ritchie, G.F., Hamburger, S.D., & Castellanos, F.X. (1999). ADHD in girls: Clinical comparability of a research sample. *Journal of the American Academy of Child and Adolescent Psychiatry, 38,* 40-47.

32. Safer, D.J., & Malever, M. (2000). Stimulant treatment in Maryland public schools. *Pediatrics, 106,* 533-539.

33. Wolraich, M. L. Recognizing, understanding and treating co-occurring conditions. Poster presented at the 16th Annual International Conference of Children and Adults with Attention-Deficit/Hyperactivity Disorder (CHADD). October 2004.

34. Biederman, J., Wigal, S.B., Spencer, T.J., McGough, J.J., & Mays, D.A. (2006). A post hoc subgroup analysis of an 18-day randomized controlled trial comparing the tolerability and efficacy of mixed amphetamine salts extended release and atomoxetine in school-age girls with attention-deficit/hyperactivity disorder. *Clinical Therapeutics, 28,* 280-293.

35. Barbaresi, W.J., Katusic, S.K., Colligan, R.C., Weaver, A.L., Leibson, C.L., & Jacobsen, S.J (2006). Long-term stimulant medication treatment of attention-deficit/hyperactivity disorder: Results from a population-based study. *Journal of Developmental and Behavioral Pediatrics, 27,* 1-10.

36. Mikami, A.Y., Cox, D.J., Davis, M.T., Wilson, H.K., Merkel, R.L., & Burket, R. (2009). Sex differences in effectiveness of extended-release stimulant medication among adolescents with attention-deficit/hyperactivity disorder. *Journal of Clinical Psychology in Medical*

Settings, 16, 233-242.

37. West, S.A., Muniz, R., Quinn, P., Wigal, S., Pestreich, L., & Wang, J. (2004). The GRACE study: An evaluation of girls, Ritalin, and ADHD. Poster presented at the 51st Annual Meeting of the American Academy of Child and Adolescent Psychiatry, October 19-24, Washington, DC.
38. Biederman, J., Wigal, S.B., Spencer, T.J., McGough, J.J., & Mays, D.A. (2006). A post hoc subgroup analysis of an 18-day randomized controlled trial comparing the tolerability and efficacy of mixed amphetamine salts extended release and atomoxetine in school-age girls with attention-deficit/hyperactivity disorder. *Clinical Therapeutics, 28,* 280-293.
39. Greenhill, L.L., Abikoff, H.B., Arnold, L.E., et al. (1996). Medication treatment strategies in the MTA study: Relevance to clinicians and researchers. *Journal of the American Academy of Child and Adolescent Psychiatry, 35,* 1304-1.
40. American Academy of Pediatrics. (2011). ADHD: Clinical practice guideline for the diagnosis, evaluation, and treatment of attention-deficit/hyperactivity disorder in children and adolescents. *Pediatrics, 128,* 1016-1018.
41. Connor, D.F. (2002). Preschool attention deficit hyperactivity disorder: A review of prevalence, diagnosis, neurobiology, and stimulant treatment. *Journal of Developmental and Behavioral Pediatrics, 23,* 1-9.
42. Wigal, T., Greenhill, L., Chuang. S., McGough, J., Vitiello, B., et al. (2006). Safety and tolerability of methylphenidate in preschool children with ADHD. *Journal of the American Academy of Child and Adolescent Psychiatry, 45,* 1294-1303.
43. Greenhill, L., Kollins, S., Abikoff, H., McCracken, J., Riddle, M., et al. (2006). Efficacy and safety of immediate-release methylphenidate treatment for preschoolers with ADHD. *Journal of the American Academy of Child and Adolescent Psychiatry, 45,* 1284-1293.
44. Wigal, T., Greenhill, L., Chuang, S., McGough, J., Vitiello, B., et al. (2006). Safety and tolerability of methylphenidate in preschool children with ADHD. *Journal of the American Academy of Child and Adolescent Psychiatry, 45,* 1294-1303.
45. Biederman, J., Mick, E., & Faraone, S. (1998). Depression in attention deficit hyperactivity disorder (ADHD) children: "True" depression or demoralization? *Journal of Affective Disorders, 47,* 113-122.

46. American Academy of Child and Adolescent Psychiatry. (2007). Practice parameter for the assessment and treatment of children and adolescents with attention-deficit/hyperactivity disorder. *Journal of the American Academy of Child and Adolescent Psychiatry, 46*, 904-906.

47. Biederman, J., Faraone, S. V., Mick, E., Williamson, S., Wilens, T. E., Spencer, T. J., et al. (1999). Clinical correlates of ADHD in females: Findings from a large group of girls ascertained from pediatric and psychiatric referral sources. *Journal of the American Academy of Child and Adolescent Psychiatry, 38*, 966-975.

48. Biederman, J., Petty, C.R., Monuteaux, M.C., Fried, R., Byrne, D., Mirto, T., et al. (2010). Adult psychiatric outcomes of girls with attention deficit hyperactivity disorder: 11-year follow-up in a longitudinal case-control study. *American Journal of Psychiatry, 167*, 409-417.

49. American Academy of Child and Adolescent Psychiatry. (2007). Practice parameter for the assessment and treatment of children and adolescents with attention-deficit/hyperactivity disorder. *Journal of the American Academy of Child and Adolescent Psychiatry, 46*, 904-906.

50. American Academy of Child and Adolescent Psychiatry. (2007). Practice parameter for the assessment and treatment of children and adolescents with attention-deficit/ hyperactivitydisorder. *Journal of the American Academy of Child and Adolescent Psychiatry, 46*, 904-906.

51. Gammon, G.D., & Brown, T.E. (1993). Fluoxetine and methylphenidate in combination for treatment of attention deficit disorder and comorbid depressive disorder. *Journal of Child and Adolescent Psychopharmacology, 3*, 1-10.

52. Findling, R.L. (1996). Open-label treatment of comorbid depression and attentional disorders with co-administration of serotonin reuptake inhibitors and psychostimulants in children, adolescents, and adults: A case series. *Journal of Child and Adolescent Psychopharmacology, 6*, 165-175.

53. Gallanter, C., & Liebenluft, E. (2008). Frontiers between attention deficit hyperactivity disorder and bipolar disorder. *Child and Adolescent Psychiatric Clinics of North America, 17*, -246, viii-ix.

54. Giedd, J.N. (2000). Bipolar disorder and attention-deficit/hyperactivity disorder in children and adolescents. *Journal of Clinical Psychiatry, 6*, 31-34.

55. Mikami, A.Y., Hinshaw, S.P., Patterson, K.A., & Lee, J.C. (2008). Eating pathology

among adolescent girls with attention-deficit/hyperactivity disorder. *Journal of Abnormal Psychology, 117,* 225-235.

56. Fliers, E.A., Buitelaar, J.K., Maras, A., Bul, K., Höhle, E., Faraone, S.V., Franke, B., & Rommelse, N.N. (2013). ADHD is a risk factor for overweight and obesity in children. *Journal of Developmental and Behavioral Pediatrics, 34,* 566-574.
57. Agranat-Meged, A.N., Deitcher, C., Goldzweig, G., Leibenson, L., Stein, M., & Galili-Weisstub, E. (2005). Childhood obesity and attention deficit/hyperactivity disorder: A newly described comorbidity in obese hospitalized children. *International Journal of Eating Disorders, 37,* 357-359.
58. Kim, J., Mutyala, B., Agiovlasitis, S., & Fernhall, B. (2011). Health behaviors and obesity among US children with attention deficit hyperactivity disorder by gender and medication use. *Preventative Medicine, 52,* 218-222.
59. Dukarm, C. (2005). Bulimia nervosa and ADD: A possible role for stimulant medication. *Journal of Women's Health, 14,* 345-350.
60. Dukarm, C. (2006). *Pieces of a Puzzle: The link between eating disorders and ADHD.* Washington, DC: Advantage Books.
61. Bhatia, S.C., & Bhatia, S.K. (2002). Diagnosis and treatment of premenstrual dysphoric disorder. *American Family Physician, 66,* 1239-1248.
62. Steiner, M., Pearlstein, T., Cohen, L.S., Endicott, J., Kornstein, S.G., Roberts, C., Roberts, D.L., & Yonkers, K. (2006). Expert guidelines for the treatment of severe PMS, PMDD, and comorbidities: The role of SSRIs. *Journal of Women's Health, 15,* 57-69.

제12장

1. American Psychiatric Association. (2000). *Diagnostic and statistical manual of mental disorders, Fourth Edition.* Arlington, VA: American Psychiatric Publishers.
2. American Psychiatric Association. (2013). *Diagnostic and statistical manual of mental disorders, Fifth edition.* Arlington, VA: American Psychiatric Publishers.

찾아보기

인명

내용

저자 소개

캐슬린 G. 네이도(Kathleen G. Nadeau), Ph.D.

ADHD와 관련 분야를 전공하고 25년 이상 연구해 온 임상심리사이다. ADHD 아동, ADHD 10대, ADHD 대학생, ADHD 성인, ADHD 소녀, ADHD 성인 여성을 위한 책들을 써 왔고, 그 책들은 언제나 긍정적이고 실제적인 문제 해결책을 강조하고 있다. 그녀는 제대로 된 지원을 받지 못한 ADHD 하위 집단(sub-population)을 판별하고, 이 집단에 대한 인식과 서비스를 높이기 위한 노력을 해 왔다. 2000년에는 ADHD 소녀와 성인 여성에 관한 획기적인 연구를 한 것을 인정받아 미국 ADHD협회에서 공로상(Hall of Fame Award)을 수상하기도 하였다. 그녀는 메릴랜드주 실버 스프링에 있는 Chesapeake ADHD센터의 센터장으로 있으면서 임상 실천을 계속해 왔으며, 책 집필 작업 및 미국과 다른 나라에서 강의도 하고 있다.

엘렌 B. 리트먼(Ellen B. Littman), Ph.D.

ADHD와 관련 장애 이슈에 초점을 맞추고 27년 이상 연구해 온 임상심리사이다. 뉴욕시 북부에 있는 개인 연구소에서 지능이 높은 ADHD 성인/청소년에 대해 관심을 가지고 연구하고 있다. 그녀는 ADHD가 아닌데 ADHD로 진단받은 소녀/성인 여성 혹은 ADHD로 진단받아야 하지만 ADHD로 진단받지 못한 ADHD 소녀/성인 여성을 진단하고 치료하는 일을 전문적으로 하고 있다. 또한 ADHD가 미치는 큰 영향에 대처해야 하는 부모들, 일찍 트라우마를 경험한 부모들을 대상으로 하는 전문적인 연구를 진행하고 있다. Brown 대학교, Yale 대학교, Long Island 대학교, 그리고 Albert Einstein 의과대학에서 교육 및 훈련을 받았으며, 미국심리학회 감사(monitor)로서 ADHD의 성(gender) 이슈 영역의 개척자로 불리고 있다. 그녀의 연구물은 널리 출판되어 인용되고 있으며, 여러 나라에서 강의를 하며 전문가들을 훈련하고 있다.

패트리샤 O. 퀸(Patricia O. Quinn), M.D.

발달 전문 소아과 의사로, 아동 발달과 심리약물치료를 40년 이상 연구해 오고 있다. 주된 관심 영역은 ADHD이고, 자신의 홈페이지(www.addvance.com)에서 ADHD에 대한 중요한 질문에 답하고 있다. 지난 20년 동안 ADHD 소녀/성인 여성이 직면한 이슈에 몰두해 왔고, ADHD 소녀/성인 여성에게만 생기는 이슈를 찾아내고 관리하는 것을 돕는 일에 전념해 왔다. 2000년에는 이 영역의 연구 성과를 인정받아 미국 ADHD협회에서 공로상을 수상하였다. ADHD 아동, ADHD 성인, ADHD 전문가를 위한 책을 20권 이상 썼으며, 『소녀들에게 주목하라!: ADHD 소녀의 모든 것을 알기 위한 안내(Attention, Girls!: A Guide to Learn All About Your AD/HD)』라는 책으로 상을 받았다.

역자 소개

박경순(Park Kyungsoon)

고려대학교 대학원 심리학 석 · 박사

임상심리전문가

미국 NYU Medical School Psychoanalytic Institute 정신분석 훈련과정 수료

현 서울여자대학교 교양학부/예술심리치료융합전공 교수

관심 분야 정신분석 심리치료에 관심이 있음

박계신(Park Gyeshin)

대구대학교 특수교육학 박사

현 나사렛대학교 유아특수교육과 교수

관심 분야 정서 · 행동장애 학생, 발달장애 학생의 교육과 행동중재를 주로 연구하고 있으며, 특히 유아기 및 학령기 ADHD 특성과 중재에 관심이 있음

안귀여루(Ahn Gwiyeoroo)

고려대학교 심리학 박사

현 강남대학교 교육대학원 교수

관심 분야 임상심리학, 상담심리학, 건강심리학 전문가로 다양한 부적응 행동의 개입 방법에 관심이 있음

안동현(Ahn Donghyun)
서울대학교 의학박사
정신건강의학과 전문의
현 한양대학교 의과대학 명예교수, 동심아동연구소 대표
관심 분야 ADHD와 발달장애를 포함한 아동기 정신병리에 대한 포괄적 치료 및 그 외 아동기의 개념, 권리 및 역사적 발전에 대해 연구 중임

이재욱(Lee Jaewook)
일본 츠쿠바대학교 교육학 박사
현 강남대학교 초등특수교육과 교수
관심 분야 정서 · 행동장애 학생의 교육과 상담을 주로 연구하고 있으며, 특히 ADHD의 교육과 상담에 관심이 많음

황순영(Hwang Soonyoung)
부산대학교 특수교육학 박사
현 부산대학교 특수교육과 교수
관심 분야 정서 · 행동장애 학생 교육, 긍정적 행동지원, 경도장애 학생 교육에 관심이 있음

ADHD 소녀들 이해하기
ADHD 소녀들은 어떤 방식으로 감정을 느끼고
어떤 방식으로 행동하는가

Understanding Girls with ADHD:
How They Feel and Why They Do What They Do (2nd ed.)

2023년 1월 5일 1판 1쇄 인쇄
2023년 1월 10일 1판 1쇄 발행

지은이 • Kathleen G. Nadeau · Ellen B. Littman · Patricia O. Quinn
옮긴이 • 박경순 · 박계신 · 안귀여루 · 안동현 · 이재욱 · 황순영
펴낸이 • 김진환
펴낸곳 • (주)학지사
04031 서울특별시 마포구 양화로 15길 20 마인드월드빌딩
대표전화 • 02-330-5114 팩스 • 02-324-2345
등록번호 • 제313-2006-000265호

홈페이지 • http://www.hakjisa.co.kr
페이스북 • https://www.facebook.com/hakjisabook

ISBN 978-89-997-2801-3 93180

정가 19,000원